姜明安公法著作系列丛书

行政三法研究

姜明安——著

Research on Administrative Penalty Law,
Administrative Permission Law and
Administrative Enforcement Law

法律出版社
LAW PRESS·CHINA
北京

图书在版编目(CIP)数据

行政三法研究 / 姜明安著. -- 北京 : 法律出版社,
2023

(姜明安公法著作系列丛书)

ISBN 978-7-5197-8166-8

Ⅰ. ①行… Ⅱ. ①姜… Ⅲ. ①行政法—研究—中国
Ⅳ. ①D922.104

中国国家版本馆 CIP 数据核字(2023)第 154051 号

行政三法研究
XINGZHENG SAN FA YANJIU

姜明安 著

策划编辑 朱 峰
责任编辑 苗 婕
装帧设计 贾丹丹

出版发行 法律出版社
编辑统筹 辞书·融出版编辑部
责任校对 王晓萍 王语童
责任印制 吕亚莉
经　　销 新华书店

开本 710 毫米×1000 毫米 1/16
印张 28.5 **字数** 427 千
版本 2023 年 9 月第 1 版
印次 2023 年 9 月第 1 次印刷
印刷 三河市龙大印装有限公司

地址:北京市丰台区莲花池西里 7 号(100073)
网址:www.lawpress.com.cn
投稿邮箱:info@lawpress.com.cn
举报盗版邮箱:jbwq@lawpress.com.cn
销售电话:010-83938349
客服电话:010-83938350
咨询电话:010-63939796

书号:ISBN 978-7-5197-8166-8
定价:118.00 元

凡购买本社图书,如有印装错误,我社负责退换。电话:010-83938349

序　言

“行政三法”是指《中华人民共和国行政处罚法》、《中华人民共和国行政许可法》和《中华人民共和国行政强制法》。此三法是中国行政法调整行政行为和行政程序的三部最重要最基本的法律，是行政行为和行政程序法的“三部曲”。

《行政三法研究》是笔者自 20 世纪 80 年代以来近 40 年研究行政处罚法、行政许可法和行政强制法三法的成果汇集，包括历年在报刊发表的一系列论文、评论、媒体访谈录，以及笔者向立法机关和政府部门提交的有关立法建议、法律法规修改建议、法律法规实施建议；还包括笔者对“三法”实施前后和实施过程中发生的各种热点法律事件的评论，笔者接受媒体记者采访或与网民互动，讨论这些事件发生的原因及提出避免这些事件发生的对策等。

本书对所收笔者有关“行政三法”或内容涉及“行政三法”的论文、评论、媒体采访、案例分析等均在文前增加了一个“写作背景”。这样，读者通过阅读这些论文、评论、媒体采访录、案例分析，能更好地理解“行政三法”立法和实施的艰难过程，以及“行政三法”对推进中国法治建设，规范、控制行政权力和保护公民、法人及其他组织合法权益的重大意义。这些论文、评论、媒体采访录、案例分析以及笔者为上述内容所写的“写作背景”，一方面反映了中国改革开放以后整个行政法治（不限于“行政三法”）的发展路径；另一方面也反映了笔者 40 年来对中国行政法治发展目标、路径的思考和探索（包括某些现在看来不太正确或者错误的认识以及笔者现在仍然坚持并自认为正确的观点和主张）。

《行政三法研究》分为三编：第一编　行政处罚法研究；第二编　行政许可法研究；第三编　行政强制法研究。每编均按论文、评论、媒体采访录、案例分析发表的时间先后顺序编排。这样依时间顺序编排有利于读者了解“行政三法”立法和各种法律事件发生、演变的过程。

我国行政法治发展40多年来，整个行政管理领域从几乎无法可依到逐步有法可依，从有法不依到基本上做到有法必依，从随意执法到较严格地依法执法，从重管理轻服务、重规制轻权益保护、重实体处理轻正当程序到管理与服务并重、规制与权益保护并重、实体处理与遵循正当程序并重，走过了一条虽然曲折艰辛但却不断进步、不断发展的道路，“行政三法”的制定与实施过程是中国行政法发展道路的一个缩影。

《行政处罚法》制定于1996年（后经2009年、2017年两次修正和2021年大幅度修订），之前在行政处罚领域的专门法律只有仅适用于治安管理领域的《治安管理处罚条例》。关于制定《行政处罚法》的意义，时任第八届全国人大常委会秘书长曹志在第八届全国人大第四次会议上对该法草案所作说明中指出：“制定行政处罚法，是我国行政法制建设中的一件大事，也是加强社会主义民主政治建设的一个重要步骤。行政处罚法的制定，对于规范行政机关有效地依法行政，改进行政管理工作，加强廉政建设，维护社会秩序和公共利益，保护公民的合法权益，促进社会主义市场经济的健康发展，都将起到重要作用。行政处罚是国家法律责任制度（包括刑事责任、民事责任、行政责任）的重要组成部分，是行政机关依法行政的手段之一。各级政府为了有效地行使行政管理职权，保障法律的贯彻执行，需要有行政处罚手段。但是，由于对行政处罚的一些基本原则没有统一的法律规定，实践中存在一些问题，主要表现在处罚的随意性，特别是有些地方和部门随意罚款，或一事几次罚、几个部门罚等，人民群众很有意见。造成乱处罚、乱罚款的主要原因是：（1）行政处罚的设定权不明确，有些行政机关随意设定行政处罚；（2）执罚主体混乱，不少没有行政处罚权的组织和人员实施行政处罚；（3）行政处罚程序缺乏统一明确的规定，缺少必要的监督、制约机制，随意性较大，致使一些行政处罚不当。为了从法律制度上规范政府的行政处罚行为，制止乱处罚、乱罚款现象，保护公民、法人或者其他组织的合法权益，需要制定行政处罚法。”[①]《行政处罚法》是我国调整行政行为和行政程序的第一部行政基本法。它区别于仅

① 曹志：《关于〈中华人民共和国行政处罚法（草案）〉的说明》，载北大法宝网，https://www.pkulaw.cn/fulltext_form.aspx?Db=protocol&Gid=8df10125484fdabbee8f9a1cffe3917dbdfb。

调整某一具体行政管理领域的部门行政法,如《土地管理法》《药品管理法》《产品质量管理法》《矿产资源管理法》等。这些部门行政法虽然也规定了违反相应法律的行政处罚等法律责任,但其罚则只适用于某一具体行政管理领域,而不像《行政处罚法》一样,其法律规则适用于整个行政管理领域。《行政处罚法》所确立的有关行政处罚原则(如处罚法定原则、公开公正原则、适当性原则、处罚与教育相结合原则、行政相对人享有陈述权和申辩权等正当法律程序原则①)和相应行政处罚制度(特别是一事不再罚制度、处罚听证制度等)不仅适用于行政处罚行为,而且其内容和法治精神也适用于其他各种行政行为。

《行政许可法》制定于 2003 年(后经 2019 年小幅度修正)。此前,我国行政许可领域无任何法律规范。关于《行政许可法》制定的意义,时任国务院法制办公室主任杨景宇在第九届全国人大常委会第二十九次会议所作《关于〈中华人民共和国行政许可法(草案)〉的说明》中指出:"行政许可(也就是通常所说的'行政审批'),是行政机关依法对社会、经济事务实行事前监督管理的一种重要手段,是不可缺少的,多年来实际上也起了重要的作用。问题是行政许可过多、过滥,究其主要原因:一是行政许可设定权不明确,有些乡政府、县政府在设,有些行政机关内设机构也在设。二是设定行政许可的事项不规范,一讲行政管理,就要审批。三是实施行政许可环节过多、手续烦琐、时限过长、'暗箱操作',老百姓办事很难。四是重许可、轻监管或者只许可、不监管的现象比较普遍,市场进入很难,而一旦进入却又缺乏监管。五是有些行政机关把行政许可作为权力'寻租'的一个手段。不少企业、个人为了取得行政许可,还要给好处、托关系,助长了腐败现象的蔓延。在一定意义上,可以说行政许可已经成为一个腐败源。六是行政机关实施行政许可,往往只有权力、没有责任,缺乏公开、有效的监督制约机制。现行行政许可制度在一定程度上已经成为转变政府职能的一个障碍。按照党中央、国务院的部署,各地方先后开展了行政审批制度改革,取消了一批行政审批项目,规范了行政审批程序,取得了初步的成效,积累了一定的经验;国务院部门行政审批制度改革正在抓紧进

① 《行政处罚法》(1996 年)在第 3 条至第 6 条分别规定了处罚法定原则、公开公正原则、适当性原则、处罚与教育相结合原则、正当法律程序原则。

行。按照世贸组织协定和我国对外承诺,行政许可应当以透明和规范的方式实施,行政许可条件和程序对贸易的限制不能超过必要的限度,中国工作组报告书并对服务贸易的行政许可程序提出了 9 条明确要求。因此,制定行政许可法,对于巩固行政审批制度改革成果,履行我国对外承诺,进一步推进行政管理体制改革,从源头上预防和治理腐败,都有重要意义。”①《行政许可法》是我国调整和规范行政许可制度的基本法律。该法确立的各项行政许可原则(特别是信赖保护原则②)和行政许可制度(特别是行政许可的一次性告知制度、时限制度和听证制度)不仅是我国行政法治的重要创新,与国外相应制度比较,亦具有先进性。国外几乎没有专门规范行政许可制度的行政许可法,它们一般在统一的行政程序法中规定行政许可的有关原则和相应制度。

《行政强制法》制定于 2011 年。此前,我国行政强制措施和行政强制执行规则均分散规定于个别的部门行政管理法(如《传染病防治法》《突发事件应对法》《城乡规划法》《食品安全法》等)之中,无统一的行政强制法律。关于《行政强制法》制定的意义和指导思想,时任第十届全国人大常委会法工委副主任信春鹰在向第十届全国人大常委会第十九次会议所作的《关于〈中华人民共和国行政强制法(草案)〉的说明》中指出,“行政强制制度涉及行政管理的效率,也涉及对公民的人身权和财产权的处分或者限制。因此,依法规范行政强制权,既是依法行政的需要,也是维护公民合法权益的需要。目前,由于没有统一的法律规范,一些行政机关在执法过程中,既存在对某些严重违法行为因缺乏强制手段处理不力的情况,也存在行政强制手段滥用的情况。主要问题是:(1)哪些机关可以设定行政强制措施,不明确;(2)行政强制措施的具体形式繁多,同一行政强制措施有多种表述,缺乏规范;(3)有些没有强制权的行政机关自行实施强制措施,甚至授权、委托其他组织实施行政强制措

① 杨景宇:《关于〈中华人民共和国行政许可法(草案)〉的说明》,载北大法宝网,https://www.pkulaw.com/protocol/71ca59c4e9d97c163d6a8a3b8e2b713abdfb.html?keyword=%E8%A1%8C%E6%94%BF%E8%AE%B8%E5%8F%AF%E6%B3%95%EF%BC%88%E8%8D%89%E6%A1%88%EF%BC%89&way=listView。

② 《行政许可法》第 8 条在我国法律中第一次规定了信赖保护原则。其具体内容是:“公民、法人或者其他组织依法取得的行政许可受法律保护,行政机关不得擅自改变已经生效的行政许可。行政许可所依据的法律、法规、规章修改或者废止,或者准予行政许可所依据的客观情况发生重大变化的,为了公共利益的需要,行政机关可以依法变更或者撤回已经生效的行政许可。由此给公民、法人或者其他组织造成财产损失的,行政机关应当依法给予补偿。”

施；（4）缺乏程序性规定，有些行政机关在采取强制措施时随意性较大，对公民、法人或者其他组织的合法权益造成侵害；（5）行政机关履行行政管理职责时，缺少必要的手段，致使一些严重违法行为得不到有效处理。起草工作总的指导思想是，推进依法行政，维护公民权益，既赋予行政机关必要的强制手段，保障行政机关依法履行职责，维护公共利益和公共秩序，又对行政强制行为进行规范，避免和防止权力的滥用，保护公民、法人和其他组织的合法权益”。[①]《行政强制法》是我国调整和规范行政强制制度的基本法律。该法确立的各项行政强制原则（特别是比例原则[②]）和相应行政强制制度（特别是行政强制设定的听证论证制度、行政强制执行事先催告制度等）不仅适用于行政强制行为，而且其内容和法治精神也适用于其他各种行政行为。

《行政三法研究》是笔者公法著作系列丛书的第八卷，本卷相较于前面各卷，形式较为轻松活泼，不拘一格。研究成果不全是纯原理性的著述和论文，而是以多种形式呈现，既有论文，也有评论，还有媒体记者访谈录、案例分析等。有的文章还附有相关事件的背景材料。因此，本卷对“行政三法”的研究成果虽未形成一部体系完整的专著，但仍构成反映笔者40年来不同时期有关“行政三法”所涉各类问题学术观点的一部有内在逻辑联系的文集。

由于这部文集收集的文章有的时隔相当久远，故所持观点，所用学术概念、术语，所引用的资料可能有的与现时行政法学的理论和实践不完全吻合、一致。但是，为了反映历史的真实，反映笔者对“行政三法”研究的过程，故笔者将这些文章收入本卷时，基本保持文章的原貌，相应机构为文章发表时机构称谓，所引法律、法规也均为文章发表时的最新规定。笔者不对文章内容作大的修改，仅对个别明显的讹误进行修正。对此，既请读者予以谅解，也请读者予以批评指正。

姜明安

2023年4月1日

于北京海淀区八里庄公寓

---

① 信春鹰：《关于〈中华人民共和国行政强制法（草案）〉的说明》，载中国人大网，http://www.npc.gov.cn/zgrdw/npc/zt/2011-09/15/content_1865603.htm。

② 《行政强制法》第5条在我国法律中第一次规定了比例原则。其具体内容是：“行政强制的设定和实施，应当适当。采用非强制手段可以达到行政管理目的的，不得设定和实施行政强制。”

目　录

附录

第一编

行政处罚法研究

行政违法行为与行政处罚*

写作背景:1986年,中国法学界在《民法通则》通过以后讨论如何进一步加强和完善我国法制建设时,许多学者提出要尽快制定我国行政法的基本法,认为刑法、民法、行政法及相应诉讼法是国家的基本法。在我国已经制定了《刑法》、《刑事诉讼法》、《民法通则》和《民事诉讼法(试行)》的条件下,进一步完善法制的最重要的任务就是尽快制定行政法基本法。1986年7月,第六届全国人大法律委员会顾问陶希晋同志召集北京部分法学界人士座谈行政法立法问题。在他的建议和推动下,当年10月成立了由北大、人大、法大、中国社科院法学所的行政法学者和全国人大常委会法工委、国务院法制局、最高人民法院行政审判庭从事法律实际事务的专家共14人组成中国行政立法研究组(笔者是该研究组成员之一)。该研究组的基本任务是研究中国行政法制发展的方向、目标及发展途径,为健全、完善中国行政法制向决策部门提出具体运作方案;其工作的主要方式是草拟各种重要的行政法试拟稿,提交立法机关正式起草和立法。该研究组成立之后草拟的最早两部法律试拟稿是《行政诉讼法》和《国家赔偿法》。接着即计划草拟"行政三法"(《行政处罚法》《行政许可法》《行政强制法》)。本文是笔者为草拟《行政处罚法》试拟稿所作前期研究的成果之一。文中有不少观点和主张被1996年第八届全国人大第四次会议通过的《行政处罚法》所吸收、采纳。如关于行政处罚主体和行政处罚对象的观点、行政处罚适用原则的观点、行政处罚程序应设置简易程序和普通程序的主张等。但是,文中也有一些观点和主张在1996年立法时没有被

---

* 该文原载《中国法学》1992年第6期。

吸收、采纳,直到25年以后的2021年第十三届全国人大常委会第二十五次会议对《行政处罚法》进行全面修正时方被吸收、采纳。如关于应受行政处罚的行政违法行为应有主观过错的观点。2021年第十三届全国人大常委会第二十五次会议所修订的《行政处罚法》专门增加一个条款(第33条第2款),规定应受行政处罚的行政违法行为的主观过错要件,即"当事人有证据足以证明没有主观过错的,不予行政处罚。法律、行政法规另有规定的,从其规定"。《行政处罚法》新增加的这一规定,对于保障行政处罚的公正,保护公民、法人和其他组织的合法权益具有重要意义。

一、行政违法行为

行政违法行为是指公民、法人或其他组织故意或过失实施的违反行政法规范,侵犯国家、社会公益或个人、组织的合法权益,危害国家安全或社会秩序,但尚不构成犯罪的行为。

行政违法行为的主体是公民、法人或其他组织。行政机关作为行政主体时实施的违法行为不是"行政违法行为"而是"违法行政行为",不承担行政处罚责任而是承担其他形式的行政责任。例如,其行为被人民法院或其他有权机关撤销、宣布无效,被责令向受到相应违法行政行为侵害的相对人赔偿损失等。行政机关作为行政管理相对人(其他行政机关所实施的行政行为的对象)行为时,即成为行政违法行为的主体。其实施违法行为,应承担法人或其他组织同样的行政处罚责任。

国家公务员在以公务员身份行为时不能成为行政违法行为的主体,其执行职务时实施的违法行为不称"行政违法行为"而称"失职、渎职行为"或"行政违纪行为",不是承担行政处罚责任而是承担行政处分责任。国家公务员作为行政管理相对人(行政机关所实施的行政行为的对象)行为时,即成为行政违法行为的主体。其实施违法行为,应如同公民一样受到行政处罚。

行政违法行为是有主观过错的行为。行政违法行为构成对主观过错的要求与犯罪行为构成对主观过错的要求是一样的。但行政处罚适用与刑罚适用在对行为人主观过错的认定和举证责任上有重大区别:法院对被告科处刑罚,公诉人应对行为人的主观过错负举证责任。公诉人不能证明被告对其行为具有主观过错,就不能追究其刑事责任和对之适用刑罚。而行政执法机关对被指控实施了行政违法行为的人科处行政处罚,则通常无须对被指控人的主观过错负举证责任,只要证明相对人实施了违法行为,就可以认定行为人具有行政违法行为和推定行为人具有实施行政处罚所要求的主观过错。被指控人如果认为自己没有主观过错,则应承担举证责任。其如能证明自己的行为确实没有主观过错,其行为即不构成“行政违法行为”,行政机关不能对之科处行政处罚。反之,则应对之适用行政处罚。

行政违法行为是违反行政法规范的行为。行政法规范包括权利规范、义务规范和禁止规范。违反权利规范通常指侵犯他人权利的行为。相对人对于法律规范授予自己的权利,放弃行使通常并不构成违法。违反义务规范和禁止规范则是指相对人不履行法律规范赋予自己的积极性义务和消极性义务的行为。“法律规范”指法律、法规、规章关于人的行为所确立的规范。规章以下的行政决定、命令所确立的人的行为规范不是“法律规范”而是“一般行政规范”。一般行政规范必须有法律、法规、规章的根据。相对人违反有法律、法规、规章根据的一般行政规范同样构成“违法”,其行为属于行政违法行为。对于没有法律、法规、规章根据的一般行政规范,相对人违反不构成违法,不属于行政违法行为。为了弥补法律、法规、规章的不足,有人主张,可以对相对人违反没有法律、法规、规章根据的一般行政规范的行为“类推”为某种行政违法行为,对之科处相应的行政处罚。但是,“类推”必须有严格的限制,否则可能导致行政专横,对公民的权利、自由构成威胁。

行政违法行为是具有社会危害性但尚不构成犯罪的行为。行政违法行为不同于一般的民事侵权行为,其侵犯的是国家、社会公益或个人、组织的合法权益,危害国家安全或社会秩序。虽然在许多情况下,行政违法行为直接侵犯的客体是特定公民的人身权、财产权或特定组织的财产权,但此种侵犯同时具有对社会秩序的危害性。因此,行为人对其行为既要负民事侵权责任,也要承担行政处罚责任。如果行为人的行为只是侵犯他人的民事权益,不具有或基本上不具有社会危害性,那么可只追究其民事侵权责任,而无须再对之科处行政处罚。

行政违法行为具有社会危害性这一特征是与犯罪行为相同的。二者的区别是社会危害性的大小:行政违法行为的社会危害性小于犯罪行为,行政违法行为社会危害性达到一定的“度”即转变为犯罪行为。行政违法行为社会危害性的“度”通常根据行为的性质和行为的量确定。某些性质的违法行为其社会危害性的“度”很高，相对人一旦实施此种行为，通常即构成犯罪，如抢夺军用枪支、弹药，抢劫银行，强奸妇女等。某些违法行为，社会危害性的“度”相对较低，相对人实施此种行为通常不会构成犯罪，如在公共场所随地吐痰、乱扔乱倒垃圾、无票乘坐交通工具等。某些违法行为社会危害性的“度”主要取决于行为人行为的量，量小即为行政违法行为，量大即构成犯罪。

在理论上，行政违法行为是一种独立的违法行为，具有不同于民事违法行为、刑事犯罪行为、行政违纪行为的性质和特征。但在实践中，行政违法行为和这些违法行为有时会难以区分。这一方面需要我们认真研究相应的法律规范，从中找出它们的区分界线；另一方面需要我们具体情况具体分析，根据实际案情区分。有些时候会出现几种违法行为相互重合或一种行为具有几种性质的情况。例如，某甲殴打他人，可能既构成民事侵权行为，又构成行政违法行为；既要赔偿受害人损失，又要受到行政处罚。又如，某乙开食品店，违反食品卫生法律规范，出售腐烂变质食品，导致顾客食物中毒，造成一人死亡、数人生病住院。其行为既属行政违法行为，要受到吊销营业执照、许可证等行政处罚；又属犯罪行为，要承担刑事责任（还包含民事侵权行为，要赔偿受害人及家属的损失）。再如，某丙是国家公务员，伙同他人走私违禁物品，其行为既构成行政违法行为，要受到行政处罚；又构成行政违纪行为，要接受行政处分。

二、对行政违法行为适用行政处罚的原则

为保证行政处罚公正、准确、有效地适用，必须确立若干原则。根据行政法的一般理论和我国的国情，可以考虑将下述原则确立为我国行政处罚的原则。

（一）罚教结合原则

行政处罚不仅是制裁行政违法行为的手段，而且具有教育的作用。应当通过实施行政处罚，纠正违法行为，教育作为被处罚人的公民、法人或者其他组织认识到违法行为的危害，今后不再违法，也教育其他行政相对人培养自觉守法的意识。行政机关实施行政处罚，应当坚持处罚与教育相结合，教育公民、法人或者其他组织自觉守法，而不应对违法者一味地惩罚，如行政处罚种

类中的“警告”“通报批评”等处罚形式,即体现了处罚与教育相结合的原则。

(二)依法处罚原则

依法处罚是指行政执法机关适用行政处罚必须依据法律、法规授予的权限和遵循法律、法规规定的处罚范围、处罚种类、处罚幅度和处罚程序。

行政执法机关适用行政处罚必须有法律、法规的授权。行政处罚不同于其他行政行为,它更多地涉及相对人的权利和自由。因此,此种权力只能由法律、法规授予,而不能由一般行政文件(无论是非规范性文件还是规范性文件)授予。而且,被法律、法规授予行政处罚权的机关、组织必须自己行使这种权力,不得将该权力再任意委托其他机关、组织行使。只有在法律、法规有明确规定①的情况下,被授权机关才可将行政处罚权委托其他机关、组织行使。

应受行政处罚的行政违法行为必须由法律、法规明确规定。被法律、法规授予了行政处罚权的行政执法机关有权适用行政处罚,但其只有权对法律、法规确定的行政违法行为适用行政处罚,而无权对其自认为的“违法行为”或非法律、法规的一般行政文件确定的“违法行为”适用行政处罚。考虑我国地广人多、情况复杂的国情,行政违法行为的确定也应允许类推。但类推必须经过有相应行政处罚设定权的机关的批准,否则即不符合依法处罚原则。

行政执法机关适用行政处罚应遵循法律、法规规定的处罚种类、处罚幅度。对于行政处罚的种类,应完全采取法定主义。法律、法规以外的行政文件不能设立任何罚种,行政执法机关只能选择适用法律、法规规定的罚种。而对于行政处罚的幅度,凡是法律、法规明确规定了的,行政执法机关必须遵循;法律、法规没有规定具体幅度的,行政执法机关应遵循规章或其他行政文件规定的具体处罚幅度。

依法处罚原则的另一个重要内容是适用行政处罚应严格遵循法定程序。程序公正是实体公正的保障,程序权利是实体权利的保障。行政处罚是对行政管理相对人采取的法律制裁措施,依法对相对人的人身权、财产权等实体权益施加不利影响。如果没有法定程序的保障,就会对相对人合法的实体权益

① 例如,根据《治安管理处罚条例》的规定,在农村没有公安派出所的地方,公安机关可以将警告、50元以下罚款两种行政处罚委托乡镇人民政府裁决。

形成威胁。虽然程序的违反不一定必然导致对实体权利的侵犯，但是公正程序是一座防洪的堤坝，只有法律加以确立，才可以防患于未然。否则，相对人在行政执法机关违法侵犯其合法权益时将无以防御，合法权益被侵犯后将无以获得救济。

（三）过罚相当原则

行政处罚的过罚相当原则相当于刑罚适用中的罪刑相适用原则。过罚相当原则要求设定和实施行政处罚必须以事实为依据，与违法行为的事实、性质、情节以及社会危害程度相当。这一要求不仅涉及行政处罚的实施，也涉及行政处罚的设定：立法机关（包括行政立法机关）在设定行政处罚时，即应考虑其所要处罚的违法行为的特点以及给社会造成的危害的大小，从而设定适当种类和幅度的处罚。另外，实施处罚的动因应符合行政目的。处罚决定要建立在正当考虑的基础上，即应当考虑所有相关的因素，不考虑不相关的因素。最后，行政处罚必须合乎理性，不能违背常理、常规，不能违背社会共同的道德准则。

（四）一事一罚与数事并罚原则

“一事一罚”是指一个行政违法行为只应由一个行政执法机关对之科处一次行政处罚。该行为被罚后，原处罚机关或其他行政执法机关不能对之再进行处罚。“数事并罚”是指一个相对人实施数个相关联的行政违法行为，应由一个行政执法机关一次合并处罚或数个主管执法机关联合处罚。

“一事”是指一个行政违法行为，即一个或数个相对人一次性或连续性实施的触犯一种法律规范的行为。对于一个行政违法行为，无论行为的实施者是一人还是数人，数人是同居一地还是分居数地，无论行为和行为的结果是及于一地还是数地，无论该行为的主管执法机关是一个还是数个，都只应对之处罚一次。甲地区处罚了，乙地区就不应再对之处罚；甲主管执法机关处罚了，乙主管执法机关就不应再对之处罚。相应行政违法行为是属于几个主管执法机关共管的，也可由几个主管执法机关联合处罚。但原则是处罚一次，而不能由几个主管执法机关轮番对之处罚数次。

“数事”是指数个相关联的行政违法行为，即一个或数个相对人在相同或不同时间、相同或不同地点实施的两个以上的互有联系的触犯两种以上法律规范的行为。对于相对人在不同时间、地点实施的触犯多种法律规范的行为,如果其行为互有联系,应合并处罚。相应行为属一个行政执法机关主管的,由一个机关合并处罚;相应行为分别由几个主管执法机关分管的,由几个机关联合处罚。对于相对人在同一时间、同一地点一次性或连续性实施的触犯多种法律规范的行为,其行为在形式上可能是一个行为,但此应视为几个行为。相应行为触犯的法律规范如果是由一个行政执法机关执行的,则由该机关合并处罚;相应行为触犯的法律规范如果是由几个主管执法机关分别执行的,则由几个机关联合处罚。至于数事并罚的执行,可采用刑罚数罪并罚的执行原则:在数罚总和幅度以下,数罚中最高幅度以上,酌情决定执行的处罚幅度。数事并罚的原则仅适用于数个行政违法行为互有联系的情形。如果相对人实施的数个行政违法行为互无联系,则应分别科处处罚。相应行为由一个机关主管的,由该机关分别科处处罚;相应行为由几个机关主管的,则由有关主管机关分别科处处罚。

三、行政处罚的程序

行政处罚程序应有三方面的功能:第一,有助于保证行政处罚公正、准确,避免使无辜的人受到处罚和使应受处罚的人受到与其违法行为性质、情节不相适应的处罚;第二,有助于保证行政处罚有效,避免放纵行政违法行为,使社会公益受到损害;第三,有助于促使行政执法人员廉洁、尽职尽责,避免行政执法人员以权谋私、滥用权力、执法犯法。

行政处罚的程序包括三个阶段:调查程序、处罚程序和救济程序。调查程序是指收集和获取相对人实施行政违法行为的事实及其证据的程序,包括检查、搜查、鉴定、勘验、询问、讯问等程序。处罚程序是指对被指控的相对人所实施的行政违法行为进行审理和作出处罚裁决的程序,包括审查、听证、辩论、裁决送达、执行等程序。救济程序是指被处罚人不服处罚而提起异议,请求有关机关对处罚的正确性、合法性进行审查和撤销违法、不当处罚裁决的程序,包括声明异议、申请复议、提起行政诉讼和请求行政赔偿等程序。当然,不是每一个行政处罚都需要经过所有这三个阶段的程序,更不是都需要经过所有这三个阶段的程序中的每一个具体程序。但是国家立法必须提供所有这些程序,以使行政处罚的执法者和行政处罚程序中的当事人、参与人在处罚过程中需要适用某一具体程序时能有所遵循、有法可依。

调查程序中的检查、搜查（包括人身检查、住宅搜查）严重地涉及相对人的人身权、财产权、名誉权，立法必须规定严格的条件和手续。对于紧急性检查、搜查，某些手续（如搜查证）虽可允许不在事前办理，但应规定事后补办。对于检查、搜查中获取的各种信息资料，应规定执法机关严格为相对人保密，非依法不得公开。调查程序中的鉴定、勘验是保证行政处罚证据真实、准确的重要手段。为了防止在处罚过程中发生争议，立法对鉴定机构，鉴定手续，勘验设备、手续、要求等应作明确的规定。调查程序中的询问、讯问是直接从证人和被指控实施了行政违法行为的相对人口中获取证据的手段，为了防止逼供和引诱、许诺、威胁等违法行为发生，立法应规定有关制约的程序。

处罚程序是对被指控人直接科处行政处罚的程序，立法对之应有更严格和细密的规定。根据处罚的对象——行政违法行为的性质、情节的轻重，行政处罚可设定两类程序：简易程序和正式程序。简易程序适用于性质和情节轻微的行政违法行为，如轻微交通违章、随地吐痰、少量倒卖车船票等。正式程序适用于性质和情节较重的行政违法行为，如走私、贩卖毒品，制作、出售淫秽物品，违章建筑等。简易程序指适用简便的程序，但不是不要程序。为了保证处罚公正、准确，立法应规定某些必要、可行的简易程序，如制作记录，告知违法者所违反的法律规范，听取被指控人的申辩、解释，制作处罚裁决书和送达被处罚人等。正式程序则一般应包括通知、听证、审理、裁决、送达、执行等步骤。当然，正式程序也不应"一刀切"，具体法律、法规可以规定对各种不同行政违法行为的不同的具体程序。但是，具体法律、法规无论规定什么具体程序都应该为被处罚人提供了解案情、陈述意见、提出申辩的机会，行政处罚都必须制作处罚裁决书，处罚裁决必须说明处罚理由，并送达被处罚人。

行政处罚的救济程序是处罚程序的延续和保障。对于被处罚人来说，救济程序是为其提供免受错误处罚、获得公正处罚的保障。被处罚人认为自己不应受罚或处罚不当，可以向处罚机关声明异议，向处罚机关的上级机关申请复议，向人民法院提起行政诉讼等。对于处罚机关来说，救济程序是为其正确、合法行使行政处罚权提供监督、制约和保障。处罚机关在科处行政处罚中，无论是认定事实错误，还是适用法律错误；无论是实体处理不当，还是程序（包括调查程序和处罚程序）违法，都可通过救济程序得以发现、纠正和补救。而且，救济程序的存在本身，对于行政执法机关和执法人员来说，事前就形成一种潜在的制约，成为其公正、准确执法的一种无形鞭策。因此，设计行政处罚程序不仅应包括调查程序、处罚程序，而且应包括救济程序。现在，我国的《行政诉讼法》和《行政复议条例》等实际已经确立了行政处罚的基本救济程序，今后行政处罚立法应进一步加以完善、系统化和相互衔接。

行政处罚程序的设计应兼顾控制处罚权滥用和保障处罚权有效行使两项目标*

写作背景：本文是笔者为草拟《行政处罚法》试拟稿进行前期研究的一项研究成果。此项研究成果的目的比较单一，即解决行政处罚程序的目标模式问题。就此问题，笔者在本文中提出了下述观点："中国行政处罚立法的目标模式既不能完全选择效率模式，忽视对行政权力的控制和对公民权益的保护；也不能完全选择控权模式，忽视提高行政效率和保障行政管理的顺利进行。从而行政处罚立法在程序制度的设计上，应尽可能做到二者兼顾：既有利于控制处罚权的滥用和保护公民、组织的权益，又有利于提高行政效率。在某些情况下，程序的设计可能难以兼顾二者：控权即难以提高效率，提高效率即难以控权。对这一问题，则应具体情况具体分析和具体对待。"笔者在本文中提出的上述观点，之后第八届全国人大第四次会议通过的《行政程序法》基本上予以了采纳。例如，该法第 1 条规定的行政处罚的目的即"保障和监督行政机关有效实施行政管理，维护公共利益和社会秩序，保护公民、法人或者其他组织的合法权益"。

程序的设计是行政处罚立法应解决的一个重要问题，甚至是一个最重要的问题。

我国行政处罚应设计什么样的程序，这取决于我国行政处罚立法的目标模式。从国外情况看，行政处罚立法主要有两种目标模式——侧重控制处罚

* 该文原载《行政法学研究》1995 年第 2 期。

权滥用的模式和侧重保障处罚权有效行使的模式。前一行政处罚立法模式所追求的主要目标是保护公民个人、组织(包括被处罚对象)的合法权益;后一行政处罚立法模式所追求的主要目标是维护国家利益和社会秩序。此两种目标在许多情况下可以是统一的,但在不少情况下也可能发生冲突。在发生冲突的情况下,前一模式选择的解决办法是舍效率,保权利;后一模式选择的解决办法是舍权利,保效率,或者说舍个人利益,保国家、社会利益。

中国行政处罚立法应选择什么样的目标模式,是选择以控权为主的模式还是选择以保障效率为主的模式,这恐怕需要认真研究。

中国法制历来有重义务、轻权利,以公民义务为本位的传统,古代封建法制如此,国民党统治时期的中国的法制如此,新中国成立后的法制也深受这种传统的影响。以公民义务为本位的法制显然不利于防止行政专制和政府官员滥用权力,不利于民主政治建设。为了纠正中国法制传统上的这种偏向,加强国民的民主、法治意识,行政处罚立法似应选择以控权为主的模式。

但是从中国目前生产力发展水平的状况来讲,法制的民主性又不可能推进过快。民主和效率虽然不是截然矛盾的,但民主如果脱离生产力的发展水平而推进过快,公民个人权利的保障如果脱离社会公益的维护而强调过分,又确实可能影响效率,影响经济发展速度,不利于社会生产力的发展。正是出于这种考虑,中国目前在社会分配和社会保障方面确定的政策是:效率优先,兼顾公平。这种政策虽然并不完全适用于行政处罚立法,但行政处罚立法的目标选择也不能不把效率放在非常重要的位置上。

由此可见,中国行政处罚立法的目标模式既不能完全选择效率模式,忽视对行政权力的控制和对公民权益的保护;也不能完全选择控权模式,忽视提高行政效率和保障行政管理的顺利进行。从而行政处罚立法在程序制度的设计上,应尽可能做到二者兼顾:既有利于控制处罚权的滥用和保护公民、组织的权益,又有利于提高行政效率。在某些情况下,程序的设计可能难以兼顾二者:控权即难以提高效率,提高效率即难以控权。对这一问题,则应具体情况具体分析和具体对待。例如,在设计处罚裁决程序上,具有司法性质的听证程序有利于控权和保护相对人权利,但实行这种程序显然难以兼顾效率,特别是对于大量轻微违法行为的处罚,如果都采用正式的听证程序,就会造成大量人力、财力以及时间的耗费,且不利于及时、有效制止和打击违法行为,维护社会秩序。那么处罚裁决是否应该放弃听证程序，而采取行政机关直接处罚的简易程序呢？简易程序当然有利于加快处罚速度，提高处罚效率，但是这样做显然不利于保障处罚的准确、公正和保护相对人的权益。因此，协调二者的矛盾，处罚裁决程序的设计和选择就不能简单地采取非此即彼的思路，而可以考虑同时设计两种或两种以上的程序，分别适用对不同类别的违法行为的行政处罚。例如，对严重违法行为实施的较重行政处罚（如拘留、吊扣营业执照、数额巨大的罚款）可以规定适用听证程序，即处罚裁决机构在违法行为指控人（调查违法行为的机构）和被指控人均在场的情况下接受他们各自提供的证据和有关材料，听取他们的陈述和辩论，然后依据法律、法规以及听证中通过辩论、质证认定的事实作出裁决。对一般违法行为实施的较轻的行政处罚（如数额不大的罚款或责令作出或不作出某种行为的处罚等）可规定适用普通程序，即行政执法机构根据自己通过调查所取得的有关违法行为的事实材料及相应证据，在听取调查人的意见、解释、说明或申辩后作出处罚裁决。对某些特殊的违法行为（如交通、市场、食品卫生、市容管理等方面的违法行为）实施小额罚款或警告处罚，则可适用效率更高的简易程序。行政处罚程序如果这样设计，就可以兼顾控制处罚权滥用，保护相对人权益和维护处罚权有效行使，提高行政效率两方面的目标。

依法设罚　依法科罚

——谈《行政处罚法》的实施*

写作背景：本文与前两文不一样，不是《行政处罚法》制定前的前期研究成果，而是笔者在《行政处罚法》出台后对该法一项基本原则——依法设罚、依法科罚——的阐释，分析该原则在执行中可能遇到的困难。文章针对这些困难提出了相应的应对和解决对策。

《行政处罚法》已于1996年10月1日起正式施行。该法为规范行政主体的行政处罚行为，确立了一项最重要的基本原则：依法设罚、依法科罚。《行政处罚法》预定的立法目的能否真正实现，该法能否产生真正的治乱、治滥、治软的实际效果，关键取决于这一基本原则能否在实践中真正得到贯彻执行，真正得到落实。

所谓"依法设罚"，根据《行政处罚法》的规定，主要包括下述三项要求：(1)应受行政处罚的行为必须由法律、法规、规章规定，任何其他规范性或非规范性文件均不得规定行政相对人的何种行为应受行政处罚。(2)法律、法规、规章规定行政处罚，其处罚种类必须遵循《行政处罚法》的统一规定，法律、法规有特殊需要时可设定其他罚种，规章和规章以外的其他规范性文件则不得设定任何新的罚种。(3)法律、法规、规章规定行政处罚必须遵循《行政处罚法》关于设罚的权限范围，不得超越。例如，行政法规不得设立限制人身自由的行政处罚，地方性法规不得设立限制人身自由和吊销企业营业执照的

---

* 该文原载1996年10月7日《法制日报》第1版。

行政处罚,规章不得设立警告和罚款以外的行政处罚。

所谓“依法科罚”,根据《行政处罚法》的规定,主要包括下述四项要求:(1)行政主体科处行政处罚必须遵循法定处罚权限,如限制人身自由的行政处罚只能由公安机关科处,其他任何行政机关均不得实施拘留一类涉及公民人身自由的行政处罚;(2)行政主体科处行政处罚,其所罚行为必须是法律、法规、规章规定应予处罚的行为,任何个人、组织的行为,法无明文规定不受罚;(3)行政主体科处行政处罚必须遵循法定处罚种类、处罚幅度,行政相对人对超越法定罚种、罚度的行政处罚,均可通过行政复议或行政诉讼请求撤销;(4)行政主体科处行政处罚必须遵循《行政处罚法》规定的程序和其他法定程序,行政相对人对违反重要法定程序的行政处罚可视为无效而不予履行。

依法设罚、依法科罚的行政处罚基本原则虽已为《行政处罚法》所明确规定,但真正要使这一原则在实践中得到全面贯彻执行却不是一件很容易的事情。首先,我国有着长期的人治传统,法治对很多人来说还不熟悉、不习惯,甚至还有一些人有抵触情绪,认为这样做不利于打击违法行为、维护社会秩序。其次,经济利益和其他利益机制的驱动,地方保护主义、部门保护主义的影响,使一些人只知罚而不知法,或虽知法而故意规避法,甚至故意违法设罚、违法科罚。再次,部分行政立法、行政执法人员素质低,可能不自觉地违法设罚、违法科罚。最后,目前我国有关行政管理的实体法和程序法尚不完善,某些法律规范还存在相互冲突的情形;加上资金不足、设备不先进等因素,都可能给行政处罚法治原则的实现带来困难。然而法贵执行,依法设罚、依法科罚的行政处罚基本原则既然已为《行政处罚法》所明确规定,就应当保障其得到切实的执行。尽管在我国目前的情况下,该原则的执行如同前述会有种种困难,但只要采取有力的措施,前述困难都是可以克服的。这里的关键在于各级政府、各级领导采取什么态度,是否真正准备在行政处罚领域,乃至整个行政管理领域实行法治。如果我们真正决心实行法治,那么种种困难、问题都是可以克服、可以解决的,人们的观念可以通过普法宣传和法治实践的教育逐步转变;利益机制问题可以通过改革相应体制逐步调整;行政立法、行政执法人员的素质可以通过各种形式的培训逐步提高;法律不完善、法律规范冲突的问题可以通过加快立法步伐和法规清理工作而得以解决;等等。《行政处罚法》开始实施了,这对于各级行政机关和行政执法人员来说,可以认为是面临一场考试。考试的总题目就是:依法设罚、依法科罚。能否交出合格的答卷,全国人民正拭目以待。

“刘秋海事件”中行政行为的合法性辨析*

写作背景：笔者本文所评论的“刘秋海事件”虽然已超出行政处罚的范畴，它同时涉及行政强制（扣车行为）、行政诉讼（交警执法行为合法性诉讼）及民事诉讼（名誉侵权诉讼）的诸多内容。但是它有关交警执法调查、取证以及交通事故处理、处罚都属于行政处罚的事实认定和法律适用范畴，与行政处罚的合法性问题密切相关，故笔者将本文纳入行政处罚法研究编。“刘秋海事件”是20世纪90年代末发生的一个被法学界和媒体广泛关注的有重大社会影响的法律事件。关于这一事件的来龙去脉，《南方周末》记者郭国松曾对之有较详细的报道。① 1995年3月12日晚，广西北海市郊区发生一起交通事故，伤者陈某某，女，北海市合浦县人，事发时，她驾驶一辆两轮摩托车经过此地。随后，广东省雷州市人刘秋海（当时为雷州市政协委员，后为湛江市人大代表）、冯某某等人将陈某某送往北海市人民医院，并留下600元医疗费后驾车离去。4月19日，刘秋海等人再次驾车途经北海市时，银海区交警大队民警林某接到陈某某亲戚廖某某的报告，说3月12日晚撞伤陈某某的汽车停放在北海市森美大院内。林某遂身着便装立即前往森美大院，以3月12日晚肇事待查为由，将广东26-01×××号农夫车及该车行驶证作暂扣处理。6月22日，《人民政协报》以《公理何在，正义何在》为题刊登了刘秋海的来信。来信称：当天晚上，他与同伴驾车途经出事地点前往南宁市，见陈某某摔倒在路边的水沟里，正在求救，遂将其救起送往医院并垫付了医疗费，反被诬为肇事逃

---

* 该文原载1999年12月24日《南方周末》第5版。

① 参见郭国松：《广西“刘秋海事件”始末：正义的背叛?》，载新浪网，http://www.sina.com.cn/society/2000-1-1352230.html。

逸。7月14日，银海区交警大队向刘秋海宣布道路交通事故责任认定书：“经我大队对此事故的调查核实，冯某某肇事后逃逸，依照《道路交通事故处理办法》第二十条之规定，冯某某应负此事故的全部责任，陈某某对此事故无责任。”刘秋海、冯某某不服上述认定，于7月20日向北海市交警支队提出关于请求重新认定“3·12”交通事故责任的申请书。8月6日，北海市公安局交警支队作出道路交通事故责任重新认定决定书，维持郊区大队（银海区大队）对此事故作出的责任认定。

1995年9月23日，陈某某向北海市银海区人民法院对刘秋海、冯某某提起民事诉讼：请求判令被告承担民事刑事的全部责任，负责事故的全部费用；判令被告赔偿给原告摩托车损毁费、医药费、误工费、伤残费、护理费、美容费合计人民币15万元。9月28日，银海区人民法院作出民事裁定：对被告冯某某等肇事车一辆予以查封，由原告自行保管。1996年3月19日，刘秋海、冯某某向北海市中级人民法院提起行政诉讼，状告北海市公安局银海区交警大队，请求法院撤销被告作出的道路交通事故责任认定书；责令被告归还非法扣押的广东26-01×××号农夫车；赔偿车辆运营损失费及其他损失共13万元。

1997年9月25日，北海中院对刘秋海、冯某某诉北海市银海区交警大队违法行政一案作出一审判决：维持被告银海区交警大队于1995年4月19日作出的暂扣凭证决定；驳回原告请求赔偿13万元的诉讼请求。刘秋海、冯某某不服，上诉至广西壮族自治区高级人民法院。1999年3月1日，广西高院作出终审判决：“根据《中华人民共和国行政诉讼法》第5条和最高人民法院、公安部《关于处理道路交通事故案件有关问题的通知》第4条的规定，被上诉人作出的道路交通事故责任认定正确与否不在本案审查范围之内，本院不予审查。并据此判决撤销北海市中级人民法院一审行政判决第一项；确认被上诉人银海区交警大队1995年4月19日暂扣上诉人的车辆及其行驶证的具体行政行为合法；1995年9月14日至9月29日暂扣上诉人的车辆及其行驶证的具体行政行为违法；驳回上诉人要求被上诉人赔偿损失的诉讼请求。”

根据行政法学的一般原理，行政行为的合法要件主要有三：行为主体合法、行为内容合法、行为程序合法。在“刘秋海事件”的整个过程中，作为行政主体的广西壮族自治区北海市公安局交警支队银海区大队（以下简称银海交警大队)所实施的行政行为是否具备此三个要件呢?只要对银海交警大队的整个行为稍加分析,即可发现在所有三个要件上,银海交警大队的行政行为均存在缺陷或瑕疵。

首先,在主体要件上,行政行为合法要求行为主体(行政机关或法律、法规授权的组织)享有主管相应行政事务的行政职能;行为的实施者是该行政主体内分管相应行政事务的公职人员。在本案中,银海交警大队虽然享有处理道路交通事故的职权,但行为的实施者林某并非处理道路交通事故的专职人员。林某当时实施的此项行为完全应该也完全可能由银海交警大队内专司此职的事故科的专职人员实施,但林某却凭熟人关系,并且是身着便装去行使了本不应由其行使的行政职权,从而导致了行政行为主体合法性的重大瑕疵。此外,林某扣车后,不是自己或安排行政机关内的司机将车开离现场,而是让事故当事一方的亲属陈某将车开走,更是使行为主体瑕疵进一步扩大化。

其次,在内容要件上,行政行为合法要求行为主体依法实施行政行为,且相应行为事实清楚,证据确凿,适用法律、法规正确。在"刘秋海事件"过程中,银海交警大队实施了两项行政行为:一项是扣车扣证行为;另一项是确认事故责任行为。此两项行为均有主要证据不足和适用法律、法规错误的缺陷。银海交警大队实施此两项行为的事实根据是:相对人冯某某是"3·12"交通事故的肇事者(嫌疑人),并在肇事后逃逸;冯某某所驾车辆即是"3·12"交通事故的肇事车,但是对此种事实的认定却缺乏有力的证据支持。银海交警大队认定相对人交通肇事,根据国务院《道路交通事故处理办法》第8条和第11条的规定,至少应有现场勘验笔录和对有关道路状态的检验或鉴定结论;认定肇事者逃逸,至少应有肇事者肇事后抛弃受害人和受损车辆而逃离现场的证据(事实是"肇事者""肇事"后将受害人送往医院治疗)。但是银海交警大队没有这些证据,它所持的唯一"有力证据"只是车辆检测报告。然而这个检测报告的证明力是大可怀疑的,因为检测单位所检测的车辆曾经脱离行政主体和事故争议一方当事人的控制而为争议另一方当事人所使用(另一方当事人的亲属陈某曾驾车驶离扣押现场)。至于银海交警大队行政行为所适用的法规国务院《道路交通事故处理办法》第20条①,由于缺乏相应的法律事实,显

① 该条规定,"当事人逃逸或者故意破坏、伪造现场、毁灭证据,使交通事故责任无法认定的,应当负全部责任"。

然是错误的。

最后,在程序要件上,银海交警大队的行政行为存在更多的缺陷与瑕疵:其一,《道路交通事故处理办法》第 8 条规定:“公安机关接到报案后,应当立即派员赶赴现场……勘查现场,收集证据……”但银海交警大队接到报案(其自己宣称,当事人已于事故发生一周后报案)后,不要说“立即”,就是一周后也没有派人去勘查现场、收集证据。其二,《道路交通事故处理办法》第 11 条规定:“公安机关对交通事故的车辆、物品……当事人的生理和精神状态及有关的道路状态等,应当根据需要,及时指派专业人员或者聘请有专门知识的人进行检验或者鉴定……”但银海交警大队除对车辆进行了检验、鉴定外,再未进行任何其他检验或鉴定。就是对车辆的检验和鉴定也远不是“及时”的。第一次鉴定是在该车辆经过事故当事人一方的亲属陈某驾驶并驶离扣押现场以后进行的;第二次鉴定是在事故发生后两年多才进行的,以致鉴定单位“未取到有价值的微量物证”。其三,《道路交通事故处理程序规定》第 16 条第 2 项规定:“勘查人员到达现场后应当……(二)制作勘查材料,寻找证人,收集物证。”依《道路交通事故处理办法》第 17 条的规定,此种勘查材料等还要有当事人或现场见证人签字,但银海交警大队民警林某到达“肇事车辆”现场后,没有制作任何有或没有当事人、见证人签字的勘查材料。其四,根据国务院《道路交通事故处理办法》第 12 条的规定,公安机关根据检验或者鉴定的需要,可以暂时扣留交通事故车辆或者嫌疑车辆,检验或者鉴定后应当立即归还。但银海交警大队不仅没有在检验、鉴定后归还相对人车辆,而且在作出交通事故责任认定和调解终结后仍未将车辆归还相对人。

由此可见,银海交警大队在“刘秋海事件”中所实施的行政行为既缺乏主体合法要件,又缺乏内容合法要件,还缺乏程序合法要件,在整体上是一个违法的行政行为,人民法院在司法审查中无疑应确认该行为违法,并予以撤销。但是法院一审却判决全面维持该行为,二审虽部分地确认该行为违法(确认超期扣车违法),但仍对扣车、扣证决定在整体上判决维持,并拒绝审查被告对事故责任确认行为的合法性。根据《行政诉讼法》的规定,凡是行政相对人认为行政主体侵犯其人身权、财产权的具体行政行为,除非属该法第 12 条排除的行为,其余都是人民法院行政诉讼的受案范围。对于《行政诉讼法》确定的受案范围,只有法律可加限制,行政法规、地方性法规、规章以及司法解释均不得加以缩减。二审法院引用最高人民法院、公安部《关于处理道路交通事故案件有关问题的通知》第 4 条,排除人民法院对道路交通事故责任确认行为的司法审查。但最高人民法院和公安部的上述通知如与《行政诉讼法》的规定不一致,与《行政诉讼法》保护公民合法权益、监督行政机关依法行政的立法目的相抵触,法院加以适用就是错误的。有人认为,行政机关的确认行为只是对事实的认定,不存在合法性的问题,从而不适于法院司法审查。这种看法虽有一定道理,但整体上是不正确的。因为确认行为同样存在是否具备合法要件的法律问题,如行政主体有无确认权限,作出确认结论有无事实根据和基本证据支持,是否遵守了法定程序,等等。对于这些法律问题,法院是应该审查并且是能够审查的。如果对于行政机关完全没有证据,或者依据其违法取得的证据,或者依据完全虚假的证据作出的事实认定不能过问,法院就完全背离了自己的使命——纠正违法、保障公正、保护人民的权益。

高校处分权：在合法与侵权之间*

写作背景：本文是《北京青年报》记者采访笔者的一篇访谈录。内容涉及高校对违反校规大学生的纪律处分（勒令退学）。高校纪律处分不属于行政处罚，但具有一定的行政处罚性质。特别是勒令退学和开除等处分，严重影响被处分人的权益，应受正当法律程序的拘束，并可接受司法审查。因此，本卷"行政处罚研究"编将本篇访谈录收入。关于本篇访谈录所涉事件的背景，《北京青年报》记者侯毅君曾以《偷尝禁果引来麻烦，女大学生因怀孕被开除，欲告学校侵犯隐私权》一文予以报道：某高校19岁的大二学生李静（化名）没有想到，当自己所在学校的医院查验出她有身孕后，学校以"品行恶劣，道德败坏"为由将她和男友李军（化名）开除。这对恋人认为学校的做法侵犯了他们的隐私权，准备将母校西南某学院告上法院。校方则认为其处分是依据校规及相关规定做出的，是合法的。李静和李军两人均是北京人，2002年暑假期间，他们俩作为恋人一同外出旅游时同住了一晚，发生了性关系。当年10月1日，李静突然觉得肚子疼，便到校医院进行检查，诊断结果为妇科病引起的宫外孕。李静便自费住院做了手术。校医院将她的孕情通报给系领导，10月15日李静出院回校后即被学校通知至少要被处以留校察看的处分，男友李军被定为勒令退学，并通报全校。10月17日，学校要求李静写出深刻检查，交代发生性关系的时间、地点、次数等情节，承认犯有"品行恶劣，道德败坏"的错误。李静写了检查，但学校以李静写的检查"认识不到位和狡辩"为由，于10月30日作出决定，将她和男友两人同处以勒令退学处

---

* 该文原载2003年3月3日《检察日报》第5版。

分，并要求立即离校。学校处分的依据是《某某学院学生违纪处罚条例》第二章第20条："品行恶劣，道德败坏，情节轻微者给予严重警告或记过处分；情节严重和发生不正当性行为者，给予留校察看直至开除学籍处分。"对此处分依据，李静的父亲认为：孩子一时冲动作出轻率行为，作为家长既生气又心痛。但学校以"品行恶劣，道德败坏"为由让孩子退学，却是不能接受的。首先，校医院擅自传播病人的病情和个人隐私有违职业道德。其次，孩子发生性行为是家长和学校教育不力造成的；既然孩子发生性行为属个人隐私，学校不应该给孩子定性为"品行恶劣，道德败坏"，并公开其处理决定。之后，李静、李军委托律师拟向法院提起诉讼。

2003年1月，重庆市南岸区人民法院对这起广受社会关注的"女大学生怀孕被开除案"作出一审行政裁定，以此案不属于法院受理范围为由，驳回李静要求重庆某学院撤销处分决定的起诉。

本案虽然没有被法院受理和作出裁判，但引起了法学界和社会较广泛的讨论，对之后国家完善有关高等学校学生管理的法律规范起了较重要的作用。教育部在现行《普通高等学校学生管理规定》中排除了对大学生恋爱"偷尝禁果"行为作出勒令退学或开除学籍的处分。该规章仅对有下列情形之一的学生规定了可酌情给予勒令退学或开除学籍的处分：(1)有反对四项基本原则的反动言论和行为者，组织和煽动闹事，扰乱社会秩序，破坏安定团结，侮辱和诽谤他人而坚持不改者；(2)触犯国家刑律，构成刑事犯罪者；(3)破坏公共财产，偷窃国家、集体、私人财物造成严重损失和危害者；(4)有偷窃行为而又屡教不改者，酗酒、赌博、打架斗殴，情节严重者。大学生恋爱"偷尝禁果"的行为显然不在这四种情形之内。同时，该规章还对高等学校给予学生处分规定了相应的正当程序。

主持人：在我国，随着高校学生权利意识的增强，为维护自己的权益而状告母校的事件自1996年刘某文起诉北大拒授博士学位开始，已逐年增多。日前，重庆某学院发生的"女大学生怀孕被开除案"引起国内外媒体和社会舆论的强烈反响，多数观点都对高校处分学生权利的正当性提出疑问。那么高校与学生之间到底是一种什么性质的关系？是民事关系还是行政关系？我想这是讨论高校处分权正当性的一个前提。

姜明安:就高校与学生间关系的界定而言,首先得找到区分民事关系与行政关系的标准。行政关系的特征是必须有行政主体和行政相对人、双方地位不平等、行为的目的是对公共事务进行管理等;而民事关系强调双方地位平等、自愿、等价有偿。这些都是两者的区别,但最主要的判断标准在于这种关系是否涉及"公权力"的行使。所谓公权力,就是法律法规授予国家机关或其他组织管理社会公共事务的权力,这种权力通常具有强制性、单方性的特点。高校的任务是向社会提供公共教育,这种公共教育实质上是一种公共事务,所以高校也涉及公权力的行使。应该说,高校与学生之间的关系既有行政的,也有民事的:如给予处分、进行学籍管理就属于行政关系,双方之间不存在自愿、平等协商等问题;而此外的诸如收取学费、提供教学与生活服务、给予人身财产安全保障等均属民事关系。

主持人:刚才各位专家的讨论澄清了一个问题,就是学校与学生之间存在一种管理与被管理的关系,也就是说学校拥有一定的公权力,可以对学生行使处分权。现在的问题是,在这种管理中如何体现和尊重学生的权利呢?在法律上高校的处分权应被控制在多大的范围之内?

姜明安:高校处分权的行使必须合法合理。"合法合理"应包括以下几个方面:其一,主体与权限要合法,处分必须以高校的名义作出,而不能以其院系名义作出。其二,内容要合法,即处分所依据的事实、证据要真实、充分,并且还得符合法律法规规定的处分条件、处分种类与处分幅度。在一般情况下,原则上应"就低不就高",尽量别往勒令退学、开除学籍上靠。其三,目的要合法,处分学生必须是为了教育学生、维护教学秩序、提高教学质量等公共目的,而不能纯粹是为了学校本身的利益。其四,要有程序保障,高校在处分学生时要告诉开除处分所根据的事实、法律依据,听取学生的意见与申辩,再勒令退学。开除学籍的情况下还应举行听证会,提供行政复议、诉讼等救济途径。

主持人:在今天的知识社会里,教育对一个人的成长与发展有着极其重要的作用。高校有关勒令退学、开除学籍的处分实际上是将学生赶出校园,剥夺了其受教育的机会,这是否侵犯了学生的作为宪法性权利的受教育权?

姜明安:这个问题不能一概而论。前面我说过高校有一定的公权力,只要处分(包括勒令退学和开除学籍)是合法合理的,就不存在侵犯学生的受教育权问题。反之,如果处分是不合法的,那就侵犯了学生的权利。需要说明的是,高校开除学生并不能说是剥夺了学生的受教育权,而只能说是限制或者影响了他的受教育权;因为在这种情况下他的受教育权还可以通过其他途径实现,如校外学习。

主持人:从目前发生的高校学生状告母校的案件来看,一个较为突出的问题是,学生普遍认为学校作出的处分是武断的,既没有告诉学生处分的理由与依据,也没有认真听取学生的申辩。显然,这与现代社会提倡的"程序公正"的观念与实践相悖,高校的处分权是否要接受正当程序的限制呢?

姜明安:现代行政法的一个发展趋势就是越来越重视正当程序。一般的正当程序是这样的:首先是告知相对人作出处分决定的理由与根据;其次要听取其申辩,在作出重大处分时举行听证会,允许相对人进行抗辩、质证;最后是送达书面处分决定,并告知其享有申诉、申请复议或者提起行政诉讼的权利。当然,并不是所有的处分都要按照这种程序,这里还存在一个成本的问题:正当程序要与处分的严重程度相适应。就高校处分学生而言,给予警告或记过这样的内部处分是不需要举行听证会的;但是,如果作出勒令退学或开除学籍的处分,这时学校与学生之间就转化为一种准外部关系,应该举行听证会和为学生提供复议、诉讼等途径。

主持人:高校学生状告母校案件之所以引起社会的特别关注,其中一个重要的原因在于这类案件大都以法院裁定不予受理或驳回起诉告终。前面的讨论已表明高校的处分权有其存在的合理性,处分权的行使应当有法律依据和正当程序。如果高校处分学生没有法律依据或者没有遵循正当程序,而法院又不能过问,那么,谁来保障学生的利益?

姜明安:从法律上讲,学生一进入学校,就与学校建立了一种特别权力关系。所谓特别权力关系就是个人与其所在的机构、组织之间的不同于人们在相应机构、组织之外的一般权利义务关系。传统观点认为,在存在特别权力关系的情况下,当事人之间的争议不能诉诸法院,如公务员不能告政府、学生不能告学校、犯人不能告监狱等。但是随着法治的发展,特别权力关系情形下的争议部分甚至大部分可以诉诸法院,但一些内部争议还是不能起诉的,这是权力与秩序、公平与效率平衡的要求。目前我国的立法和司法机关还较多地受到传统的特别权力关系理论的影响,如《教育法》规定,学生不服学校处分决定的只能向有关部门申诉,而没有规定可以向法院起诉;法院也以法律没有规定为由拒绝受理。但是,受教育权是现代社会的一项基本人权,对其作出处分必须慎之又慎,一般处分可以通过申诉处理,但勒令退学、开除学籍的处分应当接受法院的司法审查。当然,法院的司法审查应局限于审查法律问题,即审查作出处分决定的主体资格、内容、目的、程序等是否合法,而不应审查学术问题和学校内部管理的合理性问题。在这些问题上,法院应充分尊重高校的自由权和自治权。

言论自由与行政干预的法律界限

——评株洲市教育局对撰著《人世老枪》一书教师的处理*

写作背景:2001 年 6 月,湖南省株洲市二中语文教师尹某将其近百篇杂文、随笔、散文收编成集,取名《人世老枪》公开出版。该书中存在一些明显错误的言论,如“专门利己,毫不害人”等。书出版后,其还向自己的学生推销。2001 年 8 月 31 日,株洲市教育局就此查处情况向全市发出情况通报,同意株洲市二中对尹某实行解聘,株洲市(含五县市区)内的所有学校不聘尹某为教师;由株洲市二中收回尹某已推销给学生的书。此事件当时在社会上引起较大反响,人们对言论自由与行政干预的关系有不少争论。为此,《人民法院报》约笔者写了这篇评论。笔者在评论中指出,言论自由不应是无限制的自由,要受宪法和法律的一定限制。此外,尹某作为教师,其在行使言论自由权时,还要受《教育法》和《教师法》有关规定的限制,不应发表违背教师职业道德,对学生德、智、体有害的言论。但与此同时,法律对依法干预公民言论自由的行政权必须加以限制,对行政权干预教师言论自由的行为更要加以限制。就本案而言,尹某的言论确实有违教师义务,行政权可以进行一定的干预。但干预必须遵守法律规定的干预形式和正当法律程序。在法律对相应事项没有规定具体干预形式的情况下,教育行政部门只能采取行政指导的方式,建议尹某所在学校对其进行批评、教育;在尹某拒不接受批评、教育的情况下,也可建议学校解除与其聘用合同,但不得直接作出处理决定(直接处理决定权应该由学校依法行使)。

---

* 该文原载 2003 年 5 月 30 日《人民法院报》第 3 版。

株洲市教育局2001年60号文对该市二中教师尹某撰著和向学生推销《人世老枪》一书事作出下述通报处理:其一,同意该市二中对尹某解聘;其二,要求该市所有学校不聘尹某为教师;其三,收回尹某已推销给学生的书。株洲市教育局之所以做出这一处理,是因为《人世老枪》一书有“世上的一切都必须为我服务”“我的真心话就是‘专门利己,毫不害人’”等言论,以及尹某在其他场合曾发表和宣扬过“读书考大学是为了自己”,将来能找好工作、挣大钱、过美好生活等观点和言论。

株洲市教育局这一通报处理行为涉及《宪法》规定的公民言论自由的界限和行政权对公民言论自由干预的界限问题。

言论自由有无界限?如果有,尹某的言论是否超越了这一界限?

言论自由当然不是无限制的自由,当然有法律上的界限。首先,言论自由要受到《宪法》第51条的限制:公民行使言论自由权时,不得发表损害国家的、社会的、集体的利益和其他公民的合法的自由和权利的言论。其次,言论自由要受《刑法》第103条和第105条的限制:公民行使言论自由权时,不得发表煽动分裂国家、破坏国家统一,以及以造谣、诽谤或其他方式煽动颠覆国家政权、推翻社会主义制度的言论。再次,言论自由要受《民法通则》第120条的限制:公民行使言论自由权时,不得发表侵害他人名誉权、荣誉权的言论。最后,作为教师,其在行使言论自由权时,还要受《教育法》和《教师法》有关规定的限制:不应发表违背教师职业道德,对学生德、智、体有害的言论。后三方面的限制实质上是《宪法》第51条限制的具体化。在一些西方国家,言论自由通常仅以不构成对公益和他人权益的“明显的”“急迫的”损害为界限。

尹某的言论是否超越了我国宪法和法律设定的上述界限了呢?很显然,尹某说那些话不会对国家的、社会的、集体的利益和其他公民的合法的自由和权利造成任何法律意义上的损害。作为一个公民,他完全有权利自由发表上述言论。但尹某作为一个教师,他的言论对学生是否有一定的负面影响呢?就笔者看来,这种负面影响是存在的。过分自私自利的观念不利于青少年的健康成长:如果青少年长期受这种观念的影响,他们中有些人今后可能会变得很冷漠,可能不愿为他人甚至不愿为自己的父母、兄弟姐妹做出哪怕一点点牺牲,成为对家庭、对社会毫无责任感的人。

如果是这样的话,尹某的言论即有违教师义务。但是,尹某的言论即使有违教师义务,教育行政机关是否就有权加以干预呢?如果有权加以干预,其可加以何种形式和何种程度的干预呢?这即涉及行政权对言论自由干预的界限和度的问题。

宪法和法律既然设定了言论自由的一定界限,自然就应有一定的执法机关追究超越法定界限的人的法律责任。例如,对于超越刑法界限的人,法律授权法院依刑法追究犯罪人的刑事责任;对于超越民法界限的人,法律规定由受害人申请法院追究其民事责任;对于超越教育法、教师法和其他行政法设定的界限的人,法律授予了行政机关加以干预,对违法者追究行政责任的权力。

但是,根据法治的基本原理,行政权行使必须受到严格的法律限制。特别是行政权对公民言论自由等基本权利的干预,更要严格遵守宪法和法律设定的界限。行政权行使的一般法律控制途径主要包括:主体、权限、条件、基准、度、程序等。法律、法规、规章在规定各种行政职权时,通常都要同时规定行使者的主体资格、权限范围、行为条件、行为基准、行为度、行为程序。行政机关行使行政职权,实施行政行为,必须遵守法律、法规、规章的这些规定。否则,即可能导致相应行为的无效或被撤销。至于行政权对公民言论自由等基本权利的干预,限制则更为严格。其限制的严格性表现在上述主体资格、权限范围、行为条件、行为基准、行为度、行为程序只能由宪法和法律规定,法规和规章均不得设定对公民基本权利的限制。

就尹某的言论问题而言,株洲市教育行政机关的干预是否符合宪法和法律的限制呢?答案显然是否定的。首先,从权限范围上讲,根据《教育法》第28条和《教师法》第17条的规定,聘任和解聘教师是学校的权利,法律没有赋予教育行政机关对教师的聘任权或解聘同意权,也没有赋予教育行政机关要求学校聘任或不聘任发表过某种言论的人为教师的权力。其次,就行为条件、行为基准和行为度而言,《教师法》第37条虽然规定了教育行政部门有权对教师给予行政处分,但同时规定了给予行政处分的条件,即教师有下列情形之一:(1)故意不完成教学任务给教育教学工作造成损失的;(2)体罚学生,经教育不改的;(3)品行不良、侮辱学生,影响恶劣的。尹某显然不具备上述情形。即使具备上述情形,行政处分形式中也没有株洲市教育行政机关对尹某作出的上述处理形式。最后,就行为程序而言,根据现代行政法的一般原则,行政机关对行政相对人作出不利的行政行为,应向相对人说明理由、根据,听取相对人的申辩，必要时还要为相对人提供听证的机会。株洲市教育行政机关的通报行为对尹某显然是不利的，故应受正当法律程序的限制。株洲市教育行政机关的行为如未遵循上述程序，即超越了正当法律程序原则的限制。

根据法治的要求，法律对行政权必须加以限制，对行政权干预公民言论自由的行为尤其要加以限制，对行政权干预教师言论自由的行为更要加以限制。因为言论自由涉及人之为人，公民之为国家主人的基本保障问题，教师言论自由更涉及对人类后代创造性、创新性的影响、培育、开拓的问题。当然，就本案而言，尹某的言论确实有违教师义务，行政权可以进行一定干预。在法律没有规定具体干预方式的情况下，教育行政部门可以采取行政指导的方式，建议尹某所在学校对其进行批评、教育；在其拒不接受批评、教育的情况下，也可建议学校解除与尹某的聘用合同。

行政处罚程序都是外部程序，无内外程序之分*

写作背景：20世纪80年代，许多法院在对行政处罚案件的审理中遇到一个问题：一些行政机关将行政处罚程序分为“外部程序”和“内部程序”。将行政处罚程序中的调查、检查程序列为“外部程序”，而将行政机关负责人对调查、检查的审批、决定程序归入“内部程序”；将行政处罚决定程序中的送达处罚决定书的程序列为“外部程序”，而将行政机关负责人（个人审批或通过集体讨论）作出处罚决定的程序归入“内部程序”。行政机关主张法院在行政诉讼中应排除对行政处罚“内部程序”进行司法审查。这种主张给法院对行政处罚的司法审查造成了很大的困难。因为法庭要通过案件审理，真正搞清楚行政机关实施调查、检查和作出行政处罚决定的真实理由、根据，往往要以审查行政机关负责人的审批、决定文书及相应行政首长集体讨论的会议纪要为前提。相应行政行为的合法性往往就隐藏在这些审批、决定及会议纪要之中。法院不审查这些“内部程序”，就无法准确判断相应行政处罚行为的合法性。对此，杨利敏教授在《人民法院报》发表了一篇文章，主张行政处罚无论内外程序，均应接受司法审查。《人民法院报》编辑征询笔者对该文的看法，笔者即写了这篇评论性文章。

我基本同意杨文①的观点：行政处罚的一般程序，无论是行政机关自认为

---

* 该文原载2005年《法治时代》周刊第208期。

① 杨利敏教授文章。

其直接涉及行政相对人权利，将之归入“外部程序”的部分，还是行政机关自认为其不直接涉及行政相对人权利，将之归入“内部程序”的部分，都是可以和应该接受司法审查的。

但是，对于杨文观点的论证，我有三点要予以补充：

第一，行政处罚程序都是外部程序，而无内部程序、外部程序之分。所谓“内部行政程序”，是指行政机关实施内部行政行为的程序，如行政机关制定内部工作规则，进行内部人事安排，对内部工作人员进行奖惩、任免等的程序。而行政机关对外部行政相对人实施具体行政行为的程序，如行政处罚程序，则都是外部程序。某些行政机关将这种外部行政行为的程序再分为“内部程序”和“外部程序”是既缺乏法律根据，也缺乏理论根据的，甚至是荒谬的。例如，这些行政机关将行政处罚程序中的调查、检查程序列为“外部程序”，而将行政机关负责人对调查、检查的审批、决定程序归入“内部程序”；将行政处罚决定程序中的送达处罚决定书的程序列为“外部程序”，而将行政机关负责人（个人审批或通过集体讨论）作出处罚决定的程序归入“内部程序”。前者可进行司法审查，后者排除司法审查。显然，这是很不合理，很不适当的，这种划分会给司法审查制造不必要的困难。因为法庭要通过案件审理，真正搞清楚行政机关实施调查、检查和作出行政处罚决定的真实理由、根据，首先要审查的恰恰应该是行政机关负责人的审批、决定程序及相应行政文书，如审批表、集体讨论的会议记录或会议纪要等。正是这些审批、决定程序及相应行政文书能更好地反映相应行政行为的启动和运作的各种具体情况。①

第二，任何行政行为一旦进入司法审查，根据《行政诉讼法》第 28 条的规定，行政机关即有义务向法院提交相应行为的所有证据材料和所依据的规范性文件。任何行政机关没有权力将其中某一部分材料以“内部程序”为由拒绝向法院提交。即使某些材料具有“国家秘密”性质，它通常也只能向当事人保密和要求法院向当事人保密，而不能向审查相应行政行为的法院保密。行政机关拒绝提交法院要求其提交的证据材料，法院可以其举证不能而判决其

---

① 当然，行政相对人对行政机关实施的过程性行政行为（行政机关负责人审批或集体讨论、审议等行为）不能单独提起行政诉讼，只能对最终行政决定提起行政诉讼。但是，人民法院在对被诉行政行为进行合法性审查时，则应对相应过程性行为一并进行审查，不能只审查最终行政决定而不审查作出最终行政决定而实施的过程性行政行为。

败诉。

第三,法院不能一般性地审查行政机关的规章和规范性文件规定的程序。法院之所以不能一般性地审查这些程序,不是因为这些程序是所谓的“内部程序”,而是因为规定这些程序的规章和规范性文件属于“抽象行政行为”的范畴。但是,当这些程序一旦为被诉具体行政行为所适用时,法院就理所当然地有权对这些程序予以审查。法院通过审查,如认为这些程序是违反相应法律、法规的规定时,即可以和应该根据法律、法规的规定判决确认被诉具体行政行为违法;如认为这些程序是符合相应法律、法规的规定,是对相应法律、法规规定的补充和具体化时,法院则应审查被诉具体行政行为是否遵循了这些程序。被诉具体行政行为如遵循了这些程序,法院会判决确认其合法;反之,则会判决确认其违法。但是,不管属于何种情形,法院无论如何都不应以行政行为某种程序是由规章和规范性文件规定的而认定其为“内部程序”和据此放弃对它的审查。

行文至此,想起一个行政复议机关和人民法院以“内部程序”对相应行政行为不予受理和审查的案例(该案载《财经》2005 年第 7 期)。该案例涉及的虽然不是行政处罚,但在区分“内部程序”和“外部程序”的荒谬性和有害性上,任何具体行政行为都具有共性。该案案情如下:福建省莆田市城厢区龙桥街道办事处外延寿村农民对政府征用他们的土地给予其补偿的标准过低(政府规定每亩补偿 9000 元,他们认为根据《土地管理法》等相关法律的规定,每亩补偿费应为 30000 元以上)不服,向市政府提出异议,市政府不予理会。之后,农民们依据《行政复议法》向市政府正式申请复议,市政府告知农民:依据《土地管理法实施条例》第 25 条的规定,相对人对征用土地补偿有异议,应向批准征用土地的人民政府申请复议,请求批准征用土地的人民政府裁决。这次外延寿村农民们土地征用补偿标准是由福建省人民政府批准的,故应向福建省人民政府申请复议裁决。于是,农民们向福建省人民政府提出了复议申请,但福建省人民政府以其批准行为属“内部程序”而不予受理。具体理由是“省政府对莆田市政府 2003 年度第五批次征地的闽政地〔2003〕159 号批复文件不过是针对莆田市政府关于征地请示所作的内部批复,不直接发生法律效力”。复议不被受理,农民们怎么办呢?根据《行政复议法》的规定,农民们有两个选择,一是直接向法院提起行政诉讼;二是请求复议机关的上级行政机关责令其受理或由上级行政机关直接受理。于是，农民们决定“两条腿走路”：一方面通过国务院法制办请求国务院撤销福建省政府“不予受理”的决定和责令福建省政府受理；另一方面向福建省中级人民法院提起行政诉讼。但是，“两条腿走路”没有一条走通了，农民们怎么办？根据最高人民法院关于《行政诉讼法》的司法解释，受诉法院既不立案，也不作出裁定，起诉人可以向上一级法院申诉或者起诉，上一级法院认为符合受理条件的，应予受理；受理后可移交或指定下级法院受理，也可自行审理。于是，农民们向福建省高级人民法院起诉，但福建省高级人民法院也拒绝受理。最后，农民们向最高人民法院起诉，最高人民法院立案庭的法官则建议农民们去找信访办。于是农民们找到全国人大常委会信访办，全国人大常委会信访办接待了他们，介绍他们到福建省人大常委会办公厅“接谈处理”。就这样，农民们又回去了。

农民们折腾了近两年，吃了多少苦不说，问题是：问题仍没有得到解决。为什么？人为地将一个外部行政行为区分为“内部程序”和“外部程序”恐怕是罪魁之一。

《治安管理处罚法(草案)》的立法目的与基本原则评析*

写作背景:2005 年 8 月 28 日,第十届全国人大常委会第十七次会议审议通过了《治安管理处罚法》。该法取代并废止了 1957 年制定,经 1986 年和 1994 年两度修订施行近 50 年的《治安管理处罚条例》。《治安管理处罚法》相对于《治安管理处罚条例》有重大发展和进步。本文是笔者在《治安管理处罚法》通过前对该法草案所确立的立法目的和基本原则所作的一个评析,包括对该法草案个别规定的表述进行进一步完善的建议。

《治安管理处罚法(草案)》(以下简称《草案》)第 1 条确立了该法的立法目的:维护社会治安秩序;保障公共安全;保护公民、法人和其他组织的合法权益,规范和保障公安机关及其人民警察依法履行治安管理职责。其与原《治安管理处罚条例》(以下简称《条例》)确立的立法目的(加强治安管理;维护社会秩序和公共秩序;保护公民的合法权益;保障社会主义现代化建设的顺利进行)比较,有下述两大特色:

其一,更注重对公安机关及其人民警察依法履行治安管理职责行为的规范和保障。《条例》没有将这一项确立为立法目的,并不意味着当时的立法者对此完全没有考虑,在《条例》中也不是完全没有这方面的内容。但当时的立法者之所以没有将这一项确立为《条例》的立法目的,显然是对此目的的意义没有充分的认识,没有对之予以足够的重视。这从《条例》的整个内容可以体

---

* 该文原载 2005 年 7 月 13 日北大公法网(该网站现已停办)。

现出来:《条例》虽然对公安机关实施治安管理处罚的程序作了若干规定,但非常简略,仅 8 条,且仅限于裁决与执行程序;而目前全国人大常委会审议的《草案》对处罚程序的规定设 3 节 35 条,从立案、调查,到处理、决定,再到执行,《草案》对治安管理处罚的每一个环节的行为都有详细的程序规范。很显然,这些程序规范对于保障公安机关及人民警察依法行政,防止其滥用权力是具有非常重要的作用的。此外,《条例》对公安机关及人民警察的执法行为进行监督规定得更为简略,仅 2 条;而目前全国人大常委会审议的《草案》则设专章规定执法监督,特别对人民警察办案过程中的各种违法行为予以详细列举(共 10 种),并明确规定了这些行为的行政法律责任以及刑事责任(构成犯罪的)和民事责任(侵犯相对人权益,并造成损害的)。

其二,更注重以人为本和保护行政相对人合法权益。《条例》虽然也确立了“保护公民合法权益”的立法目的,但它将“保护公民合法权益”与“保障社会主义现代化建设顺利进行”并列,这样规定有冲淡“以人为本”的效应,导致在实践中往往将保障经济建设实际置于保护人权之上。而目前全国人大常委会审议的《草案》将“保护公民、法人和其他组织的合法权益”与“规范和保障公安机关及其人民警察依法履行治安管理职责”并列,即有加强“以人为本”的效应。因为“规范和保障公安机关及其人民警察依法履行治安管理职责”有利于防止其滥用权力,促使其依法行政,从而能更好地达到“保护公民、法人和其他组织的合法权益”的目的。

《草案》第 2、3 条和第 5 条规定了治安管理处罚的下述四项基本原则:

其一,依法处罚,法无明文规定不受罚。《草案》第 3 条规定了“依法处罚”的原则,但该规定不尽完善:只规定了依法定程序处罚,而没有规定依法定权限、范围、条件等实体法律规则处罚。此原则宜参考《行政许可法》第 4 条的表述规定。《行政许可法》第 4 条是这样规定的:“设定和实施行政许可,应当依照法定的权限、范围、条件和程序。”显然,这样规定比较全面。

《草案》第 2 条规定了“法无明文规定不受罚”(法律没有规定治安管理处罚的,不予处罚)的原则,但此条对“法”的界定过于狭窄:只限于法律。这可能使我们在某些新的违法行为出现时陷于被动,因为在我国修改法律非常不易,有时三年五载还难以提上立法议事日程。因此,宜将“法”的范围界定为“法律、法规”,至少为“法律、行政法规”。这样,在应对新的违法行为时可能主动些。

其二,过罚相当。《草案》第5条第1款规定了“过罚相当”的原则:治安管理处罚必须以事实为根据,与违反治安管理行为的性质、情节以及社会危害程度相当。这一条规定比较到位。如果将“事实”进一步界定为“有证据证明的事实”,则更有利于规范行政行为和保护相对人的权益。

其三,公开、公正,尊重和保障人权。《草案》第5条第2款规定了“公开、公正,尊重和保障人权”的原则:实施治安管理处罚,应当公开、公正,尊重和保障人权,保护公民的人格尊严。《草案》确立这一原则的意义非常重大,它是我国国人这十多年来法治和人权观念日益增强在立法上的体现。笔者建议,今后《行政处罚法》的修改应该将这一原则完全吸收进去,因为这一原则不仅适用于治安管理处罚,而且适用于整个行政处罚。

其四,教育与处罚相结合。《草案》第5条第3款规定了“教育与处罚相结合”的原则:办理治安案件应当坚持教育与处罚相结合的原则,化解社会矛盾,增进社会和谐。《草案》对这一原则的表述不仅对《条例》有发展(《条例》只规定了“教育与处罚相结合”这一项基本原则,且表述不完善),而且对现行《行政处罚法》也有发展。《草案》的表述不仅提出了“教育与处罚相结合”的要求,而且进一步明确了教育与处罚的目的与方向:化解社会矛盾,增进社会和谐,构建和谐社会。

《草案》上述立法目的和基本原则的确立,应该说是我国近十多年来法治文明进步的结果。笔者相信,在其为正式立法确立后,它必将进一步推进我国法治文明的进步。

行政机关实施没收“违法所得”行为应不应举行听证？*

写作背景：本文的写作源于《法制日报》记者陈煜儒报道的一个案例。2004年9月，苏州市工商局在行政执法调查时发现，苏州当地的东丰公司在加工生产男女系列服装时，将“上海”产地标识佩挂在服装上，有涉嫌伪造产地的行为。该局最后认定该公司共生产伪造产地的服装50,395件，获取加工费价税合计800,955元，扣除税款后为684,577元。同月20日，该局作出行政处罚决定：责令东丰公司改正错误行为，对其处以没收违法所得684,577元。东丰公司不服苏州市工商局的行政处罚决定，向法院提起诉讼，称工商局在没收其68万多元财产时，没有告知其有要求举行听证的权利，属于程序违法。工商局答辩称，国家工商总局颁布的《工商行政管理机关行政处罚案件听证暂行规则》和《行政处罚法》都没有明确规定对“没收违法所得”要求举行听证，故其作出处罚决定没有必要一定要举行听证。东丰公司提出，最高人民法院已在其批复中确定，没收较大数额财产，当事人有要求举行听证的权利。法院认可了东丰公司的诉求，判决撤销苏州市工商局的行政处罚决定。苏州市工商部门的行政执法人员在判决后说，“没收违法所得”和“罚款”属于两种行政处罚，执法人员很难把“较大数额”与“违法所得”联系起来，故忽视了听证程序。另外，工商局作出行政处罚与最高人民法院下发批复发生在同一个月，他们很难在第一时间了解到最高人民法院的司法解释，从而导致执法的被动。

---

* 该访谈原载2005年5月18日《法制日报》第6版。

苏州市工商局在法院撤销了其处罚决定后,仍坚信自己的处罚决定在实体上是正确的,故于2005年4月28日补开听证会。参加听证的人数有近30人,包括苏州市工商局的执法人员、东丰公司的工作人员及律师,还有苏州大学法学院的学生。听证首先由工商局的执法调查人员陈述他们为什么要对东丰公司进行行政处罚;东丰公司申辩为什么工商局的处罚有错误。听证的焦点最后落在了对"违法所得"的计算上。依据国家工商总局的文件精神,凡是在违法生产加工过程中产生的利润,包括加工费都属于违法所得。东丰公司认为,违法所得是指违法所得的纯利润,即净收入;况且工商局对东丰公司没有处罚权,因为东丰公司是一个生产厂家,在生产领域出现的违法行为由质量监督局处罚,工商局只能对流通领域出现的违法现象进行处罚,而质监局在处罚违法所得时,是去掉成本只计算纯利润的。因此,工商局的处罚决定在实体上也是错误的。

对于本案的是非曲直问题,笔者应《法制日报》记者之约,通过本文对案涉相关问题作出解答。

记者:行政相对人在行政处罚程序中的权利仅限于法律列举的范围吗?《行政处罚法》没有列举"没收违法所得"需要召开听证会,公民就没有申请听证的权利吗?

姜明安:法治有形式法治和实质法治之分。根据形式法治的要求,行政机关应该严格依法律的明文规定办事,不能有,或者几乎不能有任何自由裁量权。就本案而言,法律规定行政机关对作出"较大数额罚款"的行政处罚决定应告知当事人有要求听证的权利和当事人提出要求时应组织听证,行政机关就无权也无义务对作出"较大数额没收"的行政处罚决定也告知当事人有要求听证的权利和应当事人的要求组织听证。有人认为,法无禁止即公民的权利,《行政处罚法》没有禁止公民要求听证的权利,那么公民就有要求听证的权利,行政机关不得依法无明文规定对抗。这种理解是错误的:第一,从学理上说,不是法无禁止即有权,而是法无禁止即自由。第二,从法理上说,法无禁止,行政机关不得剥夺或限制公民的"自然权利"(right,如生命、自由、财产等);但法无禁止,公民不一定具有要求行政机关作出某种行为的"特许权利"(privilege,如为之举行听证以及许可、抚恤、救济等)。

根据实质法治的要求，行政机关不仅应该严格依法律的明文规定办事，而且应该依法律的目的、原则、精神办事，特别是应该依法律的目的、原则、精神行使自由裁量权。就本案而言，法律既然规定行政机关对作出“较大数额罚款”等行政处罚决定应告知当事人有要求听证的权利和当事人提出要求时应组织听证，那么行政机关对作出同样性质的“较大数额没收”的行政处罚决定就当然也应该告知当事人有要求听证的权利和应当事人的要求组织听证。自20世纪以来，世界法治发展的趋势是越来越从形式法治向实质法治转化。我国目前经济体制和政治体制均正处于转轨时期，治国方略也逐步从人治向法治转化，并且逐步由形式法治向实质法治转化。当然，现在我国从人治向法治转化的任务尚未完成，甚至形式法治也还没有完全到位。因此，目前强调“严格依法律的明文规定办事”仍有一定的必要性。

记者：对于“没收违法所得”的行政处罚是否需要听证，国家工商总局制定了相应规章予以规定，最高人民法院对此也作出了相应批复，二者不一致时，作为行政执法人员应遵循哪个规定？

姜明安：行政机关执法的依据当然是法律、法规、规章和其他规范性文件，而不是法院的判决、批复或司法解释。但是，根据《行政诉讼法》的规定，法院对行政机关实施的具体行政行为的合法性有司法审查的权力。法院在审查行政机关的具体行政行为的合法性时，如认为行政机关实施的具体行政行为所依据的规章或其他规范性文件违反法律、法规，可以撤销行政机关的具体行政行为。这样，行政机关在适用规章和其他规范性文件实施具体行政行为时，就必须认真考虑（但不是依据）法院的判决、批复和司法解释，尽量不要作出与法院的判决、批复和司法解释相抵触的具体行政行为，以免被法院撤销。当然，法院在审查行政机关的具体行政行为的合法性时，虽然享有认定规章和其他规范性文件违法，从而直接适用上位法而不适用相应规章和其他规范性文件的权力，但是法院对于行政规章和其他规范性文件应给予充分的尊重，不能轻易认定其违法，这是世界各法治发达国家的法院处理司法与行政关系的普遍经验。

记者：行政法上有“越权无效”的原则。在具体行政执法中，出现行政执法权限的争议如何解决，一级地方法院能否对此进行裁判（行政执法权限争议在此前就已出现，环保总局与淮河水利委员会曾就淮河水污染信息发布权

产生争议。有专家曾建言由全国人大进行相应立法解释)？

姜明安：行政执法权限的争议可能出现在可诉具体行政行为中，也可能出现在不可诉的具体行政行为或抽象行政行为中。如属前者的情形，法院当然有权依法裁决。《行政诉讼法》第54条授予人民法院撤销行政机关超越职权的具体行政行为的权力，人民法院怎么认定行政机关的具体行政行为超越职权？其往往是因行政诉讼一方当事人对行政机关实施相应具体行政行为的权限有争议而请求裁决。在这种情况下，如果法律、法规对实施相应行政行为的权属有明确的规定，法院据此作出判决即可。但是，如果法律、法规对实施相应行政行为的权属没有明确的规定，法院则应征询相应行政机关所从属的人民政府的意见和参照此种意见作出判决。因为行政机关的职权一般是由《宪法》和《行政组织法》直接授予各级人民政府而非直接授予政府工作部门的，从而各级人民政府有权力，也有责任规定和划分所属部门的任务和职责。必须明确，在行政法律关系中，实质的行政主体是各级人民政府，政府工作部门只是形式上的行政主体。

《投机倒把行政处罚暂行条例》应予废止或撤销*

写作背景:《投机倒把行政处罚暂行条例》于 1987 年 9 月 17 日由国务院公布实施。在计划经济时代,该暂行条例曾经起了一定的维护当时经济秩序的作用。但随着 1997 年《刑法》的修订取消投机倒把罪,加之随着经济社会的发展,尤其是进入市场经济时代后,该暂行条例的许多规定明显过时,出现一系列"不适应症",在当时已引起不少社会纷争,严重制约了经济发展和社会进步。第十届全国人大代表、富润控股集团党委书记、董事局主席赵林中连续 3 年向全国人大会议提交要求审查并撤销《投机倒把行政处罚暂行条例》的议案和建议。他认为,《投机倒把行政处罚暂行条例》是一个过时的行政法规,稍有法律常识的人都可以看出,该暂行条例在客观上是维护传统的计划经济模式的。他指出,暂行条例规定的许多扰乱社会主义经济秩序的投机倒把行为,现在看来都是很平常的商品交易行为,是市场经济活动所需要的行为。暂行条例已经失去其存在的经济基础,应该撤销。基于当时社会各方面对《投机倒把行政处罚暂行条例》的反映,《人民日报》记者白龙对笔者进行了一次访谈并发表了该访谈录。

记者:姜教授,您认为《投机倒把行政处罚暂行条例》对我国现在经济社会生活有着怎样的影响和作用?

姜明安:暂行条例有一定的积极作用:"投机倒把"是一个有着很大弹性

---

* 该访谈原载 2007 年 7 月 18 日《人民日报》第 10 版。发表时题为《"暂行条例"——"暂"二十年,凸显行政立法监督缺陷》。

的不确定的“罪名”。例如,当社会经济生活中新出现了某种扰乱或损害市场秩序的行为,现行法律、法规中又难以找到对之予以制裁的根据时,就可以适用这个不确定“罪名”对之予以制裁,以维护市场经济秩序。

但消极作用是主要的:其一,它肯定和维护计划经济的理念,不利于社会主义市场经济理念的培植和弘扬;其二,它易于导致行政管理的随意性,不利于严格依法行政和行政法治;其三,它可能导致行政管理秩序的混乱,不利于行政机关各司其职、各负其责(暂行条例规定的工商行政管理机关打击投机倒把的职权与其他法律、法规赋予其他行政部门的职权存在很多重合之处);其四,它易于导致行政主体和行政工作人员滥用权力和侵犯行政相对人的合法权益(已有多起这样的事件报道),不利于保护人权和市场主体的经营自由;其五,它可能一定程度、一定范围地窒息经济发展的活力,不利于经济的繁荣和发展。

记者:该暂行条例为什么“暂行”了20年,“暂行”了这么长时间?

姜明安:这有多方面的原因,其中主要原因包括:其一,暂行条例没有“暂行”期限,有的暂行条例(如国务院《关于国家行政机关工作人员的奖惩暂行规定》等)竟“暂行”了近40年。其二,20世纪90年代以后,计划经济的体制虽然已经逐步终结,但计划经济的观念还一定程度地存在于部分国民的意识中:不能让经商、做生意的个人发财致富,不能引导人们热衷于经商、做生意,“抑商”“均富”等思想在我国国民中还有较大的市场。其三,在法规清理工作中缺乏认真论证,只看到暂行条例暂时的、局部的实用作用,而没有深究其多方面的消极作用。其四,我国尚没有建立让广大公民参与的对法规、规章提请审查和撤销的行政立法监督制度或司法诉讼制度。

记者:该暂行条例现在是否应予废止或撤销,应怎样废止或撤销?

姜明安:这个暂行条例明显弊大于利,早就应该废止或撤销。废止是国务院自律,自行纠正自己做出的违法或不当的抽象行政行为。撤销是全国人大常委会根据《宪法》和《立法法》行使对行政立法的监督权,主动或应有关国家机关、社会组织或公民个人的请求、建议,撤销国务院违宪、违法的行政法规。对这个暂行条例,是走废止还是走撤销的途径好呢?我个人认为,走撤销的途径较好。因为我国《宪法》实施了几十年,《立法法》也施行了7年,全国人大常委会还没有行使过一次撤销行政法规的权限。如果这一次能行使,即可将我国人大常委会的这一重要制度(也是我国民主法治的一项重要制度)激活,使之真正开始运行起来。当然,全国人大常委会如果由于各种因素暂时还不能启动该制度,国务院仿照 2003 年废止《城市流浪乞讨人员收容遣送办法》的方式自行废止该暂行条例亦无不可。[①]

① 2008 年 1 月,国务院公布《关于废止部分行政法规的决定》,废止了《投机倒把行政处罚暂行条例》和其他多项过时的行政法规。

就安监执法“三不罚”答《中国安全生产报》记者问[*]

写作背景：自2008年年初以来，一些地方的安监部门为更好地帮助企业平稳过渡金融危机，解决企业经济发展受阻困境，相继出台了“三不罚”原则，即首查不罚、隐患及时整改不罚、改进过程中不罚或虽尚未整改但未造成较严重后果的不罚。“三不罚”原则的出发点自然是好的，面对全球金融危机的挑战，保持经济稳定增长成为各地政府的首要任务。在此过程中，各个部门都在为“保增长”尽力，一些安监机构即相继出台了“三不罚”原则，积极采取措施加大对企业的服务力度，试图为企业平稳发展创造良好环境。但是，也有学者和实务界人士对这种措施提出异议。他们认为，解决困难首要是找出、找准造成当时困难发生的根本原因，然后才能“对症下药”，有的放矢，采取恰当的方法加以克服。如果不分青红皂白，单凭满腔热情，不仅于事无补，反而会适得其反，好心办坏事，这是其一。其二，当前企业遇到的困难，是全球金融危机造成的市场需求不足，企业产品销售不旺。解决这一问题，需要开启市场，适应市场需求，开发适销对路的产品，调整结构；需要政府在资金、技术、金融财政政策等方面加大帮扶力度。这些帮扶绝不是“三不罚”原则能够解决的。因此，实行“三不罚”原则也不可能实现为企业健康发展创造良好环境的目的。不仅如此，这样做反而会因此纵容企业降低安全条件，放松安全管理，出现生产安全事故隐患整改放慢、整改力度下降，整改质量缩水的局面，造成安全环境的恶化。有人甚至提出，“三不罚”原则是与“安全第一、预防为

---

* 该文为笔者2008年4月10日接受《中国安全生产报》记者采访整理稿。

主、综合治理”的方针相违背的，且有违“有法可依、有法必依、执法必严、违法必究”的社会主义法治的基本原则。对于这些不同看法，《中国安全生产报》记者杨华对笔者进行了采访，征求笔者对“三不罚”原则的意见。

记者：姜教授，最近，有关地方和部门根据当前形势出台了安监执法“三不罚”的政策，即“首查不罚”、“整改过程中不罚”和“无严重后果不罚”。请您谈谈对这一政策的看法，这一政策是否适当，是否正确？

姜明安：评判安监执法“三不罚”的做法，要从根本上明确和处理好法律与政策的关系。法律应是相对稳定的，政策却可根据形势、任务的变化而适时进行调整。法律通常会给政策留下较大的自由裁量空间，在这个空间内，政策可依据不同时空的不同社会形势，选择法律的最佳适用度。就法律责任而言，可选择的适用度即有从轻、从重、减轻、免除处罚等。政府政策在做这种选择时，除了要考虑形势、任务等基本因素，还必须遵循法定裁量要件，尽管这些要件也有一定的“弹性”。但是，在任何情况下，政策，特别是地方和部门的政策，都不能突破法律。法律的效力高于政策的效力，政策的调整必须以法律的裁量空间为限，不能突破法律的规定。

安监执法“三不罚”可以说是一种政策，判断这种政策合法、合适与否，必须首先查阅和对照相应的法律、法规。从《安全生产法》到地方的安全生产条例、部门规章等，这些法律、法规、规章对安监行政执法都有明确的规定。什么样的问题适用什么样的处罚标准，应以法律的明确规定为准绳。法律对于同一行为所应受到的处罚会有或大或小的裁量和弹性空间，《行政处罚法》第27条已经明确了从轻、减轻或免于处罚的规定，相关安全生产法律中应该明确什么情况从轻、什么情况减轻、什么情况免于处罚。在目前金融危机、经济发展困难的条件下，为了保增长、保民生、保稳定，政策自然可以向从轻、减轻和免罚的方向倾斜，只要不超越法定的从轻、减轻和免罚的条件。

具体到“三不罚”，我认为从法律的角度来说，有些是不妥的。首先，“首查不罚”就没有法律依据，就可能违法。因为必须考虑相对人的违法情节和违法后果，如果情节恶劣，后果严重，即使是第一次检查发现的问题，也必须处罚；同样，“整改过程中不罚”“无严重后果不罚”的说法也过于简单化，可能与法定免罚要件不符。

另外,对“罚”应该有正确的认识。“罚”不仅表示罚款,而且包括吊销证照、责令停产停业等行政处罚种类以及刑罚。从这个角度说,“三不罚”更为不妥。对具有犯罪行为的企业和企业负责人,难道能因为是首次发现或因为他们犯罪后整改,就不追究他们的刑事责任了吗?当然,对违法的企业,根据现在的经济形势,有些可以依法从轻或减轻处罚,如对依法可吊照关闭,也可责令“停产停业整顿”或罚款的企业,可责令“停产停业整顿”或罚款而不关闭,但决不能一律不罚,不采取任何行政处罚手段。这样会带来无穷后患,保增长、保民生、保稳定的目标最终也不能实现。

安全生产和食品安全一样,关系人民群众的生命财产安全,我主张不管在任何形势下都要依法执法、严格执法。在依法执法、严格执法的前提下考虑政策,而不宜笼统地提“三不罚”,政策不能突破法律。

公民在电脑上下载黄片是否应受行政处罚？*

写作背景：本案当事人任某和朋友王明（化名）合伙在南阳光彩市场租门面房筹备开办一家汽车配件服务中心。因为经费紧张，他把自己家里的电脑搬到公司来用。2008 年 7 月底，南阳市公安局网警支队在工作中发现，登记为王明的宽带用户经常向外发送大量不良邮件。8 月 18 日上午，3 名网络警察到汽配城对王明的电脑进行现场勘验，发现该电脑中一收发邮件端口呈开放状态，被人利用发送大量不良邮件。随后，网警对店中另一台电脑进行勘验，发现该电脑 D 盘下的一个文件夹中存有两部淫秽电影。任某当即向警察认错："那是我去年下载的，长约 30 分钟。当时自己还没结婚，既没传播，也没让别人看，完全是好奇，后来也忘了删了。我承认下载黄色视频不对。"警察当即扣押了他的电脑主机，并做了笔录。9 月 10 日，网警将电脑中的视频制成光盘送交公安局治安支队进行鉴定，确认该视频属于淫秽物品。9 月 12 日，警方对任某出具了行政处罚决定书。处罚决定书中称：根据《计算机信息网络国际联网安全保护管理办法》（以下简称《管理办法》）第 5 条第 6 项和第 20 条的规定①，对任某警告并处 1900 元罚款。警方称"之所以罚款 1900 元，是出于他多次提出经济困难的考虑"。任某对处罚不服，认为只是下载给自己看，没有拿来赚钱，并无违法所得，也没给社会造成危害。许多网友也认为，只要没有传播淫秽信息，而只是自己观看，没有对社会产生危害，就不应受

---

* 该访谈原载 2008 年 10 月 8 日《中国青年报》第 3 版。

① 1997 年《管理办法》第 5 条第 6 项规定：任何单位和个人不得利用国际联网制作、复制、查阅和传播下列信息：……宣扬封建迷信、淫秽、色情、赌博、暴力、凶杀、恐怖，教唆犯罪的。该办法第 20 条规定：违反法律、行政法规，有本办法第 5、6 条所列行为之一的，由公安机关给予警告，有违法所得的，没收违法所得，对个人可以并处 5000 元以下的罚款……

到处罚。这一事件当时受到媒体的广泛关注,并迅速在网上传播,成为众多网站关注的焦点话题。对于网友下载黄色信息是否违法?是否应当因此受到处罚?《中国青年报》记者韩俊杰、《大河报》记者郭启朝、《方圆法治》记者王玉瑞就该案所涉相关问题采访了笔者,形成了本篇访谈录。

记者:姜教授,您认为南阳警方对任某的行政处罚是否正确、合法?

姜明安:南阳警方的行政处罚在法律适用方面存在问题,警方处罚依据的部门规章本身不合法。《立法法》第79条第1款规定:"法律的效力高于行政法规、地方性法规、规章。"警方在办理任先生的案件或其他任何行政处罚案件时,首先应该适用法律、法规。规章如果不与法律、法规相抵触,只是对法律、法规规定具体化,可以同时适用。但规章如果与法律、法规的规定不一致,则只能适用法律、法规,而不能适用规章。在本案中,警方首先应适用《治安管理处罚法》。《治安管理处罚法》是法律,其位阶明显高于《管理办法》。《管理办法》是公安部制定的规章,虽经国务院批准发布,但在性质上仍属于规章。即使是国务院发布的行政法规,其法律位阶亦低于全国人大常委会制定的法律,二者不一致时,行政机关执法时同样应适用法律而非行政法规。

记者:虽然《治安管理处罚法》法律位阶高于《管理办法》,但《治安管理处罚法》对个人看黄片(淫秽视频)的处理没有明文规定,而《管理办法》中有明文规定,警方是否应依照《管理办法》进行处理?

姜明安:《治安管理处罚法》对个人看黄片的处理没有明文规定,而《管理办法》中有明文规定,这正好说明《管理办法》与《治安管理处罚法》不一致,相抵触,不应适用。《行政处罚法》第10条规定:"……法律对违法行为已经作出行政处罚规定,行政法规需要作出具体规定的,必须在法律规定的给予行政处罚的行为、种类和幅度的范围内规定。"《行政处罚法》第12条规定:"国务院部、委员会制定的规章可以在法律、行政法规规定的给予行政处罚的行为、种类和幅度的范围内作出规定……"据此,《管理办法》可以对《治安管理处罚法》规定的处罚予以细化,设定处罚的不同档次,但不能在《治安管理处罚法》规定之外,增加应受处罚的行为、处罚种类和改变处罚幅度。下位法改变上位法有关受罚行为、罚种、罚幅三项规定,即为违法之法,行政机关执法时不能适用。

记者：有学者提出，行政机关执法时可根据特别法优于普通法的法律原则，在普通法对相应事项没有规定的情况下适用特别法。《管理办法》与《治安管理处罚法》的关系是特别法与普通法的关系，所以本案是否也可以适用《管理办法》？

姜明安：《立法法》第 83 条规定："同一机关制定的法律、行政法规、地方性法规、自治条例和单行条例、规章，特别规定与一般规定不一致的，适用特别规定；新的规定与旧的规定不一致的，适用新的规定。"这里，优先适用特别法和新法是有条件的：其一，特别法和一般法，新法和旧法必须是同一位阶；其二，必须是同一类事项同时存在两种以上不同的处理规定，即特别法和一般法、旧法和新法调整的是同一事项。在本案中，《管理办法》与《治安管理处罚法》根本不处在同一位阶，故无法适用特别法优于普通法的法律原则，也不可能适用新法优于旧法的原则，何况《管理办法》相对于《治安管理处罚法》还不是新法。即使是新法，因位阶不同，也无法适用。

记者：既然本案中《管理办法》与《治安管理处罚法》相抵触，那对《管理办法》应如何处理？

姜明安：根据《立法法》第 87 条的规定，法律、行政法规、地方性法规、自治条例和单行条例、规章中有"下位法违反上位法规定的"情形的，由有关机关依照《立法法》第 88 条规定的权限予以改变或者撤销。就本案而言，1997 年 12 月 30 日施行的规章《管理办法》第 5 条第 6 项的规定，明显违反了 2006 年 3 月 1 日起实施的《治安管理处罚法》第 68 条的规定，公安部在清理规章时应自行废止或修改。现在公安部既然没有自行废止或修改，则可由国务院依法予以"改变或者撤销"。

记者：警方对任某实施行政处罚的依据违法，任某应通过什么途径获得救济？

姜明安：任某可依照法律程序申请行政复议，或者直接向法院提起行政诉讼，请求复议机关或法院以"适用依据错误"撤销对他的行政处罚决定。当然，复议机关或法院在撤销被告行政处罚决定的同时，可要求被告重新依《治安管理处罚法》作出具体行政行为。在这种情况下，被告可能要对《治安管理处罚法》第 68 条规定的"复制"进行解释："复制"是否包括"下载"，"下载"是否即"复制"。就本案而言，当事人的下载行为如纯粹是为了本人"查阅"，则不宜解释为“复制”。当然。对此作出有法律效力解释的应当是司法机关或立法机关。在本案中,大多数网友认为:法律有禁止性的规定的,民众就不能去做,但法律没有禁止的,就都是人的自由,这就叫“法无禁止即自由”原则。根据这一原则,我国法律所禁止的是“制作、运输、复制、出售、出租淫秽物品或者利用通讯工具传播淫秽信息”,而不是自己观看这些制品。举例来说,夫妻之间拍摄的一些私密图片和私密视频,只供本人欣赏和留存,不给社会和他人带来任何的危害,当然不应该是法律禁止的行为。任某从网上下载的信息,仅供个人观看,既然没有传播,就完全是私密的东西,即不应受到法律的制裁。即使是淫秽的,只要没有对社会产生危害,就不应受到处罚。我同意网友们的这种意见。

法律没有禁止的事，执掌公权力的人不是都可以做的*

写作背景：本短评写作源于一个实际案例：安徽省凤台县城北乡党委于2006年7月4日决定，鉴于该乡所辖马场社区居委会（原村委会）信访工作不力和社区内违章建筑问题突出，给予居委会班子成员集体停职处理。被处理人不服，认为该决定违法。处理人则认为其处理并不违法，因为《村民委员会组织法》只规定任何组织或者个人不得撤换村委会成员，而没有规定不得对村委会成员予以停职处理。既然法律没有禁止，他们就可以那样做，那样做就不违法。对此，中央电视台《经济与法》栏目的记者咨询笔者：乡镇党委、政府是否可对其辖区内的村委会、居委会的领导成员予以停职处理。鉴于当时全国各地均有县、乡、镇党委、政府对其辖区内的村委会主任予以撤职、停职处理的普遍现象，故笔者写了这篇短评。

前几天，中央电视台《经济与法》栏目的一位记者咨询我：一个乡镇的党委、政府是否可对其辖区内的村委会、居委会的领导成员予以停职处理？我说，应该是不可以的，因为《村民委员会组织法》和《居民委员会组织法》都没有授予乡镇党委、政府撤免村委会、居委会成员职务或对其做出停职处理的权力。他说，《村民委员会组织法》和《居民委员会组织法》也没有禁止乡镇党委或政府对村委会、居委会成员做停职处理呀。这是不是意味着他们那样做也不违法？我说，不，他们那样做是违法的，因为乡镇党委、政府是执掌公权力的

---

* 该文原载2009年3月28日《新京报》第3版。

人。执掌公权力的人只能做法律授权的事,做法律没有授权的事就是违法,不管这种事是否为法律所禁止。

像安徽省凤台县城北乡党委那样理直气壮地做法律未授权但亦未禁止的事的例子是很多的。如安徽省宿州市建委与城管局 2008 年 11 月 20 日下发“红头文件”《关于宿城主次干道、重要地段建设工程临街面严禁使用卷闸门的通知》。该通知要求从通知下发之日起,凡在宿城主次干道和重要地段新建、改建、扩建以及新建尚未竣工的建设工程,其临街面房一律不准使用影响观瞻的封闭式卷闸门,确因安全需要的,应采用新颖、美观、视线透空的封闭式装饰门。现已安装使用的封闭式卷闸门应逐步更换。有商户表示不满,发文者答复是为了建设文明城市、园林城市和卫生城市。[①] 发文者之所以那样理直气壮,是因为法律没有禁止他们那样做;发文者做出该决定之所以没有通过座谈会、论证会、听证会等途径听取民意,是因为法律并没有明确要求他们那样做。

上星期我看了一部名叫《高考 1977》的电影,片中主人公之一的农场革委会主任老迟也是一个理直气壮地做法律未授权但亦未禁止的事的执掌公权力的人。1977 年,中央决定恢复高考,那些在老迟管辖下,接受“老迟们”监督和“再教育”的农场知青们喜出望外,纷纷申请参加高考。老迟不想让这些知青们离开农场回城,想阻止他们参加高考,决定让知青报名高考前必须先通过农场的“测试”,“测试”不过者不准报名高考。知青们不干,拿出报纸和他论理,说报纸上没有讲报名高考要先由单位进行“测试”。老迟理直气壮地答复:报纸上也没有讲报名高考单位不能先进行“测试”呀。在老迟看来,只要报纸上(当时“两报一刊”被视为法律)没有明确规定他们不能做的事,他们就都可以做。

正是因为这种“法无禁止即可为”的观念,使现在的某些领导人和领导机关进行决策和执行决策时无所顾忌,无视人权,甚至为所欲为。他们忘记了他们与公民的关系是公仆与主人的关系。仆人没有主人的授权,怎么能随意行为呢? 比如,家里雇的保姆未经许可,她可以合同(合同就是主顾双方的“法律”)里没有禁止为由随便在家里客厅举办社交聚会吗? 让她去商店买香

① 参见《人民日报》2009 年 3 月 25 日,第 15 版。

烟，她可以合同里没有禁止为由不买香烟买水果吗?

执掌公权力的人是公仆，公仆必须有主人的授权才能行为。当然，授权有各种形式，首先是法律、法规；其次是人大和人大常委会的决议、决定；最后是公民直接投票或通过互联网及座谈会、论证会、听证会等途径获取民意。像小平同志77年做出恢复高考的决策，虽然没有法律、法规或人大、人大常委会的直接授权，但他召开过多次座谈会，有广泛的民意支持。当然，那时的民主制度还不健全。在现在的条件下，执掌公权力的人要做出那样重大的决策，自然应经过更多更严格的民主程序。

总之，“法无禁止即可为”只适用于作为国家主人的公民，而不适用于执掌公权力的人。执掌公权力的人的行为法则应该是：法无授权不能为，即没有法律、法规的授权，未经人大和社会公众的认可，其不得做出任何影响公民、法人或其他组织权益的决策或行为。

防范“甲流”:法制腰杆还要“硬”起来*

写作背景:2009年5月8日,卫生部办公厅印发了《甲型H1N1流感诊疗方案(2009年试行版第一版)》的通知,通告2009年3月墨西哥爆发“人感染猪流感,造成人员死亡”的疫情。4月30日,世界卫生组织(WHO)宣布将流感大流行警告级别提高为5级。WHO研究发现,此次疫情的病原为变异后的新型甲型H1N1流感病毒,该毒株包含有猪流感、禽流感和人流感三种流感病毒的基因片段,可以在人间传播。WHO初始将此次流感疫情称为“人感染猪流感”;但随着对疫情性质的深入了解,后将其重新命名为“甲型H1N1流感”(以下简称甲流)。我国卫生部于4月30日宣布将其纳入《传染病防治法》规定的乙类传染病,依照甲类传染病采取预防、控制措施。对于此次疫情防治涉及的有关法律问题,《检察日报》记者罗欣对笔者进行采访,形成了本篇访谈录。

记者:姜教授,您认为运用法律控制甲流与法律控制非典有何共通之处?

姜明安:甲流与非典都是传染病,都可适用《传染病防治法》、《突发公共卫生事件应急条例》和《突发事件应对法》。

记者:个人引起公共危险行为有无相关惩戒制裁?

姜明安:根据《传染病防治法》第77条的规定,个人违反该法规定,导致传染病传播、流行,给他人人身、财产造成损害的,应当依法承担民事责任。这里的“民事责任”主要是指赔偿他人损失和赔礼道歉。根据《突发事件应对

---

* 该访谈原载2009年6月9日《检察日报》“即时新闻”。

法》第66条规定,个人违反该法规定,不服从所在地人民政府及其有关部门发布的决定、命令或者不配合其依法采取的措施,构成违反治安管理行为的,由公安机关依法给予处罚。这里的“违反治安管理行为”主要指《治安管理处罚法》第50条第1项规定的“拒不执行人民政府在紧急状态情况下依法发布的决定、命令的”行为。对此行为,公安机关可处警告或200元以下罚款;情节严重的,处5日以上10日以下拘留,可以并处500元以下罚款。根据《突发事件应对法》第67条的规定,个人违反该法规定,导致突发事件发生或者危害扩大,给他人人身、财产造成损害的,应当依法承担民事责任。即要对受害人进行赔偿和赔礼道歉。

记者:相关立法是否需要完善?

姜明安:相关法律应对个人不执行人民政府发布的关于防止流行病传播、流行,给他人人身、财产造成损害的决定、命令的行为规定更明确、更具体的法律责任,包括行政责任(如拘留、罚款)和民事责任(如赔偿、赔礼道歉)。如其行为导致流行病大规模传播、流行,还应追究其刑事责任。

另外,法律对个人不执行人民政府发布的关于防止流行病传播、流行的行为,还应规定相应的行政强制措施,如限制其人身自由、强制拘留、强制隔离、强制治疗等。这是保障社会共同体安全及他人生命健康的必须。

记者附记:

截至2009年6月8日22时,我国内地确诊甲流病例已达85例。其中,北京已增至19例。流感的再次侵袭使这次新型甲流感成为与人们生活密切相关的话题。疾病预防控制机构及有关部门为保证公共卫生安全、防范甲流蔓延已付出巨大努力。那么,在这次抗击甲流中,我们政府的法制又有何作为呢?

防范传染病,甲流与非典同等法律待遇

2003年春季的那一场SARS,许多人还记忆犹新。SARS的暴发为全世界“敲响了警钟”,WHO传染病部门行政总监海曼在新闻发布会上表示:“今后会有更多类似的传染病暴发,致命流感几乎肯定会发生。”SARS不仅提高了中国政府和人民应对突发性公共卫生等事件的抗击能力,对于政府的公共

管理和法制建设而言,SARS 更是直接催生了《突发公共卫生事件应急条例》等多部法律、法规。如“年久失修”的《传染病防治法》在 2004 年大幅修订时将非典和禽流感增列入乙类传染病。特别是 2007 年《突发事件应对法》出台,成为我国第一部规范应对各类突发事件的法律。中国人民大学法学院博士生导师、中国行政法研究所所长莫于川教授认为,从法律定性和依法预防、控制的角度看,甲流与非典之间具有许多共通之处。《传染病防治法》第 3 条规定,传染病分为甲类、乙类和丙类。其中甲类是后果严重、传染性最强的传染病,乙类和丙类依次递减。而根据卫生部第 8 号公告,经国务院批准,将甲流纳入《传染病防治法》规定的乙类传染病,并采取甲类传染病的预防、控制措施;同时,将其纳入《国境卫生检疫法》规定的检疫传染病管理。可见,从卫生行政管理和政府法制的角度来分析,甲流与非典都是属于法定的乙类传染病,而且都采取甲类传染病的预防、控制措施,二者在卫生行政管理上有许多相似处。北京大学公法研究中心主任、博士生导师姜明安教授则表示,甲流与非典都属于传染病,都可适用《传染病防治法》、《突发公共卫生事件应急条例》和《突发事件应对法》等法律。

防范甲流,更需要法律手段参与

日前,由美回国的北京第 14 例甲流患者何某由于未申报健康情况,在京多次乘公共交通工具会友办事导致 82 人集中观察(详见 6 月 5 日《京华时报》报道)等危险行为,在仅靠患者凭借社会责任感自律无效的情况下,对其惩戒有无法律依据问题引起公众的关注。莫于川教授认为,从何某的行程来看,由于其放松对疫情的防范意识,未能依照卫生部门发布的健康建议卡的要求(这是一种行政指导措施)自觉居家观察,导致确诊后寻找密切接触者的难度大大增加,其妨害公共安全行为的社会危害不小。我国《传染病防治法》第 39 条第 3 款规定,对医疗机构内的病人、病原携带者、疑似病人的密切接触者,在指定场所进行医学观察和采取其他必要的预防措施。拒绝隔离治疗或者隔离期未满擅自脱离隔离治疗的,可以由公安机关协助医疗机构采取强制隔离治疗措施。《传染病防治法实施办法》第 66 条还有关于罚款的规定。《国境卫生检疫法》第 20 条规定:“对违反本法规定,有下列行为之一的单位或者个人,国境卫生检疫机关可以根据情节轻重,给予警告或者罚款:(一)逃避检疫，向国境卫生检疫机关隐瞒真实情况的；（二）入境的人员未经国境卫生检疫机关许可，擅自上下交通工具，或者装卸行李、货物、邮包等物品，不听劝阻的。”《突发公共卫生事件应急条例》第44条规定：“在突发事件中需要接受隔离治疗、医学观察措施的病人、疑似病人和传染病病人密切接触者在卫生行政主管部门或者有关机构采取医学措施时应当予以配合；拒绝配合的，由公安机关依法协助强制执行。”由于此次甲流已纳入乙类传染病并按甲类传染病进行预防、控制，从上述法律、法规的规定来看，对于何某的行为至少应当要求其依法承担相应的民事责任，可责令限期改正、给予警告或者给予罚款，在认定其拒绝配合卫生行政主管部门或者有关机构采取医学措施时由公安机关依法协助强制执行。对于这种由个人引起公共卫生危险的行为，姜明安教授亦认为对其惩戒具有法律依据。例如，《传染病防治法》第77条规定，个人违反该法规定，导致传染病传播、流行，给他人人身、财产造成损害的，应当依法承担民事责任。这里的“民事责任”主要是指赔偿和赔礼道歉。又如，《突发事件应对法》第66条规定，个人违反该法规定，不服从所在地人民政府及其有关部门发布的决定、命令或者不配合其依法采取的措施，构成违反治安管理行为的，由公安机关依法处罚。这里的“违反治安管理行为”主要指《治安管理处罚法》第50条第1项规定的“拒不执行人民政府在紧急状态下依法发布的决定、命令的”行为。对此行为，公安机关可处警告或200元以下罚款，情节严重的，处5日以上10日以下拘留，可并处500元以下罚款。再如，《突发事件应对法》第67条规定，个人违反该法规定，导致突发事件发生或者危害扩大，给他人人身、财产造成损害的，应当依法承担民事责任。即要对受害人进行赔偿和赔礼道歉。当然，对于患有突发传染病或者疑似突发传染病而拒绝接受检疫、强制隔离或者治疗，过失造成传染病传播，情节严重，危害公共安全的，根据2003年5月“两高”联合发布的《关于办理妨害预防、控制突发传染病疫情等灾害的刑事案件具体应用法律若干问题的解释》，还可依照《刑法》第115条第2款的规定，按照过失以危险方法危害公共安全定罪处罚。

保障公共卫生安全：法制腰杆还要“硬”起来

修订后的《传染病防治法》的法律责任主体主要是疾病预防控制机构及其工作人员，针对病患者不配合治疗的主观放任行为追究法律责任还缺乏可操作性，显然给疾病预防控制机构和医疗部门增加了防范传染病的工作难度。莫于川教授提出，《传染病防治法》对患者的相关责任规定很少，只有关于民事责任的规定和予以行政处罚的责任规定。此外，能否将患者的放任危险行为视为《治安管理处罚法》第33条中“违反国家规定携带传染病病原体”的行为还难以定论，不便依据该条规定实施治安拘留的行政处罚，因此法律惩戒力度不大。不言而喻的是，对于妨害公共安全、妨害社会管理的行为及其处罚程序，今后有必要根据已然发生深刻变化的社会情势和更高的主客观要求，通过完善立法作出更细密的规定。姜明安教授认为，法律应对个人不执行人民政府发布的关于防止流行病传播、流行，给他人人身、财产造成损害的决定、命令的行为规定更明确、更具体的法律责任，包括行政责任（如拘留、罚款）和民事责任（如赔偿、赔礼道歉）；如其行为导致流行病大规模传播流行，还应追究刑事责任。另外，“法律对个人不执行人民政府发布的关于防止流行病传播、流行的行为，还应规定相应的行政强制措施，如限制其人身自由、强制拘留、强制隔离、强制治疗等。这是保障社会共同体生命健康的必须”。

翻阅世界流感流行史，20世纪人们闻之色变的那场流感的暴发夺去了2500万至4000万人的性命，史称“西班牙流感”或“1918年流感”。值得注意的是，当时的西班牙流感分为三波，第一波基本上只是普通的流行性感冒，死亡则集中在发生次年的第二波。正如北京市市疾控中心主任邓瑛所言，“虽然从传染病的流行客观规律来看，传染性较强的流感新病毒出现后，出现二代病例甚至是本土病例属于正常现象，但目前我国甲型H1N1流感仍在可防可控范围”。因此，传染病发生后，运用法律手段控制，预防其蔓延应大有作为。

处罚作弊考生应坚持程序正义*

写作背景：本文写作源于一个实际案例：2009 年 1 月 10 日至 11 日，毕业半年、已在上海工作的吴静（化名）参加全国研究生入学考试，考点在郑州大学。1 月 11 日上午，数学考试进场后，吴静用铅笔在准考证背面默写了一些数学公式。正写着的时候监考老师分发试卷走到她旁边，看见她正在写公式，即拿起她的准考证走了。等开启试卷信号发出后，吴静仍按规定拆卷答题。在答题过程中一切顺利。等考完封了试卷，吴静向监考老师要准考证，监考老师说她违纪了。下午，该考点还是上午的监考老师，吴静没有准考证继续参加了专业课考试。第二天，她去郑州大学研招办要她的准考证，工作人员说不知道此事。后来，她的考研成绩出来了，一门不少，总分是 325 分，达到了报考学校的分数线。在参加并顺利通过了学校的复试后，吴静接到了报考学校的拟录取通知和调档函。可是，当她正着手办理调档手续时，突然接到了报考高校研究生处的电话，通知她因其存在考试违纪记录被取消录取资格。对此，吴静称，首先，她是在进考场后凭自己的记忆在默写公式，并没有故意不让谁看到，当监考老师看见后拿走准考证不让写，她也没有与监考老师顶撞。并且，监考老师是在开启试卷前就将准考证拿走了，在考试期间她并没有接触所默写的公式。她的行为应该没有违反考场规则。根据《国家教育考试违规处理办法》第 25 条的规定："教育考试机构在对考试违规的个人做出处理决定前，应当复核违规事实和相关证据，告知被处理人做出处理决定的理由和依据；被处理人对所认定的违规事实存在异议的，应当给予其陈述和申辩的机

---

* 该文原载 2009 年 6 月 30 日《中国青年报》，参见中国青年报网，http://zqb.cyol.com/content/2009-06/30/content_2733786.htm。

会。”第 26 条规定：“教育考试机构做出处理决定应制作考试违规处理决定书，载明被处理人的姓名或者单位名称、处理事实根据和法律依据、处理决定的内容、救济途径以及做出处理决定的机构名称和做出处理决定的时间。考试违规处理决定书应当及时送达被处理人。”第 27 条中规定：“考生或者考试工作人员对教育考试机构做出的违规处理决定不服的，可以在收到处理决定之日起 15 日内，向其上一级教育考试机构提出复核申请。”但是，吴静称，学校没有给她陈述和申辩的机会，也没有收到任何单位给她出具的考试违规处理决定书，剥夺了她的知情权和申请复核的权利。对于这一事件，笔者应《中国青年报》记者韩俊杰之约，写了这篇短评。

我国高校入学考试（高考）和研究生考试属国家考试，高校组织此种考试的工作（包括监考、阅卷、决定是否录取等）属于国家授权行政，其对违规考生的处理属于行政行为的范畴，相应处罚属于行政处罚。根据依法行政的原理、原则，高校对违规考生进行处理、处罚，必须遵守正当法律程序，包括告知、送达处罚决定、说明理由、听取申辩、为相对人提供救济途径（如申诉、复议等）。否则，其处理、处罚就是违法的，应被撤销；如撤销不可能或撤销可能损害公共利益，应确认违法。

就郑州大学对考生吴静作出的处罚行为而言，至少存在以下两个问题：其一，处罚决定书制作不规范，处罚决定书中相关重要项目（如“考点负责人签名”“考生签名”）缺失。如“考生签名”缺失属于考生拒绝签名所致，必须在处罚呈报表中予以说明；否则，其行为在形式上即是违法的。其二，没有履行告知、说明理由、听取申辩、送达等正当法律程序。虽然监考老师说事实上履行了告知，但是缺乏证据证明。行政行为应由行政主体负举证责任。

这一事件给了我们两点重要启示：其一，国家应抓紧制定《考试法》，通过法律规范考试的组织、管理的各个环节，特别是对违规、舞弊行为的处理、处罚；其二，对高校领导和国家教育考试的组织管理者应加强依法行政的教育，增强他们的正当法律程序意识和尊重考生（包括应被处罚的违规考生）合法权益的意识。只有这样，才能在我国教育领域实现法治。

附：中青报记者韩俊杰、实习生段艳超关于此事件的报道

考生被判作弊为何差点被录取？（摘录）

按照常规，考生在研究生入学考试中作弊，将被终止参加考试，全科成绩将作废，该考生将没有考试成绩，也就不能参加学校的复试及录取。可是，在今年1月的研究生入学考试中，考生吴静（化名）被监考老师认定作弊，准考证被没收后，其不仅顺利地参加了后面的考试，并且考试成绩一门不少地出来，还顺利通过了报考学校的复试，被通知拟录取，发放了调档函。直到她将被正式录取时，报考高校才从有关方面得知她有违纪记录，而取消了她的录取资格。

考生被判作弊为何仍差点被录取？究竟是哪个环节出现了问题？在郑州大学研究生院提供的其他几份文字材料中，记者发现，该校对吴静作出处理的两份文件，都存在明显的缺陷和瑕疵。其一，在对吴静作出处罚认定后，应该寄送至报考学校、报考学校所在省级教育考试机构和考点所在地省级教育考级机构的重要文件——"硕士生入学考试违规考生记录表"中，记者发现，"编号"、"考点负责人（主考或副主考）签名"、"联系人"、"电话（加区号）"以及"考生签名"五个栏目均为空白。同时，在"考生违规事实"一栏的填写中，明显存在先后两种、属不同时间书写的笔迹，并且在后一种笔迹写的短短19个字的内容中就有两个明显的错别字："拒绝"写成了"拒决"，"签字"写成了"鉴字"。其二，在考点留存的"硕士生入学考试违规考生处理决定书"的存根上，记者发现，其中"违规证据"一栏为空白。对于文件中，本应由监考工作人员填写的栏目存在的空白，郑州大学没有作出正面的解释；对于"考生签名"栏目的空白，当时负责监考吴静所在考场的老师在一份书面材料中写道："考生吴静在考试开始后十多分钟，被发现准考证背后记有与考试有关的内容（数学公式）。根据考场监考规定，进行了相关上报和记录，在考试结束后，交考务办处理。"落款日期为距考试5个月后的"6月3日"。郑州大学研究生考试第五考务办老师也在一份书面材料中说："考试完毕后，对考生（吴静）进行处理，认定夹带事实，但考生拒绝在'处理决定'上签字，口口声声说：'我没看。'几位考务人员认定作弊事实，告知作弊考生：'你签字不签字都已经认定作弊'，随即将'违纪通知单'递交本人。"郑州大学研究生院有关工作人员说：

“考生拒绝在文件上签字,我们也没有办法。难道让我们逼着他们去签字?”但是,在该校向记者提供的一份由郑州大学制作的考场记录表中,该校就在表格下面的备注中对此提出了明确的要求:“对考生拒绝签名确认的,监考老师要写出详细的书面理由。对于考生违纪舞弊事实清楚,无正当理由而拒绝签名确认的,要严肃追究当事人的责任。”然而,对原本应该“严肃追究责任”的拒绝签名确认的考生,郑州大学监考老师一没有按照该校的要求当时就写出详细的书面理由,二没有作出应有的处理,反而允许该考生在没有准考证的情况下,顺利参加了下一场的考试。对此,该校监考老师在一份6月3日作出的书面材料中解释说,那是因为该考生“坚持要继续考试,考虑到学生考研不易,并且第三门作弊的事情已经处理,就同意该考生进行考试”。对于记录表中的错别字,该校一位工作人员解释说:“那是学校的保安写的,然后由监考老师签字。”但是记者发现,该错别字的笔迹,与该校后来组织老师出具的“第五考务办作弊处理过程证明”中的笔迹完全一致。

据记者了解,如果考生违纪,考点学校应当将违规考生记录表一式三份分别寄送到报考学校、报考学校所在省级教育考试机构和考点所在地省级教育考级机构,考生成绩应当被取消,网上根本查不到成绩。而且,在今年浙江省考试院公布的研究生入学考试查分系统首页中,明确标明:成绩单中成绩为-1代表缺考,-2代表违纪(单科成绩取消),-3代表舞弊(取消所有成绩)。而吴静通过该系统查询的成绩单一切正常,各科都有成绩,并且没有任何违纪或舞弊的标示。

在河南省招生办普招处,记者见到了郑州大学上报到该处的违纪考生统计光盘。光盘中资料的最后修改时间显示为2009年1月13日,其中,吴静排在该11名违纪考生中的第10名。郑州大学称,该校同样按照要求将违规考生记录表向考生报考学校和报考学校所在省级教育考试机构进行了寄送。但是,吴静所报考的杭州电子科技信息大学的研究生处赵副主任告诉记者:“我们至今没有收到郑州大学寄来的违规考生记录表。取消这个考生的录取资格,我们也是接到省考试院的通知才知道她作弊了。”

赵副主任同时说,该校只负责批改专业课试卷,其他公共课科目的试卷是由上级教育部门安排其他大学批改的。“可能违规考生记录表夹在了某一门试卷中,我们没发现,被分到其他地方了。研究生招生的过程很复杂,容易出现这样那样的问题，以前也有找不到违规考生记录表最后被国家核检出来的情况。甚至，有时还出现过试卷当初找不到，后来又找到的情况。”在河南省招生办，普招处一位负责今年研究生入学考试的工作人员告诉记者：“对考试中违规考生的处理，教育部有明确的规定，并且制定了规范的格式化文书，监考老师应该严格按照要求认真填写，并依照合法程序对违规考生进行处罚，不能潦草大意、敷衍了事，剥夺考生的知情权、申辩权和依法提请行政复议的权利。此外，在该考生准考证作为作弊证据被没收后，监考老师允许考生继续参加考试，也是同样不符合规定的。”

国家统一考试年年都有，对于拒绝在有关文件上签字确认的违规考生，年年也都会存在。那么对于这类考生，究竟应该采取什么措施，才是严格履行监考学校的义务呢？《国家教育考试违规处理办法》第三章第26条规定：“考试违规处理决定书应当及时送达被处理人。”而依照《行政处罚法》第40条的规定：“行政处罚决定书应当在宣告后当场交付当事人；当事人不在场的，行政机关应当在7日内依照民事诉讼法的有关规定，将行政处罚决定书送达当事人。”

记者在网上搜索发现，部分高校已经注意到这个问题并出台了专门的规定。例如，在华中农业大学研究生院出台的《考生违规处理程序及要求》中，该校专门对“告知送达”作出规定：“现场发现考生违规，在不影响其他考生考试的前提下，应当场向有关考生送达《硕士研究生考试初试违纪考生处理决定书》。考试过程中无法送达的，应于考试结束后7日内送达。”“考点在考试结束后，对考试现场没有送达《硕士研究生考试初试违纪考生处理决定书》的，挂号寄送《硕士研究生考试初试违纪考生处理决定书》。所有违规考生的违规证据、《硕士研究生考试初试违纪考生处理决定书》存根由报考点留存备案。”“对邮寄送达因地址不详等原因退回的《硕士研究生考试初试违纪考生处理决定书》，应设法与考生本人联系再次送达；无法联系或确实无法送达的，保留退回信函原件两年备查。”

河南省招生办普招处一位负责人称，这次事件是一个警示，凸显出目前考试工作中存在的一个共性的问题。她表示，河南省招生办将对此进行专门的研究，尽快出台更加细化的办法措施，在以后的考试工作中，进一步提高监考人员的责任意识和规范化执法意识，进一步提高考务工作的质量。

评“躲猫猫”“钓鱼执法”“徐宝宝”三起事件中的第三方调查*

写作背景：《南方周末》记者柴会群就“躲猫猫”“钓鱼执法”“徐宝宝”三起事件中的“第三方调查”撰写了一篇长文。他将该文发给笔者，希望笔者就重大社会影响事件的“第三方调查”谈点看法。笔者答应了柴会群先生的要求，写了这则短评。

对重大社会影响事件开展“第三方调查”很有必要，有助于保证对相应事件的公开、公正处理，符合“自己不做自己法官”的自然正义和正当法律程序的要求。但是就“躲猫猫”、“钓鱼执法”和“徐宝宝”三起事件中的“第三方调

---

* 该文原载2009年11月26日《南方周末》B12版。发表时文章题为《姜明安：第三方调查应由人大启动》。

“躲猫猫”事件：2009年1月28日，云南某地24岁的村民李某明因涉嫌盗伐林木罪，被云南省晋宁县公安局刑事拘留，并被羁押于晋宁县看守所。2月12日，在看守所羁押了15天的李某明，突然因“重度颅脑损伤”，经送医院抢救无效而死亡。当日晚上11时，晋宁县公安局发布案情通报称：2月8日下午放风时，李某明与狱友在天井玩“躲猫猫”游戏，由于李某明抓到同监狱友普某某而引起普某某不满，最终两人发生争执。争执中普某某先踢了李某明一脚，随后又朝其头部击打一拳，李某明由于重心不稳摔倒后，头部与墙壁和门框夹角碰撞，受伤并最终死亡。一石惊起千层浪，“躲猫猫案”经过媒体报道后，在网络上迅速发酵：一群成年男人在看守所中玩“躲猫猫”这种儿童游戏就已经匪夷所思了。24岁身强力壮的李某明，居然还在游戏中离奇死亡了，这更加让人无法信服。网络上迅速掀起了对“躲猫猫事件”的抨击浪潮，有才的网友发表了诸多讽刺的评论留言。2月19日，在“躲猫猫事件”称为网络热点后，云南省委宣传部发布公告，公开面向社会邀请网友和社会人士参与调查。云南省委宣传部组织了由15人组成的事件真相调查委员会，其中8人是网民和社会人士，委员会的主任和副主任均由网民担任。云南省委宣传部的这一做法，开创了邀请网民参与重大敏感问题官方调查之先河，也体现了对社会舆论的尊重。但是因为普通的网民或社会人士不具有刑事案件调查的专业能力，其调查结论受到质疑。

查"来说,确有改进改善的空间。

其一,这三起事件中的"第三方调查",因为没有法定授权,遭遇诸多障碍和尴尬。笔者认为,如果立法机关能就重大社会影响事件的"第三方调查"制定相应法律,这些障碍和尴尬就有望消除,"第三方调查"获得法律授权的权威性,其进行就会顺利得多。

其二,《宪法》第71条规定,"全国人民代表大会和全国人民代表大会常务委员会认为必要的时候,可以组织关于特定问题的调查委员会,并且根据调查委员会的报告,作出相应的决议。调查委员会进行调查的时候,一切有关的国家机关、社会团体和公民都有义务向它提供必要的材料"(《全国人民代表大会组织法》第38条、《地方组织法》①第31条亦有相应的规定)。对于有重大社会影响的事件,如果能启动人大或人大常委会的调查监督程序,这种调查

"钓鱼执法"事件:2009年10月14日晚,上海司机孙某界开车行驶在市区某街道上,一名男子突然冲到马路中央扬手拦车。孙停车后,男子拉开车门坐到其副驾驶位上对孙哀求:"兄弟帮帮忙,我冻了一个多小时了,又打不到车,到航头有急事。"孙某界见他只穿着一件T恤,又刚好顺路,就同意捎他一程。大约5分钟后,这名男子说到了,孙便靠边停车。孙停好车后,搭车男子便从口袋中掏出10元钱放在副驾驶位前的台面上,随后从副驾驶位伸出左脚踩住刹车,并拔下车钥匙。这时,一辆面包车快速冲到孙某界车子的侧前方,车上下来几名便衣男子,强行将孙拽下了车,并将其手机、驾驶证、行驶证一并扣下。孙某界被押上面包车,车开进了一个胡同,有几名穿制服的男子自称是浦东新区执法队的人,拿着《上海市浦东新区城市管理行政执法局调查处理通知书》和《暂扣、扣押物品凭证》,要求孙签字。通知书上记载"该车无营运证、擅自从事出租汽车业务"等字样。孙某界拒绝签字,并向执法人员辩解,自己没有开黑车,自己纯粹是看对方可怜做个好事捎带一段路。然而,孙被告知,如果不签字,他就走不了。在这种情况下,其只得在处理通知书和扣押凭证上签了字,其所驾驶的金杯面包车被扣押,还被告知要交一万元的罚款。回家后他越想越气愤,抄起菜刀往自己的左手小拇指剁了下去。孙某界因被"钓鱼执法"而断指自证清白的事件,经过媒体报道后,引发了社会关注。10月18日,上海市政府要求浦东新区政府迅速查明事实,并将调查结果及时公之于众。10月20日,浦东新区政府成立了由12人组成的调查组,调查组的人员包括人大代表、政协委员、律师、媒体代表、社区和企业代表。经过调查,确定当时孙某界车上的"乘客"是配合城管部门进行执法的"钓钩",之前他曾多次以"乘客"身份做证非法营运。调查组在检查相关财务资料后发现,"钓钩"不止一人而是多人,"钓钩"每成功举报一起"非法营运",城管部门都会向其支付一笔"专项整治劳务费"。

"徐宝宝"事件:2009年11月3日,南京5个月大的婴儿徐宝宝因高烧、眼眶部肿胀等症状,到南京市儿童医院住院治疗,婴儿住院期间病情恶化时,家属几次向值班医生反映病情,由于医生打游戏、睡觉等原因,未及时采取有效救治,由此导致婴儿病情急剧恶化,于次日早晨不治身亡。此事引起社会舆论广泛关注。南京市政府组织了由专家、网民、记者等组成的联合调查组对此事件进行调查。调查的结果证实患儿家属投诉的情况基本属实,值班医生隐瞒了事实真相。市儿童医院虽然事后也进行了调查,但调查没有依法依规进行,调查结果与事实不符。最后,政府有关部门对上网玩游戏的当事医生予以了吊照和开除的处分,对南京市儿童医院的院长、书记也分别给予相应处分。

① 《中华人民共和国地方各级人民代表大会和地方各级人民政府组织法》。

会比一般的“第三方调查”权威得多、有效得多。因此，对于重大责任事故或可能引起重大社会影响的事件，当政府调查或政府组织的调查面临不能自证清白的困境时，人大或人大常委会应启动调查监督程序，这样做既可以降低政府公信力的损失，也可以强化人大和人大常委会作为国家权力机关和监督机关的权威。①

其三，人大或人大常委会启动对重大社会影响事件的调查监督程序，并不意味着调查委员会一定要由人大代表或人大常委会委员组成，而是可以由人大专门委员会或人大常委会工作机构牵头，组织相关专家、学者、律师和其他社会人士参加。像上海“钓鱼执法”事件及南京“徐宝宝事件”中的第三方调查组一样，有记者、律师和专业人士参加。但调查委员会必须有人大或人大常委会授权，调查才会有名有实，不会像“躲猫猫案”中那样连监控录像也看不到，也不会像上海、南京的第三方调查组那样，调查报告仅靠调查组成员签名生效。最重要的是，这可以摆脱政府的行政干预，成为真正意义上的独立调查。

其四，真正的第三方调查制度，应体现自然正义和正当法律程序原则的核

① 由于各种主、客观原因，过去一个时期，各级人大和人大常委会较少启动调查委员会的调查监督程序，导致宪法和法律的相应规定在那里“睡觉”。“躲猫猫案”发生后，曾有人提出由人大授权成立调查组进行调查，但也有人认为不可行。“躲猫猫案”发生半年后，云南警方再次陷入另一社会影响案件的舆论漩涡。据“躲猫猫调查团”的一位成员称，在吸取了调查组“师出无名”的教训后，他曾致信昆明市人大，希望人大能就此事启动调查程序，但未获答复。当然，改革开放以后，也有一些地方人大和人大常委会启动过调查委员会进行调查监督的例子。如 1988 年 11 月，某省人大会议上有 86 名代表提出对省检察院检察长的罢免案，列入议程经代表审议讨论后，认为提出罢免的理由中涉及的有关事实需要调查清楚后再进一步审议。为此，大会通过一个决议，授权省人大常委会 3 名副主任、5 名专职委员组成调查委员会进行调查。调查委员会经调查认为，罢免案中所提情况基本属实，但考虑该同志换届后已不再被提名担任检察长，而罢免案提到的两个案件又是在受到干预的情况下决定的，责任不全在检察长，所以建议不予罢免。调查委员会提出调查报告后，该同志就罢免案提到的情况向人大作出检查，然后由大会主席团提出不予罢免的建议，交代表讨论；经多数代表同意后，不再对罢免案进行表决。这样处理，各方都认为比较慎重。参见全国人大常委会法工委国家法室巡视员王世瑚：《特定问题调查》，载全国人大网，http://www.npc.gov.cn/zgrdw/npc/xinwen/rdlt/rdjs/2006-12/05/content_354737.htm。党的十八大以来，各级人大和人大常委会越来越重视和加强人大特定问题调查制度，“当前，我国地方人大已经有不少开展特定问题调查的实践典型，既有对行政权、司法权的监督，又有对民生问题如大气污染、环境保护、教育问题、食品安全、市政建设等进行的监督，体现了地方人大组织特定问题调查选择人民群众最关心、最直接、最现实的利益问题作为调查重点的趋势”。参见戴激涛：《重视和加强人大特定问题调查制度》，载中国网，http://www.china.com.cn/opinion/theory/2021-03/17/content_77317755.htm。

心要求,即“任何人不应成为自己案件的法官”。凡是相应社会影响事件的责任方不得参与调查,以防止影响调查结论的公正性和公信力。

其五,对于有重大社会影响的事件,除了启动第三方调查的调查程序,相应级别的人大或人大常委会还应积极启动质询程序,对相应政府部门和政府官员进行质询。例如,公众对“躲猫猫案”产生了那么大的疑问,那云南方面的人大或人大常委会就可以把负责相应事务的政府官员叫来,让他说清楚,说不清楚就启动问责、罢免程序。只有这样,才能保证政府的高效廉洁。

RAV4质量出了问题，
丰田公司应勇于依法承担责任*

写作背景：2010年3月14日，浙江省工商局和浙江省消费者权益保护委员会发文，对丰田公司在召回有缺陷的RAV4汽车过程中给予中国消费者以"差别待遇"表示强烈不满，并启动了"丰田问题汽车消费维权行动"。《法制日报》对这一事件进行了跟踪报道，并约请笔者为此写一篇评论。笔者查阅了这一事件的有关材料和我国调整产品质量问题的相应法律、法规、规章和规范性文件，撰写了此篇评论。

2010年3月14日，浙江省工商局和浙江省消费者权益保护委员会启动了"丰田问题汽车消费维权行动"，对丰田公司在召回有缺陷的RAV4汽车过程中给予中国消费者以"差别待遇"表示强烈不满，并就此提出5条应对措施。3月29日，丰田公司对浙江省工商局和浙江省消费者权益保护委员会提出的关于RAV4召回汽车消费维权的有关措施予以回应，做出以下承诺：(1)在4月底前完成浙江省所有RAV4问题汽车的召回维修工作，并保证维修质量。(2)对尚未召回的RAV4汽车，可根据消费者的需求提供上门召回服务；在召回维修阶段影响车主使用的，由经销店提供代步车供消费者使用。(3)未交付的RAV4汽车，一汽丰田将充分尊重客户的选择，如果客户提出解约，公司将全额退还客户订金。(4)对RAV4消费者给予补偿，具体补偿方式由各地4S店与消费者协商处理；一汽丰田将自即日起3日之内通知4S店。3

* 该文原载2010年4月8日《法制日报》第4版。

月 31 日,丰田公司进一步作出承诺,对浙江省消费者的补偿将适用于全国丰田 RAV4 汽车车主。

丰田公司的上述承诺是积极的,尽管这些承诺晚了一点。然而,相对于承诺而言,更重要的是行动,是丰田公司作为经营者依法认真履行对消费者义务的行动,是其作为生产者依法承担对生产缺陷产品的法律责任的行动。但是,据说丰田公司管理层内部有人对上述承诺,特别是对给予 RAV4 消费者补偿(实际应为赔偿)的义务和责任尚有疑义,有不情愿履行的情绪。应该说,这种情绪是很不健康的,是不应该产生的,产生这种情绪如果不是经营者对消费者,生产者对用户的傲慢的话,至少是作为企业家不应有的对法律和法律责任的无知。

中国法律关于产品(产品当然包括汽车产品)质量责任和产品出现质量问题后如何保护消费者权益有一个完整的规范和制度系统,这个系统是一个由法律、法规、规章等不同效力位阶的法规范构成的体系。根据这个规范和制度体系,生产有缺陷产品的经营者(包括生产者和销售者)不仅要对消费者承担赔偿损失的民事责任,而且有可能要接受行政机关罚款等行政责任。根据《消费者权益保护法》第 40 条的规定,经营者向消费者提供商品有缺陷的,应当依照《产品质量法》和其他有关法律、法规的规定,承担民事责任。《产品质量法》第 40 条规定的民事责任形式包括修理、更换、退货以及赔偿损失。其他法律、法规规定的民事责任形式包括:(1)《民法通则》第 134 条第 1 款中规定的修理、重作、更换和赔偿损失。(2)1995 年《浙江省实施〈中华人民共和国消费者权益保护法〉办法》(属地方性法规)第 36 条规定的对实行“三包”的大件商品,应当由经营者负责修理、更换、退货的,经营者应当上门服务或者负责运送;经营者要求消费者运送的,经营者应当承担运输费、误工费、差旅费等合理费用。(3)国家质检总局等四部委 2004 年联合发布的《缺陷汽车产品召回管理规定》(属部门规章)第 44 条规定“制造商实施缺陷汽车产品召回,不免除车主及其他受害人因缺陷汽车产品所受损害,要求其承担的其他法律责任”。这里所谓“其他法律责任”显然是指民事责任,主要是赔偿损失,因为该规定第 40 条至第 42 条规定的是行政责任(主要是罚款),这里的“其他法律责任”自然是相对于行政责任(罚款)的民事责任(赔偿)。

中国法律、法规规定了生产者生产有缺陷产品的全面和系统的法律责任,包括行政责任和民事责任。如何保障这些法律责任,特别是民事责任?法

律提供的途径主要有三:

其一,经营者自觉履行。《消费者权益保护法》第 23 条规定,“经营者提供商品或者服务,按照国家规定(如前述法律、法规、规章的规定——作者注)或者与消费者的约定,承担包修、包换、包退或者其他责任(如赔偿责任——作者注)的,应当按照国家规定或者约定履行,不得故意拖延或者无理拒绝”。《产品质量法》第 40 条亦规定了经营者(销售者和生产者)对有缺陷产品应自觉履行修理、更换、退货以及赔偿损失责任的义务。

其二,行政机关查处和责令履行。《消费者权益保护法》第 28 条规定,“各级人民政府工商行政管理部门和其他有关行政部门应当依照法律、法规的规定,在各自的职责范围内,采取措施,保护消费者的合法权益。有关行政部门应当听取消费者及其社会团体对经营者交易行为、商品和服务质量问题的意见,及时调查处理”。根据《产品质量法》第 40 条第 3 款的规定,经营者未自觉履行对有缺陷产品的修理、更换、退货或者赔偿损失的责任的,由产品质量监督部门或者工商行政管理部门责令改正。《消费者权益保护法》第 50 条还规定,对故意拖延或无理拒绝履行对有缺陷产品的修理、更换、退货或者赔偿损失的责任的,工商行政管理部门还可对之单处或并处警告、没收、罚款、责令停业整顿、吊销营业执照等行政处罚。

其三,消费者向法院起诉,请求法院强制履行。根据《产品质量法》第 47 条的规定,因产品质量发生民事纠纷时,当事人各方没有达成仲裁协议或者仲裁协议无效的,可以直接向人民法院起诉。第 23 条规定,保护消费者权益的社会组织支持消费者对因产品质量造成的损害向人民法院起诉。《消费者权益保护法》第 30 条规定,人民法院应当采取措施,方便消费者提起诉讼。对符合《民事诉讼法》起诉条件的消费者权益争议,必须受理,及时审理。

回到丰田公司在召回有缺陷的 RAV4 汽车过程中对中国消费者的责任履行问题,其赔偿或补偿责任(丰田公司自己承诺的是补偿责任)应如何保障实现呢?是循上述第一种途径还是第二种和第三种途径?笔者认为,还是选择上述第一种途径——自觉履行——为好。因为这既有利于丰田公司维护自己的信用,又有利于降低中国消费者的维权成本。第二种和第三种途径只应该成为当事人最终达不成协议的不得已的选择。

行政监管裁量权的法律规制*

写作背景：本文是笔者向湖南省人民政府、中国行为法学会、中南大学2009年6月6日至7日在衡山主办的"法治政府·南岳论坛"提交的一篇供会议讨论的论文，后在《湖南省社会主义学院学报》发表。本文研究的是行政监管问题，但行政监管与行政处罚密切相关。行政监管可以认为是行政处罚的前提，先有监管，监管中发现问题随之即予以行政处罚；行政处罚也可以认为是行政监管的一个环节，行政监管即包括检查、监督和处罚，没有处罚保障，监管的作用即不可能真正发挥。故笔者仍将本文收入"行政处罚法研究"编中。

行政裁量是行政机关实施监管行为时最经常运用的方式，它贯穿于行政监管行为的整个运作过程。法律赋予行政监管机关裁量权是防止执法人员机械执法，实现个案实质公正的不可不有的法律保障。但是，监管裁量权如果被滥用，它又可能成为执法人员谋私和侵犯行政相对人权益或社会公共利益的最便利的手段和工具。那么法律怎么防止行政监管机关及其执法人员滥用行政裁量权，尽可能保证其所赋予的裁量权为善而避免其为恶呢？这就是本文所欲研究和探讨的核心问题。

一、行政裁量对于行政监管是必要的吗？

英国行政法权威学者韦德认为，"行政机关被授权做的许多事情都涉及

---

* 该文原载《湖南省社会主义学院学报》2009年第4期。

裁量权的行使。行政决定必须基于政策,以公共利益为目的……从而议会授予行政的裁量权必须受到保护,它只能由适当的机关来行使……它必须不受任何限制,不应受契约或其他交易的限制,以反映不同时期公共利益的要求……为此,一定要区分遵循一贯政策和盲目运用僵化教条二者的区别"。[①]韦德在这里指出行政管理,特别是现代行政监管中存在的一个普遍事实:行政权的行使与行政裁量密切相关。"现代政府管理要求尽可能多且尽可能广泛的裁量权,议会法案起草者也竭力寻找能使裁量权变得更为广泛的新的措辞形式,议会在通过这些法案时也无意多加思量。"[②]但这是为什么呢?为什么行政权(包括行政监管权)的行使总是与行政裁量密切联系?议会法律为什么要授予行政如此广泛的裁量权呢?行政裁量对于行政权(包括行政监管权)的行使是必需和必要的吗?

对于行政裁量的必要性和合理性,通常的解释大致有三:其一,行政事务极其复杂且具多样性,需有裁量权灵活处置。行政机关每天要处理大量的有关国家经济、社会、文化等广泛的事务,这些事务往往涉及政策选择、规划设计、突发事件应对等,需要执法者不断适应新情况、新变化而决定行为路径和行为方式。显然,这些事项不能事前由法律完全加以明确、具体的规定以及通过法律对之给出准确界限和确切的行为规范,故法律不能不赋予行政机关以相机行事的广泛的裁量权。其二,行政官员,特别是行政监管执法官员,对于所管理的相应行政事务通常具有专门知识、专门经验和专门技能,而立法者对立法所调整的特定事项,特别是涉技术性较强的事项,往往缺乏专门知识,甚至是外行,故他们就相应事项立法时,只能规定一般原则,具体细则不得不无可奈何地留给行政机关及其工作人员裁量处置。其三,行政与政治密切联系。正如韦德所说,行政决定的作出必须基于政策,以公共利益为目的。然而,现代法治又要求行政必须严格依法,不允许违法行政。为协调法治与政治二者的关系,使之不发生冲突,立法者制定法律时自然要给行政留下一定裁量空间,使执法者执法能适当融入政策的考量。

除了以上三点,行政监管裁量的合理性还有一个重要理由,那就是保证个

① H. W. R. Wade, *Administrative Law*, Oxford University Press, 1988, p. 9.

② H. W. R. Wade, *Administrative Law*, Oxford University Press, 1988, p. 388.

案实质正义的需要。因为现实生活是千差万别的,处在同样法律关系中的人,实施同样法律行为的人的情况(经济状况、身体条件、智力水平、社会背景以及由此决定的行为目的动机、行为方式、行为结果等)是千差万别的,法律不可能针对千差万别的情况做出千差万别的规定。对此,立法者只有两种选择:一是完全不考虑千差万别的情况,对同样的行为统一做出同样的规定,不给予行政监管执法者任何裁量的余地,以保证形式正义;二是基于现实生活的千差万别,立法者在确定规则时留下弹性空间,赋予行政监管执法者以"不同情况,不同对待"的较广泛的裁量权,以保证实质正义。德国行政法学家毛雷尔指出,"裁量主要服务于个案正当性。行政机关处于这种情形之下:既要按照法定目的观考虑(法律目的、合理性),又要考虑案件的具体情况,从而找出适当的、合理的解决办法"。① 笔者认为,保障个案实质正义是行政裁量存在的最重要的根据。即使裁量权有被行政监管执法者滥用的风险(法律自然应将这种风险控制到最小限度),为尽可能追求个案可能的实质正义,裁量权仍不能不赋予行政监管执法者,行政监管执法者亦不能为显示自己的"公正"形象和避免不公正嫌疑而放弃裁量权的行使。例如,用裁量基准将裁量权限制到最小限度,甚至接近于零。

二、规制行政监管裁量对于法治是必须的吗?

前已述及,行政裁量是行政监管权,乃至整个行政权行使的必需,是行政机关行使行政职能,协调法治与政治的关系,保障实质正义实现的一种手段和工具。但是,行政裁量这种手段和工具是一把"双刃剑",其运用既可以为善——执法者可运用裁量权实现法定的行政目标,追求实质正义;同样,这种手段和工具的运用也可以为恶——执法者可利用法律赋予其裁量空间为自己滥权、偏私服务。在有裁量空间的场合,执法者如欲以此谋私,可以通过裁量对同样情况做不同对待,对不同情况做同样对待。执法者如这样行使裁量权,就会既破坏形式正义,更无从保障实质正义。执法者这样行使裁量权导致的非正义可能是源于其故意考虑不相关因素、不考虑相关因素所致,也可能是源于其疏忽大意或执法者素质低下(面对裁量权不知怎样正确行使而放弃行

---

① [德]哈特穆特·毛雷尔:《行政法学总论》,高家伟译,法律出版社 2000 年版,第 127 页。

使或胡乱行使)。这两种因素导致的对裁量的不当行使都是对裁量的滥用,前者为故意滥用,后者为过失滥用。施瓦茨在其《行政法》论著中将行政主体对行政裁量的滥用细分为六种情形:其一,不正当的目的,即行使裁量权违反法律赋予相应裁量权的目的;其二,错误的和不相干的原因,即考虑不相关因素;其三,错误的法律或事实根据,即行使裁量权的法律根据或事实根据不正确,包括无法律根据或没有基于授权法规定的条件;其四,遗忘了其他有关事项,即没有考虑相关因素;其五,不作为或迟延,即故意或过失未行使或者迟延行使法律赋予的裁量权;其六,背离了既定的判例或习惯,即无正当理由不遵循先例,反复无常。毛雷尔在其《行政法学总论》中将行政主体对裁量权的不当行使归结为"裁量瑕疵",并将滥用裁量权归结为"裁量瑕疵"的表现形式之一。他认为,"裁量瑕疵"包括:(1)裁量逾越,指行政机关没有选择裁量规范规定的法律后果。例如,法律规定行政机关收取相对人20~50马克的规费,而行政机关决定收取60马克。(2)裁量怠慢,指行政机关不行使法定裁量权。例如,法律规定警察可根据公民的请求,对妨碍其正常生活的行为采取适当干预措施。但某日当居住在某教堂附近的公民甲请求警察对该教堂"早晨发出的扰人的钟声"进行干预时,警察却拒绝采取任何干预措施,他们错误地认为自己无权对教堂发出命令。(3)裁量滥用,指行政机关裁量时没有遵守裁量规范的目的(法定目的),或裁量时没有权衡有关要点。如驱散未经许可的集会是为了阻止不同的政治意见和政治观点的宣传,采取警察措施不是为了排除危险,而是考虑个人或政党政治的因素。(4)违反基本权利和一般行政法原则。毛雷尔认为基本权利和一般行政法原则,特别是必要性和比例性原则,适用于所有行政活动。行政机关在行使裁量权时,必须受之限制。如行政机关行使裁量权违反基本权利和一般行政法原则,亦构成裁量瑕疵。[①]

正是基于行政裁量对于正义的"善"的价值和可能的"恶"的副作用并存,韦德提出,法治并不要求消除广泛的行政裁量权,但法治要求控制行政裁量权的行使。[②] 他引用格林法官的著名判词:"一个被授予了裁量权的人必须正确地要求自己依法办事,他必须让自己注意考虑他一定要考虑的事情,不考

---

① [德]哈特穆特·毛雷尔:《行政法学总论》,高家伟译,法律出版社2000年版,第130-131页。

② H. W. R. Wade, *Administrative Law*, Oxford University Press, 1988, p. 388.

虑与之不相关的事情。”[①]如果他不遵守这些规则,那么他就是滥用行政裁量。英国科克大法官进一步指出,“裁量权意味着,根据合理和公正的原则做某事,而不是根据个人意见做某事……根据法律做某事,而不是根据个人好恶做某事。裁量权不应是专断的、含混不清的、捉摸不定的权力,而是法定的有一定之规的权力”。为了防止行政监管执法者将裁量权变成“根据个人好恶做事的专断权力”,对行政监管裁量权必须加以规制。大法官道格拉斯认为,只有通过法律规制行政裁量,“使人们免受某些统治者……某些官员、某些官僚无限制的裁量权统治之时,法律方达到了最佳状态……无限裁量权是残酷的统治。它比其他人为的统治手段对自由更具破坏性”。[②]

由此可见,规制行政监管裁量,防止行政裁量权的滥用对于法治是必须的。

三、规制行政监管裁量的主要手段与软法的作用

既然要保证行政监管裁量的正当行使,避免行政监管裁量权的滥用,法律对行政监管裁量的规范和规制就必不可少。那么,法律如何规范和规制行政监管裁量,保证行政监管裁量权的正当行使呢?在规范和规制行政监管裁量方面,硬法的作用是有限的,因为硬法既然赋予了行政监管机关裁量权,它就不可能再对授权行政监管机关裁量处置的事务作更进一步的具体明确的规定,或更进一步制定裁量基准式的规则。否则,行政裁量空间就会大为压缩,甚至不复存在,行政监管裁量就无裁量可言。因此,承担规范和规制行政监管裁量主要任务的只能是软法。而软法也正好具有承担规范和规制行政监管裁量任务的性质和特色。下面我们特别引述美国卡多佐法官对软法[③]性质和特色的若干论述:

> 法律必须稳定,但不能一成不变。我们每每在这一点上陷入严重的矛盾。无法消除和无法限制的静与动,有着同样的破坏性。法

---

① H. W. R. Wade, *Administrative Law*, Oxford University Press, 1988, p. 407–408.

② [美]伯纳德·施瓦茨:《行政法》,徐炳译,群众出版社1986年版,第567–568页。

③ 卡多佐没有使用“软法”这个词,但他界定的法律,显然包括软法,甚至主要是指软法。

律一如人类,要想延续生命,必须找到某种妥协之道……法典要辅之以敕令,法律要辅之以平衡,习惯要辅之以条律,规则要辅之以裁量权。

法案必须具有普适性,行为却总与特殊性相联……今后不断变化着的复杂事件,仍将冲击古老范畴的高墙……现行的规则和原则可以告诉我们现在的方位、我们的处境、我们的经纬度。夜晚遮风挡雨的客栈毕竟不是旅行的目的地。法律就像旅行者一样,天明还得出发。它必须有生长的原则。

如果各位问,在某条原则、规则或标准尚不能被正确地冠以法律之名以前,对于还没有体现在判决中的这些原则、规则或标准,必须赋予它们多大的可靠性?我只能回到一种我将在下面作进一步阐述的观点。这种观点是,法律像社会科学的其他分支一样,其结论的有效性,只能满足于用或然性的逻辑而非确定性的逻辑来验证。当或然性的程度足以使人们合理地确信,一项判决应当且必须包含某个既定的结论时,我们就把这个结论称为法律。

狄骥写道:"法不是国家的创造,它存在于国家之外;法的要领完全独立于国家,并且法律规则把自己强加于国家,如同它把自己强加于个人一样"……在说到行为的原则或规则时,我把另一些行为规范或标准也包括在内,它们因为没有在法规或裁决中被正式宣布,也许不是严格的原则或规则,但它们却是有望得到法规或裁决遵守的类型或模式。我仅仅否认它们是一种凌驾于那些国家已建立的机构的力量。它们扎根于商业和伙伴关系的习惯形式与方法中,扎根于公平和正义的主流信仰中,扎根于我们称之为时代风俗的信仰和实践的复合体中。它们或许缺少官方的认可,但这不会总是阻止我们有把握地推断,一俟时机成熟,这种疏漏就会得到弥补。①

卡多佐法官以上所论述的"变动的法""动态的法""生长的法""用或然性逻辑验证的法""非国家创造和存在于国家之外的法""扎根于现实社会关

① [美]本杰明·内森·卡多佐:《法律的生长》,刘培峰等译,贵州人民出版社2003年版,第3-27页。

系中的和扎根于公平正义信仰中的法”,正是我们所研究,欲用之于规范和规制行政裁量的“软法”。那么,软法(当然也包括某些硬法或承载软法规范的硬法,如程序性硬法,规定立法目的、立法精神、法律原则等软规范的硬法)是怎样规范和规制行政监管裁量的呢?根据国内外法治的实践,大致有以下六个途径:

其一,通过立法目的、立法精神规范和规制行政监管裁量。法律对某一事项没有作出明确具体的规定,行政监管机关怎么行政?重要方法之一是探寻立法目的和立法精神。法律的立法目的和立法精神通常见于相应法律的总则。例如,《反不正当竞争法》第 1 条即确定了该法的立法目的:保障社会主义市场经济健康发展,鼓励和保护公平竞争,制止不正当竞争行为,保护经营者和消费者的合法权益。各级人民政府及其监管部门在行使该法授予的反不正当竞争职权的行政裁量时,必须遵守以上立法目的。如果各级人民政府及其监管部门为制止不正当竞争采取有关措施,实施有关监管行为时追求以上立法目的以外的其他目的,即构成对行政裁量权的滥用。

其二,通过法的基本原则规范和规制行政监管裁量。法的基本原则可能是成文的,也可能是不成文的。如信赖保护原则、比例原则、法律优位原则、法律保留原则、诚信原则、正当法律程序原则等。例如,《行政许可法》第 8 条即通过硬法的方式规定了作为软法的信赖保护原则:公民、法人或者其他组织依法取得的行政许可受法律保护,行政机关不得擅自改变已经生效的行政许可。行政许可所依据的法律、法规、规章修改或者废止,或者准予行政许可所依据的客观情况发生重大变化的,为了公共利益的需要,行政机关可以依法变更或者撤回已经生效的行政许可。由此给公民、法人或者其他组织造成财产损失的,行政机关应当依法给予补偿。行政机关依《行政许可法》有关监管的规定(如第 69 条规定)行使撤销、变更或者撤回行政许可的行政裁量时,必须遵守上述信赖保护原则;否则,即构成对行政许可撤销、变更或者撤回裁量权的滥用。

其三,以行政惯例规范和规制行政监管裁量。行政惯例是行政机关行使职权长时期形成的习惯性规则或做法。例如,《行政处罚法》第 42 条规定,行政机关作出责令停产停业、吊销许可证或者执照、较大数额罚款等行政处罚决定之前,应当告知当事人有要求举行听证的权利;当事人要求听证的,行政机关应当组织听证。这里,法律对“较大数额”没有作出明确具体的规定,留给行政机关自行裁量。某市行政监管机关在多年的行政处罚实践中,一直以对个人罚款 5000 元、单位罚款 10 万元为“较大数额”,适用听证程序。如果某一天,行政监管机关对某公民罚款 6000 元,却不告知其听证权利,该公民申请听证,行政监管机关以此罚款不属于“较大数额”罚款为由予以拒绝,这显然就违反惯例,构成反复无常地滥用行政裁量权。当然,行政惯例并不是永远不可改变的。只是行政机关改变惯例必须说明改变的根据和理由,并且在可能的条件下,应尽可能事先通知相对人,以保护其合理的预期。法治之要求行政监管机关行使裁量权时受行政惯例规制,因此种规制是防止执法者反复无常,避免对行政相对人相同情况、不同对待,导致行政处置高下悬殊的不公正的重要制度性保障。

其四,以政策规范和规制行政监管裁量。政策是党和国家根据一定时期的形势和任务制定的调整相应社会关系的具有一定约束力,但不具有法律强制力的规范。例如,党中央和国务院根据当前国际金融、经济危机制定和出台的各种政策。对这些政策,行政监管机关在行政执法中行使裁量权时无疑应予以考虑。当然,政策必须在宪法和法律的范围内制定,一些地方和部门违法出台的“土政策”则不应成为行政监管裁量的根据。

其五,以裁量基准规范和规制行政监管裁量。裁量基准是行政机关专门为规范行政执法裁量制定的具体判断、裁量标准,通常是对法律、法规中原则性、抽象性、弹性条款或裁量幅度过大的条款具体化、细化和量化。裁量基准不是法律,在一般情况下,行政监管执法者必须遵循裁量基准,但出现特殊情形,行政监管执法者可不遵循,而应在法律赋予的裁量权大范围内作出行政行为。对此,执法者应在法律文书中说明理由。2008 年 4 月 2 日《人民日报》曾刊登一个案例,涉及裁量基准的法律效力问题,案情如下:

2007 年 8 月 2 日,律师周某明驾车行驶至云南省文山县境内省道 210 线某处时,被文山县交警大队执勤民警拦下,被告知其行驶速度为每小时 90 公里,已超出该路段每小时 70 公里的限速。文山县交警大队根据《道路交通安全法》第 90 条的规定(该条规定:机动车驾驶人违反道路交通安全法律、法规关于道路通行规定的,处警告或者 20 元以上 200 元以下的罚款),对周处以罚款 200 元、记 3 分的处罚。周某明不服,诉至法院,认为根据《云南省道路交通安全违法行为罚款处罚标准暂行规定》(行政处罚裁量基准),超速未达50%的,处罚款50元至100元;超速超过50%的,处罚款100元至200元。其超速未达50%,交警依法定处罚幅度最上限罚款没有充分法律根据。一审法院认可原告的诉讼理由,以交警上限罚款显失公正为由,判决变更罚款为80元,取消扣分。交警不服,提出上诉。二审法院认为,《云南省道路交通安全违法行为罚款处罚标准暂行规定》是公安厅内部下发的规范性文件,效力低于法律,交警依法律处罚没错,故撤销一审判决,维持交警原处罚。

从以裁量基准规范和规制行政裁量的现代法治观点审视,一、二审法院对《云南省道路交通安全违法行为罚款处罚标准暂行规定》效力的认识都是不正确的。该暂行规定虽然不是法律,但它是依法制定的裁量基准,是限制执法者滥用裁量权的重要手段。在一般情况下,它应该得到执法者的严格遵守,违反即构成违法。但裁量基准毕竟又不是法律,在某些特定情况下,执法者是可以不遵循,而在法律赋予的裁量权大范围内作出行政行为的。就本案而言,如违法者违法超速路段具有特别危险或违法者违法具有某种特别恶劣情节,交警不遵循暂行规定而给予相对人以《道路交通安全法》规定的罚款最高限处罚是可以的。因为行政机关制定裁量基准时难以,甚至不可能对所有违法情形均予以考虑(如暂行规定就只考虑了违法者超速量一个情节)。当然,执法者不遵循裁量基准必须在法律文书中详细说明理由。否则,裁量权滥用即难以避免。[①]

其六,以程序规范和规制行政监管裁量。程序是规制行政裁量的重要手段。程序包括法定程序和正当程序。法定程序是指法律、法规、规章明确规定的程序。行政监管机关及其工作人员在实施行政行为过程中,无疑首先应遵循法定程序,在某些问题无法定程序或法定程序不明确、不具体的情况下,行政监管执法者亦应遵循正当程序。正当程序是法理而非具体法律确定的程序,如告知、说明理由、听取申辩、自己不做自己的法官,以及公开、公正、公平等。法定程序和正当程序对于保障行政监管执法者正确行使裁量权,防止其

---

① 本案行政行为的合理性、罚款多少为合适可进一步探讨,但一审法院将裁量基准视为硬性的法律依据是不适当的,二审法院完全无视裁量基准,在行政审判中完全不考虑(参照)裁量基准则更为不当。

权力滥用具有特别重要的意义。

以上规范和规制行政监管裁量权行使的规则,有的是硬法规定的(如法定程序规则),但大多数源于软法。软法既有成文法的软法,也有不成文法的软法;既有静态的软法,也有动态的软法。软法在规制行政监管裁量权方面的作用主要有三:其一,指导裁量。软法为行政监管裁量提供标准和依据,执法者在裁量中必须考虑软法提供的这些标准和依据;而且,在一般情况下应遵循这些标准和依据。在特殊情况下不遵循必须说明理由。其二,促进裁量。法律赋予行政监管执法者的裁量权执法者必须行使,不得懈怠。行政监管执法者裁量时应考虑多种方案(一种方案即无裁量),在多种方案中选择,进行选择时则应考虑应该考虑的因素,不考虑不应该考虑的因素,在此基础上选优。其三,制约裁量。软法对于规制行政监管裁量权的重要作用是防止裁量权滥用。法律赋予行政监管执法者裁量权是要求执法者根据一定的,但难以为硬法确定的规则对法律事实进行判断、衡量,对相应行政监管事务作出决策、决定。这种“一定的规则”主要就是软法。有了软法,某些行政监管执法者即使想滥用裁量权,也不敢和不能随意滥用。软法对行政监管裁量的促进作用主要是解决执法者对行政裁量的不作为,应裁量而不裁量;软法对行政监管裁量的制约作用主要是解决执法者对行政裁量的乱作为,滥用行政裁量权。

转型社会的社会监管机制转型*

写作背景：党的十八大以后，国家社会、经济的发展及国家治理进入新时代。新时代的社会监管（包括对违反行政管理秩序和社会秩序行为的检查、监督、处罚、强制等）机制相较于传统的社会监管机制发生了重大转变。例如，行政主体对行政相对人科处行政处罚、采取行政强制措施，由过去的单方性和纯强制性转变为必须向行政相对人告知处罚、强制的根据，说明理由，听取其陈述、申辩，相对人有权要求行政主体对处罚、强制的合法性、适当性进行说明、解释，并可申请行政主体对行政处罚、行政强制行为举行听证，与行政主体进行对质、辩论等。为了研究和探讨社会监管机制转变、转换和转型，以及作为社会监管机制转变、转换和转型基础和渊源的国家管理和社会治理模式转变、转换和转型的规律，笔者撰写了这篇文章。文章写完后，正好《澳门理工学报》总编辑刘泽生先生向笔者约稿，笔者发给他，文章随即发表。

20世纪后期，随着改革开放的兴起和深入，中国社会开始近代以来的第三次重大转型。[①] 这次社会转型，其广度和深度均超过前两次，不仅涉及政治、经济、文化，而且涉及人们的社会生活方式、社会治理方式，以及人与自然的关系和人对待自然的态度：以阶级斗争为纲向以经济建设为中心过渡、转

---

* 该文原载《澳门理工学报（人文社会科学版）》2013年第2期。

① 笔者认为，中国社会近代以来发生了三次重大转型：第一次是1840年到1937年，中国因外国列强的入侵，由封闭的封建社会向半封建半殖民地社会转型；第二次是1949年到1956年，中国因中国共产党领导人民推翻“三座大山”，由准封建准殖民地和准资本主义的社会向高度集权的计划经济的社会主义转型；第三次是1978年至现在，中国因改革开放，由高度集权的计划经济的社会主义向民主法治的市场经济的社会主义转型。

型;计划经济向市场经济过渡、转型;过分的权力集中政治向民主政治过渡、转型;人治向法治过渡、转型;以注重GDP增长向注重尊重和保障人权,追求人的尊严、自由、幸福过渡、转型;由无视资源、无视环境的与天斗、与地斗向资源节约型、环境友好型的"两型社会"过渡、转型。这一次的中国社会转型是一个全方位的社会变革,而不是仅涉及社会表层和皮毛的变革,更不是对任何过去时代的回归或照抄照搬西方制度的"西化",尽管这种转型有对中国传统文明的继承和对现代世界文明借鉴的一定成分。这次中国社会转型从开始到现在已历时三十多年,目前仍方兴未艾,也许还要经历三十年或更长时间。中国只有在全面完成经济体制改革、政治体制改革的任务和人们的观念发生相应转变后,一个新的相对稳定的社会形态才能形成,社会转型的基本任务才能告一段落。

本文研究的主题是社会监管机制的转型。社会监管机制转型的大背景、大环境是整个社会的转型,直接背景和环境是国家管理和社会治理模式的转变、转换和转型。因此,不研究、不了解整个社会转型和由整个社会转型必然导致的国家管理和社会治理模式的转变、转换和转型,就不可能清晰了解和明确社会监管机制转变、转换和转型的深刻原因。当然,由于篇幅限制,本文研究的重点只是:在当下中国社会转型时期,在中国目前国家管理和社会治理模式正发生根本性变革的时期,我们的社会监管机制究竟发生了和将发生怎样的转变和转换。至于转变和转换的深刻原因,只能留待读者做进一步的思考和笔者在以后另撰写论文做进一步的剖析。

在对社会监管机制转型这一主题正式进行探讨之前,需要先对"监管"和"社会监管"这两个概念进行适当界定,以确定本文所研究问题的基本领域和范围。

《现代汉语词典》对"监管"的释义是"监视管理""监督管理"。① 在人们的日常使用中,有人将"监管"等同于"管理",有人将"监管"等同于"监督",也有人将"监管"视为"行政干预"。② 但更多的人还是在"监督管理"的意义上使用"监管"。近年来,许多学者研究"监管",则是将"监管"等同于国

① 《现代汉语词典》,商务印书馆2005年版,第663页。
② 参见马英娟:《政府监管机构研究》,北京大学出版社2007年版,第18-20页。

外的“管制”和“规制”(英语中的“regulation”一词),其含义似比“管理”较狭窄,比“监督”较宽泛。例如,周汉华教授所著《政府监管与行政法》一书,马英娟教授所著《政府监管机构研究》一书,都是将“监管”界定为“管制”或“规制”。当然,作为“regulation”的“监管”,与我国传统的“管理”、“监督”和“监督管理”的区别不仅限于含义的宽窄,更在于理念和机制模式的不同。周汉华教授认为,我国传统“行政管理”与西方国家独立监管的最重要区别是,前者的基础是建立在下级服从上级,通过行政命令方式进行管理的上下级关系之上的科层制官僚体制之上,而后者的基础则是建立在依法独立监管,监管者只对法律负责,发生争议最终通过司法途径或其他第三方途径解决的法治化结构之上。①

本文研究的“监管”,其含义相当于人们日常使用的“监督管理”,内容侧重于“监督”而非“管理”。例如,一般行政管理中的人事管理、财物管理、机关内部事务管理即不属于“监管”的范畴。从应然的角度讲,我国“监管”的理念和机制模式(如相对独立性、从属法律性、专业性等)将循现代规制(regulation)的方向发展,但在范围上不完全同于美国等西方国家的所谓“第四种权力”的独立规制(管制)机构所实施的“regulation”。我国“监管”的内容侧重于监督和控制(supervision and control)而非“regulation”中的制定规章(rule-making)和裁决纠纷(adjudication)环节。“监管”是“regulation”的内容之一,“regulation”包含“监管”而不等于“监管”。②

---

① 关于现代监管与传统行政管理的区别,周汉华认为,除了制度基础不同,现代监管还有下述五项特色:(一)监管机构的组织、职权由法律确定,未经法律修改,不得随意变更。监管机构工作人员其负责人享有任职保障,非有法定事由不得免职、调动、降职、降薪或降低其他待遇。与之相适应,监管机构工作人员则不得从事任何与其任职行为有利害冲突的活动。(二)监管机构依法独立行使制定规则、执行规则与裁决争议的权力,不受任何组织与个人的干预。(三)监管机构应遵循法定程序行使权力,实行行政公开与公众参与的原则。(四)监管机构的活动经费由财政预算或监管收费加以保障,不得被随意扣减。(五)监管机构的具体行政决定可受司法审查,其监管行为受国家权力机关、行政机关的法定监督和公众的社会监督,监管行为违法造成损害应承担赔偿责任。参见周汉华:《政府监管与行政法》,北京大学出版社 2007 年版,第 12-13 页。

② 我国政府监管包括专门监管机构(如银监会、证监会、保监会)实施的监管和政府部门(如工商、环保、食品药品监管部门)实施的监管。我国的政府监管机构不完全同于美国的独立规制(管制)机构(independent regulatory commission),后者同时行使立法、行政、司法三权,被称为“第四部门”或“第四种权力”。我国政府监管机构虽有一定的行政立法权和行政司法权,但基本职能是通过检查、调查、实施行政强制和行政处罚等手段行使行政执法权,其执法—监管遵循的规则主要由立法机关制定,其在执法—监管中产生的纠纷主要由人民法院裁决。

所谓"社会监管",可以从两个不同的角度界定,具有两种不同的含义:一种是从监管主体角度界定,指由公民自治组织而非由政府实施的监管。这种"社会监管"是相对于"政府监管"而言的;另一种是从监管内容角度界定,指监管主体对社会事务(涉及安全与健康、环境、生态保护、网络信息交流、消费者保护等事务)的监管而非对经济事务(涉及保护公平竞争、反垄断、市场准入与金融、价格控制等事务)的监管。这种"社会监管"是相对于"经济监管"而言的。[①] 本文所研究的"社会监管",主要是第二种含义的"社会监管"。但是,从转型社会监管发展的趋势看,研究第一种含义的"社会监管"亦非常重要。所以,本文在重点研究政府主体实施的"社会监管"的同时,也会对非政府主体实施的"社会监管"予以较多的关注。

一、监管主体的单一性向多元性转变、转换

长期以来,人们一直认为,监管是政府的事,是行政机关的事,与社会无关。大量研究监管、规制、管制的专著或行政法教科书所研究的监管主体基本都是如美国、英国、法国一类国家的独立管制机构(independent regulatory agencies),[②]或日本一类国家的从属于政府部门,但对政府有一定独立性的行政委员会,[③]或者如我国的完全从属于政府的行政部门及政府直属机构或政府直属事业单位(如证监会、银监会、保监会等)。[④] 然而,在现代社会中,监管除了政府监管,还存在广泛的非政府监管,即社会组织、团体的监管。"一般意义上的监管普遍存在于各类社会组织之中,其涵盖面极广。(1)就监管主体而言,一般意义上的监管的主体既可以是个人,也可以是政府,还可以是企

---

① 研究规制(regulation)的学者通常都将"规制"分为"经济性规制"和"社会性规制"两种:"经济性规制"主要关注政府在约束企业定价、进入与退出等方面的作用,重点针对具有自然垄断、信息不对称等特征的行业;"社会性规制"是以确保居民生命健康安全、防止公害和保护环境为目的所进行的规制,主要针对与解决经济活动中发生的"外部性"问题。参见[英]安东尼·奥格斯:《规制:法律形式与经济学理论》,骆梅英译,中国人民大学出版社 2008 年版,第 5-6 页。

② 参见[美]肯尼斯·F. 沃伦:《政治体制中的行政法》,王丛虎等译,中国人民大学出版社 2005 年版,第 30-32 页;[英]卡罗尔·哈洛等:《法律与行政》,杨伟东等译,商务印书馆 2004 年版,第 580-590 页;[法]让·里韦罗等:《法国行政法》,鲁仁译,商务印书馆 2008 年版,第 89-92 页。

③ 参见[日]室井力主编:《日本现代行政法》,吴微译,中国政法大学出版社 1995 年版,第 296-297 页。

④ 参见周汉华:《政府监管与行政法》,北京大学出版社 2007 年版,第 7-33 页。

业及其他一切非政府组织……如行业协会依照行业协会规章对其成员进行的监管;(2)就监管范围来看,非政府监管的范围限于该组织成员属于该组织内的活动以及相关联的个人与非政府组织属于该组织内的活动;(3)就监管依据而言,监管依据既可以是国家的法律,也可以是社会规范……”“一般来讲,市场经济需要一个多层次的监管体系。政府监管与行业协会等社会中介组织、企业自我监管等非政府监管是相互配合、相互补充的关系,充分发挥非政府监管的作用将在很大程度上减轻政府负担,促进政府有效监管的实现,而且伴随着市场竞争程度和社会自治程度的逐步提高,行业协会及其他社会中介组织的监管会日益重要,在竞争对手的压力下企业自我监管也会占据越来越重要的地位。”①

从目前许多发达国家的监管实践看,监管主体的单一性向多元性转变、转换是一种明显的趋势。在多元监管中,行业协会及其他社会中介组织的监管以及企业自我监管是最主要的形式。英国著名学者哈洛指出,“自我规制是一种在法律和行政中具有当代重要性的现象……与政府规制相比,自我规制顾及到了更大程度的自由或者自治……今天,自我规制是最主要的控制手段,涉及的活动领域很广,包括新闻、广告和其他数量繁多的专业工作”。②

就我国目前的情况而言,社会监管或社会性监管存在的问题很多,特别是在食品药品安全、生产安全、生态环境保护、网络虚拟社会秩序等领域。由于监管不到位、监管主体不作为、监管职能虚置等原因,导致大量侵犯消费者生命、财产权益,损害国家、社会公共利益和公民名誉权、荣誉权、隐私权的案件发生。近年来,我国各级政府针对这些多发、频发的问题,在监管方面采取了一些强化措施,取得了一定成效,但问题的严重性和甚而继续恶化的趋势并没有得到根本扼制和改观。这一方面是因为政府监管没有因应社会转型而进行根本性的变革、创新,另一方面则是因为监管主体的单一性没有因应社会转型而向多元性转变、转换,没有重视发展和推进各种行业协会、自治组织的监管和企业的自我监管。非政府监管虽然不能采取法律仅授予行政机关采取的强制和制裁措施,但是它们可以通过运用各种软法手段,给被监管对象施加各种

---

① 马英娟:《政府监管机构研究》,北京大学出版社2007年版,第20、25页。

② [英]卡罗尔·哈洛等:《法律与行政》,杨伟东等译,商务印书馆2004年版,第638-640页。

经济的、舆论的和其他有形、无形的制约、压力,迫使监管对象遵守保障消费者健康、安全,保护生态环境,保护国家、社会公共利益的规则、标准。这些非政府组织采取的监管措施,虽然不及政府监管措施强硬,但在很多时候可能更为有效。如社会信用评级组织通过对企业信用和企业产品、服务的质量定期评级、发布,行业协会对所属成员执业情况的检查和遵守协会章程、规则信息的公布,消费者组织号召消费者对制造、销售假冒伪劣产品企业的产品的抵制,环保组织发起对破坏生态环境的企业的抗议等,都可能起到政府监管难以起到的作用。[①] 在转型社会,各种社会矛盾、问题和违规现象不可避免地多发、频发,因应这种情况,社会监管必须转型:由单一主体的政府监管向多元主体的社会监管转型。

二、监管客体的偏经济性向偏社会性转变、转换

西方国家的规制[②]制度最早起始于"市场失灵"的经济危机,故其规制的性质和客体主要是经济性的,美国罗斯福时代的"新政"即是以一系列的经济性规制措施为基本内容。之后,反垄断和价格规制成为规制的主要目标和基本任务。"经济学理论认为,当一个产业处于'完全竞争'状态时,分配效率最大,社会资源被充分有效地使用。'完全竞争'存在于'当供应同类商品的生产者其数量很大,而每一个生产者所占有的市场份额又是很小,以至于没有任何一个生产者有能力通过改变产出来影响商品的价格'。"而"与完全竞争相对的另一个极端是完全垄断……竞争的缺乏将会打击企业追求成本最小化的积极性,从而导致生产的无效率。"[③]"政府规制由任何旨在解决开放自由市场

---

① 针对我国食品安全方面不断发生的恶性事件,如毒奶粉、瘦肉精、地沟油等,加强行业协会(如奶粉协会、牲猪养殖屠宰协会、食用油协会)的监管非常重要。因为协会每一个成员企业产品的质量、安全关系协会全体成员企业产品的市场信用,从而关系协会全体成员企业的生存。故协会对协会成员的监督和协会成员的相互监督的主动性、积极性要比政府部门及其工作人员监督的主动性、积极性大得多。现在的问题是大多数食品生产和销售的行业没有建立协会,少数行业建立了协会则没有通过有效的机制使之真正发挥作用。

② 西方国家的规制(regulation)和规制机构(regulatory agencies)在我国学者的很多译著中都翻译成"管制"和"管制机构",笔者认为,翻译成"规制"和"规制机构"更恰当些。故本文一直使用"规制"和"规制机构"的表述,后文对此不再作说明。

③ [英]安东尼·奥格斯:《规制:法律形式与经济学理论》,骆梅英译,中国人民大学出版社 2008 年版,第 22-23 页。

缺陷的行为构成。政府规制尤其关心保护商业免于无情的、你死我活的竞争,阻止垄断的出现,保护消费者不被敲竹杠(尤其是由生产者和销售者定价的商品),也保护商业免于不安全产品和不公平的非法的商业手段。"[①]"政府对企业的价格和利润进行规制,其最传统、最持久的理论根据就是'自然垄断'的存在。"[②]

随着工业化、城市化的发展,导致"市场失灵"的另两大市场缺陷——"信息不对称"和"外部性"问题——愈趋严重,引发出一系列虽与经济有关,但远超出经济范围的社会问题,如产品质量和食品药品安全事故频发、生态破坏和环境污染严重、网络"黑客"攻击等,从而,社会性监管的重要性越发显现出来。美国联邦最高法院法官斯蒂芬·布雷耶在分析现代政府规制的必要性的理论时提出了七大根据。在这七大根据中,有五大根据涉及社会性规制。这七大根据分别是:其一,控制垄断。在合理的公共利益限度内保持物价稳定和"天然垄断者"适当利润,以取得"分配效率"。其二,防止"横财式利润"。横财式利润"数量很大且不能反映出生产者的特定才能和技巧……规制的目标就是把这些非应得的横财式利润从稀缺资源生产者和所有者转移到消费者和纳税人手中"。其三,控制"过高的成本"。"过高的成本是社会真正的、额外的代价(如空气和水污染)。这些成本至今公司还没有承担而是强加给了社会"。其四,保障信息披露,解决信息不对称问题。"公众需要信息有助于他们评估竞争市场中不同的服务和产品;信息的公布有助于市场保持竞争力,并产生更多的理智的消费行为,同时又反过来压低物价;信息的披露对于防止销售商故意误导消费者特别有用"。其五,预防过度竞争导致的破坏。"在某种条件下,为公共利益来保护特定公司免于过度竞争以便社会需求的商业不破产……如果规制者认为日益增加的竞争确实给现存的公司以及消费者带来不必要的麻烦,那么这使得规制行为就要禁止新的竞争者进入市场"(当然,对于这种情形,如果能通过非规制手段解决得更好的话,则不应适用规制)。其六,防止"道德危机"的发生,控制买主不负责任地购买物品和服务。例如,

---

① [美]肯尼斯·F.沃伦:《政治体制中的行政法》,王丛虎等译,中国人民大学出版社2005年版,第128页。

② [英]卡罗尔·哈洛等:《法律与行政》,杨伟东等译,商务印书馆2004年版,第559页。

“狂升的医疗费用很大程度上是因为医疗服务不负责任和服务的滥用。因为人们认为政府越来越有义务支付医疗费用,这给政府增加了财政负担:如果人们认识到医疗费用已经占国民生产总值的太大部分,并且也认识到‘道德危机’阻碍了对个人资源需求的监督”,人们即会拥护规制。其七,刺激工业结构的合理化。通过监督和协调,“如果政府能总体上控制工业领域发展,公众将获利。政府干预能导致合理的合作计划产生与发展,这就当然地提高了效率并降低了成本”。①

布雷耶提出的上述七大规制的根据,也都是监管的根据。这些规制或监管根据,除了第一项和第七项主要涉及的是经济性规制或经济性监管,其他五项主要涉及的均是社会性规制或社会性监管。我国目前正处在社会转型的中期阶段,经济性监管(如银监会、证监会、保监会实施的监管和反垄断、反不正当竞争机构实施的监管)虽然仍具有重要地位,但社会性监管的意义越来越重要。如前述七项规制中第二项的控制超高利润、超高收入,缩小穷富差别;第三项的减少负外部性,防止污染,保护环境;第四项的促进信息公开,维护消费者权益;第五项的避免过度竞争导致公用事业企业破产,保障消费者必需的公共物品供给;第六项的防止“道德危机”,避免过高的社会保险、社会福利需求给公共财政带来难以承受的负担,损害经济发展等,都应该成为当前社会监管的重点内容。特别是食品药品安全和环境生态保护,更应该成为我们当前社会监管的重中之重。如果我们不重视这些领域的监管,不尽快改变目前在这些领域监管不力的局面,当前日益增多的社会矛盾就难以得到缓解,改革、发展的势头就难以继续,社会转型的任务就难以完成。从这个意义上,我们可以说,不实现社会监管的转型,就难以实现整个社会的转型。社会监管转型是整个社会的转型的条件之一。当然,整个社会的转型也必然引发和促进社会监管的转型。

三、监管方式的单向性向互动性转变、转换

传统的政府监管方式完全是或基本是单向性的:监管主体向监管对象发

---

① [美]肯尼斯·F. 沃伦:《政治体制中的行政法》,王丛虎等译,中国人民大学出版社2005年版,第131-134页。

号施令，监管对象的义务、责任只是服从。监管主体无须就向监管对象所发所施的号令征求监管对象的意见，与其讨论、协商，乃至“讨价还价”，达成互让互谅的妥协协议。监管主体对监管对象进行监督检查，监管对象的义务、责任只是配合、协助。监管主体无须就监督检查的必要性、范围、内容、方式、期限等事项听取监管对象的意见、建议，监管对象无权就这些事项与监管主体讨论、协商。监管主体对监管对象采取行政强制，实施行政处罚，无须向监管对象告知强制、处罚的根据和说明理由，听取申辩，监管对象无权要求监管主体对强制、处罚的合法性、适当性进行说明、解释，对监管对象的异议、辩解、疑惑予以答复、阐释等。

20世纪中期以后，这种传统的单向性的政府监管方式开始逐步转变。日本学者大桥洋一指出，“对于行政行为这样单方地确定公民的权利义务的手法，人们提出了各种批评的观点……为了使行政行为亦能适合现代行政的需要，人们正不断改变着其功能……行政机关在决定作出行政行为之前，经常在行政与私人之间进行意见的交换”。这种同私人进行协商作出的行政行为，在德国称为“基于协商的行政行为”（der ausgehandelte）。例如，根据德国《公害规制法》的规定，监管主体通过与具有多个排污设施的企业协商，“如果其拥有的全部设施的排污总量控制在排污规制的数值范围之内，那么，可以允许其个别设施的排污量超出规定的数值……借助这样的手法，行政机关可以督促私人先从经济上易于着手处理的设施开始，改善其排污状况”。在德国，“行政机关与私人之间进行协商的过程中被作为交易材料的，不仅包括行政行为这样的个别措施，还包括法规命令这样的行政立法”。①

在我国，随着《行政处罚法》《行政许可法》《行政强制法》等行政基本法律的制定实施，包括行政监管在内的行政行为方式也开始从单方性向互动性转化。例如，行政主体向行政相对人发布行为规则、准则，事先需要征求行政相对人的意见，与之进行一定的讨论、协商。行政主体对行政相对人进行监督检查，如非特别需要例外，应就监督检查的必要性、范围、内容、方式、期限等事项听取相对人的意见、建议，对于相对人合理的意见、建议，行政主体应当采

① ［日］大桥洋一：《行政法学的结构性变革》，吕艳滨译，中国人民大学出版社2008年版，第6-14页。

纳。行政主体对行政相对人采取行政强制,实施行政处罚,必须向行政相对人告知强制、处罚的根据和说明理由,听取其陈述、申辩,相对人有权要求行政主体对强制、处罚的合法性、适当性进行说明、解释,并可申请行政主体对法定强制、处罚行为举行听证,与行政主体进行对质、辩论,相对人提出的异议、申辩及相应证据成立的,行政主体应当采纳。[①] 当然,这些例子只是我国整个行政行为方式发展呈现的一个总的趋势,有些还只是法律、法规的规定,尚未完全付诸实践。在社会监管方面,我国监管主体在行为方式上由单方性向互动性的转变、转换还远没有完成,一些地方、一些部门现在实施的基本监管模式仍然是传统的单方命令—服从式的行政模式,这方面的转型还处在进行时而非完成时,改革、发展的任务还相当艰巨。

2004 年,国务院发布《全面推进依法行政实施纲要》,要求"行政机关实施行政管理,除涉及国家秘密和依法受到保护的商业秘密、个人隐私的外,应当公开,注意听取公民、法人和其他组织的意见;要严格遵循法定程序,依法保障行政管理相对人、利害关系人的知情权、参与权和救济权"。根据该纲要的这一要求,监管机关实施监管,应该与相对人互动,与其讨论、协商,以找到既能达致良好法律效果、又能达致社会效果和经济效果,且能得到有效实施的监管方案。这种互动式监管对于当前解决环境污染、小产权房、非法集资等处理难度大,处理不好可能引发群体性事件或其他社会问题的事项的监管尤具重要意义。解决这些问题的方案显然都不是唯一的,如何在众多方案中找出最佳或较佳方案,必须与行政相对人讨论、协商,甚至"讨价还价"。

四、监管程序的封闭性、保密性向公开性、透明性转变、转换

传统行政以封闭性和保密性为基本特征,中外皆然。

行政不同于立法和司法,不可能每一事项、每个行为、每道程序都全方位公开。一定事项、一定行为、一定程序在一定时空的保密对于行政是必须的。否则,某些领域(如国防、外交、调查、追究违法犯罪、突发事件应对等)的行政可能无法运作和有效进行,国家安全和社会经济秩序从而无法保障。但是,行

---

① 参见 2009 年《行政处罚法》第 6、31、32、42 条;2003 年《行政许可法》第 7、36、46、47 条;2011 年《行政强制法》第 8、18、36、42、51 条。

政的封闭性和保密性，特别是超过必要限度的封闭性和保密性，又是有极大的弊害的：行政“暗箱操作”，可能为腐败、滥权提供机会；行政行为的根据、条件、标准、程序不公开，行政相对人知情权被剥夺，对强大的行政权无以对抗，其合法权益即难以保障；另外，政府信息不公开，公民难以监督政府，政府行为的错误、失误即难以发现和纠正，从而可能导致国家和人民利益不可挽回的重大损失。

像我们中国这样一类东方国家，有“民可使由之，不可使知之”的传统官治文化，历史上行政的封闭性和保密性就较西方国家尤甚。即使是在中华人民共和国成立以后，政府仍奉行“保密是原则，是铁的纪律，公开是例外，是严加限制的政策”的理念。1951 年，我国制定了《保密条例》，1988 年又制定了《保密法》，但直至 2007 年，我国才制定《公开条例》，至今尚未制定“公开法”。①

自 20 世纪中期以后，随着世界民主化、信息化浪潮的兴起，许多国家和地区的行政开始从封闭性和保密性向公开性、透明性转变、转换。一些国家于 20 世纪 60 年代即制定了“政府信息公开法”（Freedom of Information Act，又译“信息自由法”）和“阳光法”（Goverment in the Sunshine Act，又译“阳光下的政府法”），确定了“公开是原则，保密是例外”的现代行政模式。此后，世界上有几十个国家和地区通过政府信息公开立法转换行政模式：从行政的封闭性和保密性向公开性、透明性转变、转换，尽管行政相对于立法和司法，其公开和透明度仍然相对要小些，其封闭和保密度仍然相对要大些，但现代行政向公开透明发展的世界性趋势已经显现。

一般认为，在各种行政行为中，监管行为的封闭性、保密性似乎要大于其他行政行为（如行政决策行为，行政规章和行政规范性文件制定行为，行政征收、征用行为，行政裁决行为等），监管行为的公开性、透明性的要求似乎要低于其他行政行为。因为监管过程涉及对监管对象的调查，对监管对象违法行为的收集、认定、核实，监管程序和监管过程的公开，可能导致监管对象转移、隐藏、毁灭证据，或导致监管对象相互串通，制造假证，或威胁、收买证人做假

① 《保密条例》是指《保守国家机密暂行条例》；《保密法》是指《中华人民共和国保守国家秘密法》；《公开条例》是指《中华人民共和国政府信息公开条例》。

证等。但是,也有学者认为,监管行为的这种封闭性、保密性的需要只存在于监管的某些过程、环节,整个监管行为还是需要公开、透明的。公开性和透明性"是现代民主国家对监管程序的基本要求。与传统行政机关不同,监管机构承担模拟竞争市场的职能,监管过程的透明、公开是实现公正、可信监管的前提,所以对监管程序有着更高的透明度要求。OECD① 曾指出,一种富有开放性的监管文化是良好监管的特质,封闭式的政府监管模式往往导致低效与腐败,而开放和透明能够保持监管的健康与活力。透明性原则要求监管机构必须公布所有由监管机构产生、获得或控制的信息。通过对监管信息的公开,不仅可以保证监管机构的监管行为随时受到公众的监督,减少腐败现象,而且能够为公众提供稳定的行为预期,减少监管成本和社会成本"。②

由此可见,公开、透明是现代行政的要求和特质,社会监管程序由封闭性、保密性向公开性、透明性转变、转换是监管转型的必然趋势。在我国,自《政府信息公开条例》实施以后,社会监管程序的公开、透明取得了重大进展。但是,一些地方和部门在监管标准、监管过程和监管结果的公开方面还存在很多欠缺之处。例如,不公布监管标准,就同一事项对不同相对人实施不同的标准;不公布监管过程,通过非法手段(如"钓鱼执法")调查取证;不公布监管结果,为其监管行为寻租和保护"关系户"与"特殊监管对象"留下空间和机会。因此,进一步推进我国社会监管的公开透明仍然是我国监管机制改革的重要任务。

五、监管手段的偏强制性向偏柔性、偏激励性转变、转换

传统的监管手段包括审批、许可、调查、检查、检验、鉴定、查封、扣押、扣留、调阅账册和记录、采取即时强制措施、给予行政处罚和其他制裁、实施强制执行等。"这种传统的确保行政实效性手段,有作为直接的确保义务履行手段的行政强制和作为间接手段的行政罚。但是最近,拒绝提供电、水(断电、断水)等手段或者依据法令课以课征金、加算金成为了新的义务履行确保手段。另外,虽然没有相关的一般法的根据,但在大多数情况下,公布行政义务

① OECD 是"经济合作与发展组织"的英文缩写。
② 马英娟:《政府监管机构研究》,北京大学出版社 2007 年版,第 258 页。

违反者的名单是为了确保义务履行。行政行为的撤销、撤回(如撤销、撤回许可证照)也是传统瑕疵论的一部分,或者说是与之相关的问题,这些法制也具有行政上的义务履行确保手段的意义。另外,拒绝授益性行政行为(如拒绝许可、拒绝税收减免申请)也具有相同的意义。"①

考察我国和外国行政监管中运用的各种传统监管手段,②其最基本的特征是强制性。但是,随着现代社会民主化的发展和人们(包括监管对象)权利意识的普遍提高,加之强制性监管手段运用过多往往产生许多负面作用,故各种偏柔性的监管手段,如行政指导、行政协商、行政契约、信息披露、经济工具、自我规制等应运而生,补充强制性监管手段的不足,或在一定范围、一定领域替代强制性监管手段。英国有学者提出"迈向'理性的'社会性规制"的主张:"提倡优先适用目标标准(由企业自行设计能达成规制目标的成本最低的方式)以及其他更优的规制形式,包括自愿性的行为守则,自我规制以及经济工具。"③

所谓"经济工具",是指"通过财政激励而非法律强制来鼓励某些行为。这种激励既可以是消极的(行为的作出不受法律的限制,但如果行为人选择一种法律不鼓励的方式则需支付一定的费用),也可以是积极的(如果企业选择法律所鼓励的方式行为,则将获得一定的补贴)"④。"经济工具"主要包括下述三种形式:(1)征收税费。"为了纠正外部性产生的资源错误配置,征收的总量应当相当于企业或私人给他人造成的边际损失。因为由行为人来承担外部成本,所以,如果该行为发生在竞争性市场中的话,这应当能确保生产和消费的分配效率。"(2)提供补贴。"补贴的作用刚好与税费相反:向企业或私人支付一定金钱,以减少法律禁止的行为……如果支付的数额反映了消除外部性的边际成本时,就能够保证有效率的配置。"(3)排污权交易。"公共机构根据其对最佳周边环境质量的观察,对气域和水域的排污量设定绝对限度,并

---

① [韩]金东熙:《行政法》,赵峰译,中国人民大学出版社 2008 年版,第 317 页。

② 如上述韩国学者介绍的韩国行政监管中运用的各种手段:行政强制、行政罚、断电、断水、课征金、加算金、撤销、撤回许可证照、拒绝许可、拒绝税收减免申请等。

③ [英]安东尼·奥格斯:《规制:法律形式与经济学理论》,骆梅英译,中国人民大学出版社 2008 年版,第 344-346 页。

④ [英]安东尼·奥格斯:《规制:法律形式与经济学理论》,骆梅英译,中国人民大学出版社 2008 年版,第 248 页。

且通过拍卖程序来转让污染排放总额度,并由出价最高者得。一旦企业获得了排污额度,这一权利可在企业间相互交易,如此,最终这些排污额度即由最能发挥其价值的企业获得。因为他们此时达到了减少污染的最高成本,分配效率也将实现。由于成本更低的减污企业,将会发现减少污染比获得排污权的成本更低。”[①]

我国目前由于尚处于转型社会的中期阶段,偏强制性的监管手段不可避免地还会使用较多,但偏柔性的监管手段也开始越来越受到重视,许多监管机构开始有意识地在实践中探索和适用偏柔性的监管手段,[②]有关法律、法规也越来越多地以立法形式将实践中适用较广泛,并证明实际有效的各种偏柔性的、激励性的监管手段加以规定和推广。例如,《清洁生产促进法》即规定,政府通过财政税收政策、产业政策、技术开发和推广政策,促进清洁生产;通过政府财政安排专项资金,支持技术进步和技术改造项目,并以协议形式促使企业自愿削减污染物排放;通过减免增值税,鼓励企业利用废物生产和从废物中回收原料等。[③] 近年来,我国像《清洁生产促进法》这样的法律越来越多,国家直接通过立法推进政府监管手段从偏强制性向偏柔性、偏激励性转变、转换。

六、监管标准的自由裁量性向裁量基准限制性转变、转换

监管行政行为像其他行政行为一样,行政主体享有广泛的自由裁量权。在社会监管中,监管主体这种自由裁量权对于监管的顺利、有效实施以及保证实质正义的实现都是必要的和不可缺少的。美国学者戴维斯曾经指出:“为什么裁量在这么大的程度上主导着行政正义而没有规则甚至标准的指引呢?答案有三:(1)许多应当受规则支配或指引的裁量而现在没有规则;(2)许多裁量正义之所以没有规则是因为没有人知道如何制定规则;(3)许多裁量正义之所以没有规则是因为裁量比可能制定规则更可取,与明确的规则得出的

---

① [英]安东尼·奥格斯:《规制:法律形式与经济学理论》,骆梅英译,中国人民大学出版社 2008 年版,第 249-253 页。

② 参见马英娟:《政府监管机构研究》,北京大学出版社 2007 年版,第 170-176 页,第三章第三节关于“监管形式发展趋势:从单纯的命令控制型监管到经济激励型监管的兴起”的论述。

③ 参见《清洁生产促进法》第 30~34 条。

结果相比,个别化的正义往往更优,或被认为更优。"[①]

对于行政裁量的必要性和合理性,笔者曾经在一篇文章中从四个方面进行过论证:其一,这种必要性和合理性是基于行政管理事务的无限性与法律的有限性的矛盾。其二,这种必要性和合理性是基于行政管理事务的专业性与立法者的非专业性的矛盾。其三,这种必要性和合理性是基于政治、政策需要相对灵活性和法律需要相对稳定性的矛盾。其四,这种必要性和合理性是基于形式正义要求公平性与实质正义要求公正性的矛盾。就社会监管而言,基于上述四项理由,立法者在为监管主体确定监管标准方面,必然为监管主体留下较大的自由裁量空间。然而,"裁量之运用既可能是仁行,亦可能是暴政,既有正义,亦有非正义,既可能是通情达理,亦可能是任意专断"。[②] 因此,要保证监管裁量标准的正确适用,以之实现正义,防止监管主体滥用裁量权,任意专断,以之施暴政,就必须对监管裁量权加以法律控制。在现代社会,人们创设了各种各样的控制裁量权的方法、途径。笔者曾经在一篇文章中列举了六种方法和途径,[③]其中之一即是通过制定"裁量基准"控制裁量权。所谓"裁量基准",是指行政机关专门为规范行政执法裁量制定的具体判断、裁量标准,通常是对法律、法规原则性、抽象性、弹性条款或裁量幅度过大的条款具体化、细化和量化。裁量基准不是法律,在一般情况下,执法者必须遵循裁量基准,但出现特殊情形,执法者可不遵循,而应在法律赋予的裁量权大范围内作出行政行为,但执法者对此应在法律文书中说明理由。由此可见,在现代社会,监管标准的自由裁量空间虽然仍然存在,但它必须受裁量基准对其设定的相应限制。

近年来,我国许多地方和部门的行政监管机关制定了大量的执法裁量基准,如治安管理执法裁量基准、交通执法裁量基准、工商执法裁量基准、食品安全执法裁量基准、环境保护执法裁量基准等,这些执法裁量基准的制定和实施,对于防止行政监管的恣意、滥权,保障监管的准确性和公正性,起了极为重要的作用。

---

① [美]肯尼斯·卡尔普·戴维斯:《裁量正义》,毕洪海译,商务印书馆2009年版,第15页。

② [美]肯尼斯·卡尔普·戴维斯:《裁量正义》,毕洪海译,商务印书馆2009年版,第1页。

③ 参见姜明安:《论行政裁量权及其法律规制》,载《湖南社会科学》2009年第5期。

七、监管者责任的只对上负责性向主要对公众、对社会负责性转变、转换

传统监管的一个重要特征是科层官僚体制：上级领导下级，下级服从上级，监管机关和监管人员与所有其他政府机关和政府工作人员一样，只对上负责而不对人民代表机关、公众和社会负责。[①] 监管出现问题（如失职、渎职等）或因监管出现的问题而引发事故、灾难（如食品安全事故、环境污染事故、矿难等），问责主体只是其上级机关，而不是人民代表机关、公众和社会。上级机关因种种原因，问责的随意性往往很大。在很多时候，上级机关会袒护相应下级责任机关和责任人员，大事化小，小事化了；或者为掩人耳目，在事件的"风头"上，对责任者严格追责，如撤职、免职等，待"风头"一过，就让责任者官复原职，甚至让责任者官位不降反升或明降暗升。当然，上级机关及其领导人出于某种原因（如舆论声浪太高，不严格追责会威胁到追责者本身官位，或者追责者早就对相应责任人反感，想找机会给予惩治等），也会严惩相应下级责任机关和责任人员，对其严格追责。很显然，这种问责制不仅对问责对象不公平，对非问责对象的其他所有监管者也很难起到真正的警示作用，无法促使所有监管者都认真积极履责，依法监管，不滥权，不懈怠。

传统监管负责制和问责制的弊端，随着人们民主意识和权利意识的提高，越来越为人们所认识。行政监管机关是政府的组成部门，而政府是由人民代表机关产生的，首先应接受人民代表机关的监督，向人民代表机关负责。在我国，近年来各级人大，特别是一些地方人大，也逐渐开始运用宪法、组织法和人大代表法规定的询问权、质询权和特定问题的调查权，对政府及其监管机关进行监督、问责。当然，目前我国人大和人大代表行使询问权、质询权和特定问题调查权的情况还很少，很不普遍，但是，人大和人大代表作为重要问责主体进行问责的趋势已经显现。

对于政府监管失职、渎职的问责，其问责主体除了人民代表机关和监管机

---

① 周汉华教授在论述行政管理与独立监管的区别时，提出二者最重要的区别是，前者是建立在下级对上级负责，只服从上级的科层官僚体制的基础上；后者是建立在独立监管、依法监管，监管者只对法律负责的法治治理结构之上（参见周汉华：《政府监管与行政法》，北京大学出版社2007年版，第11页）。我国传统的监管制度（甚至现行的监管制度）虽然不完全等于"行政管理"，但并非属于独立的监管模式，实际上其基本模式仍属于一般的"行政管理"模式。

关的上级机关,随着民主化和信息化时代的到来,公民和公民自治组织越来越多地开始直接监督监管者,成为社会监管主体,监管者在一定程度上要直接向公民和公民自治组织负责,公民和公民自治组织开始通过一定的途径和形式直接或间接对监管者问责。美国行政伦理学教授库珀指出:“公共行政人员作为一种代理人角色,包括了复杂的责任内容,即对多种委托人负责,这些委托人包括组织的上级、政府官员、职业性协会和公民。”①

公民和公民自治组织直接监督监管者,监管者在一定程度上直接向公民和公民自治组织负责,公民和公民自治组织通过一定的途径和形式对监管者问责的监管责任模式之所以能实际运作,在很大程度上应归功于上20世纪末开始蓬勃兴起的互联网的作用。无论是在国外,还是我国,正是由于互联网的神奇功能,传统监管,乃至整个传统行政才真正全面开始从只对上负责转变、转换成不仅要对上负责,而且要直接对行政相对人,对公民和公民自治组织负责。正是现代互联网为行政相对人、公民和公民自治组织直接参与对监管者及所属政府的监督提供了强有力的技术支撑。

八、监管目的的重秩序性向重权利性转变、转换

有一首流行歌的歌词中有这样一句话:我不知道你是谁,但我知道你是为了谁。传统监管之所以必须改革,转换机制,转换模式,最重要的症结在于,监管者没有搞清楚自己是谁,自己监管是为了谁,为了什么。或者更准确地说,他们把“监管是为了谁,为了什么”的答案给搞错了,把监管的目的、方向、目标、宗旨给界定错了,对监管定错了位。传统监管者将其监管目的界定为主要是维护和保障经济社会秩序。他们视维护和保障经济社会秩序为其第一位的追求、第一位的责任,而对监管对象及其他公民的人权保障,对监管对象及其他公民的人格尊严的尊重,则被他们视为第二位的追求、第二位的责任。甚至监管对象和所有公民的权利、尊严、福祉在他们心目中连第二位的位置都排不上:监管者完全是为监管而监管,为秩序而秩序。

---

① [美]特里·L.库珀:《行政伦理学——实现行政责任的途径》(第4版),张秀琴译,中国人民大学出版社2001年版,第64页。

毛泽东同志曾经说过,“世间一切事物中,人是第一个可宝贵的”。[①]“我们这个队伍完全是为着解放人民的,是彻底地为人民的利益工作的。”[②]毛泽东同志的这些话无疑是非常正确的,我们的党和政府过去在很多时候也是这样做的。但是在执政以后,有一些时候,一些场合,有些人却忘了这些话,不是为了人,不是为了人民利益,不是以人为本,而是为阶级斗争而阶级斗争,以阶级斗争为纲;为 GDP 而 GDP,以 GDP 为中心,为稳定而稳定,以稳定压倒一切。在进行监管时,我们的监管者不是为人民的利益,为人民的安全、健康而监管,而是单纯地为追求秩序、稳定而监管,单纯地为保发展、保增长而监管,为秩序、稳定、发展、增长进行监管,可以不惜牺牲被监管者的人权,可以不惜牺牲法治。诚然,作为政府公职人员,承担着法律赋予的监管职责,在监管中,努力保障秩序和稳定,保障经济发展,保障一定时期、一定地区中心任务的完成,是义不容辞的。作为政府监管人员,当然有义务和责任去完成政府和上级主管部门交付的监管任务,维护好社会经济秩序,保稳定、保发展、保增长。但是,一定要记住,我们是人民的公仆,维护秩序和稳定、保障经济发展、保障 GDP 的增长,保障一时一地某种中心任务的完成,其最终是为了人,为了实现人的权利、人的尊严和人的福祉,而不是为秩序而秩序,为发展而发展。如果秩序和稳定的维护、经济的发展、GDP 的增长,以及一时一地某种中心任务的完成与人的权利、人的尊严和人的福祉相矛盾、相冲突,则前者必须服从后者。

现代监管与传统监管的根本区别即在于为谁监管,为什么监管。所谓“监管转型”,最关键的应该是监管目的的转型:使监管模式由过去的只注重秩序维护和保稳定、保发展、保增长的模式向现代民主法治社会要求的既注重秩序维护和保稳定、保发展、保增长,也注重,且更注重人权保障和人格尊严,以人为本的模式转变、转换。目前,在我国监管机制改革的顶层设计及具体实施中,我们已经看到了这种转变、转换的趋势,不过,这一趋势要得以保持、发展,并形成未来社会监管的全新模式,还需要经过长时期艰苦不懈的努力。

---

① 毛泽东:《唯心历史观的破产》,载《毛泽东选集》(第 4 卷),人民出版社 1991 年版,第 1512 页。

② 毛泽东:《为人民服务》,载《毛泽东选集》(第 3 卷),人民出版社 1991 年版,第 1004 页。

精雕细刻，打造良法

——修改《行政处罚法》的十条建议*

写作背景：2019 年，全国人大常委会法工委启动了《行政处罚法》的修改，笔者参加了法工委组织的两次征求《行政处罚法》修改意见的座谈会，提出了若干修改意见和建议。2020 年上半年，《中国法律评论》向笔者约写关于《行政处罚法》修改问题的稿件，笔者即撰写了本文，将过去不同场合提出的修改意见和建议归纳为十个方面：(1)明确行政处罚的定义；(2)确定行政处罚的范围和种类；(3)适当扩大省级地方性法规设定行政处罚的权限；(4)确立行政处罚“一事不再罚”的原则；(5)完善行政处罚的时效；(6)确立听证笔录对于行政处罚决定的效力；(7)适当推进行政处罚实施权限向基层延伸；(8)进一步增加行政处罚行为的透明度；(9)进一步完善行政处罚行为的正当法律程序；(10)统一对行政处罚对象的称谓。2021 年 7 月 15 日，第十三届全国人大常委会第二十五次会议通过了修订的《行政处罚法》，笔者在本文中提出的观点和建议部分被采纳，也有部分意见因各方面尚存在争议或现时不具备修改条件而没有被采纳。之所以在本书中收纳该文，是为了反映我们立法过程中对各种不同意见的不同方案。

《行政处罚法》自 1996 年颁布、实施至 2021 第十三届全国人大常委会第二十五次会议审议该法修订草案，除做过两次个别条文的修改外，尚未进行过任何大的修改。这次全国人大常委会法工委启动的修改无疑是一次“大修”。

* 该文原载《中国法律评论》2020 年第 5 期。本次收入此书作了若干文字修改。

从目前中国人大网公布的《行政处罚法(修订草案)》(以下简称《修订草案》)和媒体报道的各方修改意见、建议看,这次修订的内容非常广泛,几乎涉及现行《行政处罚法》[1](以下简称现行处罚法)的每一章节及其主要制度。笔者认为,现行处罚法颁布实施已24年,国家法治在此期间有了诸多重大发展,现行处罚法确实有很多具体条文和规范已与新时代发展要求不完全适应,需要进行多方面的修改和完善。但是,就现行处罚法的整体架构和内容来看,它所体现的基本理念和内核仍是与现代法治精神一致或基本一致的。因此,这次修订虽是"大修",但亦非脱胎换骨式的重构。在总的指导思想上,这次修订应特别注重坚持问题导向,重点修改现行处罚法规定中与新时代法治发展要求不相适应的内容。精雕细刻,以打造出一部最有效发挥行政处罚治理能力,又最有效保护行政相对人合法权益的规范行政处罚行为的良法。

为此,笔者特提出以下十条建议,供立法机关审议时参考:

一、明确行政处罚的定义

现行处罚法没有对行政处罚下定义,这应该说是它的一个较大的缺陷。行政处罚法作为调整整个行政处罚领域的基本法,未对行政处罚的内涵和外延作明确的界定,显然不利于整个行政处罚领域法制的统一,国家立法机关在制定行政处罚单行法(如《治安管理处罚法》)和行政立法机关在制定行政处罚单行法规(如《海关行政处罚实施条例》)时,对处罚对象和处罚范围的确定就没有严格的遵循。正因如此,全国人大常委会在制定《行政许可法》和《行政强制法》时,即明确规定了行政许可和行政强制的定义。这次全国人大常委会法工委启动对《行政处罚法》的修改,要为"行政处罚"下一个定义,这已成为各方的共识。但是,对这个定义如何下,各方却尚未形成完全一致的意见。目前的《修订草案》是这样表述的:"行政处罚是指行政机关在行政管理过程中,对违反行政管理秩序的公民、法人或者其他组织,以依法减损权利或

---

① 因为笔者写作本文时,修订后的《行政处罚法》尚未通过,故本文所称"现行处罚法"均指1996年第八届全国人大常委会第四次会议通过,经2009年和2017年两次小的修订的《行政处罚法》。下同。

者增加义务的方式予以惩戒的行为。"

但是,这个表述也有一定缺陷:首先,将行政处罚的内涵确定为"减损权利或者增加义务",这不能使行政处罚与行政强制、行政命令(禁令)、行政监管行为的内涵相区别。因为行政强制、行政命令(禁令)、行政监管行为同样会对行政相对人减损权利或者增加义务。其次,有的行政处罚(如行政拘留、警告等)对行政相对人的影响不是简单的减损权利或者增加义务,而更多地体现为惩戒。最后,这个定义的外延不很清晰,不像《行政强制法》将"行政强制"的外延确定为行政强制措施和行政强制执行。为此,笔者建议将这一表述修改为:"行政处罚是指行政机关在行政管理过程中,对违反行政管理秩序的行政相对人依法在财产、行为资格、人身自由或者声誉方面给予惩戒的行为。"

这一表述似可比较全面地反映行政处罚的内涵(惩戒)和外延(财产罚、行为资格罚、人身自由罚和声誉罚),并将行政处罚与其他行政行为区别开来。①

二、确定行政处罚的范围和种类

行政处罚的范围和种类应体现和反映行政处罚这一概念的内涵和外延,不应把不属于行政处罚范畴的其他行政行为收入其中,也不应将属于行政处罚范畴的行政行为排除在外,即种类的设定对各种行政处罚的形式应包容和周延。很多人认为,现行处罚法规定的处罚种类(警告,罚款,没收违法所得、没收非法财物,责令停产停业,暂扣或者吊销许可证、暂扣或者吊销执照,行政拘留,法律、行政法规规定的其他行政处罚)对行政处罚的形式不包容、不周延,遗漏了很多应属于行政处罚范畴的行为,如责令拆除违法建筑、责令补种树苗、取消或限制从业资格、公布失信黑名单等。《修订草案》根据各方面的意见,对之作了修订。新修订的处罚种类设为六类:"(一)警告、通报

① 第十三届全国人大常委会第二十五次会议最后通过的《行政处罚法》确定的行政处罚的定义是:"行政处罚是指行政机关依法对违反行政管理秩序的公民、法人或者其他组织,以减损权益或者增加义务的方式予以惩戒的行为"(《行政处罚法》第2条)。该规定基本沿袭了《修订草案》的表述,但在文字上略有修改,如将"减损权利"修改为"减损权益"。

批评;(二)罚款、没收违法所得、没收非法财物;(三)暂扣许可证件、降低资质等级、吊销许可证件、不得申请行政许可;(四)责令停产停业、限制开展经营活动、限制从业、责令停止行为、责令作出行为;(五)行政拘留;(六)法律、行政法规规定的其他行政处罚。”

笔者认为,这一修订仍存在若干问题:首先,其没有准确把握行政处罚的内涵,混淆了行政处罚行为与某些行政命令行为(如责令停止行为、责令作出行为)、行政监管与行政强制行为(如不得申请行政许可、暂扣许可证件)的区别。其次,试图将各种对相对人产生不利影响的行政行为(如某些学者提出的公布失信黑名单行为、责令补种树苗行为、责令纠正违法行为等)均列入行政处罚的范围,以加强对行政权行使的制约和对相对人的救济。但是,问题在于,对相对人产生不利影响的行政行为的规范,对行政权行使的制约和对相对人的救济不是《行政处罚法》一部法律所能和所应完成的使命,这个使命主要是应由统一的行政程序法典来完成的。为此,我们需要做的是促使立法机关尽快制定统一的行政程序法典,而不是将所有不利行政行为都纳入行政处罚,让《行政处罚法》来完成行政程序法的使命。此外,没有严格区分行政处罚的种类与形式。行政处罚的种类基本分为四类,即财产罚、行为资格罚、人身自由罚和声誉罚。尽管我们可以一定处罚的主要形式代表相应处罚种类,但不应将某些具体的处罚形式与处罚种类混同。为了克服《修订草案》关于行政处罚种类规定的上述问题,笔者将行政处罚种类调整为下述四类加一个兜底条款:“(一)罚款、没收违法所得、没收非法财物;(二)吊销许可证照,取消或者限制生产、经营、从业的资格、资质;(三)行政拘留;(四)警告、通报批评;(五)法律、法规规定的其他行政处罚。”

这样调整的理由有五:其一,行政处罚依其类型(财产罚、行为资格罚、人身自由罚和声誉罚)列举相应主要形式,并将最常用的行政处罚形式(罚款、没收)置前,这样更加科学,更有逻辑性。其二,体现行政处罚种类应逐步缩减和具有包容性的趋势(目前我国刑罚主刑仅有五个种类)。其三,将某些不具有行政处罚性质的行政行为(如责令拆除违法建筑具有行政强制性质、责令停止违法行为或责令补种树苗具有行政监管和行政命令性质)从行政处罚种类和形式中去除。其四，鉴于目前许多不利行政行为得不到行政复议、行政诉讼救济是因为现行《行政复议法》《行政诉讼法》规定复议范围、诉讼范围的方式不妥，建议通过修改《行政复议法》（现正在修改）将规定复议范围的方式改为"负面清单"的方式（笔者已经向有关机关提出此建议），上述不利行政行为即使不纳入行政处罚范畴，亦可获得复议、诉讼救济。其五，"取消或者限制生产、经营、从业的资格、资质"这一行为资格罚的包容性很大，可包括吊销许可证件、降低资质等级、责令停产停业、限制开展生产经营活动、限制从业等具体处罚形式。①

三、有限制地扩大地方性法规设定行政处罚的权限

现行处罚法第 11 条规定："地方性法规可以设定除限制人身自由、吊销营业执照以外的行政处罚。法律、行政法规对违法行为已经作出行政处罚规定，地方性法规需要作出具体规定的，必须在法律、行政法规规定的给予行政处罚的行为、种类和幅度的范围内规定。"现行处罚法在立法时对地方性法规的行政处罚设定权之所以要作这样严格的限制，是因为当时地方设定行政处罚存在过乱、过滥的现象，不利于对行政相对人合法权益的保护。但是该法实施 20 多年来，各地逐渐感觉现行处罚法对地方处罚设定权的限制有点过严，不利于发挥地方性法规在地方治理中的作用，要求国家修法放宽对地方处罚设定权的限制。因此，这次《修订草案》对现行处罚法第 11 条增加一款："地方性法规为实施法律、行政法规，对法律、行政法规未规定的违法行为，可以补充设定行政处罚。地方性法规拟补充设定行政处罚的，应当通过听证会、论证会等形式听取意见，并向制定机关作出说明"。笔者认为，《修订草案》这样规定，可能有点矫枉过正，因为全国地方性法规的制定主体有 400 多个，如

① 第十三届全国人大常委会第二十五次会议最后通过的《行政处罚法》确定的行政处罚的种类是："（一）警告、通报批评；（二）罚款、没收违法所得、没收非法财物；（三）暂扣许可证件、降低资质等级、吊销许可证件；（四）限制开展生产经营活动、责令停产停业、责令关闭、限制从业；（五）行政拘留；（六）法律、行政法规规定的其他行政处罚"（《行政处罚法》第 9 条）。该规定基本沿袭了《修订草案》的表述，但也接受了笔者建议中的个别意见，如去掉了"不得申请行政许可""责令停止行为"等，没有将之列为处罚形式。

果都赋予其补充设定行政处罚权,又可能发生现行处罚法设定前曾经发生过的滥设行政处罚的现象。为避免这一问题,笔者建议这次修法仅赋予省级人大和人大常委会(而暂不赋予设区的市人大和人大常委会)以补充设定行政处罚权。将该款修改为:“省、自治区、直辖市的地方性法规为实施法律、行政法规,对法律、行政法规未规定的违法行为,可以补充设定行政处罚。如决定补充设定行政处罚,应当通过听证会、论证会等形式听取意见,并向制定机关作出说明。”①

四、确立行政处罚“一事不再罚”的原则

一事不再理、一事不再罚,应该是行政法治和刑事法治的基本原则。但是,现行处罚法在立法时考虑到有些行政处罚(如行政拘留、吊销营业执照等)只能由特定行政机关行使。行政相对人的违法行为在主管行政机关处罚后,可能还需要由特定行政机关实施特定处罚。另外,规定某些违法行为处罚的法律、法规可能存在竞合的情况,一个违法行为可能同时触犯了几个行政主体执行的法律法规,不宜只由一个行政主体对之处罚一次。考虑到这两个因素,故现行处罚法(第24条)对“一事不再罚”的原则就作了重要的变通规定:“对当事人的同一个违法行为,不得给予两次以上罚款的行政处罚。”这次《修订草案》对此没有作任何修改,原封不动地保留了上述规定。笔者认为,对“一事不再罚”的原则作上述的表述是不妥当的。对同一个人的同一个违法行为仅规定不得给予两次以上罚款,难道就可以给予两次以上行政拘留?给予两次以上吊销证照?给予两次以上取消或限制从业资格的处罚?由于现行处罚法的这种不当规定,实践中存在不少“一事多罚”的现象,此问题亟须修法解决。至于现行处罚法立法时所顾虑的两个问题,完全可以通过立法技术

① 第十三届全国人大常委会第二十五次会议最后通过的《行政处罚法》对所有地方性法规(而非仅限于省级人大和人大常委会制定的地方性法规)增加了补充设定行政处罚的权限,但加强了设定行政处罚的条件限制:一是法律、行政法规对相应违法行为未作出行政处罚规定;二是补充设定行政处罚是为了实施法律、行政法规;三是通过听证会、论证会等形式**广泛**听取意见;四是应向制定机关作出**书面**说明;五是在相应地方性法规报送备案时,应当说明补充设定行政处罚的情况(参见《行政处罚法》第12条第3款)。立法机关规定这些限制条件均是为防止地方性法规补充设定行政处罚可能出现的滥和乱。

解决而不需要放弃或否定“一事不再罚”原则。对有些行政处罚(如行政拘留、吊销营业执照等)只能由特定行政机关行使的问题,其并不构成两次处罚,而只是一次处罚由两个机关完成。对法律法规竞合的问题,可以通过以重罚吸收轻罚的方式解决。某些竞合的法律、法规,如果其规范的违法行为形式上是一个行为但其性质明显不同,可以认定为是两个以上行为的,自然可由两个以上行政主体处罚,并不违反“一事不再罚”原则。因此,笔者主张将这一条款修改为:“对当事人的同一个违法行为,行政机关已经予以行政处罚的,其他行政机关不得再给予行政处罚。但法律、行政法规将特定行政处罚权仅授予特定行政机关的除外。”

另加一款:“对当事人的同一个违法行为,不同法律、法规均规定了行政处罚的,依规定较重行政处罚的法律、法规给予处罚。”①

五、完善行政处罚的时效

现行处罚法第 29 条关于行政处罚时效是这样规定的:“违法行为在二年内未被发现的,不再给予行政处罚。法律另有规定的除外。前款规定的期限,从违法行为发生之日起计算;违法行为有连续或者继续状态的,从行为终了之日起计算。”第 1 款规定有两个大的问题:一是对违法行为不加区分,“一刀切”地规定时效均为 2 年,这可能放纵某些严重的违法行为;二是只对违法行为没有被行政主体发现的规定了处罚时效,而对违法行为被行政主体发现后没有规定处罚时效。这导致实践中不少行政机关发现违法行为后长时间不予处理,使社会关系长期处于不稳定状态;甚至有的行政机关或其工作人员将其发现的行政相对人违法行为作为控制或威胁相对人的手段。为了解决前述问题,这次《修订草案》将时效规定修改为:“违法行为在二年内未被发现的,不再给予行政处罚。对涉及公民生命健康安全的违法行为,在五年内未被有权机关发现的,不再给予行政处罚。法律另有规定的除外。”但是,这样修改仅解决了现行处罚法的第一个问题而没有解决第二个问题。因此,笔者建

① 第十三届全国人大常委会第二十五次会议最后通过的《行政处罚法》虽然仍将“一事不再罚”的原则仅限于罚款,但部分接受了笔者关于解决行政处罚法律规范竞合问题的建议,将《修订草案》的相应规定修改为“对当事人的同一个违法行为,不得给予两次以上罚款的行政处罚。同一个违法行为违反多个法律规范应当给予罚款处罚的,按照罚款数额高的规定处罚”(《行政处罚法》第 29 条)。

议,将现行处罚法第 29 条第 1 款修改为:“违法行为在二年内未被有权机关发现或者发现后六个月内不给予行政处罚的,不再给予行政处罚。对涉及公民生命健康安全的违法行为,在五年内未被有权机关发现或者发现后一年内不给予行政处罚的,不再给予行政处罚。法律另有规定的除外。”

这样修改,上述两个问题就可以一道解决。①

六、确立听证笔录对于行政处罚决定的效力

现行处罚法第 42 条在规定行政处罚听证程序时对于听证笔录的效力没有作任何规定。这意味着,行政机关在拟对行政相对人作出行政处罚决定前为其举行的听证及各方经听证提交、出示、质证的证据,对行政机关作出正式处罚决定没有任何拘束力,其乐意考虑和采纳听证中出示、质证的证据就考虑、采纳,其不乐意考虑和采纳听证中出示、质证的证据就不考虑、不采纳。听证在很大程度上只是一种形式,没有或者很少有实质作用。为了解决这一问题,这次《修订草案》对听证笔录的效力作出专门规定(第 60 条):“听证结束后,行政机关应当结合听证笔录,依照本法第五十四条的规定,作出决定。”但是,《修订草案》这样的规定并没有从根本上解决问题:“结合”是什么意思?就是说行政机关虽然要考虑和使用听证中经出示、质证的证据,但不限于考虑和采用这些证据,它还可以任意考虑和采用未在听证中出示、质证过的证据。这样做显然会使听证的作用大打折扣。

为此,笔者建议,将《修订草案》第 60 条修改为“听证结束后,行政机关应当**根据**听证笔录,依照本法第五十四条的规定,作出决定”。行政机关既然为正确作出行政处罚决定组织了听证,就应以听证笔录为处罚根据,而不应再采纳未经听证而由调查机关任意提交的事实和证据,使听证成为一种“走过场”

---

① 第十三届全国人大常委会第二十五次会议最后通过的《行政处罚法》关于这条的修改部分接受了笔者的建议:先通过第 36 条规定了违法行为处罚时效,“违法行为在二年内未被发现的,不再给予行政处罚;涉及公民生命健康安全、金融安全且有危害后果的,上述期限延长至五年。法律另有规定的除外”。又通过第 60 条规定作出处罚决定的时限,“行政机关应当自行政处罚案件立案之日起九十日内作出行政处罚决定。法律、法规、规章另有规定的,从其规定”。

而不产生实质的形式。①

七、适当推进行政处罚实施权限向基层延伸

现行处罚法第 20 条规定，“行政处罚由违法行为发生地的县级以上地方人民政府具有行政处罚权的行政机关管辖。法律、行政法规另有规定的除外”。据此，乡镇人民政府和街道办事处一般不享有行政处罚实施权。现行处罚法之所以将行政处罚的实施权只授予县级以上地方人民政府及相应事项的主管部门行使而不授予乡镇人民政府和街道办事处行使，主要是因为县级以上政府主管部门工作人员对相应主管事项具有专门知识、专门经验和专门技能，相应主管部门执法具有较完善的设备和技术条件；乡镇人民政府和街道办事处在所有这些方面的条件均不如县级以上政府的主管部门。但是，行政执法和行政处罚实施权都集中在县级以上政府主管部门也有一定弊端，导致许多违法行为“管得着的往往看不见，看得见的往往管不着”。为了解决这一弊端，《修订草案》第 22 条在现行处罚法第 20 条的基础上增加一款：“省、自治区、直辖市根据当地实际情况，可以决定符合条件的乡镇人民政府、街道办事处对其管辖区域内的违法行为行使有关县级人民政府部门的部分行政处罚权。”《修订草案》这样规定，有利于适当推进行政处罚实施权限向基层延伸，解决许多违法行为“管得着的看不见，看得见的管不着”的问题。但是，由于基层执法设备和技术条件较差，工作人员的专门知识、专门经验和专门技能不如政府主管部门的专门执法人员，其行政处罚质量可能难以保障。因此，笔者建议，对《修订草案》第 22 条在第 2 款之后再增加一款，修改为：“省、自治区、直辖市根据当地实际情况，可以决定符合条件的乡镇人民政府、街道办事处对其管辖区域内的违法行为行使有关县级人民政府部门的部分行政处罚权。乡镇人民政府、街道办事处对其管辖区域内的违法行为行使有关县级人民政府主管部门的行政处罚权所作出的行政处罚决定，应报相应县级人民政府主管部门备案。”这样规定，有利于相应县级人民政府主管部门对乡镇人民

---

① 第十三届全国人大常委会第二十五次会议最后通过的《行政处罚法》采纳了笔者的建议，将《修订草案》的上述规定修改为“听证结束后，行政机关应当根据听证笔录，依照本法第五十七条的规定，作出决定”（《行政处罚法》第 65 条）。

政府、街道办事处行政处罚行为进行监督,并随时纠正其可能作出的不适当的行政处罚决定。①

八、进一步增加行政处罚行为的透明度

行政行为(尤其是行政处罚行为)的透明度是衡量一国政府法治文明的基本标准。我国现行处罚法第 4 条对行政处罚行为透明度有原则性的规定,但在具体制度的规定上有所欠缺。《修订草案》在这方面有较大改进,如《修订草案》第 36 条增加规定:"行政处罚的实施机关、立案依据、实施程序和救济渠道等信息应当公示"。第 38 条规定,"行政机关依照法律、行政法规规定利用电子技术监控设备收集、固定违法事实的,应当经过法制和技术审核,确保电子技术监控设备设置合理、标准合格、标志明显、设置地点应当向社会公布"。第 45 条规定,"行政处罚决定应当依法公开"。"公开的行政处罚决定被依法变更、撤销、确认违法或者确认无效的,行政机关应当在三日内撤回行政处罚决定相关信息并说明理由。"《修订草案》的这些规定无疑是对现行处罚法处罚公开原则的具体化,有利于增加行政处罚的透明度。但是,这些规定亦需要进一步加以完善。例如,第 36 条规定的应当公示的信息,除"行政处罚的实施机关、立案依据、实施程序和救济渠道"外,还应当包括"依法应予行政处罚的行为、处罚种类与形式、处罚幅度、裁量基准"(如执法机关制定了裁量基准的话)。第 45 条规定,"行政处罚决定应当依法公开",其后应设一个"但书":"但涉及国家秘密和被处罚人或第三人商业秘密、个人隐私的除

---

① 第十三届全国人大常委会第二十五次会议最后通过的《行政处罚法》虽未在文字上采纳笔者的建议,但接受了笔者建议的实质内容。对承接县级政府部门行政处罚权的乡镇人民政府、街道办事处行使行政处罚权的行为加强了相应制约和规范,将《修订草案》的上述规定修改为"省、自治区、直辖市根据当地实际情况,可以决定将**基层管理迫切需要**的县级人民政府部门行政处罚权交由能够有效承接的乡镇人民政府、街道办事处行使,并**定期组织评估**。**决定应当公布**。承接行政处罚权的乡镇人民政府、街道办事处应当**加强执法能力建设,按照规定范围、依照法定程序实施行政处罚**"(《行政处罚法》第 24 条第 1、2 款)。这样规定显然是对笔者和其他参加《行政处罚法》向基层下放行政处罚权条款论证的学者和各方人士担心的回应。

外”。否则，其公开就有可能损害公共利益和私人合法权益。[①]

九、进一步完善行政处罚行为的正当法律程序

正当法律程序的基本要求是公开、公正、公平，具体体现为说明理由、听取申辩和回避（自己不做自己案件的法官）等。对于回避，现行处罚法仅在第37条第3款规定了一个特别简单的原则，“执法人员与当事人有直接利害关系的，应当回避”。《修订草案》将之扩充为1条3款（第40条）：“执法人员与案件有直接利害关系或者有其他关系可能影响公正执法的，应当回避。当事人认为执法人员与案件有直接利害关系或者有其他关系可能影响公正执法的，有权申请回避。当事人提出回避申请的，行政机关应当依法审查，但不停止调查或者实施行政处罚。”这显然完善了行政处罚的回避制度。但是其中第3款的规定存在重大瑕疵，实质上否定了回避制度：当事人已经提出执法人员与案件有直接利害关系或者有其他关系可能影响公正执法，行政机关不尽快作出审查结论，仍让“有直接利害关系或者有其他关系可能影响公正执法”的执法人员实施行政处罚（让此种执法人员不停止调查有合理性），将使回避制度的作用大打折扣。对此，笔者建议将《修订草案》第40条第3款修改为：“当事人提出回避申请的，行政机关应当依法审查，并在实施行政处罚前对当事人的申请予以答复，但在答复前不停止调查”（但必须停止实施行政处罚）。[②]

十、统一对行政处罚对象的称谓

现行处罚法和《修订草案》均将行政处罚的对象称为“**公民、法人或者其他组织**”。这种称谓不能全面、准确地表述行政处罚的对象和反映行政机关

---

① 第十三届全国人大常委会第二十五次会议最后通过的《行政处罚法》部分采纳了笔者的建议。第34条规定，“行政机关可以依法制定行政处罚裁量基准，规范行使行政处罚裁量权。**行政处罚裁量基准应当向社会公布**”。第48条规定，“**具有一定社会影响的**行政处罚决定应当依法公开。公开的行政处罚决定被依法变更、撤销、确认违法或者确认无效的，行政机关应当在三日内撤回行政处罚决定信息并**公开**说明理由”。

② 第十三届全国人大常委会第二十五次会议最后通过的《行政处罚法》采纳了笔者的建议，将《修订草案》的上述规定修改为“当事人提出回避申请的，行政机关应当依法审查，由行政机关负责人决定。**决定作出之前，不停止调查**”（《行政处罚法》第43条第3款）。

与其管理相对人的行政法律关系。行政处罚的对象既包括公民、法人和其他组织，也包括处在“行政相对人”地位的国家机关、公职人员以及在中华人民共和国领域内有违法行为的外国人、无国籍人、外国组织。“公民、法人或者其他组织”不能代表所有行政相对人（直接相对人和间接相对人）。建议将《修订草案》中对行政处罚对象的称谓“公民、法人或者其他组织”的表述均修改为“行政相对人”。“行政相对人”的表述不仅能全面、准确地表述行政处罚的对象，而且简洁明了。有人可能认为，“行政相对人”是学术用语而不是法律用语。事实上，“行政相对人”既是学术用语也是法律用语。早在 2014 年，《行政诉讼法》第 25 条即使用“行政行为的相对人”（行政相对人）的表述了。①

---

① 笔者的这一建议没有被采纳，第十三届全国人大常委会第二十五次会议最后通过的《行政处罚法》仍然将行政处罚的对象称为“公民、法人或者其他组织”。

第二编

行政许可法研究

市场经济与政府行为[*]

写作背景：本文是笔者应《求是》杂志编辑部之约撰写的一篇讨论社会主义市场经济与政府作用关系的文章。本文不是专门研究和论述行政许可制度和行政许可法的论文，之所以将之收入"行政许可法研究"编，是因为市场经济与政府作用关系的理论对行政许可制度和行政许可法的研究有指导作用。行政许可是政府规制的重要形式，在市场经济条件下，既要有一定的政府规制维护市场经济秩序，保障市场经济活动的正常运行，又必须对政府规制进行限制，防止政府对市场主体的经济活动进行过多的干预，侵犯市场主体的经营自主权。政府的规制行为（行政许可是政府规制形式之一）必须受法律的规范和约束，法治是市场经济条件下政府作用的必须和必然模式。所以，笔者不仅将本文收入"行政许可法研究"编中，而且将之放在该编第一篇的位置。

不同经济体制要求不同的政府行为模式，经济体制转变必然要求政府行为模式作相应的转变。现在，我国正在由计划经济体制向社会主义市场经济体制转变。为适应这一转变，政府的行为应有相应的变化。本文拟就市场经济体制下政府行为作用的范围、领域、方式和对政府行为的监控机制作一初步的探讨。

一、"无为"与"有为"

有人认为，市场经济体制下的政府应是一个"无为"或"相对无为"的政

---

* 该文原载《求是》1995 年第 10 期。

府,应是一个“少管事”的政府。因为政府积极有为,就会干预和限制企业和其他经济组织的自由。企业和其他经济组织没有自主进行经济活动的自由,就不可能发展市场经济。

这种观点是有一定道理的。过去,我国在计划经济体制下,政府管得过宽、过死,结果压抑了个人、企业和其他各种组织的积极性、创造性,使人民的聪明才智得不到充分发挥,国家的人力和物力资源得不到有效利用,从而使我们的经济,甚至我们整个国家失去生机、活力。我们现在搞市场经济,就要克服政府过去无所不能、无所不管产生的弊端。

然而,上述观点也存在片面性或不正确的成分。首先,政府的管理与市场主体的自由不是完全的对立物,二者并非在任何情况下都是成反比例发展的。在市场经济体制下,政府管理主要是宏观调控,防止和打击违法行为,维护市场经济秩序,保护市场经济主体的合法权益。适度和必要的政府管理增加,市场主体的自由不仅不会必然减少,而且会得到更好的保障和维护;反之,如果减少或取消适度和必要的政府管理,市场中违法行为盛行,市场经济秩序混乱,市场主体反而难以有正常进行经济活动的自由。其次,市场经济的发展不仅取决于“自由”,而且取决于“秩序”。有人认为,市场经济是“自由经济”,政府管得越少越好。这是对市场经济的误解。现代市场是一个十分复杂的经济关系系统,其运转必须严格有序,无序将导致系统崩溃,后果不堪设想。然而,要保证市场运转有序,就必须有政府的管理、监督。市场经济的自由和秩序是矛盾的对立统一。没有市场主体的自由,就谈不上市场经济,也就谈不上市场经济的秩序;然而没有市场经济的秩序,也就难以保障市场主体的自由。由此可见,自由和秩序同是市场经济发展所必需。政府过分“有为”,管其不应管之事,不利于市场经济的发展;政府过分“无为”,不管其应管之事,同样不利于市场经济的发展。

根据第二次世界大战以来市场经济较发达国家的做法和我国改革开放十多年来所取得的经验,在市场经济体制下,政府应有所不为和有所为。政府对下述领域和事项应“无为”,不加干预或少加干预:(1)企业和其他经济组织依法从事生产、经营及有关内部人、财、物、产、供、销的管理活动;(2)农民依法从事农业生产、经营或其他属于其法定自主权范围内的事项;(3)各种事业单位依法进行的业务活动,如学校、研究院(所)等学术机构所从事的学术活动,律师事务所等法律服务机构依法进行法律代理、辩护、咨询等法律服务活动等;(4)各种社会组织、团体依照法律及其组织、团体章程所开展的活动;(5)公民个人在不违反法律的前提下依照其民族习惯、宗教信仰、个人爱好等所为的行为,如吃、穿、住、用、行、玩、恋爱、交友、捐赠等。

从法理上讲,对于公民、法人和其他组织来说,凡是法律未加禁止的事项都是可为的,其所为不构成违法;而对于政府及政府部门来说,凡是法律未授权的事项都是不可为的,其为即构成越权。在这个意义上,我们可以界定,凡是法律未授权政府管理的领域和事项,都是政府应"无为"的领域和事项。

在市场经济体制下,政府应"有为"的领域和事项主要有:(1)组织国防军事建设,防止外敌入侵和内部骚乱,保障国家安全;(2)维持社会治安,预防和制裁违法行为,保障公民的人身财产安全;(3)对整个国家的经济实施宏观调控,组织重大基础设施建设,创造经济发展的良好环境;(4)培育市场体系,监督市场运行和市场主体的平等竞争,维护市场秩序;(5)调节社会分配和组织社会保障,维护社会公平;(6)管理国有资产和监督国有资产经营,保证国家经济和社会发展目标的实现;(7)控制人口增长,保护自然资源和生态环境,维护人类未来和长远的利益等。

市场经济发达和不发达国家的正反经验尤其是我国改革开放十几年的正反经验证明,在上述领域和事项上,政府必须"有为",必须加强管理。否则,国家安全、社会稳定就会失去保障,市场经济体制就难以建立起来;即使能建立起来,最终也会因秩序混乱而难以运行;即使能够运行和获得暂时、局部的经济效益,那也只能是以人类牺牲自己未来生活和生存环境(资源破坏、环境污染等)为惨重代价。

可见,市场经济体制下的政府既应是"无为"的政府,又应是"有为"的政府。在应无为的领域无为,对不涉及国家和社会公益的纯属公民个人、法人和其他组织内部的事不干预、不插手,给公民、法人、组织多一点自由,使之能充分发挥其积极性、创造性,从而使整个国家经济、社会生活充满活力;在应有为的领域有为,对应为之事大胆管理,高效行政,以保障国家安全,维护社会秩序,促进经济发展和增进公民福利。

二、“法治”与“人治”

不同的经济体制要求不同的政府行为方式。法治与人治可以认为是两种不同的政府行为方式。所谓政府行为的“法治”，是指政府依法管理，依法行政，在整个国家管理领域做到有法可依、有法必依、执法必严、违法必究。所谓政府行为的“人治”，是指政府依长官意志、行政命令管理国家和社会。法治是与人治相对立的，但法治并不否定人的作用和政策的作用。法治与人治的区别在于：法治是以法作为政府行为的基本依据，法一旦制定出来，政府不能随意以政策修改法、改变法，政府首长更不能以个别命令变更法。“人治”虽然也不完全否定和排斥法，但在长官意志、行政命令与法的关系上，前者的效力高于后者：长官可以通过行政命令立法、改法、废法，法只是掌握在各级政府机关及其长官手中的一种手段、一种工具，而且是想用就用，不想用就不用。

计划经济体制是一种高度集权的经济管理模式。在这种管理模式下，各级政府机关通过指令性计划和不断下发的“红头文件”（行政命令）管理企业。在这样的体制下，政府不需要多少法律，企业和社会对法律也没有多少需求。因此，人治是与计划经济体制相适应的。

市场经济体制则不同，在这种体制下，企业获得了相对独立的主体地位，它们需要法律保护其自主权不受政府机关及其行政长官的侵犯或非法干预。同时，在市场经济体制下，政府仍然需要对企业和社会进行管理，不过，这种管理不能再单纯依靠行政命令，而是必须同时采用并且是主要采用具有稳定性和规范性的法律手段。因此，法治是与市场经济体制相适应的，搞市场经济只能实行法治而不能实行人治。

法治作为一种国家社会状态，它既包括对政府的要求：依法行政，依法管理；也包括对公民、法人和其他组织的要求：人人知法，人人守法。法治作为一种统治方法或管理方式，则基本只是对政府的要求。这种要求主要包括下述内容。

（一）依法行政，依法办事

依法行政首先是对政府执法行为的要求，也包含对执法的要求。只有有法可依才谈得上依法行政。立法包括权力机关的立法和行政机关的立法。权力机关的立法主要是制定基准性规范，行政机关的立法（发布行政法规和规章)主要是制定从属性或执行性规范。法治原则要求行政机关加强行政法规和规章的制定,使尽可能多的政府行为有具体规则可循,以最大限度减少政府行为的任意性以及由任意性导致的不公正和腐败。依法制定和发布行政法规、规章不仅是政府的一项权力,更是政府的职责。

(二)控制滥用自由裁量权

一国法律无论如何完备、严密,均不可能对所有政府行为的范围、幅度、方式都作出规定;而且政府行为不同于司法行为,政府需要每日每时处理不断出现和发生的许多新情况、新问题,为了保障政府具有适应新情况和灵活作出反应的能力,法律也需要赋予政府在行使其职权时以较广泛的自由裁量权。但是自由裁量权最易于被滥用,从而导致对国家社会利益和公民、法人及其他组织合法权益的损害。因此,对自由裁量权必须加以控制。

对政府行政自由裁量权的控制包括事前控制和事后控制。事前控制主要指授权控制和程序控制;事后控制主要指行政复议和司法审查。授权控制是指法律授予某一政府机关某一项自由裁量权时,应有一定范围(目的范围、空间范围、时间范围等)的限制,不能授予其漫无边际的自由裁量权。程序控制是指以法定程序控制和规范政府机关自由裁量权的行使。行政复议和司法审查是对自由裁量权的事后控制措施。行政复议是通过政府机关内部的监控机制发现和纠正相应行政机关违法、不当行使自由裁量权的行为。司法审查则是通过政府外部的监控机制——人民法院审查被诉政府机关行使自由裁量权行为的合法性和合理性,撤销违法滥用自由裁量权的行为,变更显失公正的行政处罚行为。

(三)对违法、侵权行为承担法律责任

作为一个法治政府,它应该带头守法,切实保障公民的合法权益不受侵犯。如果其行为违法越权,侵犯公民、法人或其他组织的合法权益,则应依法承担法律责任;如其行为造成公民、法人或其他组织人身权、财产权的损害,则应依法赔偿受害者的损失。

三、“自律”与“他律”

计划经济体制向市场经济体制转变,要求政府职能和政府行为的方式作相应的转变。要实现这两个转变,必须健全和完善与此相适应的监督机制。

监督机制包括自律机制与他律机制。自律机制指政府内部的自我监督机制。他律机制指权力机关、司法机关、社会舆论机构和人民群众对政府行为实行监督的外部监控机制。相对于内部自我监督机制来说,外部监控机制有更为重要、更为有效的作用。当然,政府内部自我监督机制同样是必要的和不可缺少的。

在市场经济体制下,对政府行为监督的内容主要包括三个方面:一是对政府行政立法行为和其他抽象行政行为的监督,保障行政法规与法律的一致性,行政规章与法律、法规的一致性,其他规范性文件与法律、法规、规章的一致性;二是对具体行政行为的监督,保障具体行政行为不违法、不越权,符合立法目的、符合法定程序、符合公正合理的原则;三是对政府公务员(上至政府首长,下至办事员)的监督,保障其遵纪守法、廉洁奉公、忠于职守,不滥用权力、不以权谋私,在政府机关中兴廉政勤政之风,扫消极腐败之气。

政府机关的内部监督机制的主要环节是行政监察监督。这种监督是超越行政部门的,从而可以摆脱部门行政首长的干预,监察机关可以对各行政部门及其工作人员的违法违纪行为依法直接进行处理。对于依法不属于其权限范围内的事项,亦可依法建议或提请有权机关处理。除行政监察监督以外,政府机关的内部监督机制还包括各级人民政府对所属工作部门的一般监督以及上级主管行政机关对下级机关的层级监督。行政监察监督是专门性的法律监督,一般监督与层级监督是通过工作监督而实现法制监督的目标。二者的分工合作构成政府内部统一的自我监督机制。

外部监督的最重要环节是权力机关的监督。权力机关对政府行为的监督主要包括政策监督、法制监督、财政监督。政策监督是指对政府有关政治、经济、文化、国防、外交等领域基本政策是否适当的监督,此种监督主要是通过人大每年审议、批准政府工作报告以及人大代表或代表团向政府提出质询等方式实现的。法制监督是指对政府行政法规、规章和其他规范性文件是否合法的监督,此种监督主要是通过法规、规章备案程序和人大及其常委会撤销与法律相抵触的行政法规、规章实现的。为使这一监督制度真正运行起来,人大或人大常委会必须建立专门机构,对政府行政法规、规章实行主动审查和应法院、检察院、社会组织、团体、公民的请求进行审查,撤销与法律相抵触的行政法规、规章或责令政府自行废止、修改,以克服目前法制领域各种不同类别、不同层级法律规范互相抵触、互相冲突的混乱局面，保障法制的统一。财政监督是指对政府财政收支是否合理的监督，此种监督主要是通过人大每年审议、批准政府预算、决算实现的。随着市场经济的发展，财政监督日益重要。为了使这种监督更有效，应加强人大专门委员会在人大会前会后对政府预算、决算的严格审查，并向人大代表作详细的审查报告，以便人大代表能在审议中真正发现问题和提出意见，发挥有效的监督作用。

司法监督是法治国家对政府行为监督的必不可少的重要环节。司法监督包括检察监督和审判监督。市场经济体制对政府行为的司法监督主要指行政审判监督，即人民法院通过对行政机关具体行政行为的司法审查，对相应行为的合法性作出评价，并据此撤销违法的具体行政行为，变更显失公正的具体行政行为（限行政处罚）。司法审查监督对于维护法治，防止政府机关违法侵犯公民人身权、财产权，保护公民、法人和其他组织的合法权益是非常重要的。在市场经济条件下，司法审查对于保障企业经营自主权，防止政府机关对企业正常的生产、经营活动和内部管理活动进行不适当干预，维护市场经济的正常运行是必不可少的。司法审查是一种依公开的、严格的司法程序进行的监督，具有经常性、普遍性、规范性和公正性的特点，从而能起到其他监督制度难以起到或不可能起到的特殊监督效用。

舆论监督虽然是一种不能直接产生法律效果（如撤销违法行政行为、追究有关公务员的违法责任等）的监督，但其作用却不可小视。在某些场合，舆论监督甚至能比直接产生法律效果的监督发生更大的实际监督作用，对监督对象产生更大的震撼力。此外，舆论监督还可为其他监督提供信息资料，其他法定监督主体可据此对监督对象采取具有法律效力的监督措施。政府行为需要舆论监督，舆论监督对于帮助政府机关克服官僚主义，消除腐败现象，改进政府工作，提高政府工作效率都是必不可少的。当然，舆论监督要保证客观性、真实性、公正性。法律同样要对舆论监督行为进行规范，使之严格依法进行。否则，舆论监督就不仅不能对政府工作起促进作用，反而会起相反作用。

在对政府行为的整个法律监督机制中，人民群众的监督是最基本性的监督。根据《宪法》第41条的规定，中华人民共和国公民对于任何国家机关和国家工作人员，有提出批评和建议的权利；对于任何国家机关和国家工作人员的违法失职行为，有向有关国家机关提出申诉、控告或者检举的权利。人民群众的监督是其他各种监督环节启动的基本动力,是整个监督机制的基础。

建立社会主义市场经济体制要求政府实行法治,而实行法治必须有完善的法律监督机制。因此,抓紧制定有关对政府行为(包括抽象行政行为、具体行政行为、政府公职人员的个人行为)监督的法律、法规,尽快完善行政法律监督机制,是需要列入议事日程的一项急迫工作。

《行政许可法》总则阐释*

写作背景:2003 年 8 月 27 日,第十届全国人大常委会第四次会议通过了《行政许可法》。为向广大人民群众宣传《行政许可法》和帮助法院法官全面深入理解《行政许可法》的立法目的、原则精神及具体条文的含义,以正确审理行政许可类案件,人民法院出版社约请笔者和北京市第一中级人民法院副院长李新生主编一本《行政许可法条文精释与案例解析》的法律宣传和释义读本。本文是笔者撰写的第一章总则:行政许可法的立法目的与基本原则。

一、《行政许可法》总则概述

法律的所谓"总则",即总规则、基本规则,统领全法和规范全法,作为全法的灵魂和依据,贯穿于全法整个条文并确定具体条文基本精神、基本含义的统率性规则。总则的主要作用有三:其一,对整个立法的指导作用。法的总则确定整个法律的基调、框架、范围和指导思想,使立法者在草拟该法每一章节、每一条文时有所遵循,从而使立法形成一个有机整体,避免其内容相互矛盾、相互冲突,避免该规定的内容没有规定,不该规定的内容却加以规定。其二,对执法的指导作用。法的总则对执法的指导作用体现在两个方面:一是执法者在执行法的具体条文时以总则为指导,赋予具体条文以法的原则、精神;二是执法者在执法时如找不到与相应案情相适应的具体条文,可直接适用总则的规定处理个案。其三,对法律解释的指导作用。行政机关或人民法院解释法律的具体条文均必须以法的总则为指导,不能单以法条论法条。在很多

---

* 该文原载姜明安主编:《行政许可法条文精释与案例解析》,人民法院出版社 2003 年版。

情况下，如离开法的总则解释法的具体条文，可能难以明了法条的真正含义，对法条的解释甚至可能背离立法者制定该规则的原意。因为立法者制定法的具体规则是以法的总则为依据并将法的总则精神贯穿于其中的，法的具体规则和法的总则是密切相连，有机地融为一体的。

法的总则通常包括立法目的、立法根据、法的适用范围和法的基本原则。有时，法的总则还规定相应法律的执法主体、监督和救济规则，以及确定某些重要法律概念的定义。

《行政许可法》的总则共 10 条：第 1 条规定《行政许可法》的立法目的和立法根据；第 2 条界定《行政许可法》所使用的“行政许可”的含义；第 3 条确定《行政许可法》的适用范围；第 4 条至第 10 条规定《行政许可法》的基本原则。基本原则是总则的最主要内容，共包括七项：(1)许可法定、依法许可原则；(2)公开、公平、公正原则；(3)便民、高效原则；(4)救济原则；(5)信赖保护原则；(6)许可不得转让原则；(7)监督原则。

《行政许可法》总则的各项规定，特别是关于基本原则的规定，主要是针对近年行政许可实践中已经发生的各种较为严重的问题而确立的。这些问题归纳起来主要有七类：其一，许可过多、过滥。由于许多政府机关及其工作人员过分“迷信”审批、许可的作用，把审批、许可看成是行政管理的法宝，社会中无论什么领域、什么行业一旦出现失序现象或其他问题，首先想到的就是“管”，就是政府干预，让行政机关先进行审批、许可。加上审批、许可有利可图(往往是权、利双收)，故许多行政机关对之“情有独钟”：这些年几乎各级政府都在设许可，政府的各个部门甚至政府部门的内设机构也在通过各种方式(如决议、决定、公告、通告等规范性文件乃至通知等文件)设置许可。许可的事项更是花八门，从企业的立项、筹建、设计、开工、生产到产品包装、运输、保管、销售；从个人的生、老、病、死到吃、住、行，几乎事事都想给你设一个许可。正是为了解决这种许可过多、过滥的问题，《行政许可法》总则确立了许可法定、依法许可原则。其二，许可程序烦琐、效率低下。许可低效是由多方面的原因造成的：一是许可环节太多，一个事要办几个甚至几十个许可，一个许可要经过几个甚至几十个部门或部门内设机构审批；二是办理许可没有严格的时限要求，办理人员责任心强的、与申请人关系好的，一个许可可能十天半个月给你办下来，办理人员不负责任的，申请人对其没有“意思”表示的，一个许可可能一年半载也办不下来；三是各部门和各部门机构之间相互推诿、扯皮，造成办理过程中的拖延、耽搁。《行政许可法》正是为了解决这类问题，即在总则中确立了行政许可的便民、高效原则。其三，利用许可为本部门谋利。一些政府部门在设置许可时，往往同时设置名目繁多的收费项目，在实施许可时，一些行政机关还巧立名目，增加收费的范围和额度。《行政许可法》为了解决行政机关利用许可乱收费的问题，在总则中确立了许可法定原则和对许可行为的监督原则。其四，利用许可"寻租"。一些行政机关和行政机关工作人员把为相对人办理许可视为给相对人"恩赐"，明示或暗示相对人给予回报，大搞权钱交易、行贿受贿。近几年来，行政许可过程中的腐败现象达到愈演愈烈的程度。正是为了解决行政许可行为中的这种严重腐败问题，《行政许可法》总则确立了公开、公平、公正原则和对许可行为的监督原则。其五，许可程序不公开，"暗箱操作"，导致许可行为不公正、不公平。一些行政机关和行政机关工作人员在实施行政可时，对同样条件的申请人不同等对待、厚此薄彼，对应予许可的申请人不予许可，对不应给予许可的申请人却给予许可。虽然导致这种问题的原因是多方面的，如申请材料不实、审查不严等，但最重要的原因是"暗箱操作"，缺乏公平竞争程序（如招标、拍卖、考试等）。《行政许可法》总则正是基于导致许可不公的这种基本原因，除确立公开、公平、公正原则外，还确立了对受到不公正待遇的相对人的救济原则。其六，对被许可行为监督不力或缺少监督。一些行政机关受利益驱动，只重视和热衷办理许可审批和给相对人颁发许可证，通过审批、发许可证收费和获取其他好处，而对被许可人在获取许可之后实施的行为却不闻不问，不进行监督检查，致使市场秩序混乱，许可作用尽失甚至还不如不设许可。《行政许可法》为了解决行政许可监督机制缺陷这类问题，在总则中专门确立了对被许可行为的监督原则和被许可人所获准的许可不得擅自转让原则。其七，许可机关在实施许可后随意终止或变更许可，不讲诚信，往往给相对人造成重大损失。有时行政机关虽是因为情势变更或出于公共利益的需要而有必要撤回或变更许可，但对相对人因此造成的相应损失不予任何补偿，导致对相对人的严重不公。《行政许可法》基于实践中出现的这种漠视相对人权益的情况，在总则中专门确立了政府信赖保护原则。由此可见，《行政许可法》总则关于基本原则的各项规定，都是有直接针对性的，是为了解决我国行政管理中的实际问题而确立的。

当然,《行政许可法》总则确立的各项基本原则和其他规则并非完全为我国立法者的创造。实际上,这些原则、规则广泛参考和借鉴了国外的相关法律,特别是 WTO 规则。在许多国家和地区的行政程序法典总则中,通常都规定了依法行政原则、"三公"(公开、公平、公正)原则、效率原则和正当程序原则。不少行政程序法典也规定了信赖保护原则和比例原则。至于 WTO 规则中的非歧视原则、透明度原则、消除贸易壁垒原则显然也为《行政许可法》总则中的公开、公平、公正原则和限制许可事项、许可权限的许可法定原则提供了借鉴。我国的《行政许可法》之所以这么有时代精神,这么好地体现了民主、法治的思想,确立了这么多能解决实际问题的原则、制度,这与世界各国法治的经验为我们提供的参考、借鉴是分不开的。而我们能够这么多,这么有的放矢地参考、借鉴国外法治的经验,又是与我国行政法学界近 20 年来一直重视研究世界各国的相关法律、制度及其法理分不开的。

《行政许可法》的立法经验说明,在中国,建设法制、完善法制一定要注重实际,从解决中国的实际问题出发;一定要注意参考、借鉴国外相关立法的经验。立法不能闭关自守、闭门造车,一定要以理论为指导,站在全局和时代的高度进行设计和架构,不能头痛医头、脚痛医脚,仅追求短期效益。

二、《行政许可法》总则条文释义

第一条　为了规范行政许可的设定和实施,保护公民、法人和其他组织的合法权益,维护公共利益和社会秩序,保障和监督行政机关有效实施行政管理,根据宪法,制定本法。

本条确定了《行政许可法》的立法目的和立法依据。

(一)《行政许可法》的立法目的

《行政许可法》的立法目的有四:(1)规范行政许可的设定和实施;(2)保护公民、法人和其他组织的合法权益;(3)维护公共利益和社会秩序;(4)保障和监督行政机关有效实施行政管理。

这四项目的又分两个层次:前一项为直接目的,后三项为最终目的。"规范”——规范行政许可行为(包括规范设定许可行为和规范实施许可行为)——是立法者制定《行政许可法》的直接目的。“保护”——保护公民法人和其他组织的合法权益;“维护”——维护公共利益和社会秩序;“保障和监督”——保障和监督行政机关有效实施行政管理,这三项是立法者制定《行政许可法》的最终目的。立法者通过“规范”实现“保护”、“维护”及“保障和监督”。“规范”虽然也是《行政许可法》的立法目的之一(第一层次立法目的),但相对于“保护”、“维护”及“保障和监督”则是手段。

“规范”作为名词(英文的表述是 standard),意为标准、规格、统一的行为规则或要求等,如法律规范、纪律规范、道德规范等。作为动词(英文的表述是 standardize),指以确定的、有约束力的规则或要求统一人们的行为,使人们的行为合于一定的标准,不逾越一定的界限,如规范行政行为,规范民事行为,规范社会交往行为等。这里所讲的“规范行政许可的设定和实施”,自然是指以法律规范行政许可行为。行政许可行为既包括立法机关(作为最高国家立法机关的全国人大及其常委会、作为最高行政立法机关的国务院、作为地方立法机关的省级人大及其常委会、作为地方行政立法机关的省级人民政府)的设定行政许可行为,也包括行政机关的实施行政许可行为;同时包括一般公民、法人和其他组织参与设定行政许可行为,以及作为行政许可申请人、被许可人或行政许可其他利害关系人的公民、法人和其他组织参与实施行政许可的行为。当然,《行政许可法》主要是规范行政机关的许可实施行为,规范立法机关的许可设定行为虽然很重要,但却不是最主要的。因为许可实施行为最直接、最广泛、最经常地涉及和影响《行政许可法》立法的“保护”、“维护”与“保障和监督”三项深层次目的的实现。立法机关在设定行政许可方面有较大的自由裁量权,《行政许可法》虽然通过确定许可范围对立法机关的设定权加以约束,但此种约束有很大的政策考量空间(如“国家安全”“公共安全”“经济宏观调控”等都可以有很大的政策考量空间)。至于公民、法人和其他组织的行为,无论是参与设定行政许可的行为,还是参与实施行政许可的行为,都不是《行政许可法》的主要规范对象。《行政许可法》的最主要任务是通过规范行政机关的许可行为(包括实施和设定),保护公民、法人和其他组织的合法权益,维护公共利益和社会秩序,保障和监督行政机关有效实施行政管理。至于怎样实现这一任务,怎样“规范”,总则之后各章节规定的关于许可的范围、许可的方式、许可的程序、许可的监督检查、许可的法律责任等即给予了解决问题的答案。

《行政许可法》的立法目的是通过“规范”实现“保护”“维护”“保障和监督”。“保护”“维护”“保障和监督”这三项目的也不是同一个层次的。保护公民、法人和其他组织的合法权益是根本目的,维护公共利益和社会秩序,保障和监督行政机关有效实施行政管理必须服从于保护公民、法人和其他组织的合法权益这一根本目的。离开了保护公民、法人和其他组织合法权益的根本目的,再好的社会秩序,再有效的行政管理也是没有意义的。因为秩序和管理是因人而存在的。当然,人有特定个人、少数人、多数人、全体人之分,行政许可行为虽然直接涉及的是特定个人(特定公民、法人或其他组织)的利益,但往往同时间接涉及某一个领域、某一个地区,甚至全国范围内其他很多人乃至全体人的利益。因此,《行政许可法》的立法要协调各种不同利益群体的人们的利益。立法目的既要强调保护公民、法人和其他组织(主要指作为行政相对人的公民、法人或其他组织)的合法权益,又不能忽视保障和监督行政机关有效实施行政管理,维护公共利益(包括国家利益、社会利益,以及作为一般社会公众的公民、法人或其他组织的利益)和社会秩序。

在某种意义上,《行政许可法》的立法目的可以依序递进排列为“规范”、“保障和监督”、“维护”与“保护”。只有制定《行政许可法》,才能“规范”行政许可行为;只有“规范”行政许可行为,才能“保障和监督”行政机关有效实施行政许可管理;只有“保障和监督”行政机关有效实施行政许可管理,才能在行政许可领域“维护”公共利益和社会秩序;只有“维护”好行政许可领域的公共利益和社会秩序,才能在行政许可领域“保护”公民、法人和其他组织的合法权益。前一目的相对于后一目的均是手段,只有最后的目的才是终极目的。因为人民政府的宗旨是为人民服务,是执政为民。“民”既包括作为一般公众的公民、法人或其他组织,也包括作为特定行政许可法律关系中行政相对人的公民、法人或其他组织。

但是,在某些场合,《行政许可法》的四项立法目的之间,特别是“保护”与“维护”、“保障”之间,也会产生矛盾:管理得到了有效“保障”,秩序却未能得到有力的“维护”,秩序得到了有力的“维护”,公民、法人或其他组织的权益却未必能得到切实的“保护”。管理者为管理而管理,为自身利益而管理,可能不仅不能为社会提供秩序,反而可能使社会失序;管理者单纯为秩序而构建秩序,虽然可能使社会“井然有序”,但此种秩序可能不仅不能给公民、法人或其他组织带来多少利益,而且可能以损害大多数公民、法人或其他组织的权利和自由为代价,这是一方面。另一方面,在特定行政许可法律关系中,作为行政相对人的公民、法人或其他组织的权益可能与社会公共利益,与作为一般社会公众的公民、法人或其他组织的权益发生一定的冲突。在这种情况下,片面强调“保护”作为特定行政许可法律关系中行政相对人的公民、法人或其他组织的权益,忽视社会公共利益肯定是不妥的;但片面强调“维护”社会公共利益,忽视特定相对人的权益同样是不对的。因此,无论是在设定行政许可时,还是在实施行政许可中,都必须全面、深入地理解《行政许可法》四项立法目的之间的辩证统一关系,既不应将这四项目的并列,也不应将之割裂,只片面强调某一项或某几项目的,将之绝对化,而完全忽视其他目的。

(二)《行政许可法》的立法根据

《行政许可法》第 1 条第二方面内容是确定立法根据,“根据宪法,制定《行政许可法》”。那么,《宪法》的哪些条款是《行政许可法》的立法根据呢?或者说,《行政许可法》是根据《宪法》的哪些条款制定的呢?对此,在研读《宪法》的整个条文后会发现,《宪法》的大量条款均为《行政许可法》提供了立法根据。其中,最相关的条款即第 5、11~13、16~18、27、33、51、62、67、89、90、100、107 条。

1999 年 3 月 15 日第九届全国人民代表大会第二次会议主席团公布施行的《宪法修正案》对 1982 年《宪法》第 5 条进行了修正,修正后的《宪法》第 5 条第 1 款规定:“中华人民共和国实行依法治国,建设社会主义法治国家。”这一条款为整个《行政许可法》的立法,以法律规范行政许可行为提供了根据。

《宪法》第 11~13、16~18 条规定了国家对国有企业、集体经济组织、非公有经济组织的合法权益保护以及对公私财产权的保护。《宪法》的这些条款为《行政许可法》确定以保护公民、法人或其他组织的合法权益为立法目的提供了根据。

《宪法》第 27 条规定:“一切国家机关实行精简的原则,实行工作责任制,实行工作人员的培训和考核制度,不断提高工作质量和工作效率,反对官僚主义。一切国家机关和国家工作人员必须依靠人民的支持,经常保持同人民的密切联系,倾听人民的意见和建议,接受人民的监督,努力为人民服务。”这一条款为《行政许可法》确立效率、便民原则和行政许可的一系列保障公众参与以及公开、公正、公平的程序、制度提供了根据。

根据《宪法》第33条和第51条的规定,中华人民共和国公民在法律面前一律平等。公民享有宪法和法律规定的权利,同时必须履行宪法和法律规定的义务。公民在行使自由和权利的时候,不得损害国家的、社会的、集体的利益和其他公民的合法的自由和权利。《宪法》的这些规定为《行政许可法》确立许可公平原则和相应公平竞争程序,以及对许可相对人的行为规制和相应监督检查制度提供了根据。

《宪法》第62、67、89、100条分别规定了全国人大及全国人大常委会、国务院、省级人大及其常委会制定法律、行政法规、地方性法规的权限。第90、107条分别规定了国务院部、委,地方各级人民政府的行政管理权限。《宪法》的这些条款为《行政许可法》确定行政许可设定权的划分和行政许可的实施机关及相关制度提供了根据。

第二条　本法所称行政许可,是指行政机关根据公民、法人或者其他组织的申请,经依法审查,准予其从事特定活动的行为。

本条是关于“行政许可”的定义。法律之所以要对“行政许可”这一概念下一定义,理由有二:一是因为“行政许可”这一概念,人们在各种场合、各种时候用得太多、太广泛,而在不同时间、不同场合,人们又往往对之赋予不完全相同的含义。不同学者在各自的著述中使用这一概念时,其确定的内涵和外延也不尽一致。二是因为这一概念是《行政许可法》最基本的概念,是决定《行政许可法》性质、内容和调整范围的支柱性概念。因此,要制定《行政许可法》,就必须对“行政许可”这一概念加以界定。不明确“行政许可”这一概念的内涵和外延,《行政许可法》就无以谈起,就无法起草出一部内容统一协调的《行政许可法》来。

本条关于“行政许可”的定义包括三层含义:

(一)行政许可是一种行政行为

本条界定“行政许可”是“行政机关的行为”。虽然行政机关的行为不都是行政行为,行政许可行为的主体也不都是行政机关。但是,本条界定的"行政许可"不是行政机关的一般行为,而是特指行政机关行使职权的行为(依法对相对人的申请进行审查,准予或不准予相对人从事特定活动)。这里的"行政机关"也并非限于严格意义的"行政机关",而是包括法律、法规授权的具有管理公共事务职能的组织(参见《行政许可法》第 23 条)。因此,《行政许可法》规范的"行政许可"显然是行政行为,不包括无法律、法规授权的社会组织的许可,以及虽有法律、法规规定但为个人对个人的许可(如专利使用许可等)。

(二)行政许可是一种依申请的行政行为

行政行为依其启动方式不同可分为依职权的行政行为和依申请的行政行为。本条明确规定,行政许可必须"根据公民、法人或其他组织的申请"进行。因此,行政许可行为无疑应归入"依申请的行政行为"的范畴。对于依申请的行政行为,行政机关实施必须以相对人申请为前提;相对人没有提出申请,即使其符合法定许可条件,行政机关未给予其许可亦不构成"不作为",相对人不能向法院提起"不作为"诉讼。

(三)行政许可是一种有限设禁和解禁的行政行为

根据本条关于"行政许可"的定义,可以将"行政许可"理解为一种对一般人设禁而对特定人解禁的行为。当然,这里的"禁"不是绝对的禁,而是指相对人未经行政机关准许即不得从事某种活动。而且,这里的"禁"是有严格限制的,即仅限于相对人从事的"特定活动"("特定活动"的范围参见《行政许可法》第 12 条)。对"特定活动"以外的事项,立法机关和行政机关均不得随意设"禁"。

第三条　行政许可的设定和实施,适用本法。

有关行政机关对其他机关或者对其直接管理的事业单位的人事、财务、外事等事项的审批,不适用本法。

本条是关于《行政许可法》适用范围的规定,其设两款:第 1 款从正面规定《行政许可法》适用的范围;第 2 款从反面规定排除适用范围。

(一)《行政许可法》的适用范围

《行政许可法》的适用范围包括两个方面:一是行政许可的设定;二是行

政许可的实施。当然,这是从《行政许可法》总的适用范围上讲,就《行政许可法》的每一具体章节而言,其规定并非都既适用于行政许可的设定,又适用于行政许可的实施。实际上,《行政许可法》专门适用于行政许可的设定的只有第二章,而适用于行政许可实施的则有第三、四、五、六章(第四章又包括六节),共四章六节。第一章"总则"、第七章"法律责任"、第八章"附则"这三章则同时适用于行政许可的设定和行政许可的实施。

(二)《行政许可法》的排除适用范围

《行政许可法》的排除适用范围条款同时规定了对象和事项两个标准。即只有同时符合此两项标准才予以排除,如果只具备其中一项标准,相应审批还须适用《行政许可法》。关于"对象"标准,这里设定的排除对象有二:一为"其他机关",即相应审批行政机关以外的行政机关、司法机关、立法机关等国家机关;二为有关行政机关"直接管理的事业单位",即相应审批行政机关直接管理的科研、教育、文化、卫生等事业机构(如教育部直接管理的高等学校,卫生部直接管理的医疗机构和卫生防疫机构,国家广播电影电视总局直接管理的广播、电视台站等)。这里设定的明确排除事项有三:人事、财务、外事,但在三项明确排除事项之外尚有"等"类不明确的排除事项。这里"等"的范围到底有多大?笔者认为应该是很窄的。如果"等"的范围无限大,这一标准就毫无意义。立法者之所以要排除有关行政机关对其他机关或者对其直接管理的事业单位的人事、财务、外事等事项的审批适用《行政许可法》,是因为这些事项相对于一般许可事项有很多特殊性,难以按《行政许可法》规定的条件、程序、期限等办理,如具有内部性质的人事调动、资金分配、对外交流的审批就很难适用一般许可的招标、拍卖、考试、听证等程序,尽管也应采取有限的,体现适度公开、公正、公平原则的正当程序。因此,对于有关行政机关对其他机关或者对其直接管理的事业单位实施的其他没有多大特殊性事项的审批(如建设用地审批、规划审批、市场准入审批、环境审批、举办学校、医院等事项的审批),仍应适用《行政许可法》,不能规避《行政许可法》的规制。当然,"等"也不等于无,即并非所谓的"等内",而是有限的"等外"。因为行政机关有时可能会遇上除人事、财务、外事以外的某种特殊事项,不可能对之适用《行政许可法》,如勉强适用可能会给国家、社会公共利益或者公民、法人或其他组织的利益造成重大损害,而这种事项在立法者立法时又难以预见到。

因此，立法者在立法时只能以“等”这个不确定概念留给行政机关一定的有限自由裁量权。

第四条　设定和实施行政许可，应当依照法定的权限、范围、条和程序。

本条确定了行政许可的一项最重要的基本原则：许可法定和依法许可原则。该原则包括下述要求：

（一）行政许可要依法设定

依法设定的含义有三：一是依法定事项设定。无论是国务院制定行政法规，还是地方人大及其常委会制定地方性法规，甚或是全国人大及其常委会制定法律，都只能就法律（《行政许可法》第12条）规定的事项设定行政许可，超越法定许可事项范围设定的行政许可无效。二是依法定权限设定。对于依法可设定行政许可的事项，设定机关在设定行政许可时还必须遵守《立法法》规定的立法权限，包括行政法规、地方性法规、规章等的制定权限[①]，以及《行政许可法》规定的行政许可设定权限[②]，超越法定许可设定权限设定的行政许可无效或将被有权机关撤销[③]。三是依法定程序设定。享有法定权限的机关就法定许可事项设定行政许可，还必须遵循法定程序，包括《立法法》《行政法规制定程序条例》《规章制定程序条例》《行政许可法》规定的相应程序，如《行政许可法》第19条规定的起草、听证、论证程序和第20条规定的对已设定许可的评价程序。设定主体违反法定程序设置许可的，将被有权机关根据相应法律、法规撤销。

（二）行政许可要依法实施

“依法实施”的含义有五：一是依法定种类实施。行政机关实施行政许可，只能就依法已经设定的许可种类实施，不能增加新的项目；否则，就等于非法设定许可。二是依法定权限实施。行政机关只能在法定权限范围内实施可行政许可；否则，即构成越权。行政机关实施行政许可的权限一方面由相应行政组织法确定，另一方面由设定行政许可的相应行政管理法确定。三是依法

---

① 参见《立法法》第7～10、56、63～66、71～73条。
② 参见《行政许可法》第14～17条。
③ 参见《行政许可法》第71条。

定条件实施。任何行政许可,相应法律、法规或规章都规定了相应条件;否则,行政许可设定就失去了意义。故行政机关实施行政许可,只能依法定条件进行,既不能增加也不能减少法定条件;既不能向不具备法定条件的行政相对人发放许可,也不能向许可申请人要求增加法定条件以外的条件。四是依法定方式实施。所谓“法定方式”,是指相应法律、法规或规章规定的办理许可的方式,如“一个窗口对外”“一站式服务”“政府超市”式的联合办理、集中办理等。对于行政许可办理的方式,法律规定有的是强制性的,有的是指导性和可裁量性的。对于强制性的方式,行政机关必须遵循;而对于指导性和可裁量的方式,行政机关则应根据法律的目的,选择最便民、最有效率的方式实施。有些便民方式即使尚未法定,只要符合法的原则、精神,不违反法的明确规定,在一定范围、一定时间内试行也是应该被允许的。五是依法定程序实施。《行政许可法》对行政许可程序作了比较详细、全面的规定,既有一般规则①,也有特别规则②。行政机关实施行政许可,无疑应遵循这些程序。但是就行政许可程序而言,除了《行政许可法》规定的程序,其他相应法律、法规和规章可能还就某种特定许可规定了专门程序。这些程序只要符合《行政许可法》的原则、精神,不违反《行政许可法》的明确规定,行政机关在实施相应行政许可时亦必须遵循。否则,亦构成行政违法。

第五条　设定和实施行政许可,应当遵循公开、公平、公正的原则。

有关行政许可的规定应当公布;未经公布的,不得作为实施行政许可的依据。行政许可的实施和结果,除涉及国家秘密、商业秘密或者个人隐私的外,应当公开。

符合法定条件、标准的,申请人有依法取得行政许可的平等权利,行政机关不得歧视。

本条确定了行政许可的另一基本原则:公开、公平、公正。本条分三款:第1款宣示这一原则的内容:公开、公平、公正,并确定了这一原则的适用范

① 参见《行政许可法》第四章第一节至第五节。

② 参见《行政许可法》第四章第六节。

围，即设定和实施行政许可，也就是适用于整个行政许可制度。第 2 款明确“公开”的内容、范围和例外。“公开”的内容包括两类：一是有关行政许可的规定；二是行政许可的实施和结果。“有关行政许可的规定”公开主要指通过法律、法规、规章公布有关应予行政许可的事项、行政许可的实施机关、行政许可实施机关的权限、行政许可的条件、行政许可的方式、行政许可的程序等。但有关这些事项的具体细则往往不是以法律、法规、规章的形式规定，而是以规范性文件形式规定的。对于这些规范性文件，亦应通过有关形式公布；否则，不得作为实施行政许可的依据。“行政许可的实施和结果”公开是指行政机关办理行政许可的程序公开和最后作出准予或不准予许可的决定公开。程序公开主要指招标、拍卖、挂牌等公开竞争程序，公开考试程序，公开听证程序等各种防止“暗箱操作”的程序。公开的例外限定为三类事项：涉及国家秘密的事项、涉及商业秘密的事项、涉及个人隐私的事项。本条第 3 款明确“公平、公正”的内容：申请人只要符合法定条件、标准，即有依法取得行政许可的平等权利，行政机关不得歧视，不得厚此薄彼。

公开、公平、公正不仅是《行政许可法》的基本原则，也是整个现代行政法的基本原则。公开是相对于秘密，相对于“暗箱操作”而言的，公开最重要的价值是建立透明政府、廉洁政府，保障相对人和社会公众的知情权，防止腐败。公平是相对于歧视、相对于不平等而言的，公平最重要的价值是保障法律面前人人平等和机会均等，同样情况同样对待，防止身份歧视、性别歧视、种族歧视和其他歧视。公正是相对于偏私、偏袒而言的（公正主要通过回避等制度保障），其最重要的价值是维护正义，防止因亲情、友情和其他利害关系产生偏向性和损害公职的中立性。公开、公平、公正是一个相互联系、相互依赖的统一体，但三者的内涵各有区别，三者的指向和要求亦各有侧重。在适用这一基本原则时，一定要注意把握三者的联系和区别（特别是把握公平、公正二者的差别）。

第六条　实施行政许可，应当遵循便民的原则，提高办事效率，提供优质服务。

本条是关于行政许可便民原则和效率原则的规定。这两项原则是《行政许可法》立法目的——保护公民、法人或其他组织的合法权益——的直接要

求，也是解决行政许可实践中最普遍、行政相对人意见最多且解决起来难度最大的问题——程序烦琐、环过节多、效率低下——的必须的要求。在很长一段时期内，行政许可的烦琐程序，行政许可机关及其办事人员的官僚主义及对相对人的冷漠态度(门难进、脸难看、事难办，办事机构之间相互推诿、相互扯皮、拖延耽搁)，是令许多投资者和其他许可申请人极为头痛的事情。《行政许可法》确立这一原则，就是试图寻求从制度上解决这类问题的途径。当然，原则并不等于制度，原则只是为建构制度确立方向、目标，具体建构体现便民、高效原则的制度乃是《行政许可法》总则之后的各章节规定，而不是总则的任务。为了体现总则确立的便民、高效原则，总则之后各章节关于许可管辖、许可程序、许可办理期限、许可费用、许可的监督检查和法律责任的规定中确立了一系列有利于为相对人办理许可提供方便，有利于提高许可办理效率，有利于向许可申请人和许可持证人提供优质服务的规则和制度，如“一个窗口对外”“一站式服务”的办证制度、20 日至 60 日的许可期限制度、一般禁止许可收费制度等(参见《行政许可法》第三章至第七章的有关规定)。

第七条　公民、法人或者其他组织对行政机关实施行政许可，享有陈述权、申辩权；有权依法申请行政复议或者提起行政诉讼；其合法权益因行政机关违法实施行政许可受到损害的，有权依法要求赔偿。

本条规定的是行政许可的救济原则。公民、法人或其他组织在行政许可法律关系中的救济权包括三个层次：

(一)陈述权和申辩权

陈述权和申辩权主要在许可实施过程中行使，公民、法人或其他组织在申请行政许可时、在行政机关审查自己的申请材料时、在行政机关对自己实施被许可行为进行监督检查时，均可向行政机关陈述自己的观点、主张、所基于的事实根据、法律根据以及其他理由，以争取行政机关作出对自己有利的行为；在行政机关可能对自己作出不利的行为时，或告知自己某种对其不利的事实、理由时，则可向行政机关提出申辩，指出和论证行政机关欲作出的行为可能的错误，所依据的事实、理由可能包含的虚假成分或根本不成立，辩明自己的清白，以避免行政机关作出对自己不利的行为。

（二）申请行政复议和提起行政诉讼权

公民、法人或其他组织的这一权利通常是在行政机关对其作出某种不利决定之后行使的。例如，行政机关拒绝受理自己的许可申请，行政机关作出不准予许可的决定，行政机关作出注销、收回、撤销或吊销自己许可证的决定，行政相对人均可依据《行政复议法》或《行政诉讼法》对之申请行政复议或者提起行政诉讼。在某些场合，行政机关虽然没有作出某种正式的决定，但其实施的其他行政许可行为侵犯了公民、法人或其他组织的合法权益，相应利害关系人也可申请行政复议或者提起行政诉讼。例如，行政机关在招标、拍卖中有徇私舞弊、弄虚作假，其行为侵害了竞标人、竞拍人的公平竞争权，行政机关在行政许可监督检查中滥用权力，违法采取强制措施，其行为侵害了许可持证人的财产权或人身权，被侵权人亦可依据《行政复议法》或《行政诉讼法》对之申请行政复议或者提起行政诉讼。

（三）请求行政赔偿权

公民、法人或其他组织的这一权利是在行政机关对其作出某种违法行为（包括许可决定行为或非决定行为、作为或不作为），侵犯了其合法权益并造成损害后行使的。例如，行政机关对符合许可条件的申请人违法作出拒绝准予许可的决定，行政机关对许可申请不予答复或违反许可法定期限，拖延办理许可和作出许可决定，行政机关违法作出注销、收回、撤销或吊销许可证的决定等。对于行政机关的这些行为，凡是给相对人造成了财产损害和其他经济损失的，相对人均可依据《国家赔偿法》向行政机关请求国家赔偿或向人民法院提起行政赔偿诉讼。

第八条　公民、法人或者其他组织依法取得的行政许可受法律保护，行政机关不得擅自改变已经生效的行政许可。

行政许可所依据的法律、法规、规章修改或者废止，或者准予行政许可所依据的客观情况发生重大变化的，为了公共利益的需要，行政机关可以依法变更或者撤回已经生效的行政许可。由此给公民、法人或者其他组织造成财产损失的，行政机关应当依法给予补偿。

本条是关于行政许可信赖保护原则的规定。信赖保护原则是现代行政法

基本原则之一。但是,在《行政许可法》制定之前,我国行政法对这一基本原则一直缺乏明确的规定。导致在实践中一些政府机关及其工作人员办事不讲诚信,出尔反尔、反复无常,常常在其行政行为作出后,无正当理由擅自改变或废止其行为,无端给相对人造成重大财产损失。有时行政机关改变或废止其行为虽然有正当理由(其行为所依据的法律、法规、规章修改或者废止,或者相应行为所依据的客观情况发生重大变化,为了公共利益的需要必须改变或废止相应行为),但是,行政机关对由此给相对人造成的损失不予任何补偿,导致相对人到处申诉、信访,最后不仅不能获得救济,而且不得不承担更大的损失(申诉、信访的各种费用及误工费、交通费等),这对相对人是极不公正的。这次《行政许可法》将信赖保护原则在总则中明确加以规定,并将这一原则的基本内容同时载入法条,这不仅对于解决我国行政管理中的上述问题,保护公民、法人和其他组织的合法权益,而且从长远来说,对于在我国确立政府诚信原则,建立法治政府、诚信政府亦是很有意义的。

本条确定的行政许可信赖保护原则主要有三层意思:其一,行政机关的行政许可决定一经作出并生效,非有法定事由和依法定程序不得擅自废止或改变。其二,行政机关只有在下述情形下才能废止或改变已经生效的行政许可决定:(1)行政许可所依据的法律、法规、规章修改或者废止;(2)准予行政许可所依据的客观情况发生重大变化,且基于公共利益,需要变更或者撤回已经生效的行政许可。其三,行政机关依法变更或废止已经生效的行政许可,由此给公民、法人或者其他组织造成财产损失的,应当依法给补偿。目前我国关于行政补偿的法律还很不完善。因此,要实现《行政许可法》确立的这一基本原则,立法机关还应尽快健全和完善有关行政补偿方面的立法。

第九条　依法取得的行政许可,除法律、法规规定依照法定条件和程序可以转让的外,不得转让。

本条确立了行政许可不得转让原则。这一原则与前几项原则不同,主要是适用行政许可相对人的行为,而前几项原则主要是适用于行政许可机关的。《行政许可法》之所以要为行政许可相对人专门确立这一原则,理由有三:其一,行政相对人取得行政许可必须具备特定的条件(这正是设立行政许可的

意义所在)，如技术、资金、设备等，这些条件必须经过行政机关严格审查。有些行政许可的授予(如资格、资质证的颁发)，还必须事前经过严格的考试、考核。如果允许行政相对人自由转让许可，其条件就难以得到保障，这将会给社会公共利益和公民人身健康、生命、财产安全带来严重的威胁。试想，如果允许一个执业医生随意将其执业证转让给一个对医术不懂或似懂非懂的人，会给社会造成多大危险。其二，行政许可的颁发和对被许可人实施被许可行为的监督均是行政机关的职权和职责。行政机关通过为申请人办理行政许可，要求申请人提供有关申请材料，此种过程即使行政机关掌握了申请人的相关信息，为其对被许可人进行监督提供了便利。如果允许行政相对人不经此过程而可通过自由转让取得行政许可，行政机关就难以全面掌握通过转让获得许可的相对人的信息，从而难以对其实施被许可行为进行监督。其三，近年来，行政许可自行转让的现象已经屡有发生，这种自行转让的行为给社会公共利益和公民人身权、财产权已造成了重大的损害，社会对此反映强烈，许多受害人要求通过立法禁止行政许可自行转让。这次《行政许可法》之所以专门确立这一原则，在很大程度上也是听取和吸收广大社会公众要求的结果。当然，《行政许可法》确立的行政许可不得转让原则不是绝对的，如果某种行政许可是许可持证人缴费取得的，在其失去被许可条件或其再愿意实施被许可活动时，他当然希望将其许可证有偿转让给他人，而不愿意无偿缴回行政机关，且让其无偿缴回在法理上也是不公正的。法律如果不允许这种情况的相对人转让其许可，可能会带来一定的社会风险。为此，《行政许可法》规定对于这种情况，相应法律、法规可以规定有限制地转让，即相对人只能依照法定条件和程序转让：受让人必须具有取得相应行政许可的法定条件，转让人转让和受让人受让必须履行法定程序。没有法律、法规的根据，不履行法定程序，则任何人不得转让。

第十条　县级以上人民政府应当建立健全对行政机关实施行政许可的监督制度，加强对行政机关实施行政许可的监督检查。

行政机关应当对公民、法人或者其他组织从事行政许可事项的活动实施有效监督。

本条确立了行政许可的监督原则。这一原则涉及两种监督：一是对行政

机关实施行政许可行为的监督;二是对公民、法人或者其他组织从事行政许可事项的活动的监督。这是两种既有联系又有区别的法制监督。两种监督的联系在于:其一,两种监督的基本目的相同。无论是对行政许可机关的监督,还是对行政许可相对人的监督,都是为了保证《行政许可法》的正确、有效实施,及时纠正行政许可在实施中可能出现的偏差,以维护社会公共利益,保护公民、法人和其他组织的合法权益。其二,两种监督的内容有重合。对行政机关实施行政许可的监督与对公民、法人或者其他组织从事行政许可事项活动的监督的内容和着重点虽然有重要区别,但二者也有重合之处,有时要查处行政许可机关的违法行为,必须从监督、检查被许可人的违法从事被许可事项的活动开始;反之,有时要查处被许可人的违法活动,必须从监督、检查行政机关违法实施行政许可的行为开始,因为这两种违法行为往往交织在一起。其三,两种监督的监督主体和监督时间可能重合。在政府或上级行政机关检查、监督《行政许可法》的执行、实施情况时,通常既检查、监督下级行政机关实施行政许可的情况,也检查、监督公民、法人或者其他组织从事行政许可事项活动的情况。这时,两种监督的监督主体和监督时间是重合的。

但是,对行政机关实施行政许可行为的监督与对公民、法人或者其他组织从事行政许可事项活动的监督亦存在重要区别。这两种监督的主要区别在于:其一,监督主体不同。对行政机关实施行政许可行为监督的主体主要是相应机关所属人民政府、行政监察机关及相应机关的上级行政机关;而对公民、法人或者其他组织从事行政许可事项活动监督主要是相应行政许可机关,即谁许可、谁监督,不能只许可、不监督。当然,许可机关所属人民政府及许可机关的上级行政机关也具有对公民、法人或者其他组织从事行政许可事项活动监督的职责。在许可机关所属人民政府及许可机关的上级行政机关同时对行政许可机关实施行政许可行为进行监督,和对公民、法人或者其他组织从事行政许可事项活动进行监督时,两种监督的监督主体和监督时间发生重合(但即使在这种情况下,两种监督的对象、内容、监督方式和监督结果也是不相同的)。其二,监督内容不同。对行政许可机关的监督主要是监督其在实施行政许可行为中是否遵守法定许可范围、权限、条件、方式和程序,是否存在违法、越权、以权谋私、权钱交易、滥用权力和不作为等情形;而对被许可人的监督主要是监督其在从事行政许可事项的活动中是否遵守了被许可的法定条件和要求，如是否存在生产假冒伪劣产品，提供劣质服务，侵害消费者权益或违法转让许可等情形。其三，监督方式和手段不同。对行政许可机关的监督主要采取审查、检查、监察、审计、受理信访、举报等方式进行，监督手段有通报批评、责令改正、对违法行政行为实施人和负有领导责任的人给予行政处分等；而对被许可人的监督主要采取《行政许可法》第 61～68 条规定的诸种方式，如核查、抽样检查，实地检查，要求自检，要求报送材料，接受举报等方式，监督手段有责令限期改正、撤销许可、注销许可、对被许可人给予行政处罚等。

推进政府职能转变，建设法治政府*

写作背景：本评论是笔者在2003年《行政许可法》制定实施后，中国法学会行政法学研究会组织的一次座谈会上的发言整理稿。在这次座谈会上发言的还有国家行政法院的应松年教授和袁曙宏教授，国务院法制办协调司的青锋司长，中国政法大学的马怀德教授和刘莘教授，北大政府管理学院的包万超教授，最高人民法院行政审判庭的王秀红庭长等人。这次会议还对香港嘉利来公司诉商务部案①进行了研讨。会后，《法制日报》对这次会议与会者的发言进行了整理并予以发表。本文只摘录了笔者的发言。

由于《工人日报》约请笔者撰写的《从“全能政府”走向“有限政府”——解读行政许可法》与本文内容相关，故作为本文附录载于本文之后。

历经7年，《行政许可法》经第十届全国人大常委会第四次会议审议通过，制定时间之长、讨论次数之多、改动幅度之大、参与面之广等都预示了这部

---

* 该文原载2004年6月22日《法制日报》第8版。

① 1994年，香港嘉利来公司与北京二商集团等三方共同开发建设北京嘉利来世贸中心项目，其占60%的股权。1997年年底，该项目因受金融危机影响而停建，成为“嘉利来大坑”，但房地产的逐渐升温，还是使其价值飙升至近6亿元。2001年9月，北京二商集团向市外经委（市商务局前身）提请更换外方股东，市外经委核发批准证书，市工商局核发营业执照，使香港美邦集团有限公司取代原香港嘉利来公司的大股东地位。大股东易主后，香港嘉利来公司向商务部申请行政复议。商务部于2002年7月撤销了市商务局的批复，但市商务局未执行复议决定，恢复香港嘉利来公司股东地位。为此，香港嘉利来公司于2003年1月23日将市商务局起诉至北京市二中院。2002年9月20日，中国国际经济贸易仲裁委员会作出裁决，重新认定香港嘉利来公司享有60%的股东权益。此后香港嘉利来公司多次告知北京市工商局，变更登记的依据已被撤销，“嘉利来大坑”股东应恢复成香港嘉利来公司。但北京市工商局以未得到市商务局的通知为由拒绝。香港嘉利来公司认为市工商局已构成行政不作为，将其起诉至北京市一中院。

法律的重要。意义的深远与现实困境的强度密切相关，《行政许可法》83 个条文，绝不只是文字的排列，而是凝聚了太多现实生活对该法的渴求。

《行政许可法》的实施对于老百姓来讲，好处可以用"三个增加，三个减少"来表达。"三个增加"：一是行政相对人的自由增加了，今后好多事情非法律规定，即不需要到政府那里办许可了；①二是行政相对人的便利增加了，过去企业要上一个项目要盖上几十上百个图章，现在是政府一个窗口对外；②三是社会公众的安全感增加了，政府对许可的事项强化了监管，事故的风险大大降低。③ "三个减少"：一是办证花费减少了，《行政许可法》规定办理许可在一般情况下不得收费；④二是政府对被许可人打扰减少了，被许可人受到行政机关不当打扰可以依据《行政许可法》向法院提起行政诉讼；⑤三是被许可人对所许可的生产经营活动不确定感减少了，政府在一般情况下不能任意撤销、收回或改变已经颁发给被许可人的许可。即使因公共利益的需要撤销、收回或改变已经颁发给被许可人的许可，也要给相对人因此而受到的损失给予补偿。⑥

对于政府来说，也有"三个增加，三个减少"。"三个增加"：一是增加了透明度；二是增加了公正性；⑦三是增加了诚信度。如《行政许可法》第 8 条明确规定了政府应遵守信赖保护原则。"三个减少"：一是减少了行政规制；⑧二是减少了行政机关相互之间的扯皮、推诿；⑨三是减少了政府官员的寻租和腐败。⑩

如何保障《行政许可法》推进的上述"三个增加，三个减少"的真正落实和兑现。对于政府和政府官员来说，首先，要转变观念，认识到行政管理不只是罚款、处罚。罚款、处罚只是行政管理手段中的一种，而不是全部。其次，要转

① 参见《行政许可法》第 12~13 条。
② 参见《行政许可法》第 30~33 条。
③ 参见《行政许可法》第 61~68 条。
④ 参见《行政许可法》第 58 条。
⑤ 参见《行政许可法》第 63 条。
⑥ 参见《行政许可法》第 8 条。
⑦ 参见《行政许可法》第 5 条。
⑧ 参见《行政许可法》第 13 条。
⑨ 参见《行政许可法》第 34~35 条。
⑩ 参见《行政许可法》第 73 条。

变政府职能,政府的职能主要应该是为经济社会发展提供服务和环境,而不是为管理而管理,为规制而规制。再次,要改变管理体制,尽量消除地方保护主义和部门保护主义。最后,要推进政府信息公开,如行政许可的范围、条件、办理许可的程序、时限等均要公开。此外,还要健全完善行政许可的听证制度,保证行政许可行为的公正性。

《行政许可法》实施以后,相应诉讼案件会较大幅度地增加,最高人民法院需要尽快制定行政许可案件诉讼的司法解释,包括行政许可诉讼的受案范围,管辖、起诉条件,原告资格、被告适格要求,诉讼时效等方面相对于一般诉讼案件的特殊性,都需要司法解释予以明确。

此外,为配合《行政许可法》的实施,全国人大常委会要推动有关法律的制定和修改。特别需要制定的法律有"政府信息公开法"和"行政程序法";特别需要修改的法律有《行政诉讼法》和《国家赔偿法》。与此同时,要加强相关法律的立法解释。对于涉及《行政许可法》有关规定基本含义的问题,如《行政许可法》第 8 条和第 12 条规定的"公共利益""公共安全""公共资源"等应进行立法解释,而不应都交付司法解释。

关于香港嘉利来公司诉商务部案,笔者认为,法院应该审查的是行政机关的具体行政行为——北京市经贸委的裁定——的合法性。但是,法院却花费大量时间和精力审查行政相对人的事项,如有关北京嘉利来世贸中心项目的立项问题、香港嘉利来公司是否在哪些环节存在违法行为的问题等。就该案而言,案件的核心问题并不是香港嘉利来公司注资是否到位的问题。其与北京二商集团等三方共同开发建设北京嘉利来世贸中心项目,其占 60% 的股权。在北京二商集团向市外经委提请更换外方股东后。市外经委为之核发了批准证书,市工商局为之核发了营业执照,使香港美邦集团有限公司取代了原香港嘉利来公司的大股东地位。行政机关的这些行为是否合法应该成为法院审查的重点。至于香港嘉利来公司是否违反有关投资法律和外汇法律,应该由相关行政机关审查确定。如果确实违法,应按照相应法律对之进行处罚,而不应否定香港嘉利来公司对所投资项目的被许可人资格。

附：从“全能政府”走向“有限政府”
——解读《行政许可法》

行政许可，简单来说就是指政府的行政审批。过去，公民、企业办事为了获得一个审批，要跑几个、十几个甚至几十个政府部门，盖十几个、几十个甚至上百个不同部门的图章，花几个月、一年甚至更长的时间。这一情况随着《行政许可法》的实施有望得到很大的改观。

2003 年 8 月 27 日，我国第一部《行政许可法》在第十届全国人大常委会第四次会议上以高票表决通过，该法将于 2004 年 7 月 1 日起施行。

从 20 世纪 80 年代以来，我国即开始了建设法治政府的进程，《行政诉讼法》《国家赔偿法》《行政处罚法》《行政复议法》等法律的制定和实施，是最初启动这一进程的决定性步骤。这次全国人大常委会制定和通过《行政许可法》，则是将这一进程推向深入的关键性步骤。

《行政许可法》的制定对于建设法治政府的意义主要表现在下述五个方面：

一、《行政许可法》限制了政府规制的范围，有利于推进“有限政府”的建设

法治政府的第一要义是保障人民的自由，而要保障人民的自由，就必须限制政府的权力，限制政府规制的范围，建设“有限政府”。

《行政许可法》第一任务就是限制政府规制人们社会生活和经济生活的范围：法律只允许对直接关系国家安全，公共安全，人身健康与生命、财产安全，有限自然资源的开发利用和有限公共资源的有效配置，直接关系公共利益的垄断性企业的市场准入，直接关系公共利益并且需要由国家统一确定具备特殊信誉、特殊条件或者特殊技能的职业、行业资格、资质的认可，直接关系公共安全、人身健康、生命、财产安全的设备、设施、产品、物品。上述事项凡可以通过市场竞争机制调节、行业组织和中介机构规范的自律性管理以及行政机关采用事后监督等方式能够予以规范的，也可不设定行政许可。

《行政许可法》限制行政许可事项的范围体现了法治政府减少规制、放松规制的要求。该法通过限制行政许可事项的范围，一方面取消了政府过去实施的大量不必要的规制，还市场主体和公民个人以自由；另一方面将某些必要的规制转移给行业组织和中介机构实施，只保留少量的、必须由政府实施的、真正属于“公共物品”范畴的行政许可由政府实施，从而实现政府职能的转换和转移,促使政府职能向"有限政府"转化。

二、《行政许可法》限制了部门和地方设定行政许可的权力,有利于建设法制统一的政府

法治政府当然必须是法制统一的政府。一个国家,如果在法制方面,政府不同部门、不同地方各搞一套、各行其是,部门保护主义和地方保护主义盛行,以致在市场运作方面相互设立壁垒,导致部门分割与地方封锁,就根本谈不上法治。过去我们的法律由于没有对部门和地方的规制权加以限制,一些中央政府部门和地方政府通过规章,甚至通过一般规范性文件滥设许可,通过许可乱收费,通过许可为本部门争权、为本地方牟利,通过许可搞部门分割与地方封锁。如一些部门对其他部门已设立许可的同一事项重复设置许可,甚至在本部门内设置多重许可,给当事人增加无尽的麻烦与烦恼;一些地方通过设置许可限制其他地区的企业或个人到本地区开展生产经营活动或者限制其他地区的产品进入本地市场,设置贸易壁垒,分割国内统一市场。

为克服这种部门保护主义和地方保护主义的弊害,保障国家法制的统一和市场的统一,《行政许可法》取消了所有政府部门的许可设定权,对于地方的许可设定权也严加限制:一是设定权只限于省、自治区、直辖市一级的地方性法规,省、自治区、直辖市政府规章只能因行政管理急需设定临时性行政许可。二是设定内容不得超过《立法法》规定的地方性法规立法权限范围所能包括的事项,而且其不得设定企业或其他组织设立的登记及前置许可,不得设定公民、法人或其他组织的资格、资质许可,不得限制其他地区的企业或个人到本地区开展生产经营活动或者限制其他地区的产品进入本地市场的许可。三是设定事项必须是法律、行政法规尚未规定的事项,法律、行政法规已有规定的事项,无论其是否设定了行政许可,地方性法规均不得设定或者增设行政许可;法律、行政法规尚未规定的事项,地方可设定行政许可,但法律、行政法规之后对相应事项又加以规定的,地方设定的行政许可即应予以取消。

三、《行政许可法》确立了许可实施的公开、透明原则,有利于建设廉洁政府

法治与廉政紧密联系。法治政府必然要求消除腐败和滥用权力,至少要求确立一套消除腐败和滥用权力的机制,尽可能减少腐败和滥用权力。过去,我国在行政许可领域正是由于缺乏这样一套机制,导致许多腐败和滥用权力案件的发生,特别是在有限自然资源的开发利用许可(如土地使用权许可)

和垄断性企业的市场准入许可方面,由于缺乏有效的程序制约机制,发生腐败和滥用权力的情形更多、更严重。

针对这种情况,《行政许可法》确立了许可实施的公开、透明原则和一套相应的制约机制:首先,法律要求行政许可的事项、条件、程序必须公开,许可申请人有权要求行政机关提供与之相关的文件、资料。其次,行政机关实施行政许可,根据其性质,有的必须经过公开招标、拍卖等公平竞争程序,有的必须以经过统一考试为前提,有的必须事先依技术标准和技术规范进行检验、检测、检疫;凡未经过这些法定公开程序的,所实施的行政许可行为将被有权机关撤销或确认无效。再次,行政许可涉及申请人或利害关系人重大利益的,应相对人申请,行政机关要为其举行听证。最后,行政许可的结果应当公开,接受相对人和社会公众的普遍监督。

四、《行政许可法》确立了许可实施的公正、公平程序,有利于建设公正、诚信政府

普遍性、非歧视性、稳定性和可预期性是法的基本特征,从而法治政府必然要求公正、公平、诚信和信赖保护。在行政许可领域,保障公正、公平、诚信和信赖保护的最重要的机制是程序。过去,许多行政相对人对政府行政许可行为不满,主要原因就是许可程序不公;程序不公导致不平等对待,导致政府失信。

因此,这次《行政许可法》把规范许可程序作为立法的重要目标,确立了一系列保障公正、公平、诚信和信赖保护的规则和制度,其中最主要的有:(1)该法在总则中将公平、公正确定为行政许可的基本原则,规定行政机关对任何许可申请人应一视同仁,凡符合法定条件和标准的,均应平等给予获得行政许可的机会。(2)对于有数量限制的行政许可,如有两个或两个以上的申请人均符合法定条件和标准,法律要求行政机关根据受理申请的先后顺序予以许可,或者通过招标、拍卖、统一考试等公平竞争的方式确定被许可人。(3)行政机关审查行政许可申请,发现许可事项直接关系第三人重大利益的,应当告知第三人,申请人、利害关系人有权进行陈述和申辩,行政机关应当充分听取申请人、利害关系人的意见。(4)行政相对人依法取得行政许可后,行政机关不得擅自撤销、变更或注销其许可;当行政许可决定所依据的法律、法规、规章修改或者废止,或者颁发行政许可所依据的客观情况发生重大变化时,为了公共利益需要,行政机关虽可依法变更或者终止已经生效的行政许可,但对由此给行政相对人造成的财产损失应依法给予补偿。

五、《行政许可法》规定了许多简便、快捷和方便申请人的许可方式和制度,有利于建设便民、高效政府

法是保障人民权益的工具,是为增进人民安宁、幸福和促进社会、经济发展服务的,因此,法治政府应是便民政府、高效政府。

《行政许可法》将便民、高效规定为行政许可行为的基本原则,并为此确立了一系列相应规则和制度,其中最重要者有:(1)省、自治区、直辖市人民政府经国务院批准,根据精简、统一、效能的原则,可以决定一个行政机关行使有关行政机关的行政许可权。(2)行政机关实施行政许可,可以采取相应便民措施,如行政许可需要行政机关多个内设机构审查,应当确定一个机构统一受理行政许可申请,统一送达行政许可决定;行政许可依法应由地方人民政府两个以上部门分别实施的,本级人民政府可以确定由一个部门受理许可申请,并转告有关部门分别提出意见统一办理;对有些行政许可,当地人民政府可以组织有关部门联合办理、集中办理;企业设立的登记需先办理有关行政许可事项的,行政机关可根据许可事项的性质,经有权机关批准后,先进行企业登记后办理有关许可。(3)申请人申请行政许可,其提供的申请材料存在可以当场更正的文字错误、计算错误或其他错误的,行政机关应要求申请人当场更正,不得以申请材料存在此种错误为由拒绝受理申请;申请材料不齐全或不符合法定形式的,行政机关应当一次性告知申请人补正。(4)如果申请人提交的申请材料齐全,符合法定形式,行政机关能够当场作出决定的,应当当场作出是否准予许可的决定;如不能当场作出决定,除法律、法规另有规定的以外,行政机关应当自受理许可申请之日起20日内作出是否准予许可的决定。20日内不能作出是否准予许可决定的,经本行政机关负责人批准,至多可延长10日,并将延长期限的理由告知申请人。

《行政许可法》的制定是我国行政法治建设的重要里程碑。很显然,它的意义将不只是推进我国行政许可行为的法制化、规范化,其更重要、更深层次的意义是将全面推进我国建设法治政府的整个进程。

行政许可法能否顺利实施？8大难题考验政府机关*

写作背景：《行政许可法》出台和实施后，新华社记者李薇薇就该法实施过程中可能出现的困难和问题，以及行政机关应如何应对，司法机关是否会出台相应司法解释，如出台相应司法解释，司法解释将主要包括哪些内容，以及全国人大常委会在推出《行政许可法》后，还会采取什么相应措施保障该法的实施等问题对笔者和其他几位学者进行了采访，形成了这篇访谈录。访谈录中的观点主要是笔者的观点。其他学者的观点则另有报道。

记者：姜教授，《行政许可法》实施在即，这是我国行政法治建设的一件大事，它对于规范政府行政许可行为，进而促进政府行政管理体制、目标、方式、程序的改革，促进政府及政府公职人员执政观念的转变，建设法治政府将产生重要和深远的作用。可是，对于这样一个“阳光法案”来说，在实施过程中可能会遇到什么样的困难和问题？要保证其顺利实施，政府应如何应对？

姜明安：《行政许可法》的实施，政府和政府机关将面临以下八大难题考验：

其一，是政府机关及其公职人员需要转变观念难题的考验。目前我国政府机关实施《行政许可法》面临的难题之中首推观念问题。按以前的老观念，行政就是管理，管理就是审批、收费、处罚。不转变这个观念，《行政许可法》规定的制度在实施中必然走样，滥审批、乱收费、乱处罚的顽症不可能根治。要实施《行政许可法》，首先必须树立行政主要是服务，管理主要是提供

* 该文为笔者2004年6月28日接受《新华网》记者采访。

社会公共物品的观念,树立行政许可机关应为许可相对人提供服务的观念,坚持许可权力和许可责任统一的观念。

其二,是各级政府需要转变职能,减少规制难题的考验。过去,我们政府的重要失误之一就是管事太多,大事小事都要经过政府审批许可,这样既严重限制了市场主体和公民个人的自由,又大大增加了政府的管理成本。国家行政学院袁曙宏教授认为,现在政府机关一定要按照法律的要求减少不必要的规制,真正按公民自治、市场调节、行业自律、行政监管的顺序来设定和实施行政许可。

其三,是需要改革现有管理体制难题的考验。管理体制包括横向体制和纵向体制两个方面。按照法律要求,以后办理许可,涉及一个部门不同机构的要求一个窗口对外,涉及多个部门的要求尽可能"一站式服务",统一办理,或由政府通过办事大厅联合办理,集中办理。但是,尽管现在不少地方都建起了办事大厅,但实际人员并没有减少,而且坐在大厅的人可能做不了主,有权力的人也不坐在大厅里。因此,这至少有三个方面要改,一是大厅里办事的人要有一定的权力;二是大厅后面的机构要逐步减少或撤销;三是省、市、区、县、乡、镇的许可权限要适当划分,机构要适当整合。目前行政机关办理一个许可,有的要乡镇、县、省、中央等三级到四级审批。实施《行政许可法》后,应该明确各级政府的许可权的权限,除了一些诸如土地、环境等涉及国家重大利益的许可,大部分的许可应放在区县。

其四,是需要建立信息公开制度和电子政务制度难题的考验。按照法律要求,行政许可的依据、范围、条件和程序等,都必须向老百姓公开。政府信息公开可以采取三种形式,一是建立政府网站;二是建立新闻发言人制度;三是每个政府部门设立一个信息公开机构,负责接待百姓的查阅、咨询等。此外,通过电子政务制度办理行政许可能给行政相对人带来很多便利,但电子政务需要进一步制定相关运作规则和技术规则保障。

其五,是需要建立规范的听证制度和保障公众的参与难题的考验。听证涉及决策(行政许可的设定)和实施(行政许可的实施)两个方面。但无论哪个方面,参加听证会的代表如何选择、听证的程序如何规范、听证的笔录如何使用和管理等,都需要制定一系列的规则来规范。否则,有些利益团体有钱有势,参与的机会就多,弱势群体就可能没有声音或声音很小,导致出现不公正。

其六，是行政特许需要建立“招拍挂”和考试、检验、检测等制度难题的考验。行政特许的招投标、拍卖、挂牌、考试、检验、检测等都需要一系列的规则和制度加以规范。拍卖起价应如何定，招标的广告应该何时发布，一些设备的检验、检测是由政府进行还是由中介机构进行等，这些都需要进行详细的规范，否则就很容易滋生腐败。

其七，是需要改革财政体制，建立公共财政制度难题的考验。国务院行政审批改革工作领导小组办公室有关负责人认为，现在必须解决“吃皇粮”的问题。《行政许可法》规定行政许可一般不得收取任何费用。但有些部门行政经费不足，要自己想办法。有的政府机构以事业机构的面目出现，实际行使行政管理职能；有的地方仍存在收费和罚没款财政返还的问题。这些问题不解决，不切断行政许可机关的利益关系，《行政许可法》设计的制度在实施中很难不走样。

其八，是需要建立行政许可违法责任追究制难题的考验。行政许可违法责任追究制度主要涉及三个方面：一是要明确各种责任的主体；二是要明确责任种类；三是要明确责任形式。主体包括许可机关、许可办理的工作人员、许可机关负责人；责任种类包括违法设立许可的责任、违法实施许可的责任、行政作为责任与行政不作为责任、行政实体责任与行政程序责任；责任形式包括行政责任、民事责任和刑事责任。

记者：《行政许可法》正式实施后，法院受理这方面的案件会较大幅度增加，据说最高人民法院正在制定相应司法解释。请问姜教授，该司法解释大致会规定哪些内容？另外，全国人大常委会在推出《行政许可法》后，还会采取什么相应措施保障该法的实施？

姜明安：《行政许可法》实施在即，规范行政许可案件审理的司法解释的出台显得迫在眉睫。司法解释会对行政许可案件的受案范围，原告、被告资格如何确定，时效问题如何解决，违法实施许可进行赔偿的标准和范围等问题进行界定和明确。除此之外，人民法院还要做的一件事情是怎样建立对违法设定行政许可的法规、规章或其他方面规范性文件的审查。人民法院在审查具体行政行为的同时，是否可审查行政许可的依据。如认定作为行政许可依据的法规、规章或其他方面规范性文件违法，应不予适用，并向有关机关提出撤销、变更的建议。

人民法院还需要做一件重要的事情是制作典型性的判例。收集、制作行政许可法的典型案件不仅对指导法官办理相应案件有重要作用，而且对于指导政府机关人员正确实施行政许可行为亦有重要意义。

要推动《行政许可法》的贯彻实行，建立阳光政府，全国人大常委会不是把这部法律推出来就完了，还有很多很重要的事情要做，归纳起来最要紧的事有以下三件：

第一件事是要推动相关法律的制定和修改。现在迫切需要制定的是信息公开法和行政程序法。我国加入世贸组织的承诺中包括了信息公开，《行政许可法》和《行政处罚法》都规定了信息公开，但我国还没有一部专门的信息公开法。此外，还需要制定行政程序法。行政机关办事必须要有一套程序，否则，即使有了《行政许可法》，也难以避免"暗箱操作"，难以避免行政机关实施其他行政行为的恣意和滥权。目前亟须修改的法律有两个：一个是《行政诉讼法》，另一个是《国家赔偿法》。目前，我国《行政诉讼法》对原告资格的限制很严，许多案件只能由受害人本人才能当原告。此外，对抽象的行政行为也不能提起诉讼。这些规定，都需要修改。至于《国家赔偿法》，目前我国的赔偿制度存在范围过窄、标准过低、难以实施等问题。因此，《国家赔偿法》要进行全面修改，并将国家补偿的有关问题，包括补偿的原则、范围、程序、标准等在《国家赔偿法》中作出规定，以解决国家赔偿不完善、国家补偿无法可依的问题。

第二件事是要推进人大常委会加强立法解释。以《行政许可法》第 8 条为例，此条规定了行政许可所依据的法律、法规、规章修改或废止，或者准予行政许可所依据的客观情况发生重大变化的，为了公共利益的需要，行政机关可以依法变更或者撤回已经生效的行政许可。可是，什么是公共利益？范围该如何界定？如果对此没有一个基本的标准，人大不作出相应的立法解释，这条法律原则就无法实施。

第三件事是要推进人大常委会对行政许可法实施情况进行监督检查。人大可通过听取审议政府报告、视察、调研、接受信访以及法律实施专项检查等多种形式，及时发现《行政许可法》在实施过程中的问题，并要求行政机关及时解决。

实施《行政许可法》,规范行政许可行为*

写作背景:《行政许可法》于 2003 年 8 月 27 日由第十届全国人大常委会第四次会议通过,确定于 2004 年 7 月 1 日起施行。在该法即将正式实施的前夕,《中国司法》杂志约请笔者就该法制定的重大意义、该法确立的行政许可基本原则和行政许可重要制度撰写一篇宣传性和普法性稿件。于是,笔者向该刊提交了本文。

《行政许可法》是一部涉及几乎所有政府部门(90%以上的政府部门办理过,而且今后仍然要或多或少地办理行政许可)和涉及千千万万公民、法人及其他组织切身利益(一个公民在其一生中,可能要办理无数次行政许可,甚至公民在尚未出世,就要办理行政许可——准生证)的法律。该法律 7 月 1 日就要正式施行了。在该法正式实施之际,本文试图对这部法律的意义及主要内容进行阐释和说明。

一、为什么要制定《行政许可法》,以法律规范行政许可?

制定《行政许可法》可能有很多理由,很多必要性,但最重要的有以下三点:

(一)行政许可是市场经济条件下政府管理经济、社会和文化的重要手段,对于建立社会主义市场经济有着极为重要和不可替代的作用

现在人们在宣传《行政许可法》时,往往把行政许可说得劣迹斑斑,数落其许多不是和种种弊端。这种宣传是片面的,如果行政许可真的是一种"恶"

* 该文原载《中国司法》2004 年第 7 期。

制,我们为什么还需要立法加以确立和规范呢?干脆通过立法加以废除不更好吗?事实上,行政许可是对人类很有用处、很有益处的一种制度。实践中出现种种弊病,产生种种劣迹,是人们没有用好这种制度,或者说,是运用这种制度的人不好。所以,我们今天要立法规范人的行为,规范人设立行政许可、实施行政许可的行政许可行为。行政许可的用处和益处主要有以下几个方面:

1. 实行行政许可制度是转变政府职能,使政府回归政府角色的需要

计划经济体制下的政府不需要或者较少需要行政许可,因为企业、事业单位、社会团体直接依附于政府,政企不分、政事不分、政社不分,政府直接经营企业,直接管理事业单位,直接干预社会。在这种体制下,政府直接向管理对象发号施令,从而无须通过行政许可规范相对人的行为。而在市场经济体制下,企业有了经营自主权,事业单位和社会团体有了活动自主权,政府不能“越位”“错位”,不能直接经营企业、管理事业单位和干预社会。政府必须回归政府的角色,行使政府应行使的经济调节、市场监管、社会管理和公共服务的职能。为此,政府必须运用行政许可等间接管理手段管理经济、社会、文化,规范行政相对人的行为,既保障市场自由,又维护市场秩序。

2. 实行行政许可制度是保障人的生命、健康和财产安全的需要

市场具有双重作用,既能促进经济发展,给社会带来财富,为人类提供文明幸福生活的基础;同时,市场由于具有“外部性”和“信息不对称”的特点,其又可能给社会带来风险、危害,如生产假冒伪劣产品,制造出侵害人们健康,甚至危及人们生命的各种事故、事件等。因此,在市场经济下,必须对涉及人们生命、健康的行业和产品实行市场准入,建立行政许可制度。试想,如果没有行政许可,什么人都可以行医,什么人都可以制药,人们还敢看病吃药么?人们的安全还能有保障么?

3. 实行行政许可制度是建构和维护市场经济秩序,保证市场有序运作的需要

市场经济秩序的构建必须具备三项基本要件:一是规则;二是许可;三是监管。这三个基本要件是相互联系的:规则确定市场主体的资格、条件、行为规范及生产场地、生产产品等的质量、技术标准、要求等;许可则依据规则确定的资格、条件、行为规范、质量和技术标准、要求等把住市场入口关;监管则是在市场主体进行市场活动的过程中对市场主体的行为进行监督检查,纠正和

查处违反规则的行为。由此可见，行政许可与规则、监管一样，对于市场秩序均是不可或缺的。试想，如果没有行政许可把住市场准入关，让各种不具备基本资格、条件的个人、组织任意进入市场，市场秩序还能不大乱么？市场还可正常运作么？

4. 实行行政许可制度是维护社会公共安全、国家安全和利益的需要

社会公共安全和国家安全的维护、保障取决于多种因素，其中很重要的一个因素是对可能危及社会公共安全和国家安全的人与物的事前控制，如通过入出境许可防止国内外恐怖分子和国外、境外间谍可能的破坏活动；通过对有关武器、爆炸物及其他危险物品的生产、运输、保管、销售的许可，防止这些危险物品对公共安全和国家安全可能的危害。试想，一个国家，如果没有入出境许可，任凭恐怖分子和国外、境外间谍入出国境；没有危险物品管制许可，任凭人们生产、运输、保管、销售武器和炸药及其他危险物品，社会公共安全和国家安全还能有保障么？人们还能安宁地生产、生活么？

另外，实行行政许可制度还有助于加强国家经济的宏观调控和适时地调整国家进出口贸易，维护国内、国外经济贸易秩序，保障国家的经济利益。在实践中，世界各国，特别是发展中国家，在货物贸易和服务贸易方面实行一定的有限制的许可制度是国际通例。试想，如果没有此种行政许可，完全敞开国门，一些关系国计民生的民族产业、行业任其受到冲击，国家经济利益还能得到保障么？

5. 实行行政许可制度是保护环境和生态，保证人与自然、经济与社会的平衡、协调和可持续发展的需要

价值规律和经济利益是刺激经济发展的强大动力，但这种强大动力如果没有一定的规制，可能导致对社会平衡和自然平衡的破坏，威胁经济和社会的可持续发展。例如，一些企业、组织、个人对土地、森林、草原、水资源等进行掠夺性开采，造成对环境和生态的严重破坏。为此，在人口、资源、环境方面实行一定的有限制的许可制度是必须的。否则，人类将摧毁、破坏自己的生存条件，导致经济、社会可持续发展的困难或障碍，进而危及子孙后代的生存发展。

（二）行政许可是现代政府经常和广泛运用的一种强制性行政权力。此种权力如不加以控制和规范，则极易被滥用，而行政许可的滥用对于公民、社会和国家均具有极大的危害性

1. 行政许可不规范，将导致规制过度，窒息市场的生机与活力

市场需要规制，没有规制的市场必然失灵，这是市场经济发展的历史经验，特别是20世纪前期西方所发生的经济危机的历史经验所证明了的。但是，规制过度，政府对市场管得过多、过死，则会窒息市场的生机与活力，不利于市场的发展。这一点可以从我国市场经济发展的历史经验得到证明：凡是政府规制过多的时期、政府规制过多的地区、政府规制过多的领域，市场活力就不够，发展速度就慢；反之，市场就充满生机，发展就展现希望。例如，我们比较一下20世纪90年代之后与之前的时期，比较一下经济特区、东部地区、沿海地区与中西部地区，比较一下商品市场与劳务市场、资金市场，即可看出这种差别。行政许可是规制的重要手段，而此种手段的利用可以给行政机关带来权和利。因此，行政机关有尽量多用、滥用的倾向，如不加以规范和限制，则必然导致行政规制过度，窒息市场的生机与活力。

2. 行政许可不规范，将导致垄断盛行，妨碍公平竞争

行政许可的重要功能之一是为市场提供秩序，保障市场运作的顺畅。但是，行政许可如果缺乏规范，此种功能将被异化，它不再是为市场提供秩序，保障市场运作的顺畅，而是被人们用于制造地方垄断和部门垄断，阻碍市场主体的公平竞争，人为地分割市场和妨碍市场流通。如目前一些地方利用行政许可阻止外地啤酒、汽车等商品到本地销售，阻止外地商人到本地收购羊毛、棉花等；一些部门利用行政许可搞行业垄断、行政垄断，不许民营企业、个体企业涉足其“世袭”领域等。地方垄断和部门垄断的结果是保护落后，维护效率低下、价格昂贵、质量恶劣的生产、经营和服务。

3. 行政许可不规范，将导致权力滥用，滋生腐败

行政许可是一种“公共物品”，本是应为社会、为公众服务的。但是，在其缺乏规范的条件下，它可能异化成为某些政府机关和政府工作人员谋取私利的工具。例如，一些政府机关利用行政许可乱收费；一些政府机关工作人员，甚至是领导干部利用行政许可受贿、索贿，将行政许可作为一种“设租”“寻租”，获取暴利的途径和工具。行政许可权力被滥用，一些政府机关和政

府工作人员利用行政许可搞腐败是导致行政许可为世人诟病,以至许多人否定行政许可正面和积极作用的重要原因。

4. 行政许可不规范,导致官僚主义盛行,效率低下,市场交易成本增加,影响经济效益和社会效益

这方面的例子很多,举不胜举,老百姓对之意见最多,怨气最大。《人民日报》2002 年 9 月 23 日报道,在连云港,以前办一个房地产开发项目,相对人要跑 18 个部门,经过 69 个环节,盖 67 个公章,办理时间要 8 个月;在浙江,珠光集团办理 2 项国家机电产品出口许可,其中一个项目(墨西哥项目)的许可办了 2 年多,另一个项目(巴西项目)的许可办了 3 年多。《南方周末》2001 年 10 月 11 日报道,武汉一家企业申请审批一个危房改造扩建项目,花了 2 年多时间,跑了市区 70 多个单位,盖了 800 多个(次)图章。像这样的行政效率,哪个投资者能忍受?一个项目的审批、许可要花上一两年时间,与之合作的伙伴可能等不及,走了,市场可能被人家占了,你投下几千万元、上亿元资金,很可能就泡汤了。

5. 行政许可不规范,导致公民与政府主仆关系颠倒,为行政权力侵犯公民权益提供了机会和条件

在一个民主国家,人民是国家的主人,政府和政府工作人员应该是人民的公仆。但是一些政府机关和政府机关工作人员由于受传统官民关系思想的影响,总是把自己当成主人,把人民当成管理客体。在行政许可领域,由于长期以来缺乏法律对行政许可行为的规范,更使这种颠倒了的政府和人民的关系明显化:行政相对人要想申请一项行政许可,往往要向政府工作人员请客、送礼、求人、托人找关系等,即使这样,政府办事人员还不一定热情给你办,相对人还要面对和忍受"门难进、脸难看、话难听、事难办"的境遇。公民在这些政府工作人员面前,哪还有半点"主人"的气势,主仆关系整个颠倒了。

(三)我国行政许可实践中出现的种种问题,已经发展到不立法加以规范不足以阻止行政许可功能进一步异化的势头,不立法加以规范不足以保障我国社会主义市场经济的正常秩序,从而影响我国经济和社会正常发展的程度

时任国务院法制办主任杨景宇在《关于〈中华人民共和国行政许可法(草案)〉的说明》中指出,目前我国行政许可存在过多、过滥的问题,究其原因有六:设定权和设定主体不明确;设定事项不规范;实施程序繁、环节多、时限长;

重许可,轻监管,或只许可,不监管;利用许可“寻租”;许可机关有权无监督,有权无责。在这六项原因中,很显然隐含了一个最重要的原因,就是行政许可缺乏立法规范。无论是行政许可设定过程中发生的种种问题,还是行政许可实施过程中发生的种种问题,很大程度上都源于法律对行政许可范围、条件、程序等缺乏完善和严密的规定。

也许有人会问,在国外,一般都没有统一的行政许可法,行政许可领域为什么没有产生我国这样多的问题呢?这有两个原因:其一,在国外,许多国家制定了统一的行政程序法,行政许可行为受统一的行政程序法规范和调整;其二,国外许多国家在各种单行的行政管理法中,对相应的具体行政许可通常都规定了较详细的实体规则和程序,从而没有像我国一样制定专门行政许可法的必要性。

在我国,由于单行行政管理法对行政许可的规范不完善,行政程序法在短时期内又制定不出来,行政许可领域出现的问题又这么多,以致对市场经济和社会发展均产生了严重的消极影响。再加之我国已加入WTO,就行政许可规范问题已向各成员国作了承诺。因此,在我国今天的条件下,制定和出台行政许可法,不仅具有极大的必要性,而且具有极大的迫切性。

二、《行政许可法》确立了哪些基本原则和重要制度

(一)《行政许可法》确立的行政许可基本原则

《行政许可法》为行政许可行为确立了一系列原则,其中最重要的基本原则有下述5项:

1. 行政法治原则

行政法治原则是整个行政法的基本原则,所有行政行为都必须遵守行政法治原则。在行政许可领域,行政法治原则的具体内容有三:其一,行政许可依法设定,依法实施。《行政许可法》第4条规定,“设定和实施行政许可,应当依照法定的权限、范围、条件和程序”。其二,行政许可权受法律控制。控权包括事前限权、事中制约和事后监督三个环节。事前限权主要体现在《行政许可法》第12~17条的规定中,这些规定反映了“有限政府”的要求。事中制约主要体现在《行政许可法》第19~57条的规定中,这些规定反映了正当法律程序和“透明政府”的要求。事后监督主要体现在《行政许可法》第60、71~

77 条的规定中，这些规定反映了权责统一和责任政府的要求。其三，行政许可相对人权益受法律保障。权益保障包括人格尊重、权益保护和侵权救济三个方面。对行政许可相对人（包括许可申请人、持证人和其他利害关系人）的人格尊重主要体现在《行政许可法》第 1、11、26、29~59 条的规定，这些规定反映了基本人权的要求。对行政许可相对人的权益保护主要体现在《行政许可法》第 8、26~59 条的规定，这些规定反映了程序正义的要求。对行政许可相对人的侵权救济主要体现在《行政许可法》第 7、60、71~77 条的规定，这些规定反映了有权利必有救济的要求。

2. "三公"原则

"三公"原则包括公开、公平、公正三项基本内容。《行政许可法》第 5 条确立了该原则和该原则的基本内容："设定和实施行政许可，应当遵循公开、公平、公正的原则。"公开主要是针对"暗箱操作"而规定的。内容包括许可规定公开、许可实施公开、许可结果公开。公平主要是针对"歧视"（如身份歧视、性别歧视、民族歧视等）而规定的，内容是要求在行政许可中，同样情况同样对待，不同情况不同对待，不厚此薄彼，对行政许可相对人一视同仁。公正主要是针对"偏私"（如地方保护主义、部门保护主义、以权谋私等）而规定的，内容是要求在行政许可中，不考虑不相关因素和应考虑相关因素。所谓"不相关因素"，是指超越法律的地方利益、部门利益、个人利益和各种"关系"等；所谓"相关因素"，是指法定条件、政策要求和社会正义等。

3. 便民原则

行政许可便民是执法为民，执法以人为本的要求。行政许可便民原则主要体现于《行政程序法》关于办理行政许可的管辖和程序的规定中。《行政许可法》第 25 条和第 26 条确立的管辖规则设定了"相对集中管辖权""一个窗口对外""一站式服务""政府超市"等应采行或可采行的便民措施；《行政许可法》第 29~50 条就行政许可的申请、受理、审查、决定以及变更、延续等全过程确立了一系列便民的程序。

4. 效率原则

行政许可是政府调控市场的重要手段，而对于市场来说，时间就是金钱，效率就是生命。有时，一个企业正是因为一项许可，审批久办不下，生意被他人抢去或市场被他人占领而破产。因此，行政许可办理的效率对于市场经济的发展有着极为重要的意义。也正因如此,效率原则成为《行政许可法》的基本原则之一。行政许可效率原则主要通过《行政许可法》规定的期限制度和程序制度得以体现。就期限而言,《行政许可法》第42~45条分别规定了20日、45日两种基本期限,此两种基本期限即使延长,也分别不能超过30日和60日。就程序而言,《行政许可法》第29~41条确立的程序规则无疑是效率原则得以实现的保障。这里需要指出的是,效率原则和便民原则二者有着密切的联系:在很多情况下,高效即是为了便民,便民则必须高效。

5. 信赖保护原则

信赖保护原则是现代行政法的一项非常重要的基本原则。其重要性首先在于保障行政相对人的权益不受政府反复无常、滥用职权行为的侵犯;其次在于维护政府的信用,维护人民对政府诚信的信心。诚信是市场经济运作的基本条件,而政府诚信是市场诚信、社会诚信的基础。《行政许可法》第一次在我国法律中明确确立了信赖保护原则,即政府诚信原则。该法第8条规定:"公民、法人或者其他组织依法取得的行政许可受法律保护,行政机关不得擅自改变已经生效的行政许可。行政许可所依据的法律、法规、规章修改或者废止,或者准予行政许可所依据的客观情况发生重大变化的,为了公共利益的需要,行政机关可以依法变更或者撤回已经生效的行政许可。由此给公民、法人或者其他组织造成财产损失的,行政机关应当依法给予补偿。"

(二)《行政许可法》确立的行政许可基本制度

1. 行政许可事项范围设界制度

《行政许可法》第12条和第13条为行政许可的事项范围设定了两条界限:一是外限;二是内限。"外限"是可设定行政许可事项的范围(共6类);"内限"是在可设定行政许可事项的范围内排除可通过其他方式予以规范的部分(共4种情形)后剩下的部分,即应该或必须设定行政许可的部分。当然,这两条界限都不是很明晰的,都具有较大的"弹性",如"外限"中的"直接涉及国家安全、公共安全、经济宏观调控、生态环境保护以及直接关系人身健康、生命财产安全等特定活动",这类事项中的每一项几乎都具有"弹性"。"内限"中的条件更是如此,如"公民、法人或者其他组织能够自主决定的""市场竞争机制能够有效调节的"等。我国《行政许可法》为什么要对行政许可事项设定这种不甚明晰,有相当弹性的界限呢?因为这种界限在法律上是很难明确的。在国外,法律一般不会设定这种普遍性的界限。我国立法之所以要设定这种界限,是为了解决我国行政许可设定实践中较为严重的乱、滥现象。尽管所设定的界限并不是很明确,但它宣示的立法目的或立法意向却是很明确的:尽量减少行政许可,放松政府规制,建立有限政府。

2. 行政许可设定权限相对集中制度

《行政许可法》第14~17条规定了行政许可的设定权的分配,确立了行政许可设定权限相对集中的制度。即行政许可一般由法律设定;尚未立法的,行政法规方可设定行政许可;尚未制定法律和行政法规的,地方性法规方可设定行政许可;除此以外,仅有省级政府规章可设定一年期限的临时性许可,其他地方政府规章、所有部门规章、所有其他规范性文件都无权设定行政许可。《行政许可法》之所以要确立这种许可设定权相对集中的制度,目的无疑在于统一法制、统一市场,消除各种形式的部门保护和地方封锁。

3. 许可实施方式多样化制度

《行政许可法》在第25条和第26条规定了行政许可实施的多种方式,如一个行政机关行使有关行政机关的行政许可权、一个窗口对外、统一办理、集中办理、联合办理等。《行政许可法》为什么要规定行政许可实施的多种方式,理由有三:其一,我国地域辽阔,各地发展不平衡,许可方式不宜"一刀切";其二,各部门、各领域的行政许可有很多特殊性,许可方式不宜"一刀切";其三,我国行政管理体制和管理方式正处在改革和探索时期,有关许可方式尚处于试验阶段,其利弊尚未充分显现,不能和不宜作出统一的法律强制性规定。

4. 许可告知与说明理由制度

《行政许可法》在第30、32~33、36、38、40、42、45~47、53~55条等诸多条款里均规定了许可告知与说明理由制度。告知与说明理由制度是行政法的基本制度,是正当法律程序的基本要求。行政主体作出涉及行政相对人权益的行为,特别是作出对其权益不利的行为(如拒绝许可申请人的申请),必须告知相对人其所作出的决定、相应决定所基于的事实根据和法律根据、相对人不服决定的申辩和救济途径。行政主体若违反此种告知与说明理由义务,将导致相应决定的无效或可撤销。

5. 许可听证制度

《行政许可法》第46~48条规定了许可听证制度。许可听证不完全同于行政处罚听证,许可听证包括两种类型:行政机关主动进行的听证和应行政相对人申请举行的听证(《行政处罚法》仅规定了后一种听证)。前一种听证适用的条件是:法律、法规、规章对相应许可事项规定了应当听证的要求;相应许可事项为涉及公共利益的重大事项,且行政机关认为需要听证。后一种听证适用的条件是:相应许可事项直接涉及申请人与他人之间重大利益关系,且申请人或利害关系人提出了听证申请。听证制度的目的主要在于保障行政许可申请人和利害关系人的权益以及保证行政许可行为的合法性、合理性,实现行政许可的"三公"原则。

6. 许可期限制度

《行政许可法》第42~45条规定了许可期限制度。许可期限制度的意义主要有三:其一,保障行政效率,防止"一个审批半年难见音讯,一个许可两年不见回复"的现象;其二,保障申请人的权益,防止无限期的许可把市场主体拖垮、拖死;其三,减少许可成本,无限期的许可可能加大行政和行政相对人两方面的成本,特别是相对人的成本,除了时间、精力和正常费用的成本外,相对人往往还要支出各种"活动"成本。因此,《行政许可法》设定许可期限制度对于实现行政许可立法目的具有极为重要的意义。

7. 监督检查制度

《行政许可法》第60~69条规定了行政许可的监督检查制度。行政许可的监督包括三类:对许可机关的监督;对被许可人(持证人)的监督;对其他公民、法人和其他组织的监督。监督的方式包括核查(通过报表和计算机联网方式等)、抽查、实地检查、定期检查和要求被监督人自查等。监督主体通过对被监督人的监督,发现其有违法行为的,可以对其采取责令改正、撤销许可、注销许可等监督措施。很显然,《行政许可法》设定许可监督检查制度对于纠正我国行政许可领域目前存在的重许可、轻监管甚至只许可、不监管的现象,保证行政许可真正发挥其应发挥的作用有着极为重要的意义。

8. 法律责任制度

《行政许可法》第71~81条规定了行政许可法律责任制度。行政许可法律责任分为六类:一是许可设定机关(包括有权设定机关和无权设定机关)违法设定许可的责任;二是许可实施机关违法实施许可的责任;三是行政机关工作人员违法办理行政许可的责任;四是行政许可申请人申请许可时隐瞒情况或提供虚假材料的责任;五是被许可人违法取得许可或违法实施被许可行为的责任;六是其他公民、法人或者其他组织未经许可,违法从事须经许可方能从事的活动的责任。行政许可法律责任的形式包括责令改正、撤销许可、行政处罚(对于行政相对人)、行政处分(对于行政机关工作人员)、行政赔偿(对于行政机关)和刑事责任(对于行政相对人和行政机关工作人员)。《行政许可法》确立许可法律责任制度对于行政许可法治原则的实现和整个《行政许可法》的实施无疑均具有重要意义。

9. 权利救济制度

《行政许可法》第 7 条规定:“公民、法人或者其他组织对行政机关实施行政许可,享有陈述权、申辩权;有权依法申请行政复议或者提起行政诉讼;其合法权益因行政机关违法实施行政许可受到损害的,有权依法要求赔偿。”这一规定确立了行政许可的权利救济制度。该救济制度分事中救济和事后救济两个部分:事中救济的主要形式是行政相对人在行政许可过程中行使陈述权和申辩权;事后救济的主要形式是行政相对人在行政许可实施程序后行使复议权、诉权和申请国家赔偿权。《行政许可法》确立相对人权利救济制度是非常重要的。因为权利和救济是紧密相连的:有权利必有救济,没有救济就没有权利。如果《行政许可法》不确立完善的和有效的救济制度,《行政许可法》规定的行政相对人的种种权利在很大程度上就只能是虚设,难以保障其真正得以实现。

《行政许可法》规定的原则和制度还有很多,但笔者认为,行政许可最重要的原则是上述五条,最重要的制度是上述九项。

关于行政许可法立法与行政许可案件审判若干问题司法解释的访谈*

写作背景:《行政许可法》施行后,各级人民法院受理行政许可类行政案件的数量有了较大幅度增加,行政审判面临许多新的法律问题。为适应行政审判新形势、新任务的需要,2004 年最高人民法院拟出台一个专门关于行政许可案件审判问题的司法解释。《财经》记者获悉这个消息后,就《行政许可法》的实施和行政许可案件审判问题司法解释的出台对笔者和最高人民法院行政审判庭庭长王秀红进行了专题采访。本访谈录的内容仅为《财经》记者与笔者的访谈部分。

记者:姜教授,我们知道,您从 80 年代中期就开始参加国家行政法的有关立法工作,并参加了 30 多部重要法律、法规的草拟或咨询、论证。这次《行政许可法》的出台,在社会上反响很大。作为参与该法试拟稿起草的学者,请您谈谈这部法律的意义和行政许可制度在运作过程中存在的问题。

姜明安:行政许可(人们通常所说的"行政审批",尽管这两个概念也存在一些区别)是行政机关依法对社会、经济事务实行事前监督管理的一种重要手段,是不可缺少的一种行政行为形式。新中国成立以来,特别是改革开放以来,行政许可对于我国经济和社会发展起了非常重要的作用,这是不可否认的。但是,由于缺乏完善的法律规范,行政许可制度在运作过程中也存在一些

---

* 该访谈是笔者 2004 年 7 月 16 日接受《财经》记者采访的整理稿。参见《〈行政许可法〉司法解释未雨绸缪》,载文秘帮,https://www.wenmi.com/article/pv81gf00fkqp.html。

问题,有些问题还比较严重或相当严重,如果不加以解决,将阻碍我国社会和经济的发展,导致经济秩序的混乱和社会的不稳定。这些问题的集中表现是行政许可过多、过滥,具体表现形式及原因有六:其一,行政许可设定权不明确,以致一些乡政府、县政府也在设行政许可,甚至一些行政机关内设机构也在设行政许可。其二,设定行政许可的事项不规范。对于许多行政机关及其领导人来说,一讲行政管理,就想到许可,想到审批,从而什么事都设许可,如河南省某地曾设"馒头许可""菜谱审批"。其三,实施行政许可环节过多、手续烦琐、时限过长、"暗箱操作",老百姓办事很难。有报纸报道,有人为办一个投资许可跑了几十个机关,盖了 300 多个图章,花了两年多时间,其间所受的气,所受的折腾,苦不堪言。其四,重许可、轻监管,或者只许可、不监管。相对人进入市场很难,而一旦进入,许可机关却不对之加以监管,以致造成大量的假冒伪劣产品坑害消费者。其五,一些行政机关把行政许可作为权力"寻租"的手段。不少企业、个人为了取得行政许可,要给许可机关及其工作人员送礼,给好处。在一定意义上,可以说行政许可已经成为一个"腐败源",许多腐败分子都是通过审批制度的漏洞搞腐败的。其六,行政机关实施行政许可,往往只有权力、没有责任,缺乏公开、有效的监督制约机制。现行行政许可制度在一定程度上已经成为政府职能转变的一个障碍。

记者:行政许可应当遵循什么原则?《行政许可法》规定了哪些事项可以设定行政许可?

姜明安:设定行政许可,应当遵循经济与社会发展规律,有利于发挥公民、法人或者其他组织的积极性、主动性,维护公共利益和社会秩序,促进经济、社会和生态环境协调发展。《行政许可法》规定下述六类事项可以设定行政许可,也就是说,设定行政许可的范围只限于下述六类事项:直接涉及国家安全、公共安全、经济宏观调控、生态环境保护以及直接关系人身健康、生命财产安全等特定活动,需要按照法定条件予以批准的事项;有限自然资源开发利用、公共资源配置以及直接关系公共利益的特定行业的市场准入等,需要赋予特定权利的事项;提供公众服务并且直接关系公共利益的职业、行业,需要确定具备特殊信誉、特殊条件或者特殊技能等资格、资质的事项;直接关系公共安全、人身健康、生命财产安全的重要设备、设施、产品、物品,需要按照技术标准、技术规范,通过检验、检测、检疫等方式进行审定的事项;企业或者其他组织的设立等,需要确定主体资格的事项;法律、行政法规规定可以设定行政许可的其他事项。

即使是上述六项事项,也不必然要设定行政许可。《行政许可法》规定,如果上述事项通过下列方式能够予以规范的,可以不设行政许可:公民、法人或者其他组织能够自主决定的;市场竞争机制能够有效调节的;行业组织或者中介机构能够自律管理的;行政机关采用事后监督等其他行政管理方式能够解决的。

记者:《行政许可法》规定了怎样的程序,进行了哪些制度创新?

姜明安:《行政许可法》按遵循合法与合理原则、效能与便民原则、监督与责任原则的具体思路,对现行行政许可制度作了重大改革和创新。其所确立的行政许可设定制度、说明理由制度、定期评估制度、实施行政许可的主体制度、"一站式服务"和"一个窗口对外"的办证制度,以及其他有关行政许可统一办理、联合办理、集中办理的制度,办理行政许可事项的书面审查制度,一次告知制度,期限制度,听证制度,行政机关对被许可人的监督检查制度,实施行政许可的责任制度等,对进一步转变政府职能,改革行政管理方式,推进依法行政进程,都将产生深远影响。

记者:由于利益驱动,现行行政许可制度在一些部门成为行政机关滋生腐败的"温床"。《行政许可法》的出台对治理腐败有何价值?

姜明安:过去我们的法律由于没有对部门和地方的规制权加以限制,一些中央政府部门和一些地方政府通过规章,甚至通过一般规范性文件滥设许可,通过许可乱收费,为本部门争权,为本地方谋利,搞部门分割与地方封锁。法治与廉政是紧密联系在一起的,法治政府必然要求消除腐败和滥用权力,至少要求确立一套消除腐败和滥用权力的机制,尽可能减少腐败和滥用权力。我国在行政许可领域,特别是在批地、批项目及市场准入方面,正是由于缺乏这样一套机制,导致发生许多腐败和权钱交易的大案要案。针对这种情况,《行政许可法》确立了许可实施的公开原则和一套相应的制约机制:首先,法律要求行政许可的事项、条件、程序必须公开,不允许"暗箱操作"。其次,行政机关实施行政许可,根据其性质,有的必须经过公开招标、拍卖等公平竞争程序,有的必须以经过统一考试为前提,有的必须事先依技术标准和技术规范进行检验、检测、检疫;凡未经过这些法定公开程序的,所实施的行政许可行为将被有权机关撤销或确认无效。此外,行政许可涉及申请人或利害关系人重大利益的,应相对人申请,行政机关要为其举行听证。最后,行政许可的结果应当公开,接受相对人和社会公众的普遍监督。显然,这种公开、透明的原则及其制约机制,对于防止行政机关及其工作人员腐败和滥用权力,建设廉洁政府具有重要意义。

记者:目前我国的行政法体系概括来说是一个什么样的状况?还有哪些重要的行政法要立?

姜明安:从20世纪80年代以来,我国即开始了建设法治政府的进程,《行政诉讼法》《国家赔偿法》《行政处罚法》《行政复议法》等法律的制定和实施,乃是这一进程的序幕。这次全国人大常委会制定和通过的《行政许可法》,则是这一进程向纵深发展的重要标志。目前,我国的行政法体系基本构架起来了,但还需要新的立法来完善、充实。现在,《行政强制法》草案已经完成,行政收费等行为的立法也已提上立法日程,但作为这个部门法的支柱法律行政程序法尚未能出台,我们一直在关注着,等待条件和时机的成熟。我们所说的政治文明是要依靠整个国家公法制度来架构的,行政文明不可能孤立产生。我们必须运用历史的和发展的眼光,以全球的视野来看待我们的行政法治建设的问题。行政法治必须创新,整个公权力运作机制必须创新。

记者:我们从最高人民法院行政审判庭获悉,关于审理行政许可案件的司法解释将在近期出台。请问最高人民法院出台这样一个司法解释有什么意义?

姜明安:最高人民法院制定这样一个司法解释是很有意义的。《行政许可法》实施后,法院受理这方面的案件越来越多。目前各地法院的大多数法官对该法的认识和理解还不到位,在处理行政许可案件尤其是情况复杂一点的案件时,有可能难以把握,这导致有些法官不愿意受理、不愿意审理这类案件,或者层层向上级请示。最高人民法院出台司法解释,有利于法官把握审理案件的标准,如关于审理的程序、证据的认定以及赔偿的范围等,很多问题就可以有明确的规则。

记者:最高人民法院出台司法解释是否就是要解决《行政许可法》的具体实施规则的问题,是否相当于《行政许可法》的实施细则?

姜明安:“行政许可法的司法解释”不等于《行政许可法》的实施细则,这是两个不同的概念。司法解释的制定主要是为了解决人民法院对行政许可案件审理判决中的诸多问题；而《行政许可法》的实施细则应由国务院制定，主要解决行政机关在实施行政许可行为中可能要面临的诸多问题。

记者：最高人民法院的司法解释征求意见稿中关于行政许可案件原告资格的规定，除了包括直接相对人，还包括间接相对人。我们应如何理解间接相对人做原告？

姜明安：这种间接相对人可以有很多种。例如，建筑许可证颁布后，建筑地附近居民认为噪声干扰或者新建筑会妨碍其采光；又如，国有土地出让的公平竞争者，行政机关将土地出让给了甲方相对人，其取得了国有土地使用权证，但乙方相对人认为行政机关的出让行为不公正，其本来更有条件取得该国有土地使用权证；再如，行政机关给不具有法定资格条件的生产经营者颁发生产经营许可证，因被许可人生产经营的劣质产品侵害的受害人作为间接相对人可以起诉行政机关的违法许可行为。

记者：关于行政许可的被告，一般来说谁许可谁当被告，这是否存在一定例外？

姜明安："谁许可谁当被告"，这是一般规则。但在一些特殊情况下，如委托许可，一个行政机关委托其他行政机关来实施行政许可，由谁做被告？这可能就有两种情况：如果许可行为是由委托机关实施的，那么就由委托机关来做被告，被委托机关做第三人；如果许可行为是被委托机关实施的，就应以被委托机关做被告，委托机关做第三人。《行政诉讼法》对此没有明确规定。过去大多都由委托机关做被告。但有可能出现这种情况：委托机关并没有委托，受托机关却以自己的名义实施了许可行为。这次司法解释拟规定受托机关以自己名义实施行政行为，那就自己做被告，委托机关只做第三人。在被告问题上，还涉及一个问题：有些许可是下级机关接收和审查材料，但由上级机关办理许可，中间要经过两级，有的甚至三级。如果出现了问题告谁呢？司法解释拟确定的原则是，谁对相应违法行为有过错，谁当被告。不过，这样规定执行起来会很困难，一方面当事人事前怎么知道是哪个机关的过错？而且行政机关的行政职权、行政程序现在并非完全公开透明，很难分清上下级行政机关之间各自的责任。另一方面在案件受理问题上，当事人起诉需要材料和证据。但在很多行政案件中，原告很难拿到证据，行政机关不会主动出具证明材料。因此，对于这种情况，还是应实行"谁许可谁当被告"的原则，许可证是上级行政机关颁发的，就由上级行政机关做被告。

记者：关于行政许可案件的诉讼时效问题，相较于一般行政诉讼，请问有没有什么特殊性？

姜明安：关于一般行政诉讼的时效，《行政诉讼法》规定，行政行为做出后，相对人应该在3个月内起诉，否则超过诉讼时效法院不予受理。但行政许可案件诉讼的情况比较特殊，有可能在行政许可证颁发后，行政许可申请人之外第三人并不知道，或者只知道发证的事，但当时尚不知道该行政许可还会对其利益产生损害。所以这次司法解释特别规定，这种情况的诉讼时效从当事人知道许可对其造成的损害之日起计算，但最长时限为自行政许可颁发之日起5年，涉及不动产的许可，起诉最长时限为自行政许可颁发之日起20年。虽然诉讼时效越长对当事人越有利，但是这需要平衡各种利益。时限太长会有可能不利于证据的收集和司法审查，不利于社公共利益。

记者：关于行政许可案件诉讼的证据问题，相较于一般行政诉讼，请问有没有什么特殊性？

姜明安：关于行政诉讼的证据问题，在一般行政诉讼中，由行政机关对行政行为的合法性负举证责任，如果行政机关不能举证，其作出的行政行为就可能被撤销或确认无效。但行政许可案件诉讼比较特殊，原告可能是被许可人以外的第三人。在现实生活中，有些行政机关不敢担当、不负责任，他们不怕败诉，行政许可被撤销就撤销，他们无所谓，因为对行政机关工作人员的利益没有实质影响。但行政许可被撤销对被许可人就会造成重大利益损失。所以在这种情况下，如果行政机关放弃举证，司法解释拟规定被许可人也可以代被告提供证据。这有利于保护被许可人的利益和公共利益。

记者：关于行政许可案件诉讼的法律适用问题，相较于一般行政诉讼，请问有没有什么特殊性？

姜明安：在行政许可案件诉讼适用法律问题上，司法解释拟确定法律适用的一般原则，上位法优于下位法、新法优于旧法、特别法优于普通法、法不溯及既往。而且法院适用的法规、规章等，必须是公开的，不能是内部规定。这些规则，应该适用于所有行政案件的审判。行政许可案件诉讼应该没有什么特殊性。

记者:关于行政许可案件诉讼涉及的赔偿或补偿问题,你对司法解释征求意见稿的规定如何看?

姜明安:司法解释规定,行政机关违反《行政许可法》,侵犯当事人合法权益,要予以赔偿;行政机关因为法律法规变更或客观情况发生变化,出于公共利益需要改变或撤回行政许可,要给予补偿,这些都是《行政许可法》已经明确规定了的。但现在的问题是,赔偿和补偿的范围、标准如何确定。现在很多法律对此都缺乏具体规则,《国家赔偿法》规定的范围和标准都比较低,行政机关只赔偿"直接损失",相对人的生产经营的可得利益或必得利益都不赔偿。但司法解释又不能突破法律的规定。如果司法解释将赔偿和补偿分开,规定补偿除"直接损失"外,还可考虑当事人的"合理的预期利益",这显然对当事人有利。但这样一来,补偿标准反而比赔偿标准高,在逻辑上又显得很不合适了。违法行为造成损失的赔偿反而比合法行为造成损失的补偿少得多。显然这些问题不能仅靠司法解释来解决。

另外,对抽象行政行为违法造成当事人的损失能不能提起诉讼和请求赔偿问题,司法解释也不能解决。司法解释最多只能规定"法院通过审判,发现行政机关制定的规范性文件是违反法律法规的,法院不予适用",或者"法院经过司法审查,发现行政机关行政许可行为所依据的有关规定是违反《行政许可法》的,法院不予适用"。这样规定,没有突破法律的问题,对当事人利益的保护也许有些益处。

评“港中旅”特许经营风波*

写作背景:2004年9月,笔者和其他几位行政法学者对我国较早发生的一起特许经营(BOT)行政许可案——鑫远城市桥梁公司(以下简称鑫远公司)诉福州市人民政府未依约履行路桥建设专营权协议案进行研讨论证。1997年10月,福州市人民政府与鑫远公司(港中旅集团①占股70%)签订路桥建设专营权协议,双方约定鑫远公司出资12亿元建设闽江四桥,经营闽江二桥、三桥及附属收费站28年。政府承诺9年内所有从福州南大门进出的车辆都通过该收费站。但7年后的2004年5月,福州市在政府换届后不承认上届政府所签协议的效力,违约修通市二环路,从而大量车辆绕过收费站走不收费的二环路,使港中旅集团投资的8.4亿元不仅没有回报,还要承担偿还2亿多元银行贷款的责任。福州市政府拒绝给鑫远公司任何补偿。鑫远公司对之不服,向中国国际经济贸易仲裁委提出仲裁申请,要求终止与福州市政府的专营权协议,由其归还总额达9亿多元的投资本金和投资补偿款。在中国国际经济贸易仲裁委正式受理后,福州市政府随即以中国国际经济贸易仲裁委无权受理为由,向福州市中级人民法院起诉,提出管辖权异议。鑫远公司写了答辩状,但掌管鑫远公司印章的福州市城乡建设发展总公司不敢盖章,致使合作公司无法应诉。对于“港中旅特许经营”这个案件,有关方面约请笔者和应松年教授及于安、蔡定剑、马怀德、徐杰等学者讨论。《法制日报》记者对各位学者的意见进行了整理并发表。本文仅摘要介绍笔者的意见。其他学者的意见可参见2004年9月2日《法制日报》的详细报道。

---

* 该文原载2004年9月2日《法制日报》第8版。

① 香港中旅集团有限公司,中央政府在香港设立的四大中资企业之一,以下简称港中旅集团。

特许经营是政府将水、电、气、公路、桥梁等基础建设项目交由一家或几家私人企业组建的项目公司在一定限期内进行经营并获取利润,期满后,该项目无偿转交政府。从特许经营直接的功能看,它是一种政府的融资手段,是政府为解决城市基础设施资金不足而进行的一项改革,意味着政府对公共事业或公益事业垄断的打破。在很大程度上讲,特许经营是公、私法律制度的结合,既要遵循平等参与、公平竞争、公开透明的公法精神,也须符合权利自治、诚实信用的私法原则。

近年来,特许经营已开始在我国各地推广开来,但结果并不尽如人意。一方面,人们对它的了解不够,导致在实质操作过程中出现了各种各样意想不到的问题;另一方面,有的政府滥用权力,任意违反特许经营合同、单方毁约的情况屡见不鲜。特许经营合同作为一种行政合同,与一般民事合同有所区别,政府有更多的权利。但是行政合同也是合同,双方的诚实信用、信守约定依然是合同建立的基础。而且更为重要的是,经济规律主导着特许经营,企业的利益是特许经营得以实现的根本。我国现在的特许经营之所以举步维艰,一个主要的原因就是政府不习惯于遵守合同,不习惯于平等协商、互惠互利,而习惯采用行命令的手段,甚至不惜朝令夕改,这种作风对特许经营的发展无疑是致命的。

今天我们特别选择了"港中旅"这个极富代表性的案子,意在提示各级政府,特许经营的基础是政府的诚信,政府在特许经营的过程中必须遵守市场的规律,约束自己的行为,杜绝权力的滥用;否则,只能将特许经营制度推向绝境。

一、"港中旅投资路桥风波案"简况

1995 年,福州市政府推出了一个路桥建设的境外招商项目,并力邀港中旅集团的全资附属公司香港秀明国际投资有限公司(以下简称港方)投资。在福州市政府的大力劝说和参与协调下,1997 年 5 月,港方与福州市城乡建设发展总公司(福州市属国有企业,以下简称福方)订立了合作经营合同,双方约定:共同出资 12 亿元成立福州鑫远公司,投资建设闽江四桥,经营闽江二桥、三桥及其附属的白湖亭收费站。港方、福方在鑫远公司中的股权各占 70%和 30%,其中港方出资 8.4 亿元,福方则以闽江二桥、三桥白湖亭收费站有形资产作价 3.6 亿元入股。

鑫远公司成立后，1997 年 10 月，福州市政府与鑫远公司签订专营权协议，双方约定合作公司以人民币 12 亿元受让闽江二桥、三桥、四桥及白湖亭收费站产权、经营权及通行费收费权和其他相关权益，28 年后无偿转交福方。针对港方对城市道路扩建后白湖亭收费站可能受到影响的担心，福州市政府在专营权协议中作了一系列承诺，明确保证自鑫远公司经营之日起 9 年内，所有从福州南大门进出的车辆都通过该收费站，并保证在 28 年的专营权有效期限内采取措施维护收费站的正常运营；同时在协议中约定，如果在 9 年内因特殊情况导致通行费收入严重降低或通行费停收，福州市政府应收回专营权，并保证港方除收回本金外，按实际经营年限获取年净回报率 18%补偿。

专营权协议签订后，港方所投入的 8.4 亿元资金中，用 4 亿元新建了闽江四桥，其余的 4.4 亿元进了福州市财政专户，由政府进行支配。投资的 8.4 亿元，其中 3.02 亿元由境外现金投入，其余以鑫远公司名义向银行贷款，由港中旅集团提供全额担保。这一招商项目完成后，港方投资新建的闽江四桥被评为福州市当年十大杰出项目，并被誉为以市政建设项目采行 BOT 方式运作的成功范例。

项目截至 2004 年 5 月，共收入 6.4556 亿元，运作正常，营业收入比较稳定。全部收入主要归还了银行贷款本息 4.5473 亿元，港方只收回 3676 万元。但 2004 年 5 月后，福州市在政府换届、市长换人后不承认上届政府所签协议的效力，违约修通市二环路，从而大量车辆绕过白湖亭收费站从不收费的二环路走，造成鑫远公司通行费收入急剧减少，经营陷于绝境，已经无法通过收费站收回投资成本和投资回报，也失去了清偿银行贷款的能力。港方在福州市 8.4 亿元的巨额投资在近七年的时间里不仅几乎没有回报，还要承担 2 亿多元未还银行贷款的还款责任。为此，鑫远公司多次与福州市政府交涉，提出了多种解决方案。港中旅集团主要领导也亲赴福州，与福州市政府主要领导进行了多次磋商谈判并一再作出让步，表示可将专营权协议约定的 18%回报改为“适当”回报，但均未得到福州市政府的批准。福州市政府对港中旅集团的多次致函和派人上门求见不予回应。港中旅集团将情况如实上报主管部门国务院国资委后，国资委和中央政府驻香港联络办公室出面与福州市政府联系，但同样未获得回应。

在要求进一步谈判磋商无门的情况下，鑫远公司向中国国际经济贸易仲裁委提出了仲裁申请,要求终止与福州市政府的专营权协议,由其归还总额达9亿多元的投资本金和投资补偿款。在中国国际经济贸易仲裁委正式受理后,福州市政府随即以中国国际经济贸易仲裁委无权受理为由,向福州市中级人民法院起诉,提出管辖权异议。鑫远公司写了答辩状,但掌管鑫远公司印章的福方不敢盖章,致使鑫远公司无法应诉。

对于此案,姜明安教授特别指出,政府改变具体行政行为,应承担相应责任。专营权协议是特许经营权协议。特许经营 BOT 是英文“build-operate-transfer”的缩写,意为“建设—经营—转让”,是指政府部门就某个基础设施项目与企业签订特许权协议,授予签约方的企业来承担该项目的投资、融资、建设、经营与维护,在协议规定的特许期限内,经营者向设施使用者收取适当的费用,以此来收回项目投资经营成本并获取合理回报,政府部门则拥有对这一基础设施的监督权和调控权。就本专营权协议确定的特许经营期限、项目目的和协议本身的内容看,均符合特许经营权的定义以及特许经营议的特征。

专营权协议作为一种典型的行政合同,有一个与民事合同显著不同的特点,就是行政主体可以依法单方面变更或者解除合同。但是,行政机关在行使这一公权力时必须严格遵守法定的条件:一是要符合社会公共利益的需要,且无其他方式可以替代;二是要确保对相对人所造成的损失最小;三是必须对因此遭受损失的一方给予公正补偿(补偿标准在合同有约定时依约定,无约定时按公正、合理的原则确定),相对人的损失应得到完全弥补。现在,福州市政府适应当地经济、社会发展的需要,提前修通二环路,这一做法无可非议,但是,对于二环路开通后因收费站的收费格局改变造成的投资者的经济损失,福州市政府有责任予以合理补偿。

二、诚信是依法行政之本,政府应带头诚实守信

建立诚信社会,首先是政府要带头做到诚实守信,成为诚信政府。诚信政府是诚信社会的基础,政府不诚信,就不可能有公信力;政府没有公信力,就会导致“政府失灵”,从而导致“市场失灵”,经济发展和社会进步就会成为一句空话。政府行政必须遵守信赖保护原则,绝不能出尔反尔、反复无常。具体行政行为,特别是使相对人受益的具体行政行为,一经作出,即具有确定力和公定力,即使违法、不当,只要相对人没有过错,也不能轻易收回、改变或撤销。

如果因为公共利益必须收回、改变或撤销,政府应赔偿相对人因此遭受的全部损失。至于政府已经作出的合法的具体行政行为,则更不应该随意收回、改变或撤销;如果因为形势的发展、变化,不收回、改变或撤销原具体行政行为将严重损害社会公共利益,且确实没有其他损失较小的方案可选择,根据比例原则,政府也是可以收回、改变或撤销原具体行政行为的。但是,政府对行政相对人受到的损失要予公正补偿。

谁该为假土地使用权证担责*

写作背景:农民在其宅基地上建房需要办理各种审批和行政许可手续。这是农村最常见的行政许可。实践中这一领域的问题较多,常常引发各种社会矛盾和争议,相应的行政复议案件和行政诉讼案件也经常发生。对此,《北京青年报》记者收集了实践中的有关问题,约请笔者对之作适当解答,为农民们和办理相应行政许可的政府机关及政府工作人员解惑释疑。

记者:农民建房需要办理哪些手续?需要哪些部门批准?农村向城市转化,农民房屋需要办理哪些手续?

姜明安:根据《土地管理法》和《土地管理法实施条例》的规定以及实践中的有关做法,农民建房大致需要办理下述手续:其一,按规定的建房用地限额,向所在村民小组或村民委员会提出建房设想和用地申请,填写宅基地用地申请表;其二,村民小组或村民委员会根据乡村建设发展规划,审查和确定其用地指标和建房地点;其三,报乡(镇)人民政府审核,确定其申请用地是否符合乡镇土地利用总体规划和是否尽量使用了原宅基地和村内的空闲地;其四,报县级人民政府批准;其五,建房用地如涉及农用地,还应经市、县人民政府办理农用地转用审批手续;其六,土地行政主管部门工作人员现场核实,确定建房用地的"四至"①,并在竣工后验收,符合原审批要求的,发给宅基地使用证。

城镇周边地区原农业区域城市化以后,原区域土地上的农民转化成市

---

* 该访谈原载 2005 年 1 月 9 日《北京青年报》第 8 版。

① 建筑基地或耕地四周与别的基地或耕地分界的地方。

民,其原建房屋所使用的农村集体土地转化成国有土地。在这种情况下,房屋所有人应根据《土地管理法》和《土地管理法实施条例》,向土地所在地的县级以上人民政府土地行政主管部门提出土地变更登记申请,由原土地登记机关依法进行土地所有权、使用权变更登记,核发国有土地使用权证书。

记者:土地使用权证上的印章是真的,但是没有底档,能否认定土地使用权证为假?

姜明安:对这种情况应该进行分析,不能一概认定土地使用权证为假或一概认定土地使用权证为真。如果印章是行政机关工作人员在接受相对人贿赂后或因与相对人有某种特殊关系而偷着盖的,当然应认定相应土地使用权证为假;如果印章是行政机关工作人员在正常履行职务过程中盖的,只是因为他(她)工作马虎,没有建立底档,或者其虽建立了底档,但事后因某种原因(失盗、失火、人为破坏、保管不善被虫咬水浸而变质等)被行政机关丢失、灭失,就不能武断地认定相应土地使用权证为假。对于前一种情况,行政机关应承担举证责任。行政机关如果举不出其工作人与相对人合谋作假的证据,就不能认定相应土地使用权证为假。对于后一种情况,行政相对人并没有举证的责任。如果其能提供这方面的证据,当然更好。但如果他(她)提供不了,则应由行政机关说明"印章是真的,但却没有底档"的原因。行政机关说明不了原因,就可能要承担败诉的后果。

记者:如果土地使用权证为假,相关部门是否也要承担责任?

姜明安:这也不能一概而论。如果土地使用权证完全是行政相对人伪造的,或者是行政相对人与行政机关工作人员合谋伪造的,他们的行为构成了刑事犯罪,行政机关并不要为这种犯罪行为承担责任。但是假土地使用权证如果是因为行政机关工作人员工作疏忽造成的,行政机关则要为之承担责任:或为行政相对人换发真土地使用权证,或给予相对人损害赔偿(如需撤销相对人假土地使用权证而又不能为之换发相应的真土地使用权证的话)。

记者:农民居住房屋数十年,房屋建设的合法性如何看?其没有办理土地使用证,能否认定地上建筑物为非法?

姜明安:行政相对人建房依法应办证而没有办证,其所建房屋自然不能说是合法建筑物。当然,对于非法建筑物,其处理应区分情况,不能以"违章建筑"为由一律一拆了之。如果行政相对人确实不知道相关的办证规定,行政机关又没有对其作必要的宣传;或者行政机关工作人员办事态度恶劣,吃拿卡要,行政相对人确实因办证难而未办证,且相对人建房没有其他违法行为,其建房又符合当地乡镇建设规划,可以责令行政相对人补办证件而不要求其拆房。但如果相对人建房一开始就没有经过批准或者是采取欺骗手段骗取批准的,则应责令其退还非法占用的土地,限期拆除在非法占用的土地上所建的房屋。

记者:此类案件可引发哪些社会思考?

姜明安:我国国土资源有限,对之使用(包括农民建住宅)一定要严加控制。但是,政府和政府土地主管部门在进行土地管理时,必须依法行政。在认定行政相对人土地使用权证真假和所建房屋是否为非法建筑时,一定要讲证据。行政机关要对其认定行为负举证责任。

邮政专营的理由经不起推敲*

写作背景:在新世纪到来之际,国家邮政领域酝酿着一场重大改革:打破行政垄断,允许民营企业进入邮政领域,特别是快递领域,在邮政领域引入竞争机制。但是这种改革面临各方面的重重阻力,一些具有传统观念的人坚决反对民营企业,包括民营快递企业进入邮政经营领域。对此,有关部门多次召开座谈会、论证会讨论国家邮政领域改革开放的必要性和可能性。笔者参加了几次这样的会议,并在会后写成这篇短评,发表在2006年4月3日的《检察日报》上。

打破行政垄断,允许民营企业进入邮政领域,在邮政领域引入竞争机制,是自20世纪中后期以来世界各国邮政改革发展的一个基本趋势,尽管各国改革的进度有快有慢,步伐有大有小。

我国邮政改革实际上也在朝着这个方向走。自20世纪90年代以来,不少地方,特别是许多大中城市,相继出现了各种民营快递邮政企业。这些民营快递邮政企业在发展过程中虽然也存在这样那样的问题,但在整体上深受消费者欢迎。民营快递邮政的明显优势在于:其一,服务方便。民营快递随叫随到,服务上门,相比过去在邮电局寄信,排长队等候,消费者节约了大量的时间。其二,服务热情。民营快递员说话和气,办事总是笑脸相迎,相比过去在邮电局寄信,一些邮递工作人员脸难看,话难听,消费者感到气要顺得多,心要舒坦得多。其三,服务快捷。民营快递大多真正做到了“快递”:本市快件通常能在当天送到,外市的也能在一两天送到。相较过去通过邮电局寄信,消费

---

* 该文原载2006年4月3日《检察日报》第3版。

者确实感觉快多了。其四,促进国有邮政服务质量改善。民营快递的存在,使国有邮政感觉到压力,它们的服务相较过去也有较大的改善。如果没有民营快递的竞争,国有邮政服务恐难有今天的面貌(尽管人们仍不满意)。

民营快递除了上述明显的“利”和“得”外,其在帮助国家解决无业和失业人群就业难的问题方面所作出的贡献也是不容忽视的。

但是,现在却有人想通过法律设限(民营快递企业不得经营单件重量在350克以下的国内信件)将民营快递企业大部,甚至近乎全部赶出邮政经营领域。对民营快递如此设限的理由是什么呢?据说其台面上的理由有三:其一,民营快递难以保障通信安全;其二,民营快递难以保障邮政的普遍性服务;其三,民营快递往往通过不正当竞争手段损害国有邮政企业的利益。

其实,这些理由是经不住推敲的,至少不具有充分的说服力。首先,就邮政安全来说,消费者完全可以自己把握:你认为民营快递不安全,完全可以选择国有邮政嘛。特别是国家机关,完全可以要求自己的工作人员,邮寄重要信件必须选择国家邮政的途径。而国家以安全为理由通过法律限制民营企业则不仅是不公平的,而且是不必要的。其次,就邮政普遍服务来说,民营快递并非完全不愿意承担边远地区和邮政业务量小的地区的邮递服务,他们现在不做是因为他们做不起,国家如果给民营快递适当的补助,如国家以举办国有邮政一半或1/4的钱补助民营快递,民营快递邮政企业中肯定会有很多人愿意做那些“亏本买卖”,也许人们还争着做咧!那时国家还不得不通过招投标来选择经营者。最后,就不正当竞争来说,这不应该说是民营快递的“专利”,国有邮政企业同样存在不正当竞争行为。其实,垄断就是最大的不正当竞争。如果说,你把民营快递取消了,不正当竞争消灭了,但是与此同时,竞争也就消灭了。而没有竞争,就没有了市场经济,我们总不能再退回去搞计划经济吧?因此,对目前邮政快递市场存在的不正当竞争行为,解决的正确途径是健全完善有关法律法规和加强行政执法,而不是限制和取消竞争。

打破行政垄断。允许民营企业进入邮政领域,在邮政领域引入竞争机制,是我国邮政改革发展的一个基本方向。我们不能自己把自己改革开放的手脚捆绑起来,一定要克服思想上、观念上、制度上的各种阻力,大胆改革开放(邮政向民营企业,甚至外资企业、合营企业开放),真正让老百姓享受到此种改革开放的红利。

政府职能转变与行政管理体制改革*

写作背景：《行政许可法》的制定与实施与政府的职能转变和行政管理体制改革有密切的关系。《行政许可法》的一项重要原则就是减少规制。许多行政许可，在有其他方式可取代时，可不设行政许可则应尽量不设。对于公民、法人或者其他组织能够自主决定的事项，市场竞争机制能够有效调节的事项，行业组织或者中介机构能够自律管理的事项，行政机关采用事后监督等其他行政管理方式解决的事项，都可不设行政许可，以减少行政规制。要正确实施《行政许可法》，必须解决政府的职能转变和行政管理体制改革的相关理论问题。为此，《中国法律》记者约请笔者撰写这篇涉及行政许可制度运作的理论性文章。

在现代社会，人们对"公共物品"的需求量大增，政府的职能和行政的范围大为扩张。但行政国家、权力过于集中的政府在为人们部分解决了现代社会发生的许多复杂问题（如"市场失灵"问题）以后，又导致大量的更为复杂的问题（如政府腐败、社会腐败问题）。于是，转变政府职能，建设"有限政府"，政府权力向社会（"第三部门"）转化的方案被提出来。不过，转变政府职能的目标是既要"放松规制"，建设"有限政府"，也要加强服务和规范管理，建设"有为政府"。"有限政府"和"有为政府"都是市场经济之所需，都是民之所需，从而都是执政为民之所需。

---

* 该文原载《中国法律》2006年第5期，后收入行政法学会2006年年会论文集。

一、行政“疆域”的范围

行政“疆域”的范围究竟有多大,这恐怕很难有一个确定的答案。不同的时代,政府有不同的管理职能。行政的范围是变化着和发展着的。不同的国度、不同的地区,政府主管事务的多寡和干预领域的广窄会有很大不同。

不同时代、不同国度、不同地域行政“疆域”的大小取决于相应时代、相应国度、相应地域的经济和社会发展状况,取决于人们对“公共物品”的界定。如计划经济时代,人们把许多实质上属于非公共物品的事务纳入“公共物品”的范畴,让政府去管理本应由市场调节,并且市场有能力调节的事务和纯私人领域的事务,行政的“疆域”就会不适当地扩张,这是问题的一个方面。问题的另一个方面是,即使是“公共物品”,也不是只能由政府提供。在现代社会,政府以外的“第三部门”,即社会公共组织提供“公共物品”的比重越来越大。然而,在此种情形下,由社会公共组织提供“公共物品”的行为是否属于“行政”的范畴,是否可受行政法调整,或者说,行政相对人(公民、法人或者其他组织等)对其行为不服,是否可向人民法院提起行政诉讼,这是摆在行政法学者面前的一个新的问题。

社会公共组织提供“公共物品”的行为无疑不同于政府提供“公共物品”的行为:后者以国家公权力为后盾,前者只能依相应组织成员所达成的协议、章程(除法律、法规对之专门授权外)为行为根据。由于存在此种区别,传统行政法学者通常只研究国家公行政,而很少有人将社会公行政纳入研究范围。然而,随着20世纪后期国家权力向社会转移,这种情况有了很大改变,社会公行政开始逐步被纳入行政法调整的范围和行政法学研究的对象。

根据现代行政法学理论,行政不再仅指国家的职能、国家的作用或国家的活动,现代行政也指国家以外的非以营利为目的,而以为一般社会公众和本组织成员提供服务为宗旨的社会公共组织(如律协、医协、消协、村民委员会、居民委员会等)的职能、作用和活动。传统行政法和行政法学仅以国家行政为对象,这自然有历史的原因。因为在20世纪中期以前,作为国家和市场之外的“第三部门”的公共组织、社会团体尚未得到充分发展,其与一般社会公众和组织成员亦未出现多大的利益冲突,从而也尚未产生要求法律调整的多大的必要性和迫切性。现代社会则不同。国家行政以外的公行政较前大为发展,国家行政权越来越多地向社会转移。一般社会公权力与国家公权力相比,虽然其与社会公众的距离相对较近,其权力行使较易于受到社会公众的监督,从而腐败的可能性和侵犯相对人权益的可能性相对较小(这正是社会公权力和社会公行政发展的重要原因)。但是社会公权力毕竟是一种权力,既然是权力,如果仅凭社会监督而没有法律和制度的制约,同样会产生腐败、滥用和侵权的威胁,从而其与一般社会公众和相应社会组织成员亦会产生利益矛盾和冲突。因此,现代行政法将国家行政以外的社会公行政纳入行政法的调整范围(包括可对之提起政行政诉讼,人民法院可对之进行司法审查)就不仅具有必要性,而且随着市场经济的发展和社会公权力作用范围的扩大而越来越具有迫切性。社会公行政既然应纳入行政法的调整范围,那么,它应作为行政法学研究的对象也就是理所当然的了。教育部高等学校法学教学指导委员会组织编写的 21 世纪课程教材《行政法与行政诉讼法》一书指出,"国家行政属于公行政,但公行政并不等于国家行政。公行政除了国家行政以外,还包括其他非国家的公共组织的行政,如工会、妇联、青联等社会组织、团体,律师协会、医生协会、注册会计师协会等行业组织,村民委员会、居民委员会等基层群众性自治组织的行政。传统行政法学通常只研究国家行政(国家行政机关的行政)。20 世纪中期以后,各国行政法学大多将国家行政以外的公行政也开始纳入研究的范围"。① 例如,许多英美行政法学著作在讨论正当法律程序原则中引用公立学校开除学生学籍、给予其他纪律处分的案例以及律师协会吊销开业律师执照的案例。德国、法国、日本等国的行政法学著作大多单设专章研究国家行政机关(包括中央和地方行政机关)以外的公法人行政。我国人民法院的行政判例近年来也开始涉及国家行政机关以外的公行政问题。②

---

① 姜明安主编:《行政法与行政诉讼法》,北京大学出版社、高等教育出版社 2005 年版,第 2 页。

② 近年来,一些地方人民法院开始受理被高等学校拒绝录取,而原告自己认为符合高校录取条件的考生对高等学校提起的诉讼,以及高校学生不服校方开除、退学处分或拒发毕业证、学位证而提起的诉讼。法院将被诉的高校作为法律、法规授权的组织而归入行政诉讼被告的范畴。例如,1998 年 10 月 5 日,北京市海淀区人民法院受理了北京科技大学毕业生田某不服其所在学校拒绝向其颁发毕业证书、学位证书以及拒绝为其办理毕业派遣手续的行为而提起的行政诉讼,并且于 1999 年 2 月 14 日判决被告北京科技大学限期向原告颁发毕业证书,对原告学位资格进行审查和为原告办理毕业派遣手续。参见《人民法院报》1999 年 6 月 8 日,第 4 版。

二、行政“疆域”的变迁

考察西方国家行政发展的一般轨迹,通常都经历了从19世纪行政疆域的相对狭小,行政管理职能的相对有限(多只限于国防、外交、社会治安、税收和邮政寥寥数项),到20世纪特别是20世纪30年代以后,行政疆域大为扩张,行政职能大为膨胀的重大转折。尽管在19世纪以前,德国等一些欧洲国家在“绝对国家”时期也曾有过广泛和积极的行政(相对于“消极行政”而言),但那时行政的范围远不能与20世纪“行政国家”时期的行政相比。20世纪以后行政疆域之所以大为扩张,行政职能之所以大为膨胀,其重要原因之一是人们在经历了自由市场经济创造了那么多的奇迹,给人们带来了那么多的财富和机会之后,突然面对“市场失灵”导致的大灾难而手足无措,转而过分相信政府,相信行政权,认为政府及其行政权是万灵的,能够医治“市场失灵”和解决人们在社会生活中发生的种种问题。于是,大肆扩张政府机构,不断增加行政职能,以致行政的疆域大大突破了国防、外交、安全、税收、邮政等传统的边界。20世纪行政新扩充的领域主要包括:(1)干预经济,对经济活动进行规制;(2)调控国内国际贸易、管理国内国际金融;(3)举办社会福利和社会保险;(4)管理教育、文化和医疗卫生;(5)保护知识产权;(6)保护、开发和利用自然资源;(7)控制环境污染和改善人类生活、生态环境;(8)监控产品质量和保护消费者权益;(9)管理城市规划和乡镇建设;(10)直接组织大型工程建设和经营、管理国有企业;等等。①

我国和计划经济时代苏联、东欧国家的情况与西方国家的情况有所不同,人们从一开始就相信政府。特别是人民政权建立之初,国家在恢复国民经济和工业化建设方面取得了某些成就之时,人们对政府的信任简直达到了“迷信”的程度,认为社会主义国家的政府无所不能,故赋予政府管理一切、干预一切(从社会经济活动到公民的私人生活)的职能。

从整个东西方国家的情况考察,国家行政职能扩张包括两种情形:第一种情形是适应社会发展的需要,为保障社会的发展和进步所必须。如举办社会

---

① 参见姜明安主编:《行政法与行政诉讼法》,北京大学出版社、高等教育出版社1999年版,第4页、第99-101页。

福利和社会保险、保护知识产权、保护自然资源、控制环境污染和改善生活、生态环境、监控产品质量和保护消费者权益等(这些“公共物品”是否全部应由政府提供,公民自治组织等“第三部门”能否对此有所作为仍是一个需进一步研究的课题)。就生态环境的保护、改善而言,政府干预即非常必要:首先,环境关系经济、社会和人类本身的可持续发展。生态环境被破坏了,动植物不能生存,人类本身也就无存身之地。其次,生态环境作为一种“公共物品”,不同于经济,其不易为企业、组织、个人所重视、关注。对于经济,即使行政机关不过问,企业、组织、个人为自己的生计,也会努力去发展、推进;但是,对于生态环境,行政机关如果不干预,企业、组织、个人往往就会听之任之,很少会有人花大量的钱去治理污染,改善自己和他人共享的环境。最后,治理和改善生态环境有时需要多方面的合作和大量的财政支出,个别企业、组织、个人往往难以胜任,一般须由行政机关加以组织、协调或由行政机关直接进行相关工程建设。过去,人们环境意识差,为了发展经济而掠夺性、破坏性地发资源,导致了严重的污染和其他公害,给人类的生活环境和生态环境造成极大的损害。20世纪中叶以来,一些国家开始意识到生态环境问题的严重性,开始主动进行治理。但是地球整个环境恶化的势头目前尚没有完全遏制住。因此,保护和改善生态环境仍然是21世纪世界各国政府的共同的重要职责。

国家行政职能扩大的第二种情形则是人们对于国家作用的认识误区所致。由于被一些表面的、暂时的现象所迷惑,如西方国家在20世纪30年代经济大危机后通过政府广泛干预而使经济得以恢复并走向繁荣的事例,我国在新中国成立后通过推行政府计划经济使国家由农业国迅速转变为工业国,以及我国在20世纪50年代通过政府对经济及社会生活的全面领导、干预而使国民经济迅速发展的事例,使很多人进而认为,国家和政府无所不能,从而赋予其全面干预经济、甚至干预人们私生活的种种职能,使人们“从摇篮到坟墓”都依赖国家和政府,国家和政府逐步演变成“行政国家”和“权力过于集中的政府”。

“行政国家”和“权力过于集中的政府”是人们在“市场失灵”后对“公共物品”(包括反垄断,防止不正当竞争,调节社会收入分配,防止贫富过分两极分化,解决失业、生态环境污染、信息不对称等“外部性”“内部性”问题)需求大量增加,人们为满足此种需求而自觉或不自觉制造出来的一种物。此种奇特之物一旦制造出来,确实给人们神奇般地生产和提供了各种各样所需要的“公共物品”。但是,其在生产和提供这些“公共物品”时,也产出各种各样人们不愿看到的副产品。而且,“行政国家”和“权力过于集中的政府”的副作用随着时间的推移越来越严重,以至于有完全演变成一个社会“毒瘤”的趋势。这种现象即为行政国家的异化,亦称“政府失灵”,主要表现在下述五个方面:其一,对民主、自由和人权的威胁。在现代复杂的社会、经济生活中,人们为了保障民主、自由、人权,必须确立和维护相对稳定的秩序。而要确立和维护秩序,就必须有强有力的行政权,行政国家正是社会对这种强有力的行政权的需要的产物。然而,行政权过于强大,如果没有同样强有力的控制机制,它又必然形成对民主、自由、人权的威胁,使议会徒具形式,使法院听命于政府,使人民对行政官员心存畏惧。其二,腐败和滥用权力。行政权本来是人们为获取“公共物品”而设置的,但是当其异化以后,它即在为公众提供“公共物品”的幌子下,大肆为掌握和行使其权力的人提供“私人物品”。掌握和行使权力的人运用权力为他们自己谋取金钱、财物甚至美色(所谓“权钱交易”“权色交易”等)。他们本来是人民的“公仆”,但却以权力把自己塑造成“主人”,将行政相对人作为自己任意驱使的对象。他们可以对行政相对人乱罚款、乱摊派、乱集资、乱定规章制度、乱发号施令,行政相对人若不服从,他们即对之予以强制或制裁,甚至实施肉体和精神折磨。行政权的滥用和腐败,有时可以达到令人发指的地步。其三,官僚主义和效率低下。在行政国家的条件下,由于“帕金森定律”的作用,行政人员增加,行政机构膨胀。按照一般规律,人多应该是好办事、多办事。但是异化的规律却是“一个和尚挑水吃,两个和尚没水吃”。机构之间、办事人员之间互相推诿、互相扯皮,本来是一个部门能办的事,要找几十个部门,拜几十尊“菩萨”,盖几十个图章,更不要说这些部门门难进、事难办,“菩萨”脸难看、话难听了。其四,人、财、物资源的大量浪费。行政权的行使必须有相应的成本付出,这是自然的、正常的。但是当行政国家异化现象出现以后,行政权行使的成本会成倍地增加,以致造成人力、财力、物力资源的大量浪费。很多优秀人才的精力、才华并非用于事业,而是用于处理机关之间人与人的各种复杂关系;国家财政税收的大部分不是用于经济文化建设,而是用于成百上千万公职人员的“皇粮”开支(所谓“吃饭财政”)。其五,人的生存能力和创造能力的退化。行政国家往往与计划经济制度和过分的福利国家制度密切相连。实践证明,计划经济和过分的福利国家均不利于培养和激励人的竞争精神和创新能力。在一切都有国家保障的条件下,人们会逐渐养成依赖,甚至懒惰的品质;其生存能力会逐渐退化,以致经不住人生道路上的任何风浪打击。在行政国家的条件下,政府可能本是好心地为国民考虑一切、提供一切,但最终反而害了国民,最后还会使国家衰败。①

"行政国家"和"权力过于集中的政府"的产生,既有历史必然的因素,又有人为的因素。人制造的"行政国家"和"权力过于集中的政府",本来是为人的发展创造条件;但是,在其运作过程中,它却一步一步将人类带入困境。人类必须走出这个困境,走出这个"魔域",否则,就不仅不能发展,而且有自我毁灭的危险。自从20世纪中期以后,世界上越来越多的人开始看到和认识到这种危险。于是,许多国家开始采取各种措施限制行政权,控制行政权,转化行政权,限制和缩减行政的"疆域"。这样,到20世纪后期,大多数"行政国家"陆续过渡到"有限政府"。这中间过渡的一般途径是:其一,转变和缩减政府职能,限制行政权。在"行政国家"时期,政府什么事都管,什么事都做。政府不仅进行管理,而且从事生产和经营;不仅宏观调控,而且微观干预。这样就导致了行政职能和行政权的膨胀。现在要走出"行政国家",首先要做的自然就是转变和缩减政府职能,让政府少管"闲事"。过去政府管的许多事情本来是完全没有必要介入、没有必要管的"闲事"(如企业的产、供、销、人、财、物),这些事如果让"看不见的手"调节,会比政府管理更有效,而且可以避免腐败和人力、物力、财力的大量耗费。其二,规范行政行为,控制行政权。行政权必须限制、削减,但是在相当长的一个历史时期内不可能取消、废除。因此,人们走出"行政国家"的另一个重要途径是规范行政权的行使,控制行政权。而人们规范行政权、控制行政权的一个重要方法即是行政法治,包括行政实体法治和行政程序法治。其三,加强社会自治,转化行政权。在任何社会,社会公共体都是必要的,因为人们需要公共体提供"公共物品"。但是,公共体并不等于政府。政府不是唯一的公共体。"公共物品"除了可由政府提

① 行政国家的另一面是"过分的福利国家",瑞典等北欧国家可以认为是典型例子。现在世界上许多国家都在反思"过分的福利国家"的利弊。实践证明,政府管得过多,公民福利过多,确实不利于激发人们的进取精神,不利于社会经济的发展。

供外,还可由其他公共体——社会自治组织(如行业协会、公共事业组织、社会团体、基层群众性自治组织等所谓“第三部门”)提供。而且,非政府社会公共体的“第三部门”行使公共权力,即国家行政权力转化为社会公权力,可以避免或减少行政国家异化的许多弊端,如腐败、滥用权力等。因为非政府的社会公共体更接近公民,公民可更直接参与其运作和更直接对之进行监督。

三、科学界定政府职能,建设有限和有为政府

转变政府职能,首先,要求科学界定政府职能。不科学界定政府职能,转变政府职能就会失去方向。其次,转变政府职能要求依法规范政府职能。不依法规范政府职能,转变政府职能就不可能有保障,其目标不可能真正实现。关于政府职能的科学界定,国务院2004年发布的《全面推进依法行政实施纲要》提出了“推进政企分开、政事分开,实行政府公共管理职能与政府履行出资人职能分开,充分发挥市场在资源配置中的基础性作用”的原则。此前,《中共中央关于完善社会主义市场经济体制若干问题的决定》根据我国二十多年行政改革的经验,提出了四项实质性要求:其一,减少行政审批,改革行政审批制度,把政府经济管理职能转移到主要为市场主体服务和创造良好发展环境上来;其二,减少对企业经济活动的直接干预,加强对国民经济和社会发展中长期规划的研究和制定,确定经济社会发展的重大战略、基本任务和产业政策,以促进经济和社会的全面发展,实现经济增长与人口、资源、环境相协调;其三,减少对地方的指令性管理,加强对区域发展的协调和指导,调动地方的积极性,通过法律和政策促进不同地区的平衡和协调发展;其四,减少行政命令,改革行政决策制度,完善对重大经济社会问题的科学化、民主化和规范化的决策程序,促使在决策方面充分利用社会智力资源和现代信息技术,增强决策的透明度和公众参与度。

我们今天要求的科学界定政府职能和转变政府职能既有与西方国家自20世纪后期开始的“放松规制”运动的相同之处,又有与其不同之处。二者的相同之处在于:都强调建设“有限政府”,强调政府应该“瘦身”——精简机构,裁减人员;政府应该“归位”——把本应由市场调节、公民自治、社会中介管理能加以解决,且市场调节、公民自治、社会中介管理能够把问题解决得比政府更好的事交给市场、公民和社会,不再“越位”和“错位”。二者的不同之

处在于:是否在建设“有限政府”的同时建设“有为政府”? 西方的“放松规制”论者大多过分强调政府的“有限”“无为”,过分看待政府的消极作用而对政府的积极作用估计不够,过分估计市场的积极作用而对市场的消极作用估计不够,对“政府失灵”的危险性、危害性有清醒的认识却对“市场失灵”的危险性、危害性认识不足。中国提出和推动“转变政府职能”,则是在强调政府“有限”的同时,也强调政府的“有为”:既要求政府坚决地减少、放弃某些职能,不管其不应管、管不了和管不好的事;又要求政府加强、健全和完善某些职能,管其应该管、管得了和管得好(而其他组织则不一定管得好)的事。

当然,转变政府职能首先是要求“放松规制”,建设“有限政府”。“放松规制”和建设“有限政府”是转变政府职能的最主要的内容。之所以如此,是因为:第一,我国经历了长时期的计划经济时代。计划经济是建立在过分“迷信”政府作用,视政府为“万能”的理念基础之上的。现在我们虽然早已摒弃计划经济体制而走上市场经济的道路,但计划经济所基于的那种政府“万能”的意识、观念还顽强地残存在一些人的心中,很多时候还在影响我们的政策。第二,我国的行政法制尚不健全,特别是行政组织法不完善,对各个政府部门的职能缺乏法律严格的限制性规定,一些政府部门借此扩权,尽量扩充其职能,以获取更多的利益。第三,许多行政管理往往与利益相连:取得了管理权通常就获得了罚款权、收费权。罚款、收费一般还是合法的利益,至于不合法的、“灰色”的利益(权钱交易、权色交易等),对于某些政府工作人员则更具有吸引力,推动着他们去扩大政府职能和权力。第四,对于政府各部门负责人来说,管事越多就越能理直气壮地要求增加人员、扩充机构或提升机构级别,从而负责人自己的官阶也可能借此提高。

正是由于上述因素,导致了“全能政府”的出现,导致政府干预过多、规制过度。而政府干预过多、规制过度则必然产生多方面的弊病,甚至可能构成对经济社会发展的灾难性危害。首先,政府干预过多必然侵犯市场主体的自主权,从而窒息乃至扼杀市场主体的积极性、主动性、创造性。其次,政府规制过度必然影响市场经济活动的效率,如烦琐的行政审批会使市场主体耗费大量的时间、精力,并使其失去灵活性、应变性,从而导致其在市场竞争中丧失机会,处于被动地位。再次,政府由于处在市场之外,对市场信息反应不可能如市场主体那样灵敏,从而其干预、规制有可能违背市场规律,给被规制企业造成重大损失。此外,政府的干预和规制权有可能被某些政府部门及其工作人员利用作为以权谋私、权钱交易的腐败机会。腐败不仅阻碍市场经济的发展,而且会毒化社会风气,损害政府与人民的关系。最后,市场经济体制虽然不排除必要的政府干预和行政规制,但毕竟是以市场主体的自由、自主为基础;如果允许过分的政府干预和过多的行政规制存在,必然会摧毁市场经济这个基础,更何谈完善市场经济体制。因此,作为完善市场经济体制基本条件的"转变政府职能"的主要内容只能是"放松规制",建设"有限政府"。

当然,如前所述,"转变政府职能"不等于"放松规制"。"转变政府职能"除了要求"放松规制",减少行政干预之外,同时要求政府加强某些与市场经济相适应,有助于促进市场经济发展,有助于促进统筹城乡发展、统筹区域发展、统筹经济社会发展、统筹人与自然和谐发展、统筹国内发展和对外开放的职能。这种政府职能的加强,是我国"转变政府职能"的题中应有之义。因为:第一,如同政府不是万能的一样,市场也不是万能的。市场缺乏政府一定的调控(主要指宏观调控)和规制,同样会产生"失灵",这同政府对市场干预和规制过度会产生"政府失灵"是一个道理。第二,"中国特色"的市场经济与一般市场经济既有共性,也有特性。这种"特性"是由中国特有的政治、经济、文化的历史和现状决定的:中国是一个大国,各地发展不平衡;中国是一个发展中国家,且实行过长时期的计划经济体制,市场经济难以自发生成;中国是一个有着集体主义和均贫富思想文化传统的国家,人们不乐见过分的收入差别,特别是不容忍通过不正当手段获得的暴富。中国的这些"国情"决定了中国的市场经济需要较一般市场经济稍多一些政府调控和规制。第三,政府与市场的关系是发展的:在一定的时期,市场可能存在某些需要政府调控和规制的特定问题,而在另一时期,这些问题可能消失而不再存在,或者问题虽然存在,但已不再需要政府调控和规制。同时,新的时期也可能产生需要政府调控和规制的新问题,如随着工业化发展而产生并日益严重的环境问题、生态问题,因经济社会未能协调发展而产生的公共卫生突发事件如"非典"一类的问题,还有如亚洲金融风暴等突发性经济危机问题。这些新型问题一般难以通过市场自发调节解决,而需要借助一定的政府干预和规制加以解决。为处理这些新型问题,政府在减少某些旧的传统职能的同时,有必要增加某些新的职能。

根据《中共中央关于完善社会主义市场经济体制若干问题的决定》,我国在发展、完善市场经济的新时期,政府在“转变经济管理职能”的过程中,应注意加强下述职能:(1)服务职能。政府应努力为行政相对人服务,为市场主体服务,为相对人提供私人不能提供或不愿提供的“公共物品”,为市场主体创造良好的发展环境。(2)宏观调控职能。政府应健全国家计划和财政政策、纸币政策等相互配合的宏观调控体系,同时应完善统计体制,加强对经济运行的监测,保障国民经济的整体平衡协调发展。(3)规划职能。政府在摆脱对市场经济活动具体干预的同时,应加强对国民经济和社会发展全局性问题的中长期规划,通过规划提出发展的重大战略、基本任务和产业政策,促进国民经济和社会的全面发展,实现经济增长与人口、资源、环境的平衡。(4)协调职能。政府应协调不同所有制,不同规模、不同性质、不同类别市场主体的关系,协调城乡发展,协调区域发展(如采取措施,推进西部大开发、发挥中部地区综合优势、振兴东北地区老工业基地、鼓励东部地区率先实现现代化等)。(5)指导职能。行政指导既可以认为是一种新的政府职能,也可以认为是一种新的行政管理手段和方式。即政府通过指导性法规、规章、规范性文件等向行政相对人宣示政策,提出建议、意见,引导(而不是强制)行政相对人作出或不作出某种行为,以实现一定的行政目标(如秩序维护、环境保护、生态平衡、安全保障等)。

在市场经济体制下,政府除了行使这些新型职能以外,自然仍必须保留某些旧的传统职能,如行政审批、行政命令、行政征收、行政给付、行政确认、行政裁决等。尽管这些职能必须尽可能减少,职能行使的方式必须改革(增加行政相对人的参与以及法律程序的控制),但是不能完全取消。转变政府职能的目标是既“放松规制”,建设“有限政府”,又加强服务和规范管理,建设“有为政府”。“有限政府”“有为政府”都是市场经济之所需,都是民之所需,从而都是执政为民之所需。

四、改革行政管理体制为依法行政提供制度保障

国内外行政法治的经验证明,深化行政管理体制改革既是推进依法行政,建设法治政府的内容,又是推进依法行政,建设法治政府的保障。正因如此,国务院《全面推进依法行政实施纲要》明确将改革行政管理体制作为我国

推进依法行政，建设法治政府的目标，并确立改革行政管理体制和具体任务：即通过明确改府之间、各部门之间的职能权限，保证行政管理的公正性和有效性，打击地方保护、部门保护主义和行业垄断，建立起行为规范、运转协调、公正透明的行政管理体制和权责明确、行为规范、监督有效、保障有力的行政执法体制。

为此，《全面推进依法行政实施纲要》提出改革行政管理体制的四项要求：第一，合理划分和依法规范各级行政机关的职能权限。“合理划分”，主要是解决行政权力的纵向和横向的科学配置问题，使之既保证有利于发挥地方和部门的积极性，又有助于防止产生“地方保护主义”和“部门保护主义”。所谓“依法规范”，主要是解决行政机关的组织机构、人员编制、职责权限的法定化问题，防止在政府内部滋生机构膨胀、人浮于事、职责不清、互相推诿、互相扯皮的官僚主义和衙门作风。

第二，完善依法行政的财政保障机制。财政保障机制是行政管理体制的重要组成部分。对此，《全面推进依法行政实施纲要》规定了五个方面的具体措施：(1)完善集中统一的公共财政体制，逐步实现规范的部门预算，统筹安排和规范使用财政资金，提高财政资金使用效益；(2)清理和规范行政事业性收费等政府非税收入；(3)完善和规范行政机关工作人员工资和津补贴制度，逐步解决同一地区不同行政机关的相同职级工作人员收入较大的矛盾；(4)严格执行“收支两条线”制度，禁止行政机关设立任何形式的“小金库”；(5)行政事业性收费和罚没收入全部上缴财政，严禁以各种形式返还，行政经费统一由财政保障，实行国库集中支付。

第三，改革行政管理方式。行政管理方式与行政管理体制有着紧密的联系：管理体制在很大程度上决定管理方式，管理方式也影响甚至决定管理体制。关于行政管理方式的改革，《全面推进依法行政实施纲要》规定了四个方面的具体做法：(1)充分运用间接管理、动态管理和事后监督管理等手段，减少对社会事务的直接的、微观的和事前的干预；(2)充分利用行政规划、行政指导、行政合同等方式的作用，减少行政许可、行政处罚、行政强制等强制性行政手段的适用；(3)加快电子政务建设，推进政府上网工程，扩大政府网上办公的范围；(4)在政府部门之间尽快做到信息互通和资源共享，提高政府办事效率。

第四,推进政府信息公开。政府信息公开可以认为是上述改革行政管理方式的一项措施,《全面推进依法行政实施纲要》之所以将其单独列为改革行政管理体制、建设法治政府的一项要求,是因为政府信息公开对于提高政府的政务透明度,保障行政相对人的知情权,促进政府依法行政具有特别的意义。为此,《全面推进依法行政实施纲要》明确要求政府信息除涉及国家秘密、商业秘密、个人隐私,依法可不予公开的以外,应一律向社会公开,允许公众查阅,行政机关应为公众查阅政府信息提供便利条件。

行政管理体制和方式的改革是一个需要不断深入进行的系统工程。在推进依法行政,建设法治政府的道路上,只要还存在产生体制障碍的条件和环境,我们就必须不断深化改革、创新体制。否则,推进依法行政,建设法治政府的目标就不可能实现。

从“中国爱眼协会”申请成立受阻案说起*

写作背景：在各种行政审批、行政许可中，对社会组织、团体的审批和许可较为特殊。由于我国目前尚未制定“社团法”，行政机关审批、许可的裁量空间很大。一些行政机关及其工作人员观念转变不到位，从而导致行政相对人申请获得许可难度很大。“中国爱眼协会”申请成立的审批、许可就是一个典型的例子。由于国务院的《社会团体登记管理条例》（以下简称《条例》）对公民申请成立社团规定了“双重许可”程序，即公民申请成立社团，首先要经其业务主管单位审查同意，然后再经民政部门审查登记。对于民政部门的审查、许可，《条例》规定了较为严苛的条件，如需要有固定的住所，有3万元（地方性或跨行政区域的社团）到10万元（全国性社团）以上活动资金等。对于业务主管单位审批程序，《条例》没有规定任何条件、程序或时限，业务主管单位完全可以凭自己的主观意志决定同意或不同意，决定在什么时候（哪怕是几年以后或更长的时间）作出同意或不同意的答复，或根本不予答复。对于这种情况，人民群众希望尽快加以改变。所以，笔者受《中国发展观察》记者的约请，撰写了这篇评论。

2006年3月1日，北京市第一中级人民法院（以下简称一中院）受理董某诉卫生部不答复筹备“中国爱眼协会”申请的行政诉讼案。2006年5月17日和25日，一中院两次开庭审理。

董某曾作为“全国爱眼日”4位最先倡议人之一。早在1992年，董某与国

---

* 该文原载《中国发展观察》2006年第12期。

内3位眼科医学权威教授一联合发起设立“全国爱眼日”倡议。4年后,卫生部等16个部委将每年6月6日确立为“全国爱眼日”。

董某起诉卫生部的理由是:自2000年来,他联合国内100余位医学专家向卫生部提出的批准筹备“中国爱眼协会”的申请悬而无果,“申请先后递交9次,均没得到正式答复”。原告请求法院判决被告履行法定职责,对是否批准筹备社团作出书面决定。被告答辩认为,卫生部至今尚未正式受理董某等人的申请,而且本案件已经超过了提起行政诉讼的法定期限。

党的十六届六中全会公报指出,构建社会主义和谐社会的目标和主要任务是:社会主义民主法制更加完善,依法治国基本方略得到全面落实,人民的权益得到切实尊重和保障……结社自由是宪法确立的公民的基本权利,这一基本权利能否得到切实尊重和保障,直接关系民主法制能否真正确立,关系依法治国基本方略能否真正实施,从而关系构建社会主义和谐社会目标能否真正实现。

结社自由是社会主义民主的题中应有之义。因为人民是分成不同的阶层和群体的,各个阶层和群体要参与国家政治生活,要使自身的利益在社会共同体的合作和博弈中得到维护,就必须组成一定的团体,形成一定的话语权。否则,就不可能建立有效的政治参与机制和培植现代民主政治运作的土壤与环境。

结社自由也是社会主义法制和法治的题中应有之义。因为作为法制、法治基本依据和基本手段的法律、法规,应是人民利益和意志的反映和体现。而人民要在立法中反映和体现自己的利益和意志,主要是依靠代表制。无论是人大代表,还是听证会、论证会的代表,如要真正代表人民利益和意志,则其产生即应与一定的社团、组织相联系。特别是弱势群体,他们只有通过结社,以社团集体的力量才能保证其利益和意志在法律、法规和政府决策中得到反映和体现。

结社自由促进民主、法制建设,进而促进和谐社会目标的实现,这对于和谐社会构建的作用还只是间接的。其直接的作用表现在:首先,人们组成社团,形成一定的共同体,可以协调组织内部的关系,从而最大限度消除社团内部成员之间的矛盾和冲突。其次,社团可以沟通不同群体间的相互关系,促进不同阶层人们的相互了解、相互信任,同时可以减少不同社会阶层、不同群体间信息交流和社会交易的成本。再次,公民自愿成立社团是制约政府和政府部门的有效机制,是密切政府、政府官员与人民关系的纽带。最后,社团的建立,特别是如爱眼协会、爱耳协会、野生动物保护协会、绿色和平组织等,对于保护人的生态环境、保障人与自然的和谐,保障社会、经济的可持续发展,有时可发挥比政府更大、更有效的作用。

然而,我们在过去一个很长的时间内对结社自由没有正确的认识。我们的一些同志不仅看不到结社自由对构建和谐社会的必要性和诸多积极作用,反而认为结社自由不利于社会稳定,不利于社会和谐,在立法和执法的各个环节上限制和阻止结社自由。“中国爱眼协会”申请成立受阻案即再次凸显了这方面的问题。

首先,就立法层面而言。从中华人民共和国成立至今,国家一直没有制定“结社法”。尽管人民的结社自由权有宪法的明确规定,国务院也制定了法规层级的《条例》予以落实,但由于国务院的《条例》对公民申请成立社团规定了“双重许可”程序,即公民申请成立社团,首先要经其业务主管单位审查同意,然后再经民政部门审查登记。对于后一种许可,《条例》规定了较为严苛的条件,如有固定的住所,有 3 万元(地方性或跨行政区域的社团)到 10 万元(全国性社团)以上的活动资金等(当然,条件即使严苛,但毕竟有条件,条件既是对申请人的限制,也是对审批机关的限制);对于前一种许可,《条例》则没有规定任何条件、程序或时限,业务主管单位完全可以凭自己的主观意志决定同意或不同意,凭自己的主观意志决定在什么时候(哪怕是 5 年以后或更长的时间)作出同意或不同意的答复,或根本不予答复。

其次,就执法层面而言。尽管《条例》规定了行政机关审查批准的条件和时限(批准筹建的时限为 60 日,登记时限为 30 日),但行政机关完全可以种种方式和借口予以规避。如在本案中采用的方式和借口“申请人递交的申请材料不全”“申请人递交的申请材料不符合要求”等。你问他哪些不全,哪些不符合要求,他无可奉告。或者这次告知你这方面材料不全,不符合要求,下次告知你那方面材料不全,不符合要求;你一次次申请,他让你一次次回去补正材料。

最后,就司法保障层面而言。虽然《行政诉讼法》规定公民、法人或者其他组织认为行政机关和行政机关工作人员的具体行政行为侵犯其合法权益,有权依法提起行政诉讼,公民、法人或者其他组织对行政机关行政许可行为有权依法提起诉讼。但行政机关可以种种借口规避司法审查,如“社团登记行为不涉及相对人的人身权、财产权,不属于行政诉讼的受案范围”,“行政业务主管单位审查同意相对人建立社团的行为不是行政许可行为,从而是不可诉的行政行为”,等等。有些法院竟然也采纳行政机关的辩词,对行政机关不同意相对人建立社团的行为或对相对人申请不予答复的行为而提起的行政诉讼不予受理。

“中国爱眼协会”申请成立受阻案说明,在我们国人中,还有不少人的观念落后于党的十六届六中全会决议所体现的理念。他们对结社自由与构建和谐社会的关系缺乏正确的理解。此外,我们现行的立法、执法、司法对公民结社自由权的保障也存在若干不完善之处,不利于和谐社会的构建。因此,为了落实党的十六届六中全会决议,我们一方面要转变观念,正确认识结社自由对于民主、法治和构建和谐社会的作用;另一方面要适当调整我们的制度,进一步从立法、执法、司法等各个方面为公民行使结社自由权提供更全面、更充分的法律保障。

法治不允许政府为特定相对人设定特权*

写作背景:在21世纪初,一些地方政府为了招商引资,吸引外地投资者到本地投资,推出各种政策举措。如取消各种税费,免除各种行政处罚,给投资者子女中考、高考加分,推出投资者特别车牌,交警对这些车辆特别放行,不管其有无违规行为,等等。对此,社会公众对之颇有微词,甚至表示愤怒。故《法制日报》记者邀请笔者撰写了这篇评论。

近来,邯郸市为重点企业设置专用车牌的做法和许多其他地方类似的举措受到越来越多人的质疑乃至批评。也许质疑者、批评者们不一定都能明确和详尽地说出自己质疑、批评的理由、根据,但人们明显地感到这些做法和举措不妥,感到这些做法与自己潜意识中的社会主义法治理念不符。

从法治原理考察,这些做法和举措确实是错误的,违反了法的基本原则和精神,甚至违反了法的明文规定,尽管推出这些做法和举措的人的初衷、动机可能是好的。

首先,这些做法和举措违反了法的平等性原则。平等当然不是绝对的:法治允许给特定人设定某些特定优惠待遇,也允许给特定人设定某些特别限制。但是这些"优惠待遇"和"特别限制"必须符合正义标准,否则即构成"特权"和"歧视"。例如,你不能因身份——某人是富人,或某人是穷人,某人是官员或某人是平民等——免除其因违法而应受之惩罚,无论是刑罚还是行政处罚,无论是重罚还是轻罚。人们可以给予老红军战斗英雄等免票乘车的优惠

---

* 该文原载2007年9月23日《法制日报》第1版。

待遇,给予依法纳税的“纳税大户”以办理纳税手续的各种方便条件的优惠待遇,但任何人不能给予老红军、战斗英雄、“纳税大户”违法、犯罪不受罚的特权。我国《刑法》和《行政处罚法》都有对特定情形的违法人可以或应该从轻、减轻,乃至免除处罚的明确规定,但这些特定情形都不包括身份。又如,根据正义标准,可以给予特定人工作所特别需要的特别待遇,如给人民警察的警车配置警灯、警笛和给予其过交通收费站的特别通行权,这些都是人民警察工作的特别需要。但如果将这种特别待遇给予老红军、战斗英雄或“纳税大户”,就是制造身份特权。根据正义标准,政府也可以对特定产业发展或环境保护事业给予某种特别的政策优惠待遇,对当时当地经济发展和环境保护的有功人士给予某种奖励。但如果政府动用警力为这些有功人士提供专门保护,甚至给其子女中考、高考加分,就是制造身份特权,违反了正义标准。

其次,这些做法和举措违反了法的民主性和正当程序原则。民主和正当程序当然不意味着政府的任何决策都需要经过人民代表机关的讨论或同意,都要经过公众参与的程序,现代政府通常都享有广泛的行政自由裁量权。但是,根据现代民主原则,政府如果要动用纳税人的钱为特定人设定某种特别权利或待遇(如警力专门保护),政府要免除特定人的法定义务(如减免税负),政府要豁免特定人违法的法律责任(如减免刑罚、行政处罚),则必须经过人民代表机关的讨论或同意,必须经过一定的公众参与程序。否则,人民当家作主的地位就无以维护,公权力扩张和滥用的势头就无法遏制。

再次,这些做法和举措违反了现代法治要求的“有限政府”和依法行政原则。“有限政府”当然不是要求政府管事越少越好,“有限政府”同时应是有为政府。但“有限政府”要求政府不要干预可以和应该由市场调节、社会自治可处理和解决的事项,政府只应负责向社会公众提供“公共物品”——经济调节、市场监管、社会管理、公共服务。政府在提供“公共物品”方面可以和应该有为。如果政府不把精力放在提供“公共物品”上,而过分注重 GDP 的增长,为 GDP 增长而招商引资,为招商引资而为大商户、大企业主设定特权,就改变了政府本来的角色和应有的职能。现代政府可以和应该适度干预经济,但是政府如果把经济发展作为其主要目标乃至唯一目标,甚至为发展经济不择手段(如为特定相对人设定特权)时,法治政府就可能变成专制政府,为人民服务政府就可能变成为富人服务政府,依法行政就可能变成依长官意志行政。

最后,这些做法和举措也违反了现代法治要求的利益协调和平衡原则。法的重要功能是调整社会关系,协调各种不同利益集团的矛盾、冲突,实现社会和谐与平衡。现代法调节和平衡社会关系的一个重要趋势是利益适度向弱势群体倾斜,如经适房、廉租房制度,最低生活保障制度,穷困大学生减免学杂费制度等。而当下某些地方政府推出的为特定相对人设定特权的制度是完全与现代法治要求的利益协调和平衡原则背道而驰的:“纳税大户”有那么多钱,你免他的交通过路费干什么?给他免费医检、疗养干什么?他们对此有什么需要?政府无非想让这些“成功人士”在社会公众面前显露一种特权,一种优越感,以激发他们进一步推动当地经济发展的积极性。诚然,政府通过这些做法和举措可能(但也不一定)实现了这样的目的。但政府是否想到,实施这些做法和举措可能使另外一些人即一般社会公众,特别是弱势群体心生不平,心生一种挫折感乃至愤怒感,从而加剧社会矛盾和冲突?

任何政府决策、任何社会制度,通常都会有利有弊、有得有失;但利弊有大小之分,得失有多少之别。政府在推出某一决策和制度之前,一定要进行利弊得失的分析论证。像上述政府为特定相对人设定特权的决策和制度,如果相应政府在推出之前进行过认真的利弊得失分析论证,人们可以预期,它很可能就不会被推出,相应政府很可能会自动放弃,而不至于让它顺利推出,给社会带来种诸多消极作用。

行政许可法：建设法治政府的起步*

写作背景：1994年年初，笔者应邀去澳大利亚悉尼大学访学并参加一个学术会议。行前，笔者花费了几个月时间办理政审等各种出国手续，但直至外方邀请日期快到的前几天，护照仍然迟迟没有下来，以致邀请方给笔者来电话，问是否计划有变，是否继续赴澳访学。笔者立即去学校外事部门和教育部查询，最后总算在临走的前一天办好了护照和签证手续。笔者算运气好的，赶上了外方的邀请日期出国。当年有好些人申请护照出国参加国际会议，等会议开完了才办下护照。回忆那次出国经历，笔者深感《行政许可法》规定许可期限的重要性，故2009年《检察日报》记者林世钰对笔者进行《行政许可法》立法背景情况采访时，笔者专门举了这个例子。

记者：姜教授，听说你20世纪90年代出国访学办理护照时出了点问题，差点耽误了没有出成。这件事对你后来参加《行政许可法》立法有什么影响？

姜明安：是的，如果《行政许可法》早10年出台，我办理护照就不需要等待这么长时间。不要说等半年，等一个月（法定时间20天）我就可以到法院去告，让法院责令行政机关依法定期限为我办理护照。

《行政许可法》自2004年7月1日开始正式实施。这部法律被温家宝总理称作“行政机关自我革命”的法律。该法第42条第1款清楚写道：除可以当场作出行政许可决定的外，行政机关应当自受理行政许可申请之日起20日

---

* 该访谈原载2009年9月17日《检察日报》第3版，参见《行政许可法：立法中有五个“争点”》，载中国法院报，https://www.chinacourt.org/article/detail/2009/09/id/375086.shtml。

内作出行政许可决定。20 日内不能作出决定的,经该行政机关负责人批准,可以延长 10 日,并应当将延长期限的理由告知申请人。这意味着,现在人们出国最多在一个月内就能够办完出国手续,拿到出国护照。

记者:姜教授,你参加了《行政许可法》的整个立法过程,请你简单说说该法的立法背景情况。

姜明安:七年磨一剑,《行政许可法》的立法过程不可谓不漫长。

立法起意之初,正值我国市场经济刚起步,过多过滥的行政许可导致的腐败、效率低下使其为人所诟病。2002 年年初,应松年教授在全国人大常委会举行的一次法制讲座中曾痛陈:全国性行政审批事项最多时达 4000 多项,各省、自治区、直辖市行政审批一般也在 2000 项以上;程序烦琐,效率低下,一项审批往往要经过几十道手续;审批条件不公开,程序不透明,审批文件语焉不详,常常搞得申请人往返奔波;此外,还存在大量行政审批随意设置的现象,这些行政机关将国家权力部门化,部门权力个人化。

我参加《行政许可法》的立法,对每次座谈会、研讨会的内容都有粗略的记录。根据我的笔记本的这些记录,当时大家对该法立法的争论主要聚集在五个方面:

一是要不要立法。有人认为行政许可立法国外没有先例,我们也没必要制定一部独立的《行政许可法》。

二是许可设定权。有人主张法律保留,即行政许可只能由人大和人大常委会的法律设定;但也有人,特别是行政机关主张,国务院各部门的规章和地方政府规章也应赋予一定的行政许可设定权,否则无法进行行政管理。因为涉及各方利益问题,前几稿在这一问题上争议最大,翻来覆去地谈,最后经过博弈,定稿时把国务院各部门的许可设定权拿掉了,地方政府规章则赋予了临时许可(不超过一年)的设定权。

三是许可范围。哪些事项应该设定许可,哪些事项不应该设定许可,很不好定:用概括式弹性太大,解决不了乱和滥的问题;用列举式难以穷尽,难以对市场进行规制。争论的结果就是现在《行政许可法》第 12 条和第 13 条的表述,列举加概括,肯定加否定;有规范约束,也有一定的弹性。《行政许可法》第 12 条和第 13 条这两个条款"意义重大",因为此前政府认为自己的权力是没有边界的,而这两条告诉他们,政府的权力是有边界的,政府对市场和对社会的规制是要受法律规制的。

四是信赖保护原则。人们对这一原则的争议也是比较大的,许多政府部门,特别是地方政府负责人认为,行政许可的撤回、改变应不受限制,为了公共利益改变许可,没有补偿的必要。后来通过多次讨论,多数人意识到这个原则对于保障行政相对人的权益不受政府反复无常、滥用职权行为的侵犯是非常必要的,就写进法律里了。这是第一次在我国法律中明确确立信赖保护原则,为我国建设法治政府铺下了一块重要的基石。

五是行政许可程序。许可程序包括申请、受理、审查、决定、变更、期限、听证等,对这些过程的每一个环节如何规范都存在争论,如许可期限,有主张半年的,有主张3个月的,一直争持不下。后来定为一般期限20天,特殊情况可延长或依法律法规特别规定。这样规定是很不容易的,它大大方便了老百姓,尤其是国内外投资企业,对这一规定特别欢迎。20世纪八九十年代我出国,每次办理护照的时间几乎都在3个月甚至半年以上。如果那时有了这部法律,我们国人应该为此少花费很多时间和精力。

2003年8月27日,第十届全国人大常委会第四次会议高票通过《行政许可法》。这是世界上第一部单行的行政许可法(外国大多有统一的行政程序法)。这部法律的实施,无疑有利于打造"有限政府",减少规制,减少腐败,方便老百姓。

记者:姜教授,《行政许可法》实施的任务繁重,政府对此做了哪些准备工作?接下来还将做哪些工作?

姜明安:一个公民在一生中,要办理无数次行政许可,甚至在尚未出世时,就要办理行政许可——准生证。可以说,行政审批几乎浸透我们人生的每个阶段以及生活的每个角落。曾经,一些审批名目无奇不有:保姆证、模特证、玉米砍伐证等。其中,最著名的当属郑州"馒头办"颁发的"馒头许可证"。个体户要生产、销售馒头,必须先去"馒头办"进行行政审批,办一个"馒头许可证"要交上千元费用。后来经媒体曝光,郑州这个"馒头办"才被取消。

过去,行政许可另一个让老百姓难以忍受的是行政审批时间太长,我收集了媒体的一些报道:在连云港,办一个房地产开发项目要跑18个部门,经过69个环节,盖67个公章,办理时间为8个月;在浙江,某企业办理两项国家机电产品出口许可,其中一个项目的许可办了2年多,另一个项目办了3年多。

像这样的行政效率，哪个投资者能忍受？一个项目的审批要花一两年时间，合作伙伴可能就等不及了，投下的资金可能就泡汤了。

随着《行政许可法》的实施，这些现象并未完全终结，但得到了很多渐进的改善。似乎从未有一部法律有过《行政许可法》这样的“待遇”——法律通过次日，国务院就召开全国依法行政工作电视电话会议，部署贯彻《全面推进依法行政实施纲要》《行政许可法》实施等项工作。更让人注目的是，法律从颁布到正式实施的一年中，中国430万名公务员接受了执法前的专门培训。2003年4月24日上午9点整，浙江省22万名公务员一起走进考场，参加《行政许可法》考试。时任浙江省委副书记、省长的吕祖善和副省长盛昌黎、陈加元也出现其中，与全省公务员一起当了一回考生。他们的姿态有重要的宣示意义——依法行政，不分职位高低。

四个月后，一支高规格的、几乎汇集了首都各高校权威法学家的队伍，受司法部、国务院法制办委派，赴全国各地，对各级领导干部和政府工作人员进行《行政许可法》宣法工作。中国青年报记者万兴亚曾记录下当时的场景：这支被称为“宣讲团”的队伍每到一个城市，都受到地方主要行政长官的高度礼遇。中国人民大学法学院莫于川教授所在的宣讲团抵达海口时，敲定的宣讲时间与海口市委书记的原定日程冲突，大家以为市委书记会迟到，听一会儿就算了。没想到市委办公室专程打电话协调时间，表示市委书记对学习《行政许可法》非常重视，原定日程确实有重要事情推不掉，请求宣讲团调整时间，希望完整听取宣讲。

笔者作为行政法学者，经常被邀请到各地给政府官员讲授《行政许可法》。该法实施五年来，官员的依法行政意识比原来提高了很多。每次讲完课后，经常有官员和笔者继续交流，谈具体的拆迁、城市管理等问题，询问笔者他们应该怎么做才不会违法。

2003年10月，国务院曾发布通知，要求地方各级人民政府和国务院各部门抓紧做好有关行政许可规定的清理工作。凡与《行政许可法》不一致的有关行政许可的规定，自《行政许可法》施行之日起一律停止执行。清理工作要在2004年7月1日前完成。上至国务院各部门，下至地方政府，各级政府的“刮骨疗毒”行动早就开始了。国家质检总局取消了67项行政审批项目，占原有项目的50%以上；商务部宣布，将实行外贸经营主体备案登记制，取消对外贸经营权的审批;财政部决定取消103项行政审批等收费项目,涉及金额约18亿元。河北省共清理出省级政府规章和部门文件设定的行政许可项目125项,决定取消110项;四川省决定取消122项涉及行政许可事项的收费。

记者:姜教授,《行政许可法》实施后,法院受理行政许可案件将会大大增加。你能谈谈这方面的情况吗?

姜明安:就在《行政许可法》实施当日,上海就出现了所谓"行政许可第一案":从1992年开始,上海健生科技开发公司(以下简称健生公司)推广终止妊娠的药物"米非司酮"。2004年4月12日,上海市卫生局妇儿处下发红头文件,指定药具管理中心为上海市终止妊娠药品供应机构。使原本占有上海"米非司酮"销售市场2/3以上份额的健生公司业务全面停顿。健生公司遂状告上海市卫生局,要求撤销相关行政文件。与此同时,各地"行政许可第一案"也呈井喷之势,其中最引人注目的当属首例"扳倒"国家部委的行政许可案。2003年3月14日,因国家商标局拒绝受理自己代理商标注册申请,南京知识律师事务所主任汪旭东将国家商标局告上法庭。2004年7月22日,北京第一中级人民法院一审宣判国家商标局败诉,当时律师界和媒体一片欢腾。尽管这起案件并不是发生在《行政许可法》生效后,但与《行政许可法》有着千丝万缕的联系,也被法律界和新闻媒体称作"行政许可第一案"。

2004年,在全国法院行政审判工作座谈会上,最高人民法院一位负责人透露,随着《行政许可法》的实施,全国行政案件类型更呈多样化趋势。当年1月至9月,全国法院共受理一审行政案件67759件,比2003年同期增加了2847件。可以肯定的是,在这个增量中,许多"行政许可第一案"亦有"贡献"。

记者:姜教授,对于《行政许可法》的实施,你认为还有哪些问题应引起我们注意?

姜明安:《行政许可法》实施五年来,成效明显,政府行政行为(不限于行政许可行为)逐步规范,政府及政府公职人员的观念逐步转变,他们中的大多数人已开始认识到,行政不只是管理,更重要的是服务。对于老百姓来说,有了《行政许可法》,办事比过去方便多了。更重要的是,他们不再像以前一样,为跑一个批文、许可,要低三下四地去求人、请客、送礼,忍受"门难进、脸难看、话难听"的羞辱。现在,他们的人格尊严有了《行政许可法》的保障:你20天内不给我办理许可又不说明理由,我就到法院告你。

当然,我们对此也不可过于乐观。现在虽然有了《行政许可法》,但政府在实施中常常会打很多“折扣”:一些政府机关及其工作人员想方设法对之加以规避,使《行政许可法》被虚置。例如,一些政府部门经常以“非行政许可审批”“备案”“登记”等形式变相设定和实施许可、审批,规避《行政许可法》对其行为的规制。一些领导干部往往完全无视《行政许可法》规定的条件、程序,任意批条子,打招呼。要解决这些问题,保障《行政许可法》的真正有效实施,还必须加快我国政治体制和行政管理体制改革的步伐,党要真正做到依法执政,政府要做到依法行政。从长远来看,我们还必须制定一部统一的行政程序法,为政府的整个行政行为规定一套正当法律程序。

《行政许可法》确立行政法治两大基本原则*

写作背景：在《行政许可法》的立法过程中，对于许多问题，人们存在不同认识。有人认为，行政行为（包括行政许可行为）不同于立法行为，不能以法律赋予其确定力和稳定性，要根据客观情况的变化而变化，不能要求行政机关在给予相对人行政许可后就不能改变、撤销许可。行政行为亦不同于民事行为，不能将行政机关为适应公共利益需要而改变、撤销行政许可的行为视为"违约"，不能要求行政机关对因改变、撤销行政许可行为给行政相对人造成的损失予以赔偿或补偿。否则，国家利益和公共利益将不能得到有效的维护。有人认为，行政审批、许可是政府管理经济、社会事务的基本方式和基本手段，不能对之加以限制。如果限制行政许可的事项和范围，将不利于国家安全和社会公共利益的保护，不利于行政管理的效率。

对于这些似是而非的认识，如果不加以澄清，《行政许可法》的制定和实施将会遇到困难。为此，《人民日报》记者约请笔者撰写了这篇短文。

2003 年 8 月 27 日，第十届全国人大常委会第四次会议通过的《行政许可法》确立了规范我国行政许可行为的两大基本原则：信赖保护原则［英美法称"禁止反言"原则（Estoppel）］和有限规制原则［英美法称"放松规制"原则（Disregulation）］。这两项原则不仅适用于行政许可行为，而且适用于整个政府行使公权力的行为，是调整行政机关与公民、法人和其他组织之间的行政关系，建设法治政府的基本原则。在《行政许可法》的整个立法过程中（1996～

---

* 该文原载 2010 年 3 月 24 日《人民日报》第 18 版。

2003 年),立法草拟者为在该法中确立这两项基本原则进行了艰苦的努力。

一、行政许可作出后是否可以变更或撤销?

《行政许可法》是否要确立**信赖保护**原则,行政许可作出后是否可以变更或撤销?这在立法过程中是有争议的。有人认为,行政行为不同于立法行为,不能以法律赋予其确定力和稳定性,要根据客观情况的变化而变化,不能要求行政机关给予相对人行政许可后即不能改变、撤销许可。行政行为亦不同于民事行为,不能将行政机关为适应公共利益需要而改变、撤销行政许可的行为视为“违约”,不能要求行政机关对因改变、撤销行政许可行为给行政相对人造成的损失予以赔偿或补偿。否则,国家利益和公共利益将不能得到有效的维护。笔者和参与《行政许可法》草拟的许多同仁不同意这种观点,提出我们之所以要制定《行政许可法》,一个重要的原因就是长期以来我们许多行政机关缺乏诚信,行政行为往往反复无常,行政相对人取得行政许可后,行政机关随意撤销、变更,常常给行政相对人造成重大损失,甚至导致企业的破产、倒闭。行政行为虽然不同于立法行为,不能有立法行为那样的确定力和稳定性,但也必须有相对的确定力和稳定性。行政行为虽然不同于民事行为,不能将行政机关因公共利益需要改变、撤销已作出的行为视为“违约”,但行政机关对因改变、撤销已作出的行为给行政相对人造成的损失也应给予相应补偿。我们参与立法的大多数成员力主在《行政许可法》中确立**信赖保护**原则。笔者在行政法教科书中将信赖保护原则分解成三个要素:其一,行政行为一经作出,非有法定事由和经法定程序不得随意改变或撤销;其二,行政行为即使因公共利益需要改变、撤销,也应对之进行利益得失衡量,只有公共利益的“得”大于相对人利益的“失”时,方可改变、撤销;其三,行政行为因公共利益需要改变、撤销给行政相对人造成损失时应给予相应补偿。最后,《行政许可法》终于确立了**信赖保护**原则,在该法第 8 条中对这一原则的各要素进行了较好的表述:“公民、法人或者其他组织依法取得的行政许可受法律保护,行政机关不得擅自改变已经生效的行政许可。行政许可所依据的法律、法规、规章修改或者废止,或者准予行政许可所依据的客观情况发生重大变化的,为了公共利益的需要,行政机关可以依法变更或者撤回已经生效的行政许可。由此给公民、法人或者其他组织造成财产损失的,行政机关应当依法给予补偿。”

二、法律、法规设定行政许可是否应受限制?

在《行政许可法》立法过程中,如果说人们对行政许可设定主体加以限制,对是否一律取消国务院部门规章的行政许可设定权和基本取消地方政府的行政许可设定权(仅给予设定临时性许可的权力)曾经有过较大、较激烈争论的话,那么对于是否在《行政许可法》中确立有限规制原则,对法律、法规设定行政许可事项的范围是否亦应加以限制则存在更大、更激烈的争论。有人认为,行政审批、许可是政府管理经济、社会事务的基本方式和基本手段,如果对之加以限制,行政管理将无法进行。笔者和参与《行政许可法》草拟的同仁认为,长时期以来,我国行政审批、许可过多过滥是阻碍市场公平竞争和导致政府官员腐败的重要因素之一,从而制定《行政许可法》的重要任务之一是要解决行政审批、许可过多过滥的问题。而要解决这一问题,单靠限制行政许可设定主体是不够的,更重要的应是限制行政许可设定事项的范围。当然,限制行政许可设定事项的范围是一件非常困难的事情:有很多事项,如果完全在法律上禁止设定行政许可,行政管理确实可能无法进行,国家安全利益,人民生命财产、安全利益确实可能无法保障;但是如果完全在法律上不加限制,行政许可过多过滥的问题又无法解决。怎么办?立法只能在**有限规制**的原则上做文章,那就是既允许,又限制。然而这说起来容易,在法律条文上怎么表述,怎么体现则难之又难。立法小组写了一稿又一稿,经过了近五年时间的研究、探索,最终总算找到了一个将**有限规制**原则具体化的方案,这就是全国人大常委会最后通过的《行政许可法》文本的第 12 条和第 13 条。第 12 条规定可设定行政许可的六类事项,第 13 条规定这些事项在设定许可前要穷尽下述非许可规制方式,能通过非许可方式解决的事项可("可"实为"应")不设许可:行政相对人能自主决定的事项由其自主决定;市场竞争能有效调节的事项由市场调节;行业组织或中介机构能自律管理的事项由其自律管理;行政机关能采用事后监督或其他方式解决的事项以其他方式解决。这样,立法就使**有限规制**原则转化成可操作性的法律规范和制度了。

违法实施行政许可是“太空迷航”事故的重要原因*

写作背景:2010年6月29日16时45分,深圳东部华侨城“太空迷航”娱乐项目发生安全事故,造成6人死亡,10人受伤,其中5人重伤。事故发生后,深圳市成立以市安委办牵头,市监察、公安、市场监管、文体旅游、总工会等单位组成的事故调查组。事故调查组多名专家通过反复解读运行记录的“黑匣子”,分析现场遗留痕迹,初步查明“太空迷航”发生事故的基本过程:12个座舱在运行中,第5号座舱因支撑系统失稳与活动站台发生碰撞坠地,随后的4号、3号、2号座舱相继与坠地的5号座舱碰撞并失稳。接着3个失稳的座舱又与活动站台发生碰撞造成不同程度的损坏,由此导致部分座舱内的游客伤亡……事故发生后,《法制日报》记者约请笔者写了这篇评论。

一、事故的责任界定

发生这类事故并非因为立法不完善,而是执法和监督的问题。我们不能一出重大事故、事件或社会灾难就认为必然有立法缺陷方面的原因,埋怨立法不完善、不明确或立法位阶太低。有些事故、事件和灾难(如“三鹿奶粉事件”、暴力拆迁事件、矿难等)确实与立法缺陷有关,但有些事故、事件不是。就深圳东部华侨城发生的这一事故而言,立法的相应规定是比较完善和清楚的。既有《产品质量法》,管设备设施的质量;又有《安全生产法》,管生产、经营活动的安全;还有将这两个法律适用于此具体特定情形的行政法规和规章:

* 该文原载2010年7月6日《法制日报》第4版。

《特种设备安全监察条例》和《游乐园管理规定》。《特种设备安全监察条例》第 4 条规定，县级以上地方负责特种设备安全监督管理的部门对本行政区域内特种设备安全实施监察。根据该条例第 2 条的规定，大型游乐设施即属于特种设备。根据《游乐园管理规定》第 4 条第 2 款规定，县级以上地方人民政府园林、质量技术监督行政部门负责本行政区域内游乐设施的质量监督和安全监察工作；第 6 条规定，游乐园筹建单位对游乐园的建设地点、资金、管理技术条件、人员配备等方面，进行综合分析论证，经所在地城市人民政府园林行政主管部门审查同意后，方可办理规划、建设等审批手续。这些法律、法规和规章的规定可以说是明确的。只要把“太空迷航”娱乐设施生产、安装、运行各个环节的生产、经营单位和相应审批、许可、监管行政机关调查清楚，各方对事故的法律责任就一目了然。如果这次的事故原因是游乐设施质量出了问题，那生产该设施的厂家和负责技术鉴定的单位以及负责审批、许可的行政部门就脱不了干系；如果这次的事故原因是设备安装、运作中出了问题，那无疑应追究设备安装、运作经营单位和对之负有监管职责的政府园林、质监部门的责任。

二、事故启示与建议

首先，应加强《行政许可法》的执行。这类事故的发生，大多涉及行政审批许可的问题。有关行政机关及其工作人员对不达质量标准的设备设施不严格把关，疏忽大意予以放行，甚至是在拿了厂家的好处后故意放行不达质量标准的设备设施。为此，应通过严格执行《行政许可法》规定、行政审批程序制度和行政许可公开原则予以扼制。

其次，应加强对相应行政监管部门的监督。这包括三个方面：一是行政监察监督。监察机关要对监管部门主动进行监督，主动检查、督查，同时要收集公民、法人和其他组织的监督举报材料及媒体舆论的有关报道，根据情况及时依法对不作为和乱作为的行政监管部门采取监督措施。二是司法监督。事故事件发生后，公民、法人和其他组织的利益受到侵害，受害人即可以去法院告直接致害的生产、经营单位，也可以去法院告不作为和乱作为的行政监管部门、政府，进而要求赔偿。赔偿当然首先应由直接致害的生产、经营单位赔，但企业赔不起、赔不了的，受害人也可要求不作为和乱作为的行政监管部门赔偿,由他们负补充赔偿责任。三是人大监督。对于负有事故责任的行政监管部门负责人和政府首长,人大和人大常委会可通过质询制度对之监督和问责,行政监管部门负责人和政府首长必须向人大或人大常委会将事故原因和责任说清楚;说不清楚,人大或人大常委会即可启动罢免程序。过去我国人大和人大常委会没有将质询制度很好地运作起来,今后一定要使之充分发挥作用。

再次,应进一步完善问责制度。党中央和国务院办公厅去年发布了关于问责制的规定,但是规定还不是很具体。今后应对问责的主体、标准和程序进一步细化。特别是问责标准。应包括人员伤亡情况、财产损失情况、社会政治影响情况以及被问责人的主观过错和恶性程度等因素。并确定多大的事故由多高级别的领导人负责。使之规范化、制度化。

最后,则是应进一步加强政府信息公开。无论是产品、设备、设施的标准,还是审批、许可、监管的主体、标准和程序,或者是监督监管者的主体、职责、程序,都应该公开。这样,才能便于人民群众和媒体进行监督,才能最大限度地避免事故和灾难发生。

齐齐哈尔市26位的哥的营运许可证为什么办不下来?*

写作背景:2012年,黑龙江省齐齐哈尔市有26位出租车司机买了新车,却两年多办不下出租车营运许可证,他们有车上不了路,处于失业状态,造成家庭生活的极度困难。他们到处上访,但问题一直得不到解决。后来,央视新闻频道知道了这个情况,专门做了一期节目,探讨该问题的解决途径。在节目制作过程中,央视新闻频道记者就该案有关法律问题对笔者进行了采访,形成了这篇访谈录。

【央视新闻频道记者介绍齐齐哈尔市26名的哥办理出租车营运许可证的经过】

一名叫刘某江的的哥在两年前花了25万元从他的老东家恒兴出租车公司(以下简称恒兴公司)买来一辆新车,一直办不下证来。一开始他心疼车,还租了个车库保管这辆车,一年租金3000多元。后来他连自己的生活都很困难了,就狠狠心把车搁在了雪地里。刘某江一家三口人,母亲已经95岁高龄了。去年年底老人突发脑梗,幸亏抢救及时捡回了一条命,但却从此瘫痪,生活不能自理。刘某江跟妻子是两年前成的家(二婚)。他们一家的生活主要靠开车来维持。如今车上不了路,一家人主要靠每月225元的低保维持生活。另外,两口子再卖点菜补贴家用。每天凌晨4点左右,刘某江的媳妇崔某艳就起床开始忙活一家人的生计了。卖菜的收入除去进货的成本和摊位

---

* 该文是笔者2012年3月10日接受央视新闻频道记者采访的整理稿。

费,平均一天下来能挣到六七十块钱。

在齐齐哈尔市买了出租车却不能上路运行的的哥不止刘某江1人,一共有26人。他们买了出租车,但又上不了路,造成生活的极度困难。在2012年正月十六这天,这些的哥们约好一起去他们的东家——恒兴公司催问一下事情的进展。该公司经理刘某健说,恒兴公司原有100辆出租车,经营期限在2011年11月15日到期了,在2011年9月,他就向主管出租车行业的齐齐哈尔市运管处提出了申请,要求继续办理出租车运营许可证。但是,运管处至今也没有同意给他们办理。

2011年10月的一天上午,的哥们来到当地出租车行业的主管部门——齐齐哈尔市运管处。通过一番沟通之后,运管处指定让原出租车办公室主任潘某山接待他们。的哥们提出,希望运管处能帮他们办理出租车的落户手续,让他们的车能上路运行。"潘主任,我们要养家糊口,请尽快给我们解决吧。"潘某山答复:"我只是一退休干部,说了不算啊,我来之前,前任有一个结论,我来了后,领导又有一个结论。现在马上又有来接我的,我是承上启下,具体事情都不是我造成的,你们现在让我解决这事,我解决不了,我没办法。"

的哥们告诉记者,这两年来,他们曾经十多次来找过运管处,但每次得到的答复都差不多。他们决定,第二天跟恒兴公司经理刘某健一起,再去找主管出租车业务的运管处副处长刘某旭。刘某旭答复:"办证需招投标,你们公司如果招投标中标,你们就上(车)呗,没中标你们上什么?"刘某健说:"招投标你们没让我们参加啊!"刘某旭说:"那你们也没参加啊!"刘某健说:"你没让我参加我怎么参加?你不让我参加啊!"刘某旭说:"你们不够条件。"刘某健说:"我们哪个方面不够条件?"刘某旭说:"那你们自己根据招投标条件衡量呗。"

的哥们跟刘某旭处长争执了半天才闹明白,他们要取得出租车的经营权,就得参加齐齐哈尔市政府组织的公开招投标。恒兴公司不符合招投标的条件,没有中标,这是导致他们的出租车不能上路运行的关键原因。那么,恒兴公司究竟是一家怎样的公司,它为什么没有参加招投标呢?恒兴公司经理刘某健告诉记者,恒兴公司1999年经过齐齐哈尔市政府批准,获得了100辆出租车的经营权。后来由于出租车行业不景气,他们实际只投入了89辆车运营。在齐齐哈尔市,恒兴公司是个中等规模的出租车企业,因为经常给社会献爱心,拾金不昧,公司在当地小有名气,很多的哥的事迹也多次被当地媒体报道。因为服务质量好,公司还多次受到过齐齐哈尔市政府的表彰。

刘某江说,他们曾为齐齐哈尔市“绿博会”作出过贡献:免费接送外地乘客。经理叫我们多做点献爱心的事,包括在“高考绿丝带活动”中免费接送学生。的哥们说,正是因为看到恒兴公司良好的发展势头和口碑,他们才选择在恒兴包车。在齐齐哈尔市,出租车的经营权是以 8 年为一个周期的。的哥们交给恒兴的 25 万元中,包含了购车款,还有 8 年的“份儿钱”。据他们了解,从 2012 年起,齐齐哈尔市新投入运营的出租车 8 年中要缴纳的购车款和“份儿钱”加起来要 70 多万元,相当于他们交给恒兴公司的 3 倍左右。目前,等待恒兴公司的车上路运营,几乎是他们唯一的希望。“我们希望我们的车能上道,一上道了,运转了,所有的结我们就都解开了。车不能运转就等于我们都不能动。你们说现在又不能退车,你说让刘经理把车退回去他往哪去退呢?”

进退两难,正是恒兴公司经理刘某健的处境。他告诉记者,在齐齐哈尔市,要有出租车的经营权,最重要的是要取得这张道路经营运输许可证。2000 年,他通过政府的审批获得了这个许可证,许可证的有效期限到 2011 年 11 月 15 日。因为公司发展看好,在期限截止前两个月,他就信心满满地向齐齐哈尔市运管处提出了续期申请,但是,2011 年 11 月 17 日,齐齐哈尔市运管处以“公司车辆已经全部报废,没有可以营运的出租车辆,失去了继续经营的最基本的条件,已不具备运营资质”为由,作出了对恒兴公司的道路运输经营许可证不予审验的决定。刘某旭副处长说,恒兴公司的出租车不是报废了么?车报废了还怎么审验?刘某健说,车报废了我的企业没报废啊,但是刘某旭说,车报废了你的公司就停止了。

在齐齐哈尔市,跟恒兴公司情况类似的公司不止一家。其他公司是否也是车到报废年限公司也就要被迫停业呢?刘某旭副处长在出租车行业已经工作了 30 多年。他告诉记者,恒兴公司在 1999 年经过齐齐哈尔市政府的行政审批,获得了 100 辆出租车的经营权。当时,齐齐哈尔的城市中心,出租车公司有 50 多家,车辆 4500 辆左右。由于车辆过多,不但出租车行业利润微薄,公司和个人运营服务质量良莠不齐,也给主管部门的管理增加了难度。为了规范出租车市场管理,从 2000 年起,齐齐哈尔市取消了出租车经营权的行政审批,开始统一实行招投标制,面向社会公开招标。招投标由市政府组织物价、财政、交警、交通等 16 个部门通过市场调研以后,共同提出齐齐哈尔市的出租车运营政策,形成规定以后,由交通局下属的运管处负责实施。刘某旭说,考虑一次性投资到运输工具的消亡,我们规定运营车辆行驶的最高年限是8年,那么我们政府许可的年限就是8年。

按照齐齐哈尔市政府的政策,出租车运营满8年以后,出租车就得报废,同时出租车公司也得重新参加招投标,才能取得下一轮出租车的经营权。对于参加招标企业需要满足的条件,齐齐哈尔市政府也作出了明确规定:一是必须有经营车辆,而且经营车辆还必须符合国家规定的要求;二是必须有固定的经营场所;三是必须有固定的经营人员和管理人员;四是其安全生产和管理质量必须达标。这四个条件都得符合要求。恒兴公司在2011年的审核审验中不完全具备这四项条件,因此不能给他们经营资质。

记者询问刘某旭,你们审议恒兴公司资格的时候是因为他们没有合格的车了,这是唯一的原因吗？刘某旭说,是他们没有合法的经营工具了,不是说他们不具备买车条件。记者说,刚才你说他们没有合法运营车辆,但是恒兴公司不是买了20多辆新车吗？这个情况你们有没有进行调查？刘某旭说,我们没有进行调查,我们不需要那样做,我们为什么要调查啊？所有公司买车我们运管处都要去调查,这是不可能的。

按照刘某旭的说法,恒兴公司办证所需具备的经营车辆、固定的经营场所、固定的经营和管理人员、安全生产和管理质量达标这四个条件中,只有第一项必备的经营车辆这一条是不达标的。而为了满足这一条,恒兴公司买下20多辆新车,准备参加下一轮的出租车经营权竞标。那么,在有了车之后,恒兴公司是不是就具备了参加竞标的条件呢？刘某旭说,招标对象报名的要求是:相应出租车企业应该在我市北三区经营两年以上,且2010年度道路运输许可证审验合格,或者其资产在4000万元以上、资产负债率在80%以下、流动资金在2000万元以上的其他行业大中型企业。

由于参加招投标的先决条件是要上一年度的道路运输许可证审验合格。恒兴公司因为营运满8年的车辆已经全部报废,运管处即作出了不予审验恒兴公司道路运输许可证的决定。这就意味着,恒兴公司还没有参加招投标,就已经在下一轮的8年出租车经营权的竞争中提前出局了。那么,对于其他营运时间满8年的出租车公司,齐齐哈尔市运管处又是怎么管理的呢？刘某旭说,其他公司都是可以积极参与招投标的,有的公司就中标了。今年共有10家公司中标,新来的不到3家(我记得不是很准确),但多数都是老公司中标。

记者问刘某旭,中标的大多数都是老公司？那他们8年的试用期到了之后也都作废了，他们在这之后也没有车了。那为什么就不给恒兴公司这个资格呢？刘某旭说，如果连续空档不超过两年，我们允许其参加招投标。至于恒兴公司为什么失去了这个资格，我不是太清楚。

可见，恒兴公司未参加招投标，并不是其没有参加招投标的资格，也不是恒兴公司不愿意申请参加招投标，而是齐齐哈尔市运管处作出了不予审验其道路运输许可证的决定。

记者：请问姜教授，行政机关在行政许可中作出不予审验相对人资格的性质是什么？是否相当于行政处罚？需要符合怎样的条件？运管处的做法是否合法？

姜明安：《行政许可法》第50条规定，被许可人需要延续依法取得的行政许可的有效期的，应当在该行政许可有效期届满30日前向作出行政许可决定的行政机关提出申请。但是，法律、法规、规章另有规定的，依照其规定。行政机关应当根据被许可人的申请，在该行政许可有效期届满前作出是否准予延续的决定；逾期未作决定的，视为准予延续。

根据《行政许可法》的这一规定，只要恒兴公司提出了延续依法取得的行政许可的申请，齐齐哈尔市运管处就必须在2011年11月15日前作出是否准予恒兴公司延续许可的决定。《行政许可法》没有规定什么"予以审验"或"不予审验"的程序。如果齐齐哈尔市运管处认为其作出"不予审验"行为合法，他们必须列举出比《行政许可法》法律效力还高的法律根据；否则，其行为只能认定是违法的。

这个案子除了合法性，还有一个合理性的问题：一个已经取得生产、经营许可证的企业需要延续许可证，是否需要再次经过招投标程序，《行政许可法》对此没有明确规定。从合理性角度讲，招投标程序只应适用初次许可而不应适用延续许可；否则可能造成大量的社会问题：原生产、经营厂房、设备的报废，企业原职工的失业以及因此产生的大量矛盾、纠纷，甚至导致社会稳定方面的风险。如果取得生产、经营许可证的企业在生产、经营过程中违法或丧失原许可条件，行政机关完全可以对之予以行政处罚，直至吊销其许可证。

记者：姜教授，行政机关对一种政策采取两种执行法，请您从法律角度评价齐齐哈尔市运管处的做法是否适当。

姜明安：行政法的公平原则要求，行政机关实施任何行政行为，必须平等对待行政相对人,同样情况,同样处置,不同情况,不同处置。否则,就是滥用职权。根据《行政诉讼法》第 54 条的规定,人民法院对于滥用职权的具体行政行为,应判决撤销或部分撤销,并可以判决重新作出具体行政行为。

在本案中,齐齐哈尔市运管处对于大多数老出租车公司营运满 8 年的报废的车辆允许其更换新车并予以审验后参与招投标,而对恒兴公司营运满 8 年的报废车辆却不允许其更换新车、予以审验后参与招投标,这明显构成"同样情况,不同样处置"的滥用职权行为。对于这种滥用职权行为,相对人如不服诉至法院,法院应确认违法。

应当指出,本案行政管理机关齐齐哈尔市运管处及其工作人员滥用职权的行为不仅表现在违反法律公平原则上,而且表现在他们对待行政相对人蛮横、冷漠的工作态度上:他们以恒兴公司没有用新车更换报废车对其申请许可延续"不予审验";恒兴公司说他们买了 20 多辆新车,他们又不认可;恒兴公司让他们去调查,他们又说不需要做那样的调查。其态度过于蛮横、冷漠,真是要活活把人气死。他们不给许可申请人颁发和延续许可,说申请人不具备申请条件,未经过招投标;当申请人质疑他们给其他公司颁发许可并不审核其是否具备相应条件,不要求经过招投标时,他们又说每一次的行为都是不同的,政府要根据实际情况权衡利弊,作出决策。

行政机关对于特定公司进行特许行为,可以设定一定的特殊条件。但是这种特殊条件应该是有法律根据的,是符合公平正义的要求的。而不应该由某个领导或工作人员随心所欲地确定。齐齐哈尔市运管处官员的上述言论,显然与法律的公平正义原则相差甚远。

记者:2010 年,齐齐哈尔三个中心城区的出租车公司也由原来的 50 多家减少到现在的 35 家。但是,这些公司并非像刘某旭副处长所说的,都是通过公开招投标取得经营权的。例如,2009 年,一家叫星火的出租车公司就通过特许经营的方式,获得了 150 辆赛豹出租车的经营权。刘某旭说,这家公司是经过市委常务委员会讨论同意给予他们出租车经营权的,市委常务委员会认为该公司给齐齐哈尔市就业作出了很多贡献,可以给他们特许经营权。

请问姜教授,什么是特许经营?这种特许经营的做法是否符合《行政许可法》的公平原则?

姜明安:特许经营是指行政机关通过 BOT(build-operate-transfer)方式将

政府的重大公益事业（如自来水、燃气、高速公路、城市道路、地铁等）项目通过招投标、拍卖等途径交付具有相应资质的企业建设、经营，该企业需自己筹措建设资金建设。项目完成后，其可在一定期间（如20年或30年）内经营并获取利润。特许经营期结束，特许经营企业要将该项目无偿转交行政机关。《行政许可法》第53条至第55条规定的通过招投标、考试考核以及检验检测方法实施的行政许可在学理上一般被称为“特许”（特别许可）。特许恰恰要严格遵守法律规定的特别程序（如招投标、考试、考核以及检验、检测等），而不是由领导人（无论是领导人个人还是领导人集体）随心所欲地决定。《行政许可法》第53条规定，实施涉及“公共资源配置”的行政许可，行政机关应当通过招标、拍卖等公平竞争方式作出决定，除非法律、行政法规另有规定。“行政机关违反本条规定，不采用招标、拍卖方式或者违反招标、拍卖程序，损害申请人合法权益的，申请人可以依法申请行政复议或者提起行政诉讼。”

根据《行政许可法》第74条第3项的规定，依法应当根据招标、拍卖结果作出准予行政许可决定未经招标、拍卖，或者不根据招标、拍卖结果作出准予行政许可决定的，应由其上级机关或者监察机关责令改正，对直接负责的主管人员和其他直接责任人员依法给予行政处分；构成犯罪的，依法追究刑事责任。

《行政许可法》已经制定、实施近10年，为什么在一些地方实施不了，一个重要的原因就是没有对违法者严肃追究责任。就本案而言，如果齐齐哈尔市政府的上级机关或者监察机关对未经招标、拍卖作出准予行政许可决定的直接负责的主管人员和其他直接责任人员依法给予撤职、降职、记过、记大过处分，他们下次还可能这样做吗？齐齐哈尔市政府的上级机关或者监察机关为什么不监督、不作为？是因为齐齐哈尔市和黑龙江省的人大常委会不作为，其人大代表和人大常委会委员未能就此对齐齐哈尔市和黑龙江省政府及其监察机关提起质询、追究其不作为责任。如果齐齐哈尔市和黑龙江省的人大代表、人大常委会委员能及时就此对齐齐哈尔市和黑龙江省政府及其监察机关提起质询，追究其不作为责任，齐齐哈尔市在实施出租车运营行政许可行为上就不会存在如此严重的违法行为而长时期得不到纠正。

对陕西延安城区交通运输局撤回453项个体出租车特许经营许可行为的合法性分析*

写作背景：2013年1月，陕西延安城区交通运输局、公安局共同发布通告，要求该市城区运营的453辆个体出租车立即停止营运，于2013年1月16日至25日与主管部门签订“停运补偿协议”，交出出租车及特许经营证。政府给每个经营户补偿30万元，分5年给付（每年6万元）；2013年1月25日24时未与主管部门签署补偿方案的，视为自动放弃补偿。对于这453户经营户来说，出租车营运是他们维持本人及家庭生活的基本手段，他们非常不愿意与政府签订相应协议和交出出租车及特许经营证。但是政府交通运输局和公安局强迫他们签订协议，不签就予以行政拘留。于是这些经营户就陆续到西安和北京上访。为了平息这个事件，中央电视台专门做了一期访谈性节目，并邀请笔者就行政机关行为的合法性进行相应分析。

【央视记者对陕西延安城区交通运输局撤回453项个体出租车特许经营许可行为的情况介绍】

2013年1月，陕西延安城区交通运输局、公安局共同发布通告，认定该市城区运营的453辆个体出租车特许经营证的期限于2010年10月31日到期，出租车运营者必须立即停止营运，于2013年1月16日至25日与主管部门签订协议，交出出租车及特许经营证。政府给每个经营户补偿30万元，分5年给付（每年6万元）；2013年1月25日24时未与主管部门签署补偿方案

---

* 该文是笔者2013年接受中央电视台记者采访的整理稿。

的，视为自动放弃补偿。个体经营户认为，停止他们的营运权给予他们的补偿严重不公。张某某说，他是 2009 年 12 月花 51 万元买下的出租车经营权，仅经营两年，现在还欠着 30 万元贷款。记者采访的 30 多名个体经营户中，大多数经营户是花 30 多万元到 60 多万元不等的价格在 2008 年到 2011 年买下的出租车经营权。他们中有大部分是借款买的车。出租车司机巩某某说，他的车刚买了 3 个月，花 55 万元买的，就这样给强行拿走了，他的贷款和利息今后怎么还？

但是，不管是哪一年买的车、花多少钱买的，背负巨额债务的个体经营户们获得的补偿一律都是 30 万元，而且每年只能拿到 6 万元，要 5 年才能把钱全都拿到手。这让一些欠款多的家庭陷入生活的极度困境。出租车司机党某某说，他没办法生活了，饭都吃不上。

该市为什么要收回 453 辆个体出租车的经营权？市交通运输局副调研员郝某某参与了整个收回经营权方案的制定和执行。他告诉记者，这 453 辆出租车的经营权是 1998 年获得的。根据《陕西省出租汽车客运管理条例》第 12 条的规定，“出租车经营期限不超过 12 年”，453 辆出租车的经营期限已于 2010 年 10 月 31 日全部到期。但是，个体经营户认为，该条例是 2006 年才颁布的，按照法律规定，它关于经营期限的规定，只能从生效之日起计算。如果按 12 年计算，个体经营户可以运营到 2018 年。即使是经营期限到了，个体经营户们应该也有获得下一轮经营权的优先购买权。

这些个体出租车经营户中有的是 2000 年前后买的车，有的则是 2012 年新政策出台前几个月才买的，政府为什么把对每户的补贴都定为 30 万元呢？市交通运输局郝处长说，该市一直存在私下倒卖出租车经营权的问题，有的个体经营户确实是买了经营权以后作为谋生手段，有的则是通过倒卖来获利，因此不好确认他们的实际经营时间。郝说，为了使政策便利执行和具有统一性，就一律定为 30 万元。如果分开档次定，这个事情就很难搞下去了。“一刀切”可以消除很多的隐患。

但是，恰恰是当初认为可以消除很多隐患的这个“一刀切”方案，让个体出租车经营户认为有违公平正义，也直接导致了他们多次到西安、北京集体上访。

关于为什么要收回个体出租车经营权，郝处长说原因在于：过去该市出租车拒载、拼座、中途甩客等现象频频发生,严重损害了乘客利益,甚至曾经因为拼座而引发过抢劫案件。这些乱象,也导致该市形象严重受损。

个体出租车的经营权收回以后,市交通运输局进行了公开招投标,在8家参加招投标的公司中,该市神州公司和通达公司两家最终中标。通过资源整合以后,该市的出租车服务质量现状如何呢?记者通过在该市街头进行调查,发现情况并没有多大改善。各种拒载仍然存在,很多市民仍然长时间打不到车。现在正在运营的出租车公司只剩下神州和通达两家公司,它们原来都是国有企业,2003年前后改制为民营企业。经过资源整合后,该市的700辆出租车中,通达公司中标260辆,神州公司中标440辆。这两家公司,恰恰是过去个体经营户所挂靠的公司。

市交通运输局郝处长认为,出租车行业需要公司化经营。实行公司化经营的目的是提高质量。但实事求是地讲,提高质量的目的并没有达到。神州公司综合部主任郝某表示,出租车服务质量问题没有改善,目前确实还存在问题。他解释说,实行资源整合以后,驾驶员成为公司的员工。驾驶员每月的工资3000元,公司给他们缴纳社会保险。由于驾驶员从原来的200多人一下增加到880人,公司很多规章制度还在完善,确实还有管理不到位的地方。记者在神州公司看到,仅从5月8日到15日这一周时间里,就有19辆车的驾驶员跟公司终止了劳动关系。刘某某原来也是个体经营户,车被收回以后,他到神州公司承包了一辆车,但经营17天就退了。公司化经营以后,虽然驾驶员每月工资涨到了3000元,但由于"份子钱"每天达到570元,在不拼座的情况下,驾驶员的收入仅够给公司交"份子钱",每月比原来的实际收入还低了1000多元。很多驾驶员正是由于这个原因退车。但大量的退车导致了出租车运力不足,为了缓解这个矛盾,客运办只好暂停查处拼座等违章行为。这就使该市出租车的经营质量形成了违章—查处—停运—默许违章—违章加剧的恶性循环。现在出租车的问题比公司化以前还严重,出租车司机非违章不行,不拼座,不拒载,就挣不到钱。

记者:姜教授,请您分析一下:按照法律规定,政府有没有权力通过强制收回的手段剥夺个体出租车的经营权。收回个体户的经营权以后又交给个体公司经营有没有违法之处?(在上访过程中,个体经营户们也一直在向当地纪

检部门举报，某些公司涉嫌侵吞巨额国有资产。从 2006 年开始，453 户个体经营户每年向公司缴纳经营权使用费 8750 元，个人所得税 4128 元，挂靠费 1800 元。453 辆车 6 年下来共计 3500 多万元，挂靠经营的公司本应该将这笔钱依法上缴国库，但是目前，这笔巨款不知去向。）巨额国有资产长期被民营公司占用，这属于什么行为？依法应该怎么处理？

姜明安：对陕西某市交通运输局撤回 453 项个体出租车特许经营许可的行为，我谈以下六个方面的意见：

其一，根据《行政许可法》第 8 条第 1 款的规定，公民依法取得的行政许可受法律保护，行政机关不得擅自改变已经生效的行政许可。

同时，《行政许可法》第 50 条规定，公民取得的行政许可有效期届满，有权在有效期届满 30 日前向行政机关申请延续许可，行政机关应当在该行政许可有效期届满前作出是否准许延续的决定。逾期未作决定的，视为准予延续。如作出不予延续的决定，应说明理由，并告知行政相对人依法申请复议或提起诉讼的权利。

从本案现有材料看，我们没有见到该市交通运输局就个体出租车司机的特许经营许可作出是否准许延续的决定或告知不予延续的理由。

其二，根据《行政许可法》第 8 条第 2 款的规定，行政机关在行政许可所依据的法律、法规、规章出现修改、废止或客观情况发生重大变化的情况下，为了公共利益的需要，可以依法撤回已经生效的行政许可。但对此给公民造成的财产损失应予以补偿。这是行政机关合法撤回行政许可，必须满足的三个条件。

从本案现有材料看，该市交通运输局撤回个体出租车司机的特许经营许可似乎并不存在法律、法规、规章的修改、废止，或者客观情况发生重大变化的情形，也看不出有多大公共利益的需要，似乎仅是为了行政机关自己管理的方便。

其三，根据国务院《全面推进依法行政实施纲要》的规定，行政机关作出涉及公民权益的决策，应该通过听证会、论证会等形式，听取行政相对人和专家的意见，保障决策的科学化、民主化、规范化和反映人民群众的要求、意愿。

从本案现有材料看，该市交通运输局作出撤回 453 项个体出租车司机特许经营许可这一重大行政决策，似乎并未经过科学化、民主化、规范化的程序,并未反映人民群众的要求和意愿。

其四,国务院《全面推进依法行政实施纲要》还要求行政机关实施行政行为不仅要合法,还要合理。要平等对待行政相对人,行为应符合比例原则,所采取的措施和手段应当必要、适当,尽量避免采用损害相对人权益的方式。

从本案现有材料看,该市交通运输局作出撤回个体出租车司机特许经营许可,实行公司化经营的行为似乎看不出有多大合理性、必要性,并未解决多大社会问题。

其五,至于公安机关对不同意撤回特许经营许可,不签协议的个体出租车司机进行行政拘留的行为,则是明显侵犯公民人身权的违法行为。根据《国家赔偿法》第3条和第35条的规定,应对被侵权人依法给予赔偿,并赔礼道歉。

其六,在本案中,是否还存在国有资产流失和政府官员腐败的问题,审计部门和行政监察部门应当介入调查,对原国有企业改制情况进行审计,对相关公职人员的相应行为进行监察。如发现问题,应依法追究违法者和对之负有领导责任的人员的相应法律责任。

治理证明，重在治乱治滥*

写作背景：2015 年 5 月 6 日，李克强总理在国务院常务会议讨论确定进一步简政放权、取消非行政许可审批类事项时，一连讲了三个故事，痛斥某些政府办事机构。总理讲的第一个故事是“怎么证明‘你妈是你妈’”。他说，他看到有家媒体报道，一个公民要出国旅游，需要填写“紧急联系人”，他写了他母亲的名字，结果有关部门要求他提供材料，证明“你妈是你妈”！总理的话音刚落，会场顿时笑声一片。“这怎么证明呢？简直是天大的笑话！人家本来是想出去旅游，放松放松，结果呢？”总理说：“这些办事机构到底是出于对老百姓负责的态度，还是在故意给老百姓设置障碍？”总理讲述的第二个故事发生在海南：一位基层优秀工作者参与评选全国劳模时，仅报送材料就需要盖 8 个章，结果他跑了几天也没盖全，最后还是省领导特批才得到解决。“盖完章他当场就哭了。”总理讲到这儿费解地发问：“老百姓办个事咋就这么难？政府给老百姓办事为啥要设这么多道‘障碍’？”他因此总结道，近两年来，简政放权、放管结合、转变政府职能的改革虽然取得了明显成效，但必须看到，现有成果与人民群众的期盼还有不小距离，需要进一步深化改革。总理讲的第三个故事，发生在他此前的福建考察期间。当时，李克强总理在厦门主持召开部分台资企业负责人座谈会，一位台商代表告诉总理，他在大陆营商最大的困难不是优惠政策不够，而是知识产权得不到足够保护。“研究出来一个东西，马上就有人模仿，打官司、找政府，没人给解决！”在 2015 年 5 月 6 日的常务会议上，李克强总理说：“我们现在的确存在这样的问题：政府一些‘该管的

---

* 该访谈原载 2015 年 5 月 13 日《人民日报》第 17 版。

事'没有管到位,但对一些'不该管的事',手却'伸得特别长'!"他指出,当前,社会上下已形成一个共识:厘清政府和市场的界限是经济体制改革的关键,简政放权是"牵一发而动全身"的改革。同时,民众对政府提出了更高的"监管"和"服务"的要求。"民之所望、施政所向,对老百姓负责的事情,就是政府应当履行的职责!"

针对李克强总理在国务院常务会议上讲的三个故事,特别是其中第一个故事所涉及的证明过多过滥的问题,《人民日报》记者黄庆畅对笔者进行了下述采访。

记者:姜教授,人们为什么对"证明我妈是我妈"这一现象反应如此强烈?应该如何理性看待证明行为?

姜明安:证明行为包括行政证明行为和民事证明行为,二者在性质上均属于"准法律行为"。准法律行为虽然不直接设定、改变或废止公民、法人和其他组织的权利、义务,但对公民、法人和其他组织的权利义务有重要影响。例如,公民、法人和其他组织申请行政许可、行政确认、行政裁决,往往必须提供各种相应的证明材料,如学历、资金、技术、物权、债权等各种证明;公民、法人和其他组织参加民事、行政,乃至刑事诉讼,往往也需要向法院提交各种有关的证明材料作为支撑自己诉讼请求的证据。另外,在各种民商事活动中,如投资、贸易、经营等,相关证明行为也不可缺少。

作为准法律行为的证明行为,在国家法律运作中具有重要的地位和作用。没有证明,很多行政法律行为、司法行为、民商事行为就不可能正确、有序地进行,假冒伪劣现象就难以遏制,社会、经济秩序就难以有效维持。

但是,证明行为和其他准法律行为、法律行为一样,既有积极作用,也可能产生消极作用。证明行为如果设置过多过滥,有关公权力部门将证明作为其设租、寻租,为相应部门和个人谋取利益的手段,就会阻碍经济和社会生活的正常运行,妨碍公民、法人和其他组织合法权益的实现。因此,对于证明行为,如同对于审批、许可等法律行为一样,需要规范和治理,且重在治乱治滥。

记者:许多证明事项,本应该由办事机构进行查验核实的,他们却把责任推给当事人,让当事人去开证明。在您看来,证明过多过滥的原因是什么?

姜明安:证明过多过滥的原因是多方面的,办事机构推诿责任、官僚作风盛行只是原因之一。有的办事机构办事要求当事人提供这样那样的证明,往往还出于利益的驱使:证明机构开具证明,通常是要向当事人收费的。而证明机构有的是办事机构的附属机构,有的与办事机构有这样那样千丝万缕的联系。

另外,证明过多过滥还有一个重要原因,过去制定行政法规、规章、红头文件在规定各种行政管理制度时,往往过多地考虑如何保障管理者管理方便,而较少考虑如何保障当事人办事方便,因此习惯性地要求相对人提供这样那样的证明,以相对人提供这些证明材料作为办事机构办事的前置程序。

记者:应当如何治理证明过多过滥问题?在证明方式上,是否可借助信息化工具对现行证明机制予以改进?

姜明安:治理证明的乱和滥问题,首先,要对现行法律、法规、规章和红头文件中设定的各种证明进行清理,该撤销的撤销,该废止的废止,该改变证明方式的改变证明方式,该保留的保留。确定撤销、废止、变更方式或保留的标准应该是相应证明是否是维护经济、社会秩序的必需,是否是保障国家和社会公共利益的必需,是否有利于办事便民、高效。要兼顾和平衡这些利益,对于“证明我妈是我妈”这种在大多数情况下是不合理乃至荒谬的证明,自然应坚决废止。当然,这种证明在某些司法活动或行政行为中还是具有合理性的,不能“一刀切”地予以废除,如若干婚生子女和非婚生子女争夺“我妈”遗产的案件。

其次,应进一步推进行政管理和社会治理机制改革,促使证明机构和办事机构彻底脱钩,切断办事机构与证明机构之间的任何利益联系。

最后,就是应改革证明方式,办事机构应充分利用互联网获取相应信息,尽量免除或减少当事人为办事而四处开具证明的辛劳和烦扰。这就需要我们打破各部门、各单位之间的信息“壁垒”,最大限度地实现政府和社会信息资源共享。

第三编

行政强制法研究

实施《突发公共卫生事件应急条例》应正确认识和处理的四对关系*

写作背景:2003 年年初,广东省发生一种严重呼吸道综合征(SARS)——"非典"。之后,这种具有高度传染性的"非典"疫情在深圳、广州等地突然加剧。2003 年 2 月 11 日,广东省宣布,"非典"已感染了 300 多人,5 人死亡。4 月 10 日,全球有 19 个国家和地区发现此病例。4 月底,全中国有疫情报告的省份达 26 个。3 月初,疫情扩散到北京,北京很快成为重灾区。面对"非典",中共中央和国务院多次召开专门会议研究部署防治措施,包括设立防治基金;支持"非典"防治科技攻关;建设各地预防控制中心;免费治疗患者等。党和国家主要领导人亲临抗击"非典"一线,指导工作。4 月 20 日,国务院明确提出及时发现、报告和公布疫情,卫生部决定疫情每天公布一次,并将"非典"列入中国法定传染病。4 月 20 日后,国务院决定调整"五一"长假,向各省市派出督察组,公布《突发公共卫生事件应急条例》。北京市也采取有力措施防治"非典",包括先后确定 16 家定点医院,对"非典"疫情重点区域采取隔离控制措施,颁布多项规章等。5 月 1 日,经过 8 天的紧急筹建,北京市第一家专门治疗"非典"的临时性传染病医院小汤山医院开始接收病人。军队支援北京的医护人员 1200 余人陆续到位。6 月 2 日,北京疫情统计首次出现新收治直接确诊病例、疑似转确诊病例、死亡病例均为零。6 月 24 日世界卫生组织解除对北京的旅行警告,同时将北京从"非典"疫区名单中排除。至此,中国人民抗击"非典"的工作取得胜利。本文是笔者在国务院制定和发布《突发

---

* 该文原载 2003 年 5 月 23 日《检察日报》第 3 版。

公共卫生事件应急条例》后，应《检察日报》之约，撰写的一篇阐释和解读该条例基本精神的宣传性文章。

国务院制定《突发公共卫生事件应急条例》(以下简称《条例》)的目的是依法处理“非典”等突发公共卫生事件，依法采取应对措施，保障公众身体健康和生命安全，维护正常的社会秩序，其旨在国家应对突发事件的领域内实现法治。实施《条例》，一定要保证《条例》立法目的和宗旨的全面、准确实现。为此，应正确认识和处理实施《条例》涉及的几对关系：

一、对公民权利、自由的限制与保障的关系

政府为了有效、及时处理突发事件，应对危机，必须对公民在平时享有的某些权利、自由加以限制，如限制或停止集市、集会，要求停工、停业、停课，临时征用房屋、交通工具，封锁疫区以及强制疏散、强制隔离、强制检疫、强制治疗等。很显然，在突发事件来临，危险威胁大多数人的生命、健康的情况下，政府采取上述措施是完全必要的。因为限制相对人一时的权利、自由是为了保障其长远的权利、自由；限制少数人、部分人的权利和自由是为了保障大多数人、全体人的权利、自由。

但是，即使如此，即使只对相对人一时的权利、自由予以限制，即使只对少数人、部分人的权利和自由加以限制，也要非常慎重。政府在作出此种权利限制性决定时，要遵循行政法治所要求的比例原则和基本人权保障原则。所谓比例原则，一是要合目的性，即要确定相应限制是实现目的所必须的；二是最小损害性，即要在多种方案中选择对相对人利益损害最小的方案；三是比例性，即要衡量相应方案的利弊得失，保障相应措施利大于弊，得大于失。所谓基本人权保障原则，指在限制相对人特定权利、自由的时候，切实保障宪法规定的相对人的其他权利、自由，如保障相对人的人格权、财产权、言论自由、信仰自由等。

二、对行政权力的强化与控制的关系

在突发事件出现，危险威胁广大公众的健康、生命的非常时期，法律必须赋予政府较之平时更多、更具强制性的行政权力，如制定和发布具有限制人身

自由的强制措施和处罚的条例、决定、命令的权力，作出对疫区实施封锁、对被污染水源实施封闭的决定的权力，采取对公民人身自由予以一定限制和对公民财产予以临时征收或处置（如销毁被污染的衣物）措施的权力等。法律在此时期赋予行政机关上述权力对于确立和维护预防、控制和消除突发事件危害所必需的秩序以及保障预防、控制和消除突发事件危害所必需的措施的实施是必不可少的。没有强有力的行政权，要动员和组织人民战胜灾害，最终消除危机是不可想象的。

然而，行政权的强化是一把“双刃剑”，即使在非常时期亦如此：它既可以因其正当行使为人们提供必需的秩序，也可以因其被滥用而侵犯人民的基本人权和自由，损害国家和社会的公共利益。因此，法律必须同时对这种强化的行政权加以控制。所谓控制，其主要途径有三：一是以法律严格规定这些权力行使的条件；二是以法律严格规定这些权力行使的程序；三是通过法律监控和救济机制保证这些法定条件和程序得到严格遵循。

三、对突发事件危害的防与治的关系

公共卫生突发事件对人们身体健康，甚至生命的危害是相当严重的，面对此种危害，人们往往猝不及防，措手不及。对此，政府必须采取果断措施，冷静应对。政府采取的果断措施应既包括治，也包括防。“治”自然是首要的，对因突发事件致病、致伤、致残的人，政府无疑应首先采取措施，给予他们以及时的救治。否则，稍有拖延懈怠，他们中许多人就有可能因病情、伤情恶化而丧失生命。相对于“治”，“防”在时间顺序上可能位于其后，但在重要性上却位于其前，故人们谓“防治”而非“治防”。《条例》第 5 条规定以“预防为主”，即为此理。“防”包括两个方面：一方面是防止已发生的突发事件危害扩大，即要求政府在突发事件发生后，迅速采取《条例》第 32 条至第 44 条规定的措施，尽可能使已发生的灾害不致向尚未发生灾害的地区和尚未受害的人群蔓延；另一方面是防止以后可能再发生的突发事件对人们造成大的危害，即要求政府总结处理已发生事件的经验教训，在此基础上健全制度、完善法律，实施《条例》第 10 条至第 25 条规定的措施，以使今后可能发生的突发事件的危害减少到最低限度。

四、对保障应对措施实现的罚与奖的关系

为了有效预防、及时控制和消除突发公共卫生事件的危害，政府必须依法采取各种应对措施。而为了保障政府采取的各项应对措施的实现，政府必须运用罚与奖两种行政手段。对于罚，《条例》第 45 条至第 52 条分别规定了政府、政府卫生行政主管部门、政府其他有关部门、公职人员、医疗卫生机构、医疗卫生机构的工作人员以及作为行政相对人的单位、个人违法的法律责任。对于奖，《条例》第 9 条和第 24 条分别规定了对参加突发事件应急处理作出贡献人员的表彰、奖励，以及对举报突发事件有功的单位和个人的奖励。除此以外，《条例》第 9 条还规定了对参加突发事件应急处理的医疗卫生人员给予补助、津贴，对因参与应急处理工作致病、致残、死亡的人员给予补助、抚恤的制度。

罚与奖是政府经常运用的行政管理手段，但在处理突发事件时期，此两种手段的正确运用有更重要的意义。至于在处理突发事件时期此两种手段相互关系如何，何者更重要，应以何者为主何者为辅，则应依具体时间、地点而定，不能一概而论。一般来说，二者具有同样的重要性，重罚轻奖和重奖轻罚都是有害的。在处理突发事件时期，关键是政府运用此两种手段要果断，该罚即罚，该奖即奖，不能过分瞻前顾后，拖泥带水；同时应奖罚分明，奖当其功，罚当其过。为了加强奖罚的效果，有时还应根据需要依法重奖重罚。

突发事态下行政权力的规范*

写作背景:2003年年初出现“非典”后,法学界开始讨论制定“紧急状态法”的问题。一些学者认为,制定“紧急状态法”是落实《宪法》第67条关于“紧急状态”的规定的重要和必要举措。但也有一些学者认为,当时制定“紧急状态法”的条件并不成熟。而且,1996年第八届全国人大常委会第十次会议已经制定了《戒严法》,“紧急状态法”与《戒严法》的内容会不会发生重复。由于争议较大,立法机关最后放弃了制定“紧急状态法”的方案,改为制定“突发事件应对法”的立法思路。本文是笔者在学界进行上述讨论时提出的一些立法设想,虽然没有明确提出制定“紧急状态法”的主张,但笔者的观点是明显倾向于制定“紧急状态法”的。

国家处于紧急状态下,政府还要不要遵守法律,还要不要依法行政,行政权的行使还要不要受法律的拘束?如果上述问题的答案是肯定的,那么,政府在紧急状态下守法和依法行政,以及法律对行政权的拘束与在平时有无区别?如有,有何区别?对于上述两个层面的问题,专制理论、传统法治理论和现代法治理论及其实践所给予的答案是不同的。对于第一个层面的问题,马基雅维里认为,在国家遭到危机之时,政府根本不必去顾及法律,应径以国家之生存及安危为主要目的,采行一切措施。① 事实上,在专制制度下,统治者平时即视法律为一种治民工具,认为对其有用时即用,认为对其无用时则弃之一旁。在发生紧急情况时,自然更不会拿法律当回事,使其行为受法律之拘束。

---

* 该文原载《法制建设》2003年第3期。

① 参见[意]尼科洛·马基雅维里:《君主论》,潘汉典译,商务印书馆2012年版,第79-86页。

但是,在历史进入法治时代以后,守法、依法则成为政府一切行为的准则。戴雪指出,在英国这样的法治国家,英王的臣仆(政府及政府官员),乃至英王,均受治于国法之下,所有政府部门及其官员的行为,皆受法律的拘束。[①]不过,在国家出现外敌入侵、国内动乱或发生其他紧急情况时,政府可以中止法律的执行,其行为可不受法律的拘束。法国第五共和国宪法授权总统,当共和国体制、国家独立、领土完整或国际义务的履行受到严重和直接的威胁时,以及依据宪法产生的公共权力机构正常行使职能被中断时,其在同总理、议会两院议长和宪法委员会主席正式磋商后,可根据形势采取必要的措施(包括宣布暂时停止宪法个别条文的适用)[②]。显然,根据传统的法治理论和实践,政府在紧急状态下可以在常态法外行使权力,其行为可以不受法律的拘束。政府在紧急状态下享有如此权力对于有效、及时组织和运用国家各种资源,采取强有力的措施,尽快消除危险,渡过危机的作用无疑是巨大的。但是,这种权力对于国民的基本人权,对于法治,同样无疑是一种极大的威胁。毛雷尔在讲到法律保留原则时说,对突然出现的情况,如自然灾害特别是经济危机,不需要(事先)授权。在特殊的"紧急情况"下,人们可能接受补充性的行政权限,但不得以实际情况为由废除法律原则。否则,人们的基本权利就将失去防御。[③] 韦德也认为,在法治社会里不应存在无限制的权力,不受任何法律约束的自由裁量权必然导致滥用。[④] 根据这些理论,自 20 世纪以来,许多国家开始制定专门的紧急状态法和在各种有关的行政管理法中规定紧急状态下行政权行使的特别条款,将紧急状态下政府行为纳入法治的范围,使政府的紧急权力接受法律的拘束和规范。

那么,接着考察和研究上述第二个层面的问题:在现代法治社会,紧急状态下政府的行政权力与平时政府的行政权力有何区别,现代法律是如何规范紧急状态下行政权的行使的。考察一些法治发达国家的经验和我国目前正在

① 参见[英]戴雪:《英宪精义》,雷宾南译,中国法制出版社 2017 年版,第 254-269 页。

② 参见《法国宪法(第五共和国)》第 16 条,载肖蔚云等编:《宪法学参考资料》(下册),北京大学出版社 2003 年版,第 989 页。

③ 参见[德]哈特穆特·毛雷尔:《行政法学总论》,高家伟译,法律出版社 2000 年版,第 104-118 页。

④ 参见[英]威廉·韦德:《行政法》,徐炳等译,中国大百科全书出版社 1997 年版,第 25-30 页。

积累和形成的经验，现代法律对紧急状态下的行政权主要从以下五个方面加以规范：

其一，通过紧急状态法和其他有关法律确定政府紧急权力的范围和边界。一方面，法律对于政府在紧急状态下有效、及时处理各种突发事件，应对危机所必须具有的权力，事前都尽可能加以详尽、明确地列举规定，如制定和发布具有限制人身自由的强制措施和处罚的条例、决定、命令的权力，作出对疫区实施封锁、对被污染水源实施封闭的决定的权力，命令停止集市、集会、停工、停业、停课，征用房屋和交通工具，以及强制疏散、强制隔离、强制检疫、强制治疗的权力等。现代法治不允许法律不加限制地交给政府一张“空白支票”，让政府在紧急状态下自己去任意确定自己行使何种权力。另一方面，法律同时严格确定政府紧急权力的边界，如政府不得限制紧急状态法和其他有关法律没有授权其限制的公民的基本权利和自由，现代法治不允许法律授予政府无边界、无限制的紧急权力。

其二，通过紧急状态法和其他有关法律明确规定政府的职责。现代法治对紧急状态下政府行为的规范有两个方向：一是确立其紧急权力的范围和边界，防止其无限扩张其紧急权力和滥用紧急权力；二是确定其处理紧急事件的职责范围，防止其应对紧急状态失职、不作为。如法律规定政府在突发紧急事件出现后应迅速制定应急预案，组织突发事件信息的收集、分析、报告和发布，采取对突发事件现场予以控制，紧急救助遇难、遇险、致病、致伤、致残人员以及防止危害扩大等各种措施，组织应急设施、设备、救治药品、医疗器械及其他物资和技术的储备和调度，等等。对于政府部门及其工作人员疏忽履行法定职责的不作为，法律对之规定了严格的责任追究机制。

其三，通过紧急状态法和其他有关法律确定政府行使紧急权力的条件。在紧急状态下，政府虽然享有比平时更多且更具强制性的权力，但是，法律授予政府这些权力是附条件的。例如，如前所述，根据法国宪法的规定，政府只有在下述条件下才能行使紧急权力：在共和国制度、国家独立、领土完整或国际义务的履行遭受严重、急迫的威胁，且宪法机关的活动不能正常进行时，总统经与总理、两院议长商议，向全国宣告实施紧急措施。又如，我国《传染病防治法》在授予公安部门可协助治疗单位对法定相对人采取强制隔离措施的权力时，同时规定了下述具体条件：第一，隔离对象应是甲类传染病病人和病源携带者或乙类、丙类传染病病人;第二,隔离对象拒绝隔离治疗或隔离期未满擅自脱离隔离治疗。[①] 如果政府和政府部门违反法定条件行使权力,即构成滥用权力,将因此被追究法律责任。

其四,通过紧急状态法和其他有关法律确定政府行使紧急权力的程序。法律在授予政府紧急权力时,除了明确规定其行使相应权力的条件外,同时严格规定其行使程序。如根据意大利宪法规定,在法律明确规定且刻不容缓的情况下,警察机关得采取限制人身自由的临时预防措施,但该措施须于 48 小时内通知司法机关并申请其批准;如在 48 小时内未获司法机关批准,则视为该措施已被取消,警察机关应解除对相对人的人身自由限制。此外,在绝对紧急而司法机关又不可能及时干预的情况下,司法警察得对定期出版物实行查封,但须在 24 小时内报告司法机关并申请其批准;如在 24 小时内未获司法机关批准,则视为该查封已被取消。[②] 我国《传染病防治法》亦规定,传染病暴发和流行地政府在必要时可限制或停止集市集会,封闭被污染的公共饮用水源,但采取这些措施须报经上一级地方政府决定。[③] 政府或政府机关行使紧急权力违反法定程序将导致行为无效,并要对此种无效行为承担法律责任。

其五,通过各种相应法律规定政府行使紧急权力的目的。现代行政法规范和控制政府权力的重要方式之一是在法律授予政府权力时明确规定授权的目的,在授予政府紧急权力时尤其如此,以制约政府机关及其工作人员在法定目的范围内行使所授权力,防止其滥用紧急权。例如,日本《警察法》在授予警察处理紧急事态以各种相应权力时,为保障这些权力和警察的其他权力的正当行使和不被滥用,即在该法第 1 条明确规定,该法的目的是保护个人的权利和自由,维护公共安全与秩序,以及为保障以民主观念为基础的警察管理工作和有效地完成其任务。相对人如认为警察机关行使紧急权力的行为违背此目的,可向法院提出控告。[④] 又如,国务院近日刚发布的《突发公共卫生事件应急条例》在规定政府应对突发事件各项权力时,亦在第 1 条明确确定该条

---

① 参见《传染病防治法》第 39 条。

② 参见《意大利共和国宪法》第 13 条,载肖蔚云等编:《宪法学参考资料》(下册),北京大学出版社 2003 年版,第 1249 页。

③ 参见《传染病防治法》第 42 条。

④ 参见张绳祖:《日本的警察法与警察制度》,载《公安大学学报》1986 年第 3 期。

例的制定目的是有效预防、及时控制和消除突发公共卫生事件的危害,保障公众身体健康与生命安全,维护正常的社会秩序。[①] 政府在行使《突发公共卫生事件应急条例》所授紧急权力时,其行为必须符合该立法目的;否则,将构成违法,并可能因此被追究法律责任。

总之,根据现代法治的理论和实践,政府在紧急状态下虽然可行使较平时更多、更广泛和更具强制性的权力,但这种权力必须受法律的规范和控制,使之既能保障政府有效地应对危机,又能防止和尽量避免相应权力被滥用和对公民基本权利、自由的侵犯。

---

① 参见《突发公共卫生事件应急条例》第1条。

法律规范行政强制行为的意义和途径*

写作背景:本文是笔者为全国人大常委会2005年初审的《行政强制法(草案)》(以下简称《草案》)撰写的一个解读稿。这个《草案》经过之后6年的打磨才在2011年6月30日第十一届全国人大常委会第二十一次会议最终通过。最后通过的法律与这个草案在内容上和具体条文的表述上均有较大差别。全国人大常委会2005年初审的《草案》共设7章77条。第一章为总则。总则宣示了该法的立法目的、立法根据,规定了该法的适用范围和确立的基本原则。关于立法目的,《草案》共确立了四项内容:其一,规范行政强制的设定和实施;其二,保障和监督行政机关依法履行职责;其三,维护公共利益和社会秩序;其四,保护公民、法人或者其他组织的合法权益。这四项内容分为两个层次,第一项和第二项内容为第一个层次,第三项和第四项内容为第二个层次。在这两个层次的目的中,第二个层次的目的显然是根本性的,第一个层次的目的是为第二个层次的目的服务的:规范行政强制的设定和实施,保障和监督行政机关依法履行职责只能是为了维护公共利益和社会秩序,保护公民、法人或者其他组织的合法权益,而不可能是为了规范而规范,为了履行职责而履行职责。关于立法根据,《草案》第1条规定,“根据宪法,制定本法”。由于《行政强制法》是一项规范行政强制的基本性法律,其立法根据只能是宪法。至于作为《行政强制法》的立法根据是《宪法》的哪一个或哪几个具体条文,则很难确定,似乎应该认为是《宪法》的整个基本精神和原则。当然,《宪法》的某些条文对于《行政强制法》亦有直接的指导作用。例如,《宪法》第5条关于

---

* 该文原载《法学家》2006年第3期。

依法治国，建设法治国家的规定；第 37 条关于公民人身自由不受侵犯，禁止非法拘禁和以其他方法剥夺或者限制公民人身自由，禁止非法搜查公民的身体的规定；第 38 条关于公民人格尊严不受侵犯，禁止用任何方法对公民进行侮辱、诽谤和诬告陷害的规定；第 39 条关于公民住宅不受侵犯，禁止非法搜查或者非法侵入公民住宅的规定；第 40 条关于公民通信自由和通信秘密受法律保护，不得以任何理由非法侵犯的规定；等等。这些规定对《行政强制法》立法无疑都具有指导和规范作用，从而都是《行政强制法》的直接立法根据。关于适用范围，《草案》既作了肯定性的属于该法调整范围事项的规定，也作了否定性的排除该法调整的事项的规定。属于该法调整范围的事项有二：一是行政强制（包括行政强制措施和行政强制执行）的设定；二是行政强制的实施。属于该法排除适用的事项亦有二：其一，发生或即将发生自然灾害、事故灾害、公共卫生事件或者社会安全事件等突发事件，行政机关采取应急措施或者临时措施，不适用该法，而依照有关法律或行政法规的规定执行；其二，有关行政机关采取金融业审慎监管措施、进出境货物强制性技术监控措施，不适用该法，而依照有关法律或行政法规的规定执行。关于行政强制的基本原则，《草案》第 4 条至第 9 条作了较为详细的规定，即人权保障原则、依法强制原则、比例原则和救济与责任原则。第二章的标题是“行政强制的方式和设定”。本章共 5 条，前两条分别规定了行政强制措施和行政强制执行的方式；后三条分别规定了行政强制的设定主体和行政强制执行的实施主体。第三章的标题是“行政强制措施实施程序”。本章设三节，第一节规定了一般程序；第二节规定了查封、扣押的特别程序；第三节规定了冻结存款的特别程序。一般程序主要包括以下内容：(1) 行政强制措施的实施主体。《草案》将行政强制措施的实施主体确定为法律、法规规定有行政强制措施权的行政机关和法律、法规授权的组织。法律、法规授权的组织作为行政强制措施的实施主体必须符合法律规定的特别条件。(2) 行政机关实施行政强制措施应当遵循的一般程序要求。(3) 当场实施行政强制措施的特殊要求。(4) 实施限制公民人身自由行政强制措施的特殊要求。(5) 行政机关实施检查、调查等监管活动进入生产经营场所的特殊要求。关于查封、扣押的特别程序，《草案》分别规定了查封、扣押的条件和要求；不具有行政强制措施权的行政机关应通过采取登记保存措施代替查封扣押；对数额较大财物查封、扣押或重大案件需经行政机关负责人集体讨论;查封、扣押书应载明的事项;查封、扣押的期限;对查封、扣押物品进行保管的责任以及保管、检验、检疫或技术鉴定的费用承担;对查封、扣押财物的处理等。关于冻结存款的特别程序,《草案》分别规定了冻结存款的实施主体;数额要求;金融机构对冻结存款的义务;冻结存款决定书应载明的事项;冻结存款的期限和解除冻结存款决定的程序等。第四章的标题是"行政机关强制执行程序"。本章设三节,第一节规定了一般程序;第二节规定了金钱给付义务的执行;第三节规定了作为、不作为义务的执行。一般程序主要包括以下内容:(1)行政强制执行的实施条件,即当事人在行政机关决定的期限内不履行义务。(2)行政强制执行催告书应载明的内容。(3)当事人的陈述和申辩程序。(4)行政强制执行决定书应载明的事项及决定书的交付、送达。(5)应当中止和终结执行的情形。(6)对行政强制执行的特别要求。关于金钱给付义务的执行程序,《草案》规定了执行的主要方式,即执行罚:按日加处罚款或滞纳金。当事人在受到执行罚30日后仍不履行义务或无法对当事人采取执行罚的,有行政强制执行权的行政机关可对当事人实施划拨存款(划拨存款只能由法律规定的行政机关作出决定)、拍卖查封、扣押财物,没有行政强制执行权的行政机关则应申请人民法院执行。但是,在实施行政管理过程中已经采取查封、扣押行政强制措施的行政机关,可以将查封、扣押的财物依法拍卖,抵缴罚款。关于作为、不作为义务的执行程序,《草案》亦规定了执行的主要方式,即代履行:行政机关委托没有利害关系的其他组织代为履行。《草案》还规定了代履行的特别程序和要求:其一,送达并公告代履行的标的、方式、日期、地点以及代履行人;其二,在代履行的3日前,催告当事人履行,当事人自动履行的,停止代履行;其三,代履行时,作出决定的行政机关应当派员监督;其四,代履行完毕后,行政机关、代履行人、当事人或者见证人应当在执行文书上签字;其五,除法律另有规定外,代履行的费用由当事人承担。此外,《草案》还规定,行政机关依法对违法行为或违法组织作出取缔决定的,应当予以公告,责令相对人终止活动;相对人拒不终止活动的,行政机关可依法强制执行。第五章的标题是"申请人民法院强制执行"。本章共9条,其主要内容包括:(1)申请人民法院强制执行的条件,即当事人不履行行政决定,且逾期不申请复议或提起行政诉讼,相应行政机关自己又没有行政强制执行权;(2)行政机关在申请前向当事人的书面催告程序;(3)行政机关申请人民法院强制执行应当提供的材料;(4)人民法院对行政机关申请的书面审查程序;(5)人民法院当面听取被执行人意见的程序;(6)人民法院作出是否执行的裁定和告知申请机关的时限;(7)申请机关对不予执行裁定提出异议申诉的程序;(8)因情况紧急,为保障公共安全,行政机关申请立即执行的程序;(9)行政机关申请人民法院强制执行的费用承担。第六章的标题是"法律责任"。本章共11条,分别规定了各种不同主体违反该法规定的责任及对相应违法行为的处置:(1)行政法规、地方性法规、规章违法设定行政强制的责任及其处置(无效、撤销);(2)行政机关违法实施行政强制的责任及其处置(责令改正、对责任人给予行政处分,构成犯罪的,依法追究刑事责任,对受害人给予赔偿);(3)行政机关截留、私分或变相私分查封、扣押的财物,行政机关工作人员将查封、扣押的财物据为己有的责任及其处置(追缴、对责任人给予行政处分,构成犯罪的,依法追究刑事责任);(4)人民法院工作人员违法实施强制执行的责任及其处置(对责任人给予行政处分,构成犯罪的,依法追究刑事责任,对受害人给予赔偿);(5)金融机构对应立即冻结的存款不冻结,致使存款转移,在规定期限内不划拨存款,不及时解除冻结存款,将不应当冻结、划拨的存款予以冻结、划拨的责任及其处置(责令改正,由人民法院罚款、拘留,或由金融监管部门罚款,责任人构成犯罪的,依法追究刑事责任,对可能的受损害人给予赔偿);(6)金融机构违法未将划拨款项划入财政部门或者法律、法规规定的专用账户的责任及其处置(责令改正、罚款)。第七章为附则,规定了该法施行日期以及对该法公布前制定的涉及行政强制的法规、规章的处理(清理、废止与该法相抵触者)等事项。

2005年,全国人大常委会已经正式启动了《行政强制法》的立法程序。对此,有人质疑:在强调以人为本,保障人权,建立和谐社会的今天,为什么要制定《行政强制法》?行政强制立法的意义何在?

一些人产生误解,以为制定《行政强制法》的目的是要强化行政强制,赋予行政机关以更多和更有力的手段管理行政相对人,提高行政管理效率,以保障行政管理的目标和任务的有效实现。这种误解就像20世纪90年代全国人大常委会制定《行政处罚法》时人们产生的误解一样,以为制定《行政处罚法》的目的就是要强化制裁,为行政管理增加手段,为行政手段增加力度。

实际上,《行政强制法》如同《行政处罚法》一样,其主要不是为了加强行政管理(尽管也有加强行政管理的目的),而是为了规范行政管理,规范行政机关的强制性和制裁性行为,保障和监督行政机关依法行政,保护公民、法人和其他组织的合法权益。①

制定《行政强制法》,以法律规范行政强制行为的意义主要有以下三项:

(一)控制行政强制权的范围,防止行政权膨胀,建设有限政府

全国人大常委会法制工作委员会副主任信春鹰在第十届全国人大常委会第十九次会议上所作的《关于中华人民共和国行政强制法(草案)的说明》中指出:“目前,由于没有统一的法律规范,一些行政机关在执法过程中,既存在对某些严重违法行为因缺乏强制手段处理不力的情况,也存在行政强制手段滥用的情况。主要问题是:哪些机关可以设定行政强制措施,不明确;行政强制措施的具体形式繁多,同一行政强制措施有多种表述,缺乏规范;有些没有强制权的行政机关自行实施行政强制措施,甚至授权、委托其他组织实施行政强制措施……”②行政强制权是行政机关及其工作人员最青睐、最宠爱的权力,从而是最容易膨胀和对公民权利、自由威胁的可能性最大、最严重的权力。因此,必须以法律限制、控制其范围。《草案》限制和控制行政强制的范围的途径有三:

其一,限制行政强制的种类。行政强制包括行政强制措施和行政强制执行两大类别。③《草案》将这两大类别的行政强制分别作出限制:第一类行政强制(行政强制措施)的方式限制为下述6种:(1)对公民人身自由的暂时性限制;(2)对场所、设施或者财物的查封;(3)对财物的扣押;(4)对存款、汇款、有价证券等的冻结;(5)强行进入住宅;(6)法律规定的其他行政强制措施。第二类行政强制(行政强制执行)的方式限制为下述5种:(1)排除妨碍、

---

① 《行政处罚法》第1条规定该法的立法目的是“为了规范行政处罚的设定和实施,保障和监督行政机关有效实施行政管理,维护公共利益和社会秩序,保护公民、法人或者其他组织的合法权益”。《草案》第1条规定该法的立法目的是“为了规范行政强制的设定和实施,保障和监督行政机关依法履行职责,维护公共利益和社会秩序,保护公民、法人或者其他组织的合法权益”。

② 参见信春鹰:《关于〈中华人民共和国行政强制法(草案)〉的说明》,载中国人大网,http://www.npc.gov.cn/zgrdw/npc/zt/2011-09/15/content_1865603.htm。

③ 参见《草案》第2条。

恢复原状等义务的代履行;(2)加处罚款或者滞纳金的执行罚;(3)划拨存款、汇款,兑现有价证券;(4)将查封、扣押的财物拍卖或者依法处理;(5)法律规定的其他行政强制执行方式。[①]

其二,限制行政强制的设定主体。根据《立法法》的规定,限制人身自由的强制措施只能由全国人大和全国人大常委会通过制定法律规定。[②]《草案》进一步将对存款、汇款、有价证券等的冻结和强行进入住宅两项行政强制措施归入法律保留的范围。[③] 这样,国务院的行政法规只能设定法律保留以外的行政强制。而且,国务院行政法规设定行政强制必须是在全国人大和全国人大常委会对相应事项尚未制定法律的前提下为之。如果全国人大和全国人大常委会对相应事项已制定了法律,而法律中没有设定行政强制,国务院的行政法规不得再增设行政强制。

至于享有地方性法规制定权的地方人大和地方人大常委会,其运用地方性法规设定行政强制的种类则更仅限于对场所、设施或者财物的查封和对财物的扣押。而且,地方人大和地方人大常委会运用地方性法规设定行政强制的事项必须属于"地方性事务",同时必须是在全国人大和全国人大常委会对相应事项尚未制定法律,国务院对相应事项尚未制定行政法规的前提下为之。如果全国人大和全国人大常委会对相应事项已制定了法律,或者国务院对相应事项已制定了行政法规,而法律和行政法规中没有设定行政强制,地方性法规不得再增设行政强制。[④]

其三,限制行政强制的实施主体。行政强制的"滥",不仅表现为行政强制设定权的"滥",而且表现为行政强制实施权的"滥"。因此,《草案》不仅对行政强制的设定主体予以限制,而且对行政强制的实施主体予以限制。根据《草案》的规定,行政强制措施只能由法律、法规规定的有行政强制措施实施权的行政机关或者法律、法规授权的组织在法定职权范围内实施。法律、法规授权的组织实施行政强制措施则必须符合下列条件:(1)其是依法成立的具有管理公共事务职能的组织;(2)具有熟悉法律、法规、规章和业务的工作人

---

① 参见《草案》第10~11条。

② 参见《立法法》第8条。

③ 参见《草案》第12条。

④ 参见《草案》第12~13条。

员；(3)不得利用授权从事经营活动或有偿服务。

至于行政强制执行，其实施机关只能由法律规定。法律没有规定相应行政机关有行政强制执行权的，相对人不执行其作出的行政决定，该行政机关只能申请人民法院强制执行。[①]

（二）规范行政强制的程序，防止行政权滥用，建设法治政府

行政强制权滥用是对人权威胁最严重(甚至超过行政处罚权滥用)的行政权滥用，[②]而导致行政强制权滥用的最重要的原因是行政强制缺乏正当法律程序。所以，《草案》最重要的任务是为行政强制确立正当法律程序，以规范和控制行政强制权的行使。《草案》通过程序设置规范和控制行政强制权行使的主要途径有三：

其一，赋予行政相对人程序制约权，以权利制约权力。在这方面，《草案》作出了一系列规定。例如，行政机关实施行政强制措施，必须向相对人出示身份证件；告知理由、依据、救济途径；听取相对人的陈述和申辩。行政机关进入公民住宅实施行政强制措施的，应当出示县级以上行政机关的行政决定书。行政机关实施限制人身自由的行政强制措施，应当当场告知或事后立即通知相对人家属实施强制的行政机关和地点；在紧急情况下当场采取强制的，应当在返回行政机关后6小时内补办手续。行政机关实施检查、调查等监管活动进入生产经营场所，必须告知相对人法律或行政法规的依据，没有法律或行政法规依据的，相对人有权拒绝。行政机关查询企业的财务账簿、交易记录、业务往来等事项，亦必须告知相对人法律或行政法规的依据，没有法律或行政法规依据的，相对人有权拒绝。[③] 行政机关实施行政强制执行，应当事先向相对人发出催告书，相对人收到催告书后，有权进行陈述和申辩。对相对人进行的陈述和申辩，行政机关必须充分听取，并对相对人提出的事实、理由和证据进行复核，相对人提出的事实、理由和证据成立的，行政机关应当采纳。此外，相

---

① 参见《草案》第14、15、36、55条。

② 因为行政强制在很多情况下是即时的，行政相对人难以得到及时的、有效的救济，而行政处罚(除当场处罚外)往往有一个调查取证和作出决定以及执行处罚决定的过程。在这个过程中，行政相对人可以寻求各种可能的救济，以各种可能的方式阻止违法、不当的处罚决定的作出或在处罚决定作出后阻止其执行。因此，行政强制权滥用对人权的威胁超过行政处罚权滥用对人权的威胁。

③ 参见《草案》第17~20条。

对人有法定事由的,可申请行政机关中止或终结实施行政强制。①

其二,赋予人民法院程序制约权,以权力制约权力。对此,《草案》主要确立了下述制度:(1)对于某些行政强制措施,如冻结存款等,除非法律有特别授权(而法律特别授权的行政机关是很少的),一般行政机关均无权自行实施,只能依法申请人民法院强制执行。金融监督和监察机关发现被监督对象有转移或隐匿违法资金迹象的,即使有证据证明,亦只能申请人民法院采取冻结相应资金的措施。② (2)行政机关依法对违章建筑、违法建设的设施等需要强制拆除的,相对人如逾期拒不拆除,除法律另有规定外,只能申请人民法院强制执行。③ (3)行政机关向人民法院申请强制执行行政决定,须提交强制执行申请书、相应行政决定书以及作出决定的事实、理由、法定依据等,人民法院要对申请书及相应材料进行书面审查,认定其符合法定条件和要求的,方予执行。④ (4)人民法院通过书面审查,发现行政决定缺乏事实根据或法律根据,或者有其他明显违法并损害被执行人合法权益的情形的,可以在听取被执行人的意见和认定相应行政决定确实违法后,裁定不予执行。⑤ (5)行政相对人认为行政机关实施的行政强制措施或行政强制执行行为违法,均可依法向人民法院提起行政诉讼,人民法院可依法对被诉行政强制行为进行司法审查,并依法作出裁判。⑥

其三,建立、健全行政机关内部审批制度,完善行政内部程序制约机制。现代正当法律程序制约主要指外部制约,包括权利制约和权力制约,但也包括内部制约。在内部制约方面,《草案》确立的主要制度和要求有:(1)行政机关工作人员采取行政强制措施前须向行政机关负责人书面或口头报告并经其批准;需当场采取行政强制措施的,应当在事后立即报告。⑦ (2)行政机关实施行政强制措施应由两名以上执法人员参与。⑧ (3)实施行政强制措施应制作

---

① 参见《草案》第37~42、56条。
② 参见《草案》第30条。
③ 参见《草案》第54条。
④ 参见《草案》第57~59条。
⑤ 参见《草案》第60条。
⑥ 参见《草案》第9、45条。
⑦ 参见《草案》第17条。
⑧ 参见《草案》第17条。

现场笔录,采取查封、扣押措施的应制作清单。[①] (4)行政执法人员当场实施行政强制措施,应在24小时内补办相关手续;在边远、水上、交通不便地区实施行政强制措施的,则应在返回行政机关后2日内补办相关手续;如在紧急情况下当场采取限制公民人身自由的行政强制措施,则应在返回行政机关后6小时内补办手续。[②] (5)行政机关对涉及重大案件或者数额较大的财物需要实施查封、扣押的,应由行政机关负责人集体讨论。[③] (6)行政机关作出冻结存款的决定后,因情况复杂需延长冻结期限的,应经行政机关负责人批准。[④] (7)行政相对人认为行政机关实施的行政强制措施或行政强制执行行为违法,可依法向行政机关所属人民政府或上一级行政主管部门申请行政复议,人民政府或上一级行政主管部门可依法对被申请的行政强制行为进行审查,并依法作出相应行政复议决定。[⑤]

(三)确立行政强制的原则,防止行政侵权,建设人本政府和责任政府

行政法对行政权行使的控制和规范,有两个基本途径:一是通过具体的法律规则,[⑥]对相应行政行为确立具体的要求;二是通过较抽象的法律原则,[⑦]对相应行政行为确立基本指南和整体的、宏观的导向性要求。法律规范的这两种途径都是非常重要的:具体的法律规则操作性强,刚性强,但局限性大。现实生活纷繁复杂,有限的具体法律条文往往难以一一对应予以规范。因此,通过立法确立相关法律原则是必要的。法律原则具有抽象性、灵活性,从而其适用无论在时间上,还是在空间上,都具有具体法律条文所不具有的广泛性和普遍性。正因如此,《草案》在控制和规范行政机关行使行政强制权方面,确立了一系列法律基本原则,以保障行政强制行为正当行使,防止其侵犯人权,侵犯行政相对人的合法权益,以促进人本政府和责任政府的建立。

《草案》确立的法律基本原则主要有四:

其一,人权保障原则。行政强制是所谓"高权行政"中权力色彩最为浓重

---

① 参见《草案》第17条。

② 参见《草案》第18~19条。

③ 参见《草案》第23条。

④ 参见《草案》第34条。

⑤ 参见《草案》第9、45条。

⑥ 如法律关于行政行为具体条件、方式、手段、范围、对象、时限等的规定。

⑦ 如信赖保护原则、比例原则、正当法律程序原则等。

的行政行为，从而对公民权利、自由侵犯的可能性最大，对人权最具威胁性。因此，在《草案》中确立人权保障原则意义最为重要。《草案》第1条即明定“保护公民、法人或者其他组织的合法权益”是该法的立法目的。《草案》的整个内容均突出了人权保障原则。例如，《草案》将对公民人身自由的暂时性限制，对存款、汇款、有价证券等的冻结，强行进入住宅等行政强制措施的设定均确定为法律保留事项，严加控制；①对行政机关实施限制公民人身自由的行政强制措施，《草案》除要求其遵循一般行政强制措施的实施程序外，还对之规定了若干特别程序。②

其二，依法强制原则。制定《行政强制法》本身，在某种意义上就意味着宣示依法强制，似乎没有必要再以专门法条设置依法强制原则。但是，各种行政行为中可采取的具体行政强制形式并非都由《行政强制法》设定的，各种行政强制的实施主体亦非由《行政强制法》直接规定，不同领域、不同种类的行政强制的具体操作程序也不是由《行政强制法》作统一的、包罗万象的规定。既然《行政强制法》不是规范行政强制行为的唯一法源，那么，还有哪些法源（法律、法规、规章）可以规范行政强制的设立和实施呢？或者说，法律规范性文件以外的其他规范性文件或行政命令一类的非规范性文件是否也可以设立和规定行政强制实施主体、实施程序呢？要回答这些问题，要避免因对这些问题的混乱答案而导致实践中行政强制的“乱”和“滥”，《行政强制法》以专门法条设置依法强制原则是必要的。正因如此，《草案》专条规定，设定行政强制必须依照该法由法律设定；尚未制定法律的，某些行政强制可由行政法规设定；尚未制定法律、行政法规，且属于地方性事务的，某些行政强制可由地方性法规设定；规章、其他规范性文件和非规范性文件一律不得设定行政强制。③至于行政强制的实施，则必须有法律、法规依据，由法定行政机关或法律、法规授权的组织实施，并且要严格遵循法定程序。④ 法定程序可包括《行政强制法》规定的程序和其他法律、法规、规章、其他规范性文件规定的程序，但其他法律、法规、规章和其他规范性文件规定的程序不得与《行政强制法》规定的

① 参见《草案》第12条。
② 参见《草案》第19条。
③ 参见《草案》第4、12~13条。
④ 参见《草案》第14~15条。

程序抵触,否则无效。

其三,比例原则。由于行政强制对人权最具威胁性,所以比例原则在行政强制实施中具有非常重要的意义。《草案》对之规定得最为细密。在大陆现行法律、法规中,没有一部法律、法规对比例原则有《草案》这么细密的规定。《草案》分别在多个条款中规定了比例原则,其主要内容包括:(1)设定行政强制应当适当,兼顾公共利益和当事人的合法权益;①(2)实施行政强制应当依照法定条件,正确适用法律、法规,选择适当的行政强制方式,以最小损害当事人的权益为限度;②(3)实施行政强制应当依照法定条件,正确适用法律、法规,选择适当的行政强制方式,以最小损害当事人的权益为限度;(4)行政强制不得滥用,实施非强制性管理措施可以达到行政管理目的,不得实施行政强制措施;(5)对违法行为显著轻微,没有明显社会危害,涉案财物数量较少的,可以不对其实施行政强制措施;(6)实施行政强制执行,事先应当进行督促催告,当事人履行行政决定的,不再实施行政强制。

其四,救济和责任原则。救济和责任是既有区别,又有密切联系的两项原则。其区别在于,救济解决的是行政强制对相对人侵权的补救问题,责任解决的是行政机关及其工作人员违法强制、滥用强制权的法律责任问题。二者的密切联系在于,救济和责任的根本目的都在于保障人权,建立以人为本的政府和责任政府。对侵权行为实施救济,是责任政府的基本要求;追究违法、滥权、侵权行为的责任,特别是行政赔偿责任,是法律救济的题中应有之义。《草案》关于救济和责任的基本原则规定在总则中,而关于救济和责任的具体规则分别规定在相关章节,特别是"法律责任"一章中。

《草案》总则关于救济和责任原则的规定主要有下述内容:(1)实施行政强制措施,应当告知当事人有陈述和申辩权利;(2)实施行政强制应当严格依法,文明执法,不得滥用职权,侵犯公民、法人或其他组织的合法权益;(3)公民、法人或其他组织对行政机关实施行政强制不服的,有权依法申请行政复议或者提起行政诉讼;(4)对行政机关违法实施行政强制造成损害的,受害人有权依法要求赔偿;(5)对人民法院在强制执行中因违法行为或扩大强制执行

---

① 参见《草案》第5条。
② 参见《草案》第5条。

范围给当事人造成损害的,受害人有权依法要求赔偿。

综上可见,制定《行政强制法》的主要目的是规范行政强制行为,保护行政相对人的合法权益,而非强化行政强制,扩张行政机关管理相对人的手段。

行政机关是否有权强制收回三轮车运营权?*

写作背景:1999年,浙江省乐清市公安局和该市乐成镇、虹桥镇人民政府以行政相对人"四年运营期限已到期"为由,宣布收回150辆人力三轮车的车辆运营权,对这150辆人力三轮车运营权进行拍卖,由此引发了一场集团诉讼。之后,《检察日报》记者李曙明2004年1月15日对该事件进行了跟踪报道,并就有关行政机关当初拍卖运营权是否合法、之后收回运营权有没有法律依据、用拍卖的方式配置稀缺资源是否合理等问题对笔者进行了采访。

【《检察日报》记者对该案案情的介绍】

2004年1月15日早晨8点,浙江省温州市39岁的农民袁油田(化名)冒着蒙蒙冬雨来到浙江省温州市中级人民法院时,门口已经聚集了很多三轮车主。1个小时之后,43名车主状告乐清市公安局和乐清市乐成镇人民政府,23名车主状告乐清市公安局和乐清市虹桥镇人民政府两起行政诉讼案,将在这里开庭。和袁油田一起来的,还有他的爱人和3岁的孩子。一家人是头一天先从他们居住的永嘉县赶到永清市,又赶了个大早从永清来到温州的。"一家人有没有饭吃,就看这场官司了。"袁油田的话语中充满了期待和不安。

一、拍卖三轮车,祸根由此埋下

两起案件的被告略有差别,案情却是相同的。这要从1999年乐清市有关

---

* 该访谈是笔者就浙江省乐清市公安局和该市乐成镇、虹桥镇人民政府拍卖人力三轮车运营权案答《检察日报》记者问。原载2004年2月4日《检察日报》第5版,发表时题为《姜明安:探求比拍卖更合理的配置方式》。

部门拍卖人力三轮车说起。受居民消费水平和交通环境所限,对于乐清市所辖的乐成镇和虹桥镇居民来说,人力三轮车是他们出行的一种重要交通工具。随着社会经济的发展,人力三轮车的数量已经不能满足市场的需要。1999年,乐清市公安局和乐成、虹桥两镇政府,以拍卖的形式在两镇投放了一批新车,其中乐成镇100辆,虹桥镇50辆。拍卖由浙江省罚没走私物资拍卖行乐清分行具体操作,以拍卖营运牌照的形式进行。一辆人力三轮车本身,连1000元也值不了,可拍卖额最低的有2万多元,高的超过4万元。虽说贵了一点,但对当事人来说,总算能获得一个挣钱养家的机会,车主们欢欢喜喜上路了。"开始两年生意不行,这两年好一些,少的时候一天能挣三四十,多的时候能挣五十块钱。"袁油田告诉记者。收入不高,但比较稳定,对于那些没有一技之长的百姓来说,蹬三轮养家糊口是一个不错的选择。所以,这几年两镇的三轮车价格不断攀升。2002年7月,永嘉县农民老吕花7万多元从别人手里买来一辆三轮车,加入乐成镇的"三轮大军"。"7万多块钱都是借的,可咱有的是力气,日子一定会好起来的。"对于未来,老吕满是憧憬。

二、收回三轮车,一石激起千层浪

2003年8月6日,乐清市公安局和乐成镇政府联合发布《关于收回乐成镇辖区原拍卖的夜市客运人力三轮车牌照使用权的通告》(以下简称《通告》)。《通告》宣布"收回政府1999年8月21日拍卖的为期4年的100辆客运人力三轮车的牌照、行驶证、所有权证以及车辆。限车主于2003年9月10日17时之前将上述牌证及车辆送交巡警大队非机动车辆管理所三轮车回收办公室。凡逾期不交的所有牌证均作废,并一律按照无牌人力三轮车予以取缔"。

早在3个月前,乐清市公安局和虹桥镇的联合通告即已经发出,虹桥镇的三轮车主经受了同样的煎熬。和拍卖"新车"被取缔形成对比的,则是1999年之前的"老车"仍可以继续上路营运。

"连拍卖交的钱还没挣出来呢。"袁油田尚且如此,刚蹬了一年的老吕就更不用说了。"三轮车就是一家人的饭碗,不让上路,我们怎么活?"袁油田、老吕不得不离开给他们带来无限伤心的乐清,回到永嘉老家。对于记者"在永嘉干什么"的提问,老吕一句"待着"之后是长久的沉默不语。袁油田的爱人则告诉记者,“孩子的学费都快交不上了”。和袁油田、老吕相比,老颜的命运似乎更加悲惨。老颜今年 51 岁,爱人患有精神病,上有 84 岁的老母亲要赡养,下有 3 个孩子要抚育。三轮车是全家唯一的生活来源,也是支撑这一家庭走出苦难迎来幸福生活的希望。但是,一纸通告就让老颜一家的生活几乎陷入绝境。2003 年 10 月 17 日,老颜抱着侥幸心理,骑上封存多天的三轮车上路,被乐清市交警抓了个正着,三轮车被没收。如今,老颜自己也患了皮肤癌。“真不知道今后怎么过下去。”说这话时,老颜泪光点点。

三、四大争议焦点,双方各执一词

三轮车主们首先采取上访等方式寻求救济,但没有能解决问题,最后他们选择了法律途径。2002 年 11 月,部分车主将乐清市公安局和两镇政府诉至温州市中级人民法院,要求法院依法撤销《通告》。2004 年 1 月 15 日,除了最早的原告 66 人,后有更多的三轮车主来到法庭,旁听案件。他们明白,这场官司将决定他们能不能继续蹬车上路。围绕着四个焦点问题,原告和被告的代理人进行了激烈的辩论。

焦点之一:乐清市公安局和镇政府有没有拍卖牌照的权力?

被告代理人认为,《道路交通管理条例》(以下简称《条例》)第 8 条规定:“本条例由各级公安机关负责实施。”“各级公安机关”自然包括乐清市公安局。既然《条例》制定的目的是加强道路交通管理,维护交通秩序,保障交通安全和畅通;既然《条例》涵盖了对人力三轮车的管理,那么根据《条例》规定,乐清市公安局对于本辖区内的人力三轮车的号牌的发放及回收,行驶路线及时间等理应享有管理权(实施权)。然而,被告代理人的说法受到原告代理人的强烈质疑。他们认为,依法行政原则是我国行政法的基本原则,职权法定是依法行政原则的核心要求。所以,行政机关的任何一项权力,都必须有明确的授权,而不能像被告代理人那样“推导出来”。而遍寻我国有关非机动车辆管理的法律、法规和规章,皆未授权任何行政机关或单位对非机动车辆牌照加以拍卖。按照《条例》和《浙江省非机动车辆管理办法》的规定,公安机关依法可以对检验合格的非机动车辆发放号牌、行驶证。而且在收费问题上,只准收取工本费,其标准按照国家有关规定核准。其中根本没有对拍卖牌照使用权的授权。所以,拍卖非机动车号牌,完全是没有任何法律依据的自我授权行为，实质上是越权行政，是违法的。至于乡镇人民政府，就更没有这项权力了。

另外，车主交钱后得到的发票，不是事业收费专用发票，也非正规税务发票，而是拍卖行的发票。这一事实让人对收费的性质、资金的流向产生怀疑。

焦点之二：牌照能否收回？

庭审中，面对原告代理人“三轮车的所有权属于谁？所有权证属于谁？行驶证属于谁？”的一连串问题，被告代理人承认，上述所有权都属于车主。然而，属于车主的东西，被告有什么权力收回？原告代理人进一步提出“牌照和运营牌照”的区别问题，因为在当初拍卖的是“运营牌照”，而现在要收回的是“牌照”。被告代理人对此的解释是，由于人力三轮车天然具有的运营属性，“牌照”其实就是“运营牌照”，两者是一个东西。对于此种解释，原告代理人进行了反驳。其指出，人们经常可以看到一个老大爷蹬三轮车拉老大娘上街的场景，这些自用三轮车也是有牌照的，说三轮车天然用于运营，如果不是出于无知，就是别有用心。而事实是，乐清市公安局当初拍卖的只是牌照，而根本不是“运营牌照”。三轮车主可以上路拉人的根据，是乐清市工商局颁发的个体工商户的营业执照，上面清楚记载着经营范围是“人力三轮车”服务。只有吊销这个执照，三轮车上路才失去合法的依据。问题是：公安机关没有权力吊销工商部门颁发的执照。“对于公安机关来说，颁发牌照不仅是一种权力，也是一种义务。利用公共权力谋取利益，是对自身职责的背离。”

焦点之三：拍卖牌照在程序上是否存在瑕疵？

被告代理人认为，无论是当初拍卖还是之后收回，都不存在违反正当程序问题。然而，原告代理人却列举了其诸多违法之处。例如，关于当初的委托拍卖行拍卖，根据有关法律规定，必须有书面的委托合同，而被告代理人当庭承认，公安局和拍卖行之间只是口头委托。又如，《通告》取缔“新车”，收回牌照、行驶证、所有权证，关系几百人的生存活路等权益问题，事关重大，但行政机关却没有听取相对人的意见，更没有召开听证会，违反了正当程序。

焦点之四：如何理解牌照的“四年有效期限”？

在浙江省罚没走私物资拍卖行乐清分行制定的《乐清市乐成人力三轮车上路额度拍卖规则》中，记者找到了“本次拍卖的运营牌照有效期限为四年”的表述。被告据此认为收回运营权依当初的约定行事，是政府讲诚信的表现。但是，很多三轮车主表示，当初他们只看到“拍卖须知”，并没有看到这份“拍卖规则”。而“拍卖须知”上,并没有“四年有效期”的类似表述。对此,被告代理人提出,如此重要事项,当事人说自己不知道,不合常理。而原告代理人提出,即使三轮车主知道四年期限,这也是一个无效的约定。“被告的所有行为,都没有法律的授权,被告根本不能提供哪个法律法规授权其可以对牌照许可使用期限加以规定。就是说,此条款属于越权条款,行政机关根本没有资格对此进行规定。不管被告行政机关规定的有效期限是四年、还是四十年,也不管相对人是否知晓,都因为被告没有相应法律授权,从而该约定是无效的。”

记者:请问姜教授,您如何看待该案涉法律问题?乐清市公安局和乐成、虹桥两镇政府强制拍卖和收回三轮车营运权的行为是否合法?

姜明安:就本案而言,乐清市公安局和乐成、虹桥两镇政府强制拍卖和收回三轮车营运权的做法是不符合依法行政原则的。首先,《通告》没有引用任何法律、法规规定,而是仅引用自己以前制定的相应通知作为其作出行政决定的依据。行政行为没有法律依据即是违法。其次,根据国家关于治理整顿“乱收费”的有关规定,只有省级以上人民政府才有权规定行政事业性收费,乐清市公安局、镇政府“拍卖使用权”的行为可以认为是一种变相的“乱收费”。被告当初的拍卖行为既然没有法律、法规根据,那他们就应该将当初拍卖所收的钱退还给三轮车主,并且还应赔偿相对人的利息损失。

记者:您如何理解三轮车营运权的“四年有效期”?

姜明安:根据《浙江省非机动车辆管理办法》规定,“有效期四年”应理解为车辆换发牌照或车辆检验的期限,而非车辆所有权、使用权、营运权的期限。如果被告将“有效期四年”解释为四年后牌照不能更换,那被告的“生意”做得就有点“黑”了:让一个三轮车夫每年花上近万元买一个成本不会超过十元的牌照。事实上,被告过去也没有这样“黑”过,其通常对期限届满的牌照都是予以重新更换的。原告正是依被告行为的惯例理解“有效期四年”而购买被告的牌照的。否则他们怎么会去做明显要赔本的买卖呢?对此,被告即使可以不受执政为民理念的约束,也应受行政法上信赖保护原则的约束:对相对人信赖利益的损失应予补偿(如果终止相对人营运是必须的)。

记者:行政机关的上述行为虽然违法,但是否有一定的合理性?

姜明安:对于本案,我们在前面讨论的是合法性问题,被告拍卖和收回三轮车营运权的行为没有任何法律根据自然构成违法。但是,被告的行为是否有一定的合理性呢?如果被告的行为对于维护交通管理秩序、保护相对人权益或实现其他某种公共价值有其必要性和合理性,那么没有法律,立法机关之后也可以制定法律,使行政机关的行为变违法为合法。相反,采用拍卖这样一种方式解决问题的思路根本不合理,不能有效实现维护交通管理秩序和保护相对人权益等价值,即使行政机关相应行为有法律依据,被告在本次诉讼中胜诉了,此后立法机关也必须废止相应法律。

笔者认为,被告的上述行为根本不存在合理性。社会上想开出租车,想蹬三轮的人或许有很多。谁想干谁都可以干,应让市场说话,当然这势必会导致过度竞争;如果需要从中选取一部分人从事这个职业,那么,让谁干、不让谁干的确是一个难以解决的问题,完全用“先来后到”也未必公平。拍卖方式似乎可以作为一种选择。但是,对于有些城市,一辆出租车运营权拍卖金额高达几十万元的做法,这显然是不合理的:一个出租车司机一年能挣多少钱?这么拍卖肯定会产生各种问题。那么,有没有比拍卖更好的配置资源方式呢?如对所有申请从事某一行业的人编号,通过随机抽取的方式取得经营权。在温州市,三轮车运营权曾被作为一种福利对待,哪家生活困难,就把运营权授予谁。无论怎样,拍卖可以是一种配置稀缺资源的方式,但绝对不应成为政府牟利的一种手段。

法律“打架”了，婚检怎么办？*

写作背景：2005年6月24日，黑龙江省人大常委会对《黑龙江省母婴保健条例》进行了修改。新条例仍规定“准备结婚的男女双方应当接受婚前医学检查和婚前健康教育，凭婚前医学检查证明，到婚姻登记机关办理结婚登记。婚姻登记机关在办理结婚登记时，应当查验并留存男女双方婚前医学检查证明。没有婚前医学检查证明的不予办理结婚登记”，而没有根据有关上位法新确定的原则和精神进行修改。对此，有学者和社会人士提出异议。《新京报》就相关问题对婚姻法专家和笔者进行了采访。

记者：请问姜教授，《黑龙江省母婴保健条例》中规定有关结婚登记的法律规范，从法律上讲是否超出其调整范围？在这种情况下，该如何启动相关程序进行纠正？

姜明安：《黑龙江省母婴保健条例》有关结婚登记的规定所依据的是《母婴保健法》，但《母婴保健法》有关结婚登记的规定已经被《婚姻法》所取代，而《婚姻法》没有要求结婚登记以婚前医学检查为前置程序，从而《黑龙江省母婴保健条例》有关结婚登记的规定就没有法律根据，是违法的。

为什么说《母婴保健法》有关结婚登记的规定已经被《婚姻法》所取代了呢？因为，第一，《母婴保健法》制定于1995年，《婚姻法》修订于2001年，根据《立法法》关于新法优于旧法的规定，《婚姻法》有关结婚登记的规定即自动取代《母婴保健法》的相关规定。第二，《母婴保健法》是母婴保健方面的一般

* 该访谈原载2005年7月31日《新京报》第4版。

法，而《婚姻法》有关结婚登记的规定相对于《母婴保健法》是特别法，根据《立法法》关于特别法优于一般法的规定，《婚姻法》有关结婚登记的规定亦自动取代《母婴保健法》的相关规定。第三，根据《立法法》（2000 年，下同）第 85 条的规定，法律之间对同一事项的新的一般规定与旧的特别规定不一致，不能确定如何适用时，由全国人大常委会裁决。而《母婴保健法》有关结婚登记的规定与《婚姻法》的不一致是旧的一般规定与新的特别规定的不一致，故不需要全国人大常委会裁决而自动失效，《婚姻法》有关结婚登记的规定自动取代《母婴保健法》的相关规定。

为什么说《黑龙江省母婴保健条例》有关结婚登记的规定没有法律根据就是违法的呢？因为《立法法》第 64 条规定，地方性法规能规定的事项只有两种：其一，属于地方性的事务（制定调整此种事务的地方性法规无须有相应事务的上位法根据）；其二，为执行法律、行政法规的规定，需要根据本行政区域的实际情况作具体规定的事项（制定调整此种事务的地方性法规必须有相应事项的法律或行政法规根据）。有关结婚登记的事项显然不属于“地方性的事务”，而所欲执行的法律《母婴保健法》中有关结婚登记的规定又已经被《婚姻法》所取代。故相应规定无上位法根据，即构成违法（违反《立法法》、《婚姻法》和《婚姻登记条例》）。

对违法地方性法规的审查、撤销，适应《立法法》第 90 条至第 92 条的规定，可由国务院、中央军委、最高人民法院、最高人民检察院或省级人大常委会向全国人大常委会提出审查要求，或由其他国家机关、社会团体、企事业组织或公民向全国人大常委会提出审查建议。对于前者，全国人大常委会必须启动审查程序；对于后者，全国人大常委会只有在“必要时”方启动审查程序。什么是“必要时”，由全国人大常委会工作机构自由裁量。

记者：《立法法》第 63 条第 1 款规定：省、自治区、直辖市的人民代表大会及其常务委员会根据本行政区域的具体情况和实际需要，在不同宪法、法律、行政法规相抵触的前提下，可以制定地方性法规。据了解，我国现阶段存在大量的法律规范冲突，严重影响了国家法律体系的统一和法治权威的确立。如本案的情况，据以制定地方性法规的法律和行政法规发生法律冲突，地方立法该怎样选择立法依据？

姜明安：任何一个国家的法律都是有位阶的，上位阶的法优于下位阶的法,下位阶的法不能与上位阶的法相抵触。但是与上位阶的法相抵触的下位阶的法如果符合较上位阶的法更高位阶的法,则该下位阶法有效而相应上位阶法却无效。就本案而言,《黑龙江省母婴保健条例》违反上位法《婚姻登记条例》,但却符合较《婚姻登记条例》更高位阶的《母婴保健法》,本来是应该合法有效的。但是,因为《母婴保健法》有关结婚登记的规定已经被《婚姻法》所取代,它就没有更高位阶的法可依据了,从而其违反了上位法《婚姻登记条例》,故只能使其归于无效。

地方人大在其据以制定地方性法规的法律和行政法规发生法律冲突的情况下,如何选择立法依据呢?如果相互冲突的法的位阶和效力高低是非常明确的,是可以依《立法法》规定的法律效力规则作出无疑义的认定的,地方立法机关当然应选择合法有效的上位法作依据。如果相互冲突的法的位阶和效力高低不明确,不能依《立法法》规定的法律效力规则作出认定,则应根据《立法法》第 85 条的规定,送请全国人大常委会或国务院裁决,依据裁决确定合法有效的上位法作为依据。

记者:在我国,怎么认识诸如此类的法律规范冲突?导致法律规范冲突的原因是什么?有哪些原因是可以克服或者避免的?现行机制为消解法律规范冲突提供了哪些资源?

姜明安:在我国现行立法体制下,产生法律规范冲突的原因是多方面的,其中最主要的原因有两条:其一,部门利益和地方利益的驱动。在我国,绝大部分法律和行政法规都是由部门起草的,由人大专门委员会亲自起草的法律和国务院法制办起草的法律及行政法规均少之又少。各部门在立法时为本部门争利益是自然的和不可避免的,立法机关在正式审议法律、行政法规时往往难以发现因部门利益而导致的法律规范冲突;有时虽然发现了,但因难以协调部门之间的利益,也会不了了之。至于地方性法规因维护地方利益而与国家法律、行政法规相冲突的情况同样在所难免,而靠全国人大常委会和国务院的备案监督是很难完全解决问题的,甚至发现问题都很难。其二,公众参与的立法程序不完善。最容易、最可能发现法律规范冲突,并且对解决法律规范冲突最有积极性的应是与相应法律规范有利害关系的人。如果我们的立法机关在法律、法规起草阶段就为广大社会公众,特别是利害关系人提供各种途径、各种形式的参与机会(听证会、论证会、网上评论等),很多法律规范冲突的问题本来是可以通过事前求得适当、合理的解决办法而得以避免的。但是,因为立法机关不重视此种程序或嫌此种程序麻烦而省略,结果导致法律、法规出台后,其规范冲突出现而引起更大的麻烦。

导致我国法律规范冲突的这两方面的问题都是可以通过改革立法体制和完善立法程序予以大大缓解的,但是却不可能完全消除。世界上无论哪个国家,法律规范冲突都是不可完全避免的。必须明了,法治的关键问题不是消灭法律规范冲突,因为消灭不了,而是建立和完善解决法律规范冲突的有效机制并使这个机制有效地发挥作用。

记者:我国为消除法律规范冲突做了哪些工作?还有哪些工作需要进一步深化?

姜明安:我国目前已初步建立了解决法律规范冲突的机制,但是这个机制还很不完善,其效用是很有限的。我国现行解决法律规范冲突的机制主要包括以下四个环节:其一,《立法法》确立的法的效力位阶和法律规范冲突时执法者选择法律规范适用的规则,如新法优于旧法、特别法优于一般法等;其二,通过有关法律、法规建立的法规、规章备案审查制度;其三,通过《立法法》建立的法律规范冲突裁决制度;其四,通过宪法、组织法和《立法法》建立的对法规、规章的违宪、违法审查制度。

但这些机制都还很不完善,其最重要的缺陷是程序不健全、公众参与不足和司法缺位。就程序而言,公民向全国人大常委会提出法规违宪、违法审查建议后,何时开始审查和怎样审查,何时裁决和怎样裁决,何时答复申请人等,法律都没有规定。没有程序,审查如何运作?就公众参与而言,备案是立法机关的内部运作,基本上没有利害关系人的参与。而没有利害关系人的参与,备案审查人是很难发现法律规范冲突的问题的。就司法缺位而言,根据我国现行体制,法院无权审查法规、规章的违宪、违法问题。而法规、规章的违宪、违法问题在大多数情况下只能在具体案件中才会暴露。因此,排除司法审查,法律规范冲突问题就很难得到较好的解决。我们国家这么大,这么多案件都去找全国人大常委会解决是不现实的,不要说全国人大常委会现在没有专门的违宪、违法审查机构,就是今后设立了,也审查不过来。

记者:在转型社会的大背景下,怎么看待婚检从设立到取消再到局部地区恢复强制婚检这样一个变化?今后的发展趋势是什么?

姜明安:建立和恢复强制婚检制度并不完全是或主要是部门利益驱动或

者出于社会短期利益考虑(如解决婚检人员的就业问题),根本出发点恐怕还是为了降低出生缺陷率和预防先天性疾病,提高我国的人口素质。这里的问题在于,建立和恢复强制婚检制度能否有效地实现这一立法目的?建立和恢复强制婚检的成本是什么(人的自由、人的隐私权、人——即使是有病的人——的追求快乐的权利)?有没有较此成本较低的方案?立法不仅有合法性、合宪性的问题,而且还有科学性和合理性的问题。如果强制婚检确实是一项有利无弊或利多弊少的制度,即使现在没有法律根据,我们也完全可以通过修改《婚姻法》和《婚姻登记条例》为之提供法律根据。但现在的问题是,强制婚检虽然不是一项完全有弊无利的制度,却是一项利少弊多,作用不大却要牺牲人们很多重要价值的制度。因此,这项制度既然被废除了,人们就完全没有必要再去重建,现实中的问题人们完全可以通过别的思路去解决。

记者:现在一些地方以所谓“公共利益”“母婴健康”等理由恢复强制婚检,人们普遍担心这会成为部门权力扩张、牟取部门利益的借口。您怎么看待这种担心?

姜明安:这涉及三个问题:其一,什么是公共利益?其二,什么方案(强制婚检还是自愿婚检)对于维护公共利益是最优的,成本最低的方案?其三,由谁来认定和怎样认定公共利益和维护公共利益的最佳方案?对于第一个问题,我的答案是:母婴健康,下一代人的人口素质当然是公共利益,不管以什么借口,都是公共利益。对于第二个问题,我的答案是:强制婚检不是保障母婴健康,提高我国人口素质的最优的、成本最低的方案。对于第三个问题,我的答案是:认定(全国性事项的)公共利益和认定维护公共利益最佳方案的主体只能是全国人大或全国人大常委会,认定的方式只能是在社会公众广泛参与的前提下制定或修改法律,而不是由各个地方的地方人大制定地方性法规或由部门制定规章。

记者:婚姻属于私域,通过立法强制婚检(无论免费与否)是否是国家公权力对个人自由的限制或者侵犯?在私域和公域界限模糊的领域,相应问题应怎么解决?

姜明安:公域和私域存在质的区分。以公法(调整方法可以是强制性的)调整公域,以私法(调整方法只能是非强制性的)调整私域,这是现代法治的基本要求。但是在现代社会,公域和私域的区分不是绝对的,往往公中有私，私中有公。例如，行政合同（通过合同将高速公路、公立博物馆、监狱等交私人管理）就是公中有私；像本案的情况就是私中有公。男女恋爱、结婚是私；但保障母婴健康，提高人口素质却是公。对于私域（恋爱、结婚），国家不能用强行法干预；对于公域（保障母婴健康，提高国家人口素质），国家是可以强行法干预的。因此，这里的问题不是可不可以强制婚检，而是应不应该强制婚检，强制婚检适不适当，强制婚检的方案是不是实现立法目的的最佳选择？

记者：不少有识之士认为，在中国目前环境下，推进免费婚检是一个不错的选择。应该说这样的建议出发点是好的。但是有材料显示，即使有地区推行免费婚检，其效果仍然不理想。出现这种局面，有哪些具体的原因？怎么化解这种困境？婚姻登记是否属于行政许可？行政机关的婚姻登记行为是否应受《行政许可法》的规范？

姜明安：婚姻登记行为与不动产登记行为及公司、企业登记行为一样，属于行政确认行为。但是，行政机关的某些登记行为，如婚姻登记行为，公司、企业登记行为等，也具有一定的行政许可性质，可以将之归入广义的行政许可。因为此种行政登记，是行政相对人实施相应行为或进行相应活动的必经前置程序或前提条件：公民不登记就不能结婚，否则就是违法；公司、企业不登记就不能营业，否则，行政机关可以予以取缔。此类登记显然不同于不动产登记等一般行政登记，相对人在登记前完全可以自由行为，如对相应不动产进行占有、处分等。正因如此，对婚姻登记，公司、企业登记等具有一定行政许可性质的行政登记行为，可以和应该适应《行政许可法》的有关规定。例如，《行政许可法》第 4 条规定，设定和实施行政许可，应当依照法定的权限、范围、条件和程序。《婚姻法》没有规定婚检为结婚登记的法定条件，地方性法规增加这种条件即违反了《行政许可法》第 4 条的规定。此外，《行政许可法》第 7 条规定的行政相对人的陈述权、申辩权、申请行政复议和提起行政诉讼的权利等也完全适用于婚姻登记行为的相对人。

记者：《婚姻法》在立法过程中曾经向全社会征求意见，成为民主立法的典范。而关于婚检强制与否的一系列变迁，我们看到的都是以国家力量为主导的“看得见的手”在运作，而民众的声音却略显单薄。在今后涉及民生的公共决策过程中，我们该如何实现决策模式的转型，更好地倾听民众声音？

姜明安：现代民主有一个非常重要的特征，就是由议会民主向参与民主的转变。参与民主相对于议会民主有五大优势:其一,有利于公众维护自身的合法权益,因为议会受政党制度和利益集团的影响,其立法和决策有可能偏离公众利益,特别是弱势群体的利益;其二,有利于防止和消除歧视、偏袒和保障社会公正,因为议员的投票有可能受歧视、偏袒的意识形态影响;其三,有利于保障立法和决策的科学、合理,因为公众参与可以集中更广泛的智慧;其四,有利于法律和决策通过后的实施、执行,因为公众在参与中自然加强了对法律和决策的理解;其五,有利于加强对公权力的社会监督,促进公民主体意识的增长,推动市民社会的发育和成长。现代社会有高科技的优势(如广播、电视、网络和大量的平面媒体等),为广大社会公众参与立法、决策提供了过去时代不可能有的优越的条件。因此,我们的党,我们的立法机关,我们的政府,如果想要提高执政能力,构建和谐社会,就应该和必须学会利用这个条件,不断地扩大和完善社会公众参与国家立法和决策的途径和形式,发展现代参与民主。

就《突发事件应对法(草案)》删除有关“媒体不得违反规定擅自报道”的规定答《天津日报》记者问*

写作背景:据新华社2007年6月24日报道,提交全国人大常委会二审的《突发事件应对法(草案)》,删除了有关新闻媒体不得违规擅自发布有关突发事件信息的规定。《突发事件应对法(草案)》第57条规定:“新闻媒体违反规定擅自发布有关突发事件处置工作的情况和事态发展的信息或者报道虚假情况,情节严重或者造成严重后果的,由所在地履行统一领导职责的人民政府处5万元以上10万元以下的罚款。”此规定曾引起社会各界的广泛关注。而全国人大常委会对该草案二审时删除了前述对媒体的限制性规定,这再次引起社会的重视和反响。为此,《天津日报》记者李国惠先生对笔者进行了此次采访。

记者:姜教授,各界对当初这个限制媒体报道的条文争议很大,您对此有什么看法?

姜明安:我认为该法草案原条文那么写确有两个“不适当”:一个“不适当”是“违反规定”没有讲明是什么机关、组织制定的什么规定。例如,一个地方发生事故灾难或公共卫生事件后,当地县政府、乡政府都可以作出规定,甚至任何政府部门、社会组织、企事业单位等都可以作出规定,新闻记者如果对

---

* 该访谈是笔者2007年6月30日接受《天津日报》记者李国惠采访整理稿。关于此事件参见《突发事件应对法草案删除媒体不得“违规擅自发布”信息之规》,载中国新闻网,https://www.chinanews.com/gn/news/2007/06-24/964218.shtml。

所有这些规定都必须服从,就很可能没办法进行报道了,其不违反这个规定,就可能会违反那个规定。新闻记者进行报道,只要遵守法律、法规,而没有必要服从每个地方、每个部门的“土政策”“土规定”。该法草案原条文那么写的另一个“不适当”是“擅自发布”。什么是“擅自发布”?是不是新闻记者发布报道,必须要经过批准?现在是民主、法治社会,记者发布新闻报道如要经过批准是说不过去的。对新闻报道只能进行事后监督,如果确定相应报道违法、信息虚假,主管部门可事后对报社和记者进行处罚。

记者:如果这个条文被立法确立,您认为会产生什么影响?

姜明安:第一,它将不利于有关突发事件信息的及时公开,可能导致突发事件损害的扩大。突发事件发生后,比如说“非典”,如果媒体不进行及时报道,就可能造成人民财产和社会公共利益的损害。媒体如果能及时发布信息,人们就能尽快采取措施,防止损害的扩大。第二,它将不利于揭露导致某些突发事件(如矿难)可能涉及的违法犯罪行为,如果信息发布必须经过审查,必须统一口径,有些涉及违法犯罪的信息可能就会不允许报道了,甚至最终被隐瞒。第三,它将不利于公民知情权的实现。我国是民主国家,百姓对社会各个层面的情况,包括对突发事件的情况有知情权。如果限制媒体报道,将侵犯公民的知情权。

记者:但是,社会上也有不少人拥护这一条款,这是为什么?您怎么看?

姜明安:我认为这有三个原因。首先,有些领导人过分追求“稳定”,他们认为记者如果对某些突发事件任意进行报道,可能会引起人心浮动和社会动荡,记者的报道可能会传播一些不实信息或谣言。但是他们忽视了如果信息不公开,不实信息或谣言反而会在私下更多地传播,反而会引起社会更不稳定,如果突发事件被公开了,各种谣言也就不攻自破。其次,有人不愿让记者报道是想掩盖他们的违法失职行为。如事故、灾难等突发事件,可能存在官商勾结或玩忽职守的问题,他们当然希望法律禁止记者报道,把他们的违法失职行为掩盖下来。最后,就是地方保护主义、部门保护主义的因素。有人认为,对某些突发事件进行报道,可能影响他们那个地方或部门的利益,如报道当地发生传染病,就可能影响他们的旅游收入;还有人有“家丑不外扬”的思想,希望把不好的消息压制下来。此次全国人大常委会能吸收民众、专家的意见,删除了这个条款,体现出我们立法者的开明和立法理念的进步。

记者:那么,您怎么看待媒体对突发事件的报道?

姜明安:媒体的报道,尤其是对突发事件的报道,在保护公民知情权,进而能采取措施,尽量减少突发事件对人们的生命、财产及社会公共利益等方面的损害具有很大的作用,这种作用是其他工作不能替代的。但是,媒体在报道时,也应该遵守职业道德,至少做到以下几点:首先,要守法,要遵守法律、法规关于新闻报道的规定。如果某些信息涉及国家秘密、商业秘密或个人隐私的内容,法律规定不应该进行报道就不能进行报道。

其次,要尽量保证所报道的信息真实、准确。当然,记者不是检察院、公安机关,没有那么多手段进行调查、侦查,即使有,也不能那么做。如果要把事情的所有具体细节都调查清楚再报道,其报道可能也就没有实效性了。记者只要出于善意,不是为了吸引眼球故意捏造虚假信息,其报道即使有少量不实成分,也应该免责。

最后,记者报道突发事件,可能会存在一定的,甚至较大的风险,有时会受到有关方面的打击报复,或者遭到坏人或不明真相的群众的围攻、殴打等。有些风险不是人为的,而是来自自然的,如地震、海啸等,记者要有为了真理而做出牺牲的勇气和精神,要有献身精神。当然,记者也要有策略和智慧,尽量减少风险,避免不必要的牺牲。

记者:我国有哪些法律可以保护媒体和记者报道的合法权益?

姜明安:首先,自然是《宪法》,《宪法》规定了公民有言论、出版和人身自由不受侵犯的权利,这种宪法权利对于记者特别重要。其次,国务院最近通过了《政府信息公开条例》,将于明年 5 月 1 日正式施行。这个条例的精神是:对于政府信息,包括突发事件信息,公开是原则,保密是例外。这也就是说,记者对于所有信息,除法律、法规规定不允许公开的外,都可以公开报道,这个条例的出台对媒体的报道将是一种很切实的保护。最后,保护记者报道合法权益的专门法律应该是新闻法。不过我国“新闻法”尚未出台。我们应呼吁国家立法机关尽快出台新闻法,以更好地维护记者采访报道的自由和权利。应该说我们现在已经具备出台新闻法的条件了,只要我们大家努力,一定能尽快催生出这部法律。

强制性的植树义务和强制性的绿化费收缴既不合理,也不符合现代法治原则*

写作背景:2008 年 8 月 27 日,《人民日报》记者就一些地方制定《公民义务植树实施办法》,强制性要求公民每人每年植树若干或缴纳一定金额的绿化费事情,给笔者发来电子邮件,征询笔者对此事的看法和意见。笔者给他回了封电子邮件,阐述了笔者对此事的观点。此篇短评即为该邮件的基本观点。

强制性的植树义务和强制性的绿化费收缴既不合理,也不符合现代法治原则。

第一,法的规范应该符合客观规律。《公民义务植树实施办法》强制性地要求适龄公民"每人每年植树三至五棵",这种"一刀切"性质的规定没有考虑我国自然环境的多样性:我国有大量居民居住于荒漠、草场、海岛、雨林等不适宜或不必要植树的地带。该实施办法使他们不得不背上"违法"的罪名。

第二,法的规范应与立法目的相一致。义务植树的立法是为了保护环境、改善环境。但我们一些地方制定的地方性法规则没有体现这一立法本意,有的变成了为植树而植树,有的则变成了为财政收入而植树,或为政绩而植树,导致立法目的的异化。

第三,法的规范应该具有可执行性。很多地方性法规规定每人每年种三五棵树,并"保证成活",这作为一种宣示性条款或指导性条款,还是可以成立

* 该短评是笔者 2008 年 8 月 27 日给《人民日报》记者电子邮件采访的回复。该事件参见《昆明一街道办事处发通知对义务植树进行强制收费》,载中国新闻网,https://www.chinanews.com/sh/news/2008/07-16/1313710.shtml。

的。但一些地方将之设定为强制性条款，以行政处罚（罚款）和强制作为保障，那就是不切实际的，不具有可执行性。谁种了，谁没种，谁种的活了，谁的没活，你怎么检查，怎么监督？这需要多少执法人员检查、监督？这种强制性条款显然是违反法理的。

另外，《公民义务植树实施办法》将“植树造林，改善环境”这一本该各级政府承担的责任转嫁给公民。实际上，这一义务对于政府而言是强制性的，对于公民而言则是倡导性的。实施办法则将强制性义务加予公民，从而转移了各级政府的义务。

同样，强制性收缴绿化费也不符合现代法治原则。现代政府征缴公民钱款有三种基本的形式，即税、费以及罚金和罚款。绿化费是什么性质：是税？税的征收不能平摊，不能作为公民的平均负担，人头税是违反法治原则的。是费？收费应以政府向特定对象提供特定服务或特定公民占用特定公共资源收缴为前提。否则，就是乱收费。是罚金、罚款？罚金、罚款的前提是相对人构成违法或犯罪，如果说当事人故意不履行植树义务构成违法可罚款，那么当事人因各种客观原因未能植树你收人家的绿化费、植树费是什么性质？显然是违反法理的。

综上所述，绿化植树应该走市场和法治的路，如荒山荒滩植树承包，或通过 BOT 形式与企业签订合同等。总之，不应该走计划经济摊派的路。《立法法》规定：“立法应当从实际出发，科学合理地规定公民、法人和其他组织的权利与义务、国家机关的权力与责任。”绿化立法同样应当如此。

“红头文件”宜慎用，不能滥用*

写作背景：2008年11月20日，安徽省宿州市建委与城管局联合下发“红头文件”《关于宿城主次干道、重要地段建设工程临街面严禁使用卷闸门的通知》。要求埇桥区建设局，市经济技术开发区规划建设局，各建设（开发）单位、设计单位从文件下发之日起，凡在城市主次干道、重要地段，新建、改建、扩建以及新建尚未竣工的建设工程，其临街面用房一律不准使用影响观瞻的封闭式卷闸门，确因安全需要的，应采用新颖、美观、视线透空的封闭式装饰门。现已安装使用的封闭式卷闸门应逐步更换。

《人民日报》记者朱磊和白龙对此事进行了实地调查，并撰写了一篇名为《安徽宿州：一份红头文件的“风波”》的报道。该报道说，有读者向他们反映，安徽省宿州市“封杀”卷闸门，引起商户不满。2009年3月19日，他们赶往宿州，在几条主干道随机对部分商户进行了调查。“没有听说过这个政策。”宿州市淮海路烟酒杂货铺店主董先生笑着说，“我这个铺子已经四年了，一直用的这种封闭式卷闸门，如果真有需要，我也愿意更换更好一些的门，但是希望政府能够适当的拿出一些补贴来”。宿州市人民路童装店主李兰（化名）的店面刚刚开张，在装修上着实费了一番工夫。“里面玻璃门，外面卷闸门，这是这边很多商户采用的方式，玻璃门防盗性能让我们不放心，但是美观大方，卖什么一目了然，卷闸门一般都是晚上用。如果政府要求更换，我这新装修的门面，还是要承受损失的，不过现在还没有相关部门通知。”

《人民日报》记者沿着几条主干道采访，大部分商户表示，尚未接到有关

* 该文原载2008年3月25日《人民日报》第15版。

部门的通知。一份出台了近5个月的“红头文件”，为何这么多人不知情？记者随即向有关部门求证。“一些门面店主之所以反应强烈，是因为误解了相关的政策，其一，我们的‘红头文件’主要是下发给相关建设、设计单位，对象主要是主次干道上新建、扩建、改建的设施，因此，很多商户并不在此范围内；其二，我们政策绝非强制执行，不设整改期限，已经安装了封闭式卷闸门的商户，可以正常使用，我们强调逐步推进，是想在3到5年之内，进行逐步更换，这也是一般铁质卷闸门的使用寿命。而且我们只要求正对干道的门面进行逐步更换。”参与起草文件的宿州市建委规划局李副局长进行了详细的解释。

李副局长告诉记者，出台相关规定，主要是为了配合宿州市在全省“文明城市、园林城市、卫生城市”三城同创的需要，沿街门面的整洁美观是一个城市提升自身形象的关键因素之一，无论是玻璃空腹门还是镂空式的防盗门都要比封闭式卷闸门看起来更大气、更美观，而造价，经他们调查，并不贵多少。

宿州市新落成的康苑社区门面房负责人周某在建设通过规划局验收时，将自己的封闭式卷闸门全部换成了镂空卷闸门。“刚开始也是不理解，后来部门给咱一解释，我们就了解了，美好环境大家有份，材质相同的前提下，更换也就每个门多出了70多元钱。”周某对记者算了笔账。

“‘红头文件’下发之前，我们已经在政府网站进行了一个多月的公示。我们工作上的瑕疵在于，没有及时召集商户进行论证。也因此招致了一些人的反对，相关媒体进行报道，从某些方面来讲，是推动了我们工作的开展，让我们更加注重细节。”李副局长坦诚地说。也正是因为商户的反应和媒体的报道，相关执行部门如宿州市城管局决定暂缓推进此项工作。“这件事情肯定要做，举个简单的例子，不知道你晚上有没有在大街上走过，封闭式卷闸门上，全部贴满了小广告，就像一座城市的牛皮癣，每年清理这些小广告，费时费力费钱，业主也抱怨不断。而镂空式卷闸门与玻璃门则要好得多。我们会充分考虑各方面的意见，媒体报道也告诉我们，必须加强政策的宣传与引导。请商户放心，我们绝对不会去做损害大家利益的事情。”宿州市城管局分管副局长对记者说。

安徽宿州“红头文件”引发的“风波”，在全国具有一定的普遍性。为了明确“红头文件”的性质、功能和作用，避免地方政府滥用“红头文件”导致对行政相对人合法权益的侵害,《人民日报》记者就此事对笔者进行了采访,笔者对采访的回复即形成了这篇短评。

宿州市建委与城管局发布关于“卷闸门”的“红头文件”的动机是好的,为了城市美观,但其发布依据和发布程序似乎存在问题。就发布依据而言,行政机关凡是发布为行政相对人设定义务的规范性文件,必须有法律、法规或同级人大或人大常委会决议、决定的根据。因为行政机关是执行机关,不是决策机关。就发布程序而言,行政机关凡是发布可能影响公民、法人或者其他组织权益的规范性文件,必须通过座谈会、论证会、听证会等适当形式听取社会公众,特别是利害关系人的意见,保障公众参与。因为公众参与程序是制约行政机关利用“红头文件”谋私或滥用权力的屏障。宿州市建委与城管局发布关于“卷闸门”的“红头文件”,似乎在依据和程序上都有所欠缺。“红头文件”是执行法律、法规和人大决议、决定的重要工具,但这个工具必须慎用。否则,它就可能成为破坏法治,侵犯公民、法人和其他组织合法权益的工具,即使发文机关是出于好意。例如,2006 年 3 月 20 日,安徽省凤台县城北乡党委和政府发布一“红头文件”,规定其可对做信访工作不力的村民委员会、居民委员会主要领导干部就地免职或停职。这显然是侵犯宪法、法律授予基层群众性自治组织的自治权的。前不久,山西省政府法制办公布了对该省 50 个省直部门 2006 年 10 月 1 日至 2008 年 6 月 30 日所发“红头文件”的检查结果:其中违法、违规“红头文件”达 221 件,这些文件有的违法创设行政许可、行政处罚、行政强制、行政收费;有的违反法定或正当程序;有的违法为非行政主体授予公权力或为行政相对人设定义务等。

可见,政府和政府部门对“红头文件”必须慎用而不能滥用。那么怎么保证我们的各级政府和政府部门慎用而不滥用“红头文件”呢?恐怕全国没有一个统一的行政程序法加以规范是不行的;如果统一的行政程序法一时制定不出来,那么,至少各地应像湖南省政府一样,先制定一个地方行政程序规定或者一个专门规范“红头文件”的法规或规章。否则,“红头文件”的“乱”和“滥”的趋势难以扼制。

奥运期间采取的公共治理措施是否可在奥运后继续沿用?*

写作背景:2008年8月24日,北京奥运会闭幕。奥运会闭幕后,北京市人大、政府均在讨论奥运期间采取的公共治理措施是否可在奥运后继续沿用?笔者当时是北京市人大代表,在人大海淀团小组会上,笔者就这个问题谈了自己的看法。之后,笔者将自己的看法写成该短评,发表在2008年8月30日的《新京报》上。

北京奥运会期间,政府(中央政府和北京市政府)为保证“绿色奥运、科技奥运、人文奥运”理念的实现,在公共治理方面采取了许多特别的措施和做法。这些措施和做法大多体现了法治的原则和精神,受到国内外社会舆论较普遍的好评。然而,这些措施和做法在奥运后有没有继续沿用,乃至进一步推广适用的可能性呢?对此,应进行具体分析,不能一概而论,大致有三种情况:一是具有普适价值的措施和做法,如信息公开,环境保护,及时处理公民的申诉、信访,积极组织志愿者服务,为集会、示威者提供专门场地等。这些措施和做法无论在奥运前,还是奥运中,或者是奥运后,对于法治政府来说,都是应该做的。如果说奥运前做得有所欠缺,而奥运中有所改善,奥运后无疑应进一步加强和予以制度化,完全没有理由再退回去。二是为适用奥运中某些特定情况而采取的某些特别措施和做法,如特定时间特定地段的交通管制,奥运比赛场馆的安全检查等。这些措施和做法显然不具有普适性,只能在非常态的情

---

* 该文原载2008年8月30日《新京报》第3版。

况下采用。当然,非常态也有非常态的规律性,对于法治政府来说,总结在非常态情况下适用非常态措施的经验,以便在以后发生类似非常态情况下同样情形同样对待,这同样是法治的要求。三是因为无经验或因为调查研究不够而采取的某些过分的或不适当的措施和做法,如某些奥运专道的过早(奥运前一两周)封闭、不分时段不分有无奥运专车通行的"全天候"封闭,某些过分的、导致游客减少的安保措施等。这些措施和做法不仅不能在奥运后的常态情况下沿用,而且就是在今后再开奥运会或举办大型国际活动时也不应沿用。对此,我们应该认真总结经验,使政府在非常态下采取的各种措施更法治化,更人性化,更合理化。

另外,奥运期间政府在北京采取的公共治理措施和做法在奥运后是否可在全国其他省市推广、适用呢?这同样应具体情况具体分析。对于那些具有普适价值的措施和做法,在奥运后当然可以,而且应该在全国其他省市推广、适用。但是对于某些仅适用北京特定情况而采取的措施和做法,如交通车辆出行实行单双号制,在奥运会后,北京也许可能定期或不定期沿用,而在交通和环境压力较小的地方就不一定适用。他们为改善交通和环境完全可以采取别的措施和办法。

至于奥运期间采取的公共治理措施在奥运后怎样推广、适用?笔者认为主要途径有三:一是认真进行总结,动员民众广泛讨论,分析各种措施和做法哪些符合法治的原则和精神,哪些不符合;哪些合理,哪些不合理。二是通过立法(法律、法规或规章)将具有普适价值的措施和做法,如信息公开,环境保护,及时处理公民的申诉、信访,积极组织志愿者服务,为集会、示威者提供专门场地等,予以法律化、常态化和规范化。三是加强宣传,使广大民众和公职人员在思想观念上接受这些措施和做法,并在行动上形成这样做的习惯和定势。

就信阳“禁酒令”答《人民日报》记者问*

写作背景：2008年1月4日，信阳市全市干部作风建设动员大会上发布了一条禁令——禁止公务人员在工作时间喝酒。市委书记说：“我多次在会上见到一些干部中午喝得面红耳赤，在会场上打瞌睡。有的干部一上班就约酒摊儿约牌摊儿。这样整天喝酒打牌，哪有心思干工作?”在当天的大会上，中共信阳市委、市政府通过了《关于进一步加强干部作风建设的决定》和《关于进一步优化经济发展环境的若干规定(试行)》两份“红头文件”。根据这两份文件的规定，从2007年1月1日起，信阳市委、市政府对各级党政干部实行“五个禁止”，其中第2条是禁止公务人员工作日中午饮酒。文件同时规定了惩罚措施：明知故犯的，就地免职。

《人民日报》记者曹树林为此进行了专题调查，并撰写了《河南信阳为“禁酒”颁布红头文件》的报道。报道称：河南向来以“酒风极盛”著称。但从去年开始，一桩怪事逐渐在中原大地“蔓延”：工作日的中午，各大酒店冷冷清清，上座率很低。寥寥几个有客的房间里，也很少见到有喝酒的人。这种情形最初只出现在信阳，而后开封、商丘、漯河等地也相继“效仿”。

“自禁酒令颁布后，工作日中午不饮酒已成了一种习惯。”正在信阳市园林酒店就餐的一位干部说。他的桌子上有6位客人，四菜一汤，没有酒，大家直接就着菜吃米饭。该酒店老板说：和过去比，中午的生意清淡多了。现在只有到晚上才有点热闹劲儿。

---

* 该访谈原载2008年2月20日《人民日报》第15版，发表时题为《河南信阳公务人员工作日中午禁饮酒——红头文件“禁酒”引争议》。

禁酒令动真格——明知故犯者就地免职——百余名干部受处理

禁令下达之后,信阳市委、市政府迅速组成了3个干部作风建设和优化经济发展环境督察工作组,到各单位开展不同形式的“明察暗访”。督察员中午可以直接到酒店督察,如发现有政府部门招待宴,账单上有酒水记录,督察员将携带微型摄像机,拍下喝酒场面,然后亮明身份进行调查。一旦查出有公职人员,直接报送到督察组,并提出处理意见。此外,下午上班后,督察员也可以直接到单位检查。信阳市委还给督察组授以特权,对查清的问题可以直接提出处理意见,并督察落实到位。对违反禁令的人员,督察组可以“先斩后奏”,处理后再汇报,还可公开曝光。

最先受到查处的是潢川县黄岗乡粮油购销分公司会计和双柳镇粮油购销分公司会计。2007年1月9日,两人工作日中午在宾馆就餐时饮酒。督察组按照有关规定,责令二人写出深刻检查,给予停职处理;并对负有领导责任的黄岗乡粮油购销分公司经理、双柳镇粮油购销分公司经理给予诫勉谈话,责令写出深刻检查。此后,下午上班时间,酒精测试仪成为监督各单位工作人员的一个法宝。督察组的工作人员随时会出现在各单位门前,礼貌地将测试仪递到受测试人员面前。被测试者一旦被测出酒精,后果就可想而知。随后,又有几名干部因违反禁酒令受到处分。督察组工作人员对发现的问题进行了登记,并及时向违反“禁令”的同志的单位领导通报此事,责令违反“禁令”的同志写出书面检查,予以通报批评,并取消其评先评优资格。

“禁酒令”的影响及社会反响

据了解,从去年颁布“禁酒令”至今,信阳市已有百余名干部因违反禁令受到处分。在整个信阳市,中午饭桌上,面对主人劝酒的盛情,有句话成为干部的口头禅:“你让我中午喝酒,是不是想让我丢饭碗?”

禁酒使信阳收获颇丰——其他地市纷纷效仿。信阳市委书记给大家算了经济、健康、发展、和谐4笔账,以此表明禁酒以来的收获。禁酒令的实施,使信阳市节约了大笔的招待费,上半年仅酒一项开支节约了将近4300万元,相当于一个小县的财政收入。而体检结果显示,信阳市处级以上干部患各种“酒病”的比例大大降低。

更重要的是,“信阳实行禁酒令,干部的精神状态好了,形象好了。信阳的发展是风清、气正、劲足,经济得到了快速的发展”。据了解,2007年以来,信阳招商引资的效果非常明显,一大批客商落户信阳,对信阳今后若干年的发展,都将起到不可估量的重要推动作用。

信阳市委宣传部副部长说:"禁酒令"实行一年来,节省了大量财政开支,还提高了工作效率,改进了作风,树立了形象,更拉近了干群关系,促进了和谐,深受广大干部群众的理解和欢迎。现在全国许多地市纷纷效仿信阳,实行了"禁酒令"。

记者了解到,2007年5月10日,商丘市开始实行午间"禁酒令"。2007年6月,开封市委、市政府出台了"六条规定",要求机关工作人员在工作日不准午间饮酒;不准上网聊天、炒股、玩游戏等。同年,漯河等地也陆续颁布了包含"禁酒令"的相似规定。

记者:姜教授,去年信阳市委、市政府发布了禁止公务人员工作日中午饮酒的"红头文件",河南省酒业协会认为该"红头文件"违法,委托律师向省人大常委会法工委、省政府法制办反映,要求修改或撤销该文件。您怎么看这个事件?

姜明安:河南省酒业协会对该禁酒的"红头文件"提出异议,委托律师向人大和政府法制机构反映,要求修改或撤销该文件的做法是值得肯定的,是我国公民权利意识和法治观念提高的体现。在法治社会,公民与政府以及公民相互之间发生利益冲突,通过法律程序进行博弈是非常正常的。"禁酒令"出台,导致制酒和经营酒类的企业利益受损,他们当然有权通过法律途径维护其权益。

当然,河南省酒业协会的异议是否合理,是否能被采纳则是另外的问题。从我个人的观点来看,信阳的"禁酒令"是一份有利于整肃吏治,促进法治政府建设,且符合法治精神的政令。首先,该政令有利于严明吏治,保障《公务员法》规定的公务员义务的实现。根据《公务员法》第12条的规定,公务员的义务包括忠于职守,勤勉尽责,努力提高工作效率,全心全意为人民服务等。很显然,如果公务人员在公务过程中(包括中午)饮酒,就可能因酒误事,可能因酒与前来办事的行政相对人发生冲突,可能因酒影响公务员本身及政府的形象。这样,公务员对其法定义务的履行就会大打折扣。其次,该政令有利于预防腐败,促进政府廉政建设。虽然政府官员腐败与饮酒并没有必然的联系,二者不存在因果关系。但是,喝酒与腐败却存在一定的条件关系。在实践中确有一些腐败是在酒桌上促成的。如果我们的政府官员自觉不与那些前来政府办事的有求于己者喝酒,特别是不在公务过程中(包括中午)喝酒,就可能避免那些可能因酒促成的腐败。再次,该政令有相应的法律、法规根据,符合法治精神。该政令禁止公务人员工作日中午饮酒除了有《公务员法》关于公务员义务规定的根据外,其对违反禁令者的处分亦有《行政机关公务员处分条例》的根据。该条例第 19 条规定,公务员拒绝执行上级依法作出的决定、命令或有其他违反组织纪律的行为,可给予警告、记过、记大过处分,情节较重的,可给予降级或撤职处分。最后,《公务员法》第 83 条对不履行公务员义务,不遵守公务员纪律,且经教育不改的公务员还有辞退的规定。信阳市委、市政府对违反禁令者的处分当然首先应引用这些法律、法规的规定,而不是首先以自己制定的“红头文件”为依据。

不过,根据正当法律程序的要求,政府做出可能影响公民、法人或其他组织权益的具体行政行为,或者发布可能影响公民、法人或其他组织权益的“红头文件”,应该通过一定的途径和形式(如听证会、论证会、座谈会、互联网等)征求和听取相对人的意见。信阳的“禁酒令”出台前如果没有经过这一程序,虽然不违反法的明文规定(因为我国尚未制定关于“红头文件”制定程序的法律或行政法规),但无疑是违反正当法律程序的。

关于房屋拆迁问题答《人民日报》记者问*

写作背景:2008 年至 2010 年,全国各地因拆迁引发的社会矛盾此起彼伏,有的地方还出现了极端性事件或群体性事件。法学界和法律实务界许多人士呼吁加快拆迁、征收和补偿的立法进程,统筹解决城市国有土地上的房屋拆迁和农村集体土地上的房屋拆迁问题。笔者提出应统筹解决房屋拆迁和房屋下面的土地所有权及使用权的征收问题。即使是城市国有土地上的房屋拆迁,政府和开发商拆迁的目的不是冲着被拆迁的旧房屋及其建筑材料去的,而是冲着那块地去的,所以,立法应重点解决被拆迁房屋下面的土地使用权征收的补偿问题。但是,笔者的建议一直没有得到立法机关的采纳。2011 年国务院制定的《国有土地上房屋征收与补偿条例》①仍只规定了对被征收房屋价值的补偿,而没有规定对被征收房屋之下的土地使用权价值的补偿。尽管对被征收房屋价值的补偿在一定程度上包含了对相应土地使用权价值的补偿,但这样将二者混淆处理的方法实际导致了很大的不公平,从而导致了诸多的社会矛盾。针对拆迁引发的各种社会问题,《人民日报》记者对笔者进行了多次专访。

---

* 该访谈是笔者 2009 年 10 月 18 日、2010 年 8 月 18 日、2010 年 11 月 2 日就城市房屋拆迁问题接受《人民日报》记者采访记录的综合整理稿。内容参见《评拆迁条例修改:应提供法律救济》,载《人民日报》2009 年 12 月 10 日,第 15 版;《面对"钉子户",还有什么路可走?》,载《人民日报》2010 年 8 月 18 日,第 19 版;《治理"强拆",期待新法》,载《人民日报》2010 年 11 月 2 日,第 9 版。

① 本书后文正文中均简称为《征补条例》。

记者:界定城市房屋拆迁是属于公共利益还是商业利益的标准是什么?我国目前城市房屋拆迁是属于公共利益拆迁还是商业性拆迁?

姜明安:确定区分公共利益与商业利益的标准可以说是很简单的:一是公共性;二是非营利性。所谓公共性,是指相应行为是服务于一定共同体(如整个国家、地区、城市、社区等)的全体成员或多数成员,而非仅服务于共同体内的个别成员或个别组织(如特定公司、事业单位、社会团体等)。所谓非营利性,是指相应行为不是为了营利、赚钱,而是为了提供公共物品、公共服务。根据这两个标准,我们很容易确定:为了修建博物馆、图书馆,群众性体育、娱乐设施等而进行的拆迁属于公共利益性质的拆迁;为了建商品楼、盖工厂、修高尔夫球场等而进行的拆迁属于商业利益性质的拆迁。

但是,确定区分公共利益与商业利益的标准也可以说是非常复杂的,因为公共性和非营利性都是相对而非绝对的:一个社区相对于其成员是"公",而相对于所在城市则是"私";一个工会、妇联相对于所在单位是"公",而相对于单位所在的大共同体(如城市、地区等)则是"私"。学校、医院相对于公司、企业是"非营利"的,而相对于博物馆、图书馆等又并非完全"非营利"的(特别是私立学校和私立医院);建商品楼、盖工厂、修高尔夫球场相对于修地铁、建水电煤气等公用事业设施是"私",而相应企业向政府纳税、帮助政府解决就业、改善城市投资环境又是"公";修地铁、建水电煤气等公用事业设施是"公",但却并非完全"非营利"。

因此,区分公共利益与商业利益不存在绝对的标准,一定要结合具体的时空条件确定。在当下,我国城市房屋拆迁大多属于具有一定公共利益性质的商业性拆迁,纯公共利益性质的拆迁和纯商业性拆迁是很少的。

记者:"公共利益"可以超越私有财产权吗?

姜明安:在自由资本主义时代,许多西方国家的宪法和法律通常规定"私有财产神圣不可侵犯"。在计划经济时代的社会主义国家,其宪法和法律大多规定"公共财产神圣不可侵犯"或"私人利益绝对服从公共利益"。这两种理论主张及其制度安排都是违背以人为本的理念和非常有害的。在现代西方国家,早已不再存在完全的"风能进,雨能进,政府不能进"的绝对私有财产权,在 public use(公益使用)和 just compensation(公正补偿)的前提下,政府完全可以征收、征用公民的私有财产。在我国,《宪法》虽然规定"社会主义公共财产神圣不可侵犯”,但又补充规定“公民合法的私有财产不受侵犯”。

因此,“公共利益”与“私有财产权”的关系,不是绝对的前者优于后者或后者优于前者,而是应公私兼顾。在无法公私兼顾的情况下,则应进行利益衡量。如果公共利益大于私人利益,则公共利益优先;如果私人利益大于公共利益,则应私人利益优先,政府不能为实现 100 元价值的公共利益而要求公民牺牲 10000 元价值的私人利益。当然,无论是公共利益优先还是私人利益优先,受益方对因此而牺牲或因此而受到损害的一方的利益应予以公正的补偿。

记者:姜教授,您如何看待我国目前的房屋拆迁补偿制度?有哪些需要改进之处?目前,我国在房屋拆迁补偿方式上采取货币补偿和产权置换两种方式,是否还应考虑其他更灵活的方式?

姜明安:我国目前的房屋拆迁补偿制度是由国务院在 2001 年颁布的《城市房屋拆迁管理条例》①确定的。这个制度有诸多不足之处:其一,补偿具体办法由地方政府确定,各地确定的补偿标准普遍偏低。过去有的地方确定的补偿仅为市场价值的 1/5 或 1/10。其二,补偿由作为开发商的拆迁人支付,其能够少付就尽量少付,能够克扣就尽量克扣。其三,产权调换的差价,由被拆迁人负担,被拆迁人的 100 平米旧房,往往置换不了 50 平米的新房。这样,其还要掏几十万元的差价,才能住上原有面积的新房。其四,被拆迁人的非住宅房(营业房)拆迁后,其因停产停业造成的损失,往往得不到实际补偿。其五,拆迁人给被拆迁人提供的周转房有时与原居住地过远,无论给被拆迁人上班、小孩上学,还是老人上医院造成多大困难和导致多大支出,均不给予任何补偿。这些,都是需要今后新的立法加以改进的地方。

至于补偿方式,除了货币补偿和产权置换外,应该和可以增加一些其他方式。如二者结合,在产权置换外再给予适当货币补偿;或者以部分产权入股,被拆迁人每年从作为开发商的拆迁人处取得一定分红。总之,应通过各种方式和途径实现《物权法》第 42 条规定的“依法给予拆迁补偿,维护被征收人的合法权益”,“保障被征收人的居住条件”。

记者:拆迁问题一直得不到有效解决,社会公众反应很强烈。政府应如何对待拆迁?在拆迁过程中政府的定位应是怎样的角色?

---

① 本书后文均简称为《拆迁条例》。

姜明安:首先,政府应解决观念问题,真正确立以人为本的科学发展观,去除 GDP 崇拜,去除过分为追求形象工程而大拆大建的政绩观。其次,应加快立法进程,统筹解决城市国有土地上的房屋拆迁和农村集体土地上的房屋拆迁;统筹解决房屋拆迁和房屋下面的土地所有权或使用权的征收。政府和开发商拆迁的目的不是冲着被拆迁的旧房屋及其建筑材料去的,而是冲着那块地去的。所以,立法应重点解决被拆迁房屋下面的土地所有权或使用权征收的补偿问题。最后,征收和强制拆迁只能是公权力行为,必须由政府做(执行行为当然可以委托专门机构做,但绝不能委托与之有利害关系的开发商做)。当然,政府实施征收和强制拆迁应接受司法监督,被征收人和被拆迁人对之有异议时,应由法院而不是由政府自己裁决。

就城管“眼神整治法”答《法制日报》记者问*

写作背景:2009年6月16日,湖北省武汉市洪山城管执法大队对占道夜市排档进行整治,他们使用了一种“眼神整治法”让人们耳目一新。对此,《法制日报》记者陈煜儒进行了采访,并撰写了一篇报道。她在报道中这样描述城管执法:要让行政相对人的脸上不见血,身上不见伤,周围不见人。这是人们讨论城管应该如何执法时,要求城管执法人员必须做到的事儿,人们太痛恨“棍棒执法”了。

“老板,你这样出店占道经营违反了市容管理规定,请你配合一下,把桌子收到店里去吧。”“进去哪有生意做?”

劝说、宣传无效,只见50名执法队员围站成一圈,双手背在身后,沉默地注视着食客和坐在一旁的老板。据悉,同样的“沉默”战术被武汉城管广泛使用。

就武汉城管的这种“眼神整治法”的执法方式,《法制日报》记者对笔者进行了专访。

记者:姜教授,您怎么看待武汉城管这种“眼神整治法”的新型执法方式?

姜明安:这种执法方式肯定比强制没收摊贩东西文明得多,也是城管被逼无奈的表现,但是利用行政指导、采取强制措施的方式也不能忽视,否则城管行政执法的尊严会受到影响。我不完全同意这种执法方式。城管执法还是应该以行政指导为主,在劝说不成的情况下,完全可以请求公安机关协助强制执

* 该访谈原载2011年11月26日《法制日报》第4版,发表时题为《崇法尚礼或为破解“城管困境”上策》。

行,其法律依据是《治安管理处罚法》第 50 条:阻碍国家机关工作人员依法执行职务的,处警告或者 200 元以下罚款;情节严重的,处 5 日以上 10 日以下拘留,可以并处 500 元以下罚款。

武汉城管整治的是摊贩占道,如果劝说教育不行,就应实施强制性的治安处罚,城管处罚的主要方式是警告和处以 200 元以下的罚款。既然国家赋予了城管执法的职能,城管即应有执法者的相应尊严。

记者:城管执法是有法律授权的,《行政处罚法》第 16 条规定,国务院或者经国务院授权的省、自治区、直辖市人民政府可以决定一个行政机关行使有关行政机关的行政处罚权。至于属于城管执法范围的卫生执法、工商执法、环境执法等,其执法主体和法律依据都没有改变,只不过通过城管执法局这样的单位,将其相对集中起来进行执法而已,任何一种执法行为均可在相应的部门法律法规中找到依据。但是法律对城管执法的具体方式并没有作出明确规定,城管对此是否可以创新?

姜明安:创新自然没有问题。但在改进城管执法方式的过程中,不应该从一个极端走向另一个极端。城管不应野蛮执法、暴力执法,但该用行政强制措施时,还是要用,这是法律赋予他们的权力。遇到"赖皮"摊贩占道影响交通,在其不听劝说的情况下,该给予行政处罚时就应给予行政处罚,该实施行政强制时就应该实施行政强制,以维护法律的尊严。"眼神整治法"似乎有失执法人员的尊严。

限行迫切需要完善法律根据*

写作背景:2009年4月5日,北京市政府通过新闻发布会宣布从2009年4月11日至2010年4月10日,社会车辆继续试行交通管制措施,即依车辆的车号尾号(1、6;2、7;3、8;4、9;5、0)轮流限制出行。社会各界对此反映强烈,有人认为这是政府对公民私有财产权的侵犯,是违宪违法的。这种认识显然不符合现代法治的精神。但是,依据现代法治的要求,政府虽然可以对公民私有财产权进行一定的限制,然而这种限制必须有法律、法规的根据,政府不能随心所欲地任意进行限制。为澄清社会各界人士和政府方面对这一问题的认识,笔者撰写了这篇短评发表于《新京报》的评论版。

北京市政府昨日下午举行发布会,宣布从2009年4月11日至2010年4月10日,社会车辆继续试行交通管制措施。此前北京市法制办新闻发言人李富莹曾表示,目前实行的尾号限行在法律上是有依据的,没有新的立法方面的打算。

对私人机动车采取限行措施,在性质上属于对公民财产使用权实行限制的行政行为。这一行为涉及三个法律问题:其一,政府能否对公民财产使用权实行限制?其二,政府如果能够实行限制,法律对政府的限制应有什么限制?其三,政府如采行限行措施,是否要对被限行车辆的车主进行补偿?

公民的财产权,无论是所有权还是使用权,都不是绝对的。在现代社会,任何一个法治国家,都不会允许绝对的财产权存在。我国《宪法》第51条规定:"中华人民共和国公民在行使自由和权利的时候,不得损害国家的、社

---

* 该文原载2009年4月6日《新京报》第3版。

会的、集体的利益和其他公民的自由和权利。”财产权行使如果有这种损害的可能，国家当然可以通过法律加以限制。《物权法》第 7 条规定：“物权的取得和行使，应当遵守法律，尊重社会公德，不得损害公共利益和他人合法权益。”这里的“应当遵守法律”，当然包括遵守有关限制物权的法律；这里的“法律”，当然包括全国人大和全国人大常委会制定的法律、国务院制定的行政法规、地方人大和地方人大常委会制定的地方性法规，因为限制物权不属于《立法法》第 8 条规定的法律保留事项。作为北京市私人机动车限行的物权限制，其法律根据自然可以是北京市的地方性法规。因为机动车限行（除非全国性限行）符合《立法法》第 64 条第 2 项的规定，即“属于地方性事务需要制定地方性法规的事项”。

可见，物权是可以限制的，关键是必须有法律根据。那么，限行措施是否已经有了法律根据？有人认为已经有了，《道路交通安全法》第 39 条已经提供了政府对私人机动车采取限行措施的法律根据。这种认识是不准确的，《道路交通安全法》第 39 条规定的是一种临时性限行措施，而且所考虑因素是“根据道路和交通流量的具体情况”。而北京市自 2008 年 10 月 11 日以来实行和准备今后继续实行的限行措施，是经常性的措施，其考虑因素是：解决交通严重拥堵、汽车尾气污染等非临时性的问题。因此，必须至少由北京市人大常委会制定地方性法规。否则，限行行为的法律根据是不足的。

根据《立法法》第 68 条的规定，地方性法规的制定应参照法律的立法程序，通过座谈会、论证会、听证会等多种形式，听取各方面的意见，特别是听取有关利害关系人的意见。因此，北京市如果为私人机动车限行制定地方性法规，就有必要召开座谈会、论证会、听证会或通过其他形式充分听取市民的意见。现在，北京市宣布社会车辆继续试行交通管制措施，这需要抓紧制定地方性法规，为限行提供切实的法律根据。

现在政府宣布继续采行限行措施，那么，是否有必要补偿被限行车辆的车主问题，取决于限行是针对特定人的还是针对全体人的。如属前者，则应补偿；如属后者，限行是针对北京市全体人的，谁开车都要限行，则无补偿必要。因为补偿的条件是“特别负担”或“特别损害”的存在。法律、法规不是加予特定人，而是加予全体人以某种义务或负担，因此补偿是不必要的，而且各国对法律、法规加予公民普遍性义务或负担给予补偿是少有先例的。

沈岿、王锡锌、陈端洪、钱明星、姜明安五教授提请审查《城市房屋拆迁管理条例》建议书

写作背景:2009 年 11 月 13 日,成都市金牛区天回镇金华村发生一起恶性拆迁事件。事件发生后,社会各界对各地的强制拆迁行为展开了广泛的讨论,网络上出现了反对“暴力拆迁”的各种言论。2009 年 12 月 7 日,北京大学法学院五教授(沈岿、王锡锌、陈端洪、钱明星、姜明安)向全国人大常委会提交了《请求审查国务院〈城市房屋拆迁管理条例〉建议书》,时任全国人大常委会法工委负责人会见了“北大五教授”,听取了“北大五教授”关于《拆迁条例》违宪违法和人大常委会应对之进行审查和予以撤销的建议意见。之后,全国人大常委会法工委将“北大五教授”的建议书和对《拆迁条例》处理的具体意见转交给国务院法制办。国务院法制办随后废止了《拆迁条例》,并于 2011 年 1 月 19 日发布了《征补条例》。

全国人民代表大会常务委员会:

自 20 世纪 90 年代以来,我国一直处于快速的城市化进程之中,在这一进程中,因拆迁而引发的各类矛盾、冲突、群体性事件时有发生,在一些地方还发生了被拆迁人自焚、当事人与政府对峙等极端事件。这些事件不仅有损当事人的合法权益,也激化了民众与政府的矛盾,影响社会的和谐稳定。房屋拆迁及其所引发的种种矛盾,已经成为公众高度关注的社会问题。

我们注意到,各级政府对房屋拆迁所引发的各种问题是高度重视的,也采取了一些解决问题的措施。但是,要从根本上解决房屋拆迁及其引发的各种问题,需要从制度上反思,需要标本兼治。如果不能从制度源头上处理好城市

发展的公共需求与公民财产权保护之间的关系，房屋拆迁引发的社会矛盾和冲突将会进一步加剧，以至严重影响改革、发展（包括城市化发展）的进程。

作为中华人民共和国公民和长期从事法律研究与教学工作的学者，我们高度认同和支持落实科学发展观、构建和谐社会以及建设社会主义法治国家的战略。科学发展、和谐社会和法治国家战略，都强调国家对公民包括私有财产权在内的合法权益的保护。我们认为：国务院2001年6月6日颁布、2001年11月1日开始施行并沿用至今的《拆迁条例》，与《宪法》《物权法》《房地产管理法》保护公民房屋及其他不动产的原则和具体规定存在抵触，这导致了城市发展与私有财产权保护两者间关系的扭曲。立法机关应以法制协调统一原则为基础，对《拆迁条例》进行审查，以建立合法、公平、公正的房屋拆迁法律关系。

为此，依据《立法法》第90条第2款赋予公民的权利，我们郑重请求全国人民代表大会常务委员会（以下简称全国人大常委会）对《拆迁条例》进行审查的建议。具体依据和理由如下：

一、依据宪法和法律，补偿是征收合法有效的构成要件，应当在房屋拆迁之前完成，而《拆迁条例》却将本应在征收阶段完成的补偿问题延至拆迁阶段解决

《宪法》（2004年）第13条规定："公民的合法的私有财产不受侵犯。国家依照法律规定保护公民的私有财产权和继承权。国家为了公共利益的需要，可以依照法律规定对公民的私有财产实行征收或者征用并给予补偿。"《物权法》（2007年）第42条规定："为了公共利益的需要，依照法律规定的权限和程序可以征收集体所有的土地和单位、个人的房屋及其他不动产……征收单位、个人的房屋及其他不动产，应当依法给予拆迁补偿，维护被征收人的合法权益；征收个人住宅的，还应当保障被征收人的居住条件。"《城市房地产管理法》（2007年）第6条规定："为了公共利益的需要，国家可以征收国有土地上单位和个人的房屋，并依法给予拆迁补偿，维护被征收人的合法权益；征收个人住宅的，还应当保障被征收人的居住条件。具体办法由国务院规定。"据此，要通过征收获得公民房屋的所有权，必须具备三个法定条件，亦即必须满足三个标准：（1）为了公共利益；（2）依据法律规定的条件和程序；（3）给予补偿。

可见,补偿是征收的构成要件之一,未依法补偿,对房屋所有权及相应土地使用权征收程序就没有完成;而征收没有完成,就不能进行拆迁。但《拆迁条例》第三章"拆迁补偿与安置"对房屋拆迁补偿作出的具体规定将补偿与对房屋的征收分开了,将补偿作为了拆迁程序的一部分,这实质上就是将本应在征收阶段解决的补偿问题延至拆迁阶段解决,这与上述《宪法》《物权法》《房地产管理法》的规定存在抵触。

二、依据宪法和法律,征收、补偿主体应该是国家,征收补偿法律关系应该是行政法律关系;而《拆迁条例》却将补偿主体定位为拆迁人,将拆迁补偿关系界定成民事法律关系

依据上述《宪法》第 13 条、《城市房地产管理法》第 6 条的规定,征收、补偿的主体都是国家,征收与补偿应该在同一阶段由国家来完成。但是,《拆迁条例》第 4 条规定:"拆迁人应当依照本条例的规定,对被拆迁人给予补偿、安置。"第 13 条规定:"拆迁人与被拆迁人应当依照本条例的规定,就补偿方式和补偿金额、安置用房面积和安置地点、搬迁期限、搬迁过渡方式和过渡期限等事项,订立拆迁补偿安置协议。"第 22 条第 1 款规定:"拆迁人应当依照本条例规定,对被拆迁人给予补偿。"可见,《拆迁条例》规定的补偿主体为"拆迁人"。而根据《拆迁条例》第 4 条第 2 款的规定,实施补偿的拆迁人是"取得房屋拆迁许可证的单位",而不是代表国家实施征收的主体。

依据《宪法》《城市房地产管理法》,国家依据公共利益需要,在依法补偿的前提下,对单位和个人的房屋及其他不动产实施征收。因此,征收、补偿法律关系完全是行政法律关系,必须遵守依法行政的要求。但是,《拆迁条例》不仅把补偿主体定位为拆迁人,而且,基于这样的定位,把拆迁人与被拆迁人之间订立的拆迁补偿安置协议界定成民事法律关系。《拆迁条例》第 15 条规定:"拆迁补偿安置协议订立后,被拆迁人或者房屋承租人在搬迁期限内拒绝搬迁的,拆迁人可以依法向仲裁委员会申请仲裁,也可以依法向人民法院起诉。诉讼期间,拆迁人可以依法申请人民法院先予执行。"《拆迁条例》第 16 条规定:"拆迁人与被拆迁人或者拆迁人、被拆迁人与房屋承租人达不成拆迁补偿安置协议的,经当事人申请,由房屋拆迁管理部门裁决。"正是由于这些规定对征收补偿法律关系的界定错误,致使一些地方政府在实际运作中只征收、不补偿,而把补偿这一核心问题和矛盾推到拆迁阶段,从而引发了大量的暴力拆迁、强制拆迁。可见,要解决当前拆迁引发的严重社会矛盾,必须废止或修改《拆迁条例》关于拆迁主体、拆迁补偿安置协议等与《宪法》《城市房地产管理法》的规定相抵触的条款。

三、依据宪法和法律,对单位、个人房屋进行拆迁,必须先依法对房屋进行征收,而《拆迁条例》却授权房屋拆迁管理部门在没有依法征收的前提下就可给予拆迁人拆迁许可

依据上述《宪法》第 13 条、《物权法》第 42 条、《城市房地产管理法》第 6 条的明确规定,要对单位、个人合法所有的房屋及其他不动产进行拆迁,首先必须要对房屋及其他不动产依法进行征收。

然而,《拆迁条例》并没有将房屋征收作为拆迁的前提。《拆迁条例》第 7 条规定:"申请领取房屋拆迁许可证的,应当向房屋所在地的市、县人民政府房屋拆迁管理部门提交下列资料:(一)建设项目批准文件;(二)建设用地规划许可证;(三)国有土地使用权批准文件;(四)拆迁计划和拆迁方案;(五)办理存款业务的金融机构出具的拆迁补偿安置资金证明。市、县人民政府房屋拆迁管理部门应当自收到申请之日起 30 日内,对申请事项进行审查;经审查,对符合条件的,颁发房屋拆迁许可证。"由此可见,拆迁人获得房屋拆迁许可证并不需要以政府已经完成对单位、个人合法拥有的房屋的征收为前提。换言之,在房屋仍然属于单位、个人合法所有的时候,拆迁人就可依据这些与征收程序毫无关联的文件,取得拆除房屋的资格。这是与《宪法》《物权法》《城市房地产管理法》的规定相抵触的。

《拆迁条例》自 2001 年颁布施行起,历经八年,在经济、社会发展过程中发挥了其应有作用,但其原有框架已经不再适应宪法、法律以及经济、社会的巨大发展。如上所述,《拆迁条例》与《宪法》、《物权法》、《城市房地产管理法》存在重大抵触,使公民私有财产权的保障无法得到有效落实,损害了社会主义法制统一与尊严,成为引发大量拆迁冲突与矛盾、影响社会发展和稳定的因素之一。

为此,我们依据《立法法》第 90 条第 2 款、第 87~88 条之规定,请求全国人大常委会对《拆迁条例》存在的与"与上位法冲突"的问题进行审查,如确认

《拆迁条例》确实与宪法、法律相抵触,应依据《立法法》第88条予以撤销,或根据《立法法》第91条,由人大专门委员会向国务院提出书面审查意见,建议国务院对《拆迁条例》自行修改。此外,我们也请求全国人大常委会对我国城乡领域的征收、补偿、拆迁问题进行综合调查研究,在条件成熟时尽快出台土地征收(包括土地所有权征收与土地使用权征收)和房屋拆迁法,统一解决征收、拆迁的条件、程序、补偿、安置标准与争议裁决及救济机制的全盘法律问题。

此致

敬礼!

建议人:

沈　岿,北京大学法学院行政法教授

王锡锌,北京大学法学院行政法教授

陈端洪,北京大学法学院宪法教授

钱明星,北京大学法学院民法教授

姜明安,北京大学法学院行政法教授

附:就恶性拆迁事件答《人民网》网友问

网民1:对于真正的"钉子户",应该如何对待?

姜明安:《行政诉讼法》第66条规定,行政相对人对行政决定在法定期限内不提起诉讼又不履行的(在这里就称"钉子户"吧,但这不是法律用语),行政机关可申请人民法院强制执行,或者依法强制执行。至于如何强制执行,我国目前正在制定《行政强制法》,但尚未通过。根据该法草案三审稿中的规定,强制执行的基本程序和要求是:其一,事先向"钉子户"发出催告书,告知其履行期限和他所享有的权利;其二,作出正式强制执行决定书,向"钉子户"详细说明强制执行的理由和依据、强制执行的方式和执行时间,以及他的救济途径;其三,将强制执行决定书交付该"钉子户";其四,如执行可能造成难以弥补的损失(如导致人员死亡),可中止执行;其五,除紧急情况或当事人同意外,强制执行不得在夜间或节假日实施;其六,行政机关不得对"钉子户"采取停止供水、供电、供热、供燃气等方式迫使“钉子户”履行。这是文明执法的基本要求。

网民2:网络舆论是不是存在“同情弱者”的倾向?如何防止民众的情绪影响法院的判决?

姜明安:这要从两个方面看:第一,网络舆论通常能反映多数民众的良知,表达正义。“同情弱者”在通常情况下就是良知和正义的体现。无论是政府,还是法院,都不能无视网络舆论。第二,对网络舆论也需要加以引导,防止情绪化,防止“多数人暴政”,民主需要法治制约,民众激情需要法律规则、法律意识、法治理念去中和。至于法官判案,他们当然不能跟着舆论走,但也不能完全无视舆论,完全不受舆论影响,法官不能在真空中生活,在真空中判案。当然,法官虽然受一定的舆论影响,但法官的判决更影响舆论。我们应该尽可能营造一个司法与舆论良性互动的生态环境。

网民3:成都官方有没有可能动用手中权力封锁对该事的讨论?

姜明安:在现代信息社会,任何官方即使有动用权力封锁此类新闻事件的心和胆,也没有封锁此类新闻事件的术和力。再说,国务院《政府信息公开条例》已明确规定,政府应当主动公开需要社会公众广泛知晓的信息,否则,监察机关、上一级行政机关可责令他们改正,对直接负责的主管人员和其他直接责任人员,监察机关和上一级行政机关还可对他们依法给予处分,追究其法律责任。

网民4:群体性事件是不是都涉及政治诉求?政府对群体性事件过于紧张,您觉得有必要吗?

姜明安:群体性事件产生的原因是各种各样的,绝大多数因当事人经济利益或其人身权、财产权被侵害而得不到有效的法律救济而引起,直接源于政治诉求的不多。当然,任何群体性事件都会产生政治影响,政府对之加以重视是应当的。作为执政者,必须了解民情、体察民情,随时随地解决民众的困难和问题,尽量避免或减少群体性事件的发生。但是,群体性事件一旦发生,政府也不必过于紧张,而应该冷静应对,依法解决事件中暴露出来的各种问题,变“坏事”为好事。对此,最重要的是执政者不要过于看重“乌纱帽”,生怕群体性事件影响自己的升迁,一有风吹草动,就打、压、堵,这样可能适得其反,本来可以避免的群体性事件也给逼出来了。

网民5：近年群体性事件增多，您觉得是什么原因？面对群体性事件，政府应该如何妥善处理？

姜明安：这个问题很复杂，三言两语说不清楚。简单说来，近年来群体性事件增多的主要原因有三：其一，体制转轨导致各种利益机制的重构，不同利益集团的竞争、博弈日趋激烈；其二，城市化导致的土地征收、房屋拆迁不断升级，弱势群体的基本生存权利有时得不到保障；其三，一些官员滥权、腐败达到过于嚣张的程度，以致老百姓忍无可忍。解决之道亦主要有三：一是通过民主、法治构建公开、公正、公平的博弈平台，各级人大必须改革和完善；二是建立健全保险、福利制度，缩小穷富差别，保护弱势群体，特别是在土地征收、房屋拆迁方面，补偿安置等标准要向弱势群体利益倾斜，给他们让点利，至少不要让他们太吃亏；三是下大决心治理腐败，力争尽快推出一些力度大的措施，如领导干部家庭财产申报公开制、权力制约监督制等。

网民6：在发生暴力拆迁的时候，业主如何维护自己权益？

姜明安：现代社会、法治社会，不能以暴制暴、以暴止暴，还是应该走法治的途径。遇到暴力拆迁可以打"110"，请求救济，可以申请复议，可以提起诉讼，可以通过网络、电台、电视台、报刊曝光。以暴制暴、以暴止暴不仅不能维护自己的合法权益，而且可能导致自己违法犯罪。当事人为了有利于事后救济，在现场对暴力拆迁行为应尽量录音、录像，保留证据，或请一些邻居、朋友作为目击证人。总之，采取什么方式，应视当时当地的具体情况而定。

网民7：当地政府认为女业主的做法是"暴力抗法"，您认同吗？到底是暴力执法还是暴力抗法？

姜明安：我不在现场，不好说。如果只是自焚，似不能认定"暴力抗法"，如果其用暴力伤害执法人员，即使是违法执法的人员，应可构成"暴力抗法"，如果是执法人员用暴力伤害她，她用暴力反抗，则属正当防卫。要特别说明的是，我是法律学者，只能讨论法律问题，对事实问题的认定应以证据说话。

网民8：拆迁引起的冲突经常发生，要根本解决类似问题，您有何办法？

姜明安：这个问题我刚与"网民5"已讨论过。

网民9：我国正处于转型期，各种问题层出不穷，您觉得如何才能维持社会稳定？

姜明安：我前面说过三条办法，也许可行：一是通过民主、法治构建公开、公正、公平的博弈平台，改革和完善各级人大，使其真正有效发挥作用；二是建立健全保险、福利制度，减小贫富差别，保护弱势群体，特别是在土地征收、房屋拆迁方面，补偿安置等标准要向弱势群体利益倾斜，给他们让点利，至少不要让他们太吃亏；三是下大决心治理腐败，力争尽快推出一些力度大的措施，如领导干部家庭财产申报公开制、权力制约监督制等。

网民10：姜教授，如何防止公权对私权的侵犯？

姜明安：办法主要有四：一是完善法治，如行政程序法，制约和规范公权力；二是加强市民社会的建设，公民应建立起各种自己的社团、组织，维护自己的权益；三是健全权力制约机制和加快公权向社会转化的进程；四是公民要提高自己的素质，要多学点法律知识，运用法律维权。

网民11：成都女子唐某自焚时，竟然没人去救，当地政府是不是一种失职？

姜明安：我不在现场，不了解当时的情况，不好下任何结论。但如果当时的执法人员确实没有采取有效措施施救，当然构成失职，构成不作为违法，甚至构成渎职犯罪。如果当时有其亲友在场不采取有效措施施救，也是应该受到严厉谴责的，其行为属严重道德缺失的行为。无论唐自焚出于什么目的，无论唐是一个什么样的人，即使是坏人、恶人，在唐实施自焚时，在场的任何人都有施救的义务。因为生命权高于一切，无论任何冠冕堂皇的理由都不能构成其漠视生命权的借口。

人权保障应成为公法的最高价值追求

——我们为什么要建议审查和废除《城市房屋拆迁管理条例》[*]

写作背景：一系列因对公民房屋强制拆迁、野蛮拆迁而导致的悲剧以及由此引发的要求审查、撤销国务院《拆迁条例》的强烈的民众呼声和社会舆论浪潮，促使国务院有关部门加快废除《拆迁条例》和制定新的《征补条例》的步伐。为回答人们对废除《拆迁条例》和制定《征补条例》的有关疑问，笔者撰写了本文。

《拆迁条例》的废除和《征补条例》的制定涉及大量的理论和实践问题。本文仅就其中若干较重要的问题展开研究和探讨。

一、《拆迁条例》为什么应该撤销或废除？

笔者曾在不同的场合讲到《拆迁条例》应该撤销或废除的理由。这些理由大致可以归纳为下述五个方面。

其一，《拆迁条例》助长了一些地方领导人违反科学发展观，过分依赖"卖地"和发展房地产业发展当地经济的发展思路、发展政策。

科学发展观的核心是以人为本。但长期以来，一些地方的领导人却是以GDP为本，以建设高楼大厦、大马路、大广场和改变城市外在形象为本。老百姓的痛苦、眼泪，老百姓以命相争、相抗，他们都看不到、听不见；他们对此无动

---

* 该文原载《行政法论丛》2009年第12卷。

于衷,野蛮拆迁中不断流淌出的血和泪丝毫不能感动他们,强制拆迁依旧。这些领导人对通过房地产业拉动当地经济可能"走火入魔"了,全然忘记了老百姓的需要和痛苦,全然忘记了公权力运作应以人为本。现在如果还不把支撑他们那种发展思路和发展政策的《拆迁条例》撤销或废除掉,他们将仍然不会猛醒,党中央倡导的科学发展观将仍然无法由文件、口号变成现实。①

其二,《拆迁条例》违反了社会主义法治的基本理念和基本原则。

社会主义法治理念的第一要义是公平正义,而公平正义的基本要求是自己不做自己的法官,有利害关系的一方当事人不得参与相应事务的处理和裁决。而《拆迁条例》(第 10 条)在处理拆迁人与被拆迁人这对明显有利益冲突的双方当事人的关系时,却授权拆迁人可自行拆迁被拆迁人的房屋或由拆迁人委托他人拆迁被拆迁人的房屋。《拆迁条例》(第 16 条)在处理拆迁人与被拆迁人有关补偿、安置的争议时,却授权给为拆迁人发放拆迁许可证的、与拆迁人显然存在利益关联的房屋拆迁管理部门裁决争议。由作为拆迁人的开发商去拆迁被拆迁人的房屋,由拆迁管理部门去裁决拆迁人与被拆迁人的争议,被拆迁人还能企求公平正义吗?因此,如果要坚持社会主义,维护公平正义的话,就必须撤销或废止《拆迁条例》。

其三,《拆迁条例》违反《宪法》和有关法律的明文规定。

这种"违反"在笔者和北大其他 4 位教授提交给全国人大常委会的请求撤销或废止《拆迁条例》的建议书中已列举了 3 项(尽管实际不止 3 项):第一,根据《宪法》第 13 条、《物权法》第 42 条和《城市房地产管理法》第 6 条的规定,"公共利益"和"补偿"是征收的必需的构成要件。非因公共利益,不得征收。因公共利益虽可征收,但未依法补偿,对房屋所有权及相应土地使用权征收程序就没有完成;而征收没有完成,就不能进行拆迁。但《拆迁条例》对房屋拆迁实际未区分公共利益和非公共利益,实践中大多为非公共利益;对补

① 尽管一些地方政府强力推动拆迁也有其一定"道理":他们财政收入有限,地方税收在整个国家税收中所占比例太少,地方要发展主要靠招商引资与"卖地"。而政府招商引资必须给投资者解决投资场地及修建相应基础设施、道路交通所需土地的问题。为此,他们不得不运用公权力一波又一波地推动征收城市郊区农民的土地、拆迁城市市民的房屋。然而,这些"道理"相对于人权保障的大道理,都是不能成立的或应该让位于人权保障大道理的小道理。因为地方发展的最终是为了人民,如果发展是以损害人权,给广大农民和城市市民带来痛苦和悲伤为代价,那么,人民还有什么理由要支持政府去推动这种发展呢。

偿作出的具体规定则实际将补偿与对房屋所有权的征收分开了，将补偿作为了拆迁程序的一部分，把本应在征收阶段解决的补偿问题延至拆迁阶段解决（《拆迁条例》第三章），从而明显与《宪法》《物权法》《城市房地产管理法》要求的"因公共利益的需要"和"先征收补偿，后拆迁"的规定相抵触。第二，根据《宪法》第13条、《城市房地产管理法》第6条的规定，征收、补偿的主体是国家（政府），征收、补偿的法律关系是行政法律关系，必须遵守依法行政的要求。但是，《拆迁条例》却将对被拆迁人给予补偿、安置的法定义务转移给拆迁人（《拆迁条例》第4、13、22条），将国家（政府）与被拆迁人之间的征收、补偿行政法律关系转变为拆迁人与被拆迁人之间的民事法律关系。拆迁人由于其利害关系①，其在行使《拆迁条例》赋予其拆迁权时，其实施野蛮拆迁就是必然的，不可避免的。第三，根据《宪法》《物权法》《城市房地产管理法》的上述规定，征收是拆迁的前提。但是《拆迁条例》规定的拆迁人申领房屋拆迁许可证的前提条件中，却没要求拆迁人提供被拆迁人房屋所有权和相应土地使用权已被征收的证明材料的条件（《拆迁条例》第7条）。这就导致在被拆迁人手中仍握有房屋所有权证和相应土地使用权证的情况下，拆迁人却已取得了房屋拆迁许可证。这必然造成对被拆迁人权益的严重侵害。

其四，《拆迁条例》所构建和支撑的现行房屋拆迁制度严重影响了党和政府在人民群众心目中的形象，严重损害了党和政府与人民群众的血肉联系。

《中国共产党章程》规定，中国共产党代表中国最广大人民的根本利益（党章总纲），中国共产党党员必须全心全意为人民服务（党章第2条）。但是，现行房屋拆迁制度和目前许多地方政府所推动的一波接一波的"拆迁运动"是否代表了中国最广大人民的根本利益呢？很多热衷于房地产开发的党员领导干部是否在扮演全心全意为人民服务的角色呢？也许他们自己这么认为或这么宣称，但是很多老百姓却不这么认为。不要说一些政府官员和开发商勾结，为了从房地产开发中谋取他们各自的最大利润而不择手段拆迁，老百姓不认同，就是某些官员真正是为了发展，为了改变城市形象而大力推进拆

---

① 被拆迁人的房屋不拆，拆迁人在其土地上的工程就不能开工。一天不拆，他可能损失几万元、十几万元，一个月、几个月不拆，他就可能损失几十万元、几百万元，甚至更多，其利害关系是不言自明的。

迁,老百姓也可能不认同。他们会怀疑:你是不是在以老百姓的泪和血制造“政绩”而获取向上晋升的资本呢?因为他们看到、听到的那么多强制拆迁、野蛮拆迁的故事很容易使他们产生这种怀疑。因此,要维护党和政府的形象,维护党的执政地位,一定要改变现行做法,以赢得民心。

其五,《拆迁条例》所构建和支撑的现行房屋拆迁制度也严重影响了人民法院的公正形象,严重影响了司法权威。

司法的根本职能本应是裁决争议,保障法律的实施,维护公正。但《拆迁条例》却将裁决争议的职能赋予行政机关,而把强制执行的任务大部分交给了法院:拆迁补偿安置协议订立后,被拆迁人或房屋承租人在搬迁期限内拒绝搬迁的,拆迁人可申请仲裁或向人民法院起诉。诉讼期间,拆迁人可申请人民法院先予执行;被拆迁人或房屋承租人在行政机关裁决的搬迁期限内未搬迁的,由房屋所在地的市、县政府责成有关部门强制拆迁(实践中,政府往往把法院当成“有关部门”之一,要求其参与政府组织的拆迁)或者由房屋拆迁管理部门申请人民法院强制拆迁(《拆迁条例》第15、16、17条)。可以设想,让法院帮助开发商去拆当事人的房屋,搬当事人的东西,法院还能在当事人心目中留下公正的形象吗?这样的司法还能有权威吗?正因如此,笔者曾在《行政强制法》立法征求意见过程中,多次建议《行政强制法》不要赋予法院强制执行实施权,而应授予法院强制执行裁决权和监督权(除非紧急情况,强制执行裁决权和监督权绝对不能赋予行政机关)。否则,公民的人权难以保障,国家公正的最后一道防线也将毁于一旦。

二、《征收条例》是否应该和可能界定“公共利益”?

我国《宪法》和《物权法》等法律都规定了政府可以为了“公共利益”而征收公民私有财产,但宪法和法律都没有对“公共利益”的含义和范围加以界定。宪法和法律为什么不对“公共利益”的含义和范围加以界定呢?主要原因有二:

首先,宪法和法律对“公共利益”的含义和范围加以确切界定是有困难的。

宪法和法律由于需要调整广泛的社会关系和社会生活,具有普遍性,往往不得不使用许多具有一定弹性的不确定法律用语,如“紧急情形”“重大危害”“正当程序”“公共利益”等。对此,各国情况皆然。

《法国人权宣言》第17条规定，财产是神圣不可侵犯的权利，除非当合法认定的公共需要所显然必需时，且在公平而预先补偿的条件下，任何人的财产不得受到剥夺。什么是“公共需要”，什么是“显然必需”，什么是“公平补偿”，都是不确定法律用语，该宣言并没有对此加以明确界定。

《美国宪法修正案》第5条规定，非经正当法律程序，不得剥夺任何人的生命、自由或财产；非有公正补偿，私有财产不得征为公用。什么是“正当法律程序”，什么是“公用”，什么是“公正补偿”，亦为不确定法律用语，该修正案并没有对此加以明确界定。

《日本国宪法》第29条规定，财产权不得侵犯。财产权的内容，应由法律规定以期适合公共福祉。私有财产在公正补偿下得收归公用。这里的“公共福祉”“公正补偿”“收归公用”，也都是不确定用语，该宪法条款亦没有对此加以明确界定。

其次，“不确定法律用语”的内涵、外延在法律上只能是不确定的，否则它就不是“不确定法律用语”而是“确定法律用语”。

法律之所以使用不确定法律用语，既有其“不得已为之”的一面，也有其“有意为之”的一面。其“不得已为之”是因为社会关系过于复杂，法律对之难以确切界定；或者事务发展变化过于迅速，法律对其前景难以确切预测；或者事务涉及范围过于广泛，过于多样性，法律难以确切列举和界定其范围。其“有意为之”是因为法律欲调动执法者的主观能动性，通过其自由裁量行为，更好地实现法律的目的，更有效地保障实质公正。明智的立法者深知，世间各人的情况是千差万别的，个案是千差万别的，以过于刚性、过于僵化的统一规则适用千差万别的个人、个案，一定会导致实质的不公正。于是在一些必要的场合有意使用“不确定法律用语”，给执法者留下较大、较多的自由裁量空间，鼓励执法者通过对“不确定法律用语”的灵活解释去尽量实现个案公正。

对于宪法和法律使用的“公共利益”这些不确定法律用语，虽然也有国家通过具体法律、法规明确其含义和范围，使之具体化，但大多数国家的宪法和法律则是留给执法者、法官解释，由执法者、法官根据其法律理念，根据其对相应法律的目的、原则、精神的理解，就具体个案的情形对之作出其认为最适当的解释。从许多国家的情况来看，执法者、法官利用不确定法律用语解释滥用权力的情况虽然存在，但并不普遍。特别是在西方法治较发达国家，其宪法和法律往往使用较多的不确定法律用语,并赋予执法者和法官解释这些不确定用语以较大的自由裁量权,但是,执法者和法官滥用这种自由裁量权侵犯相对人合法权益的情形并不多见。这是为什么呢?主要原因大致有三:其一,在法治社会或法治较发达的社会,法律人(执法者、法官、律师、法学者等)通常都接受过共同的法律教育,具有基本相通的话语和对一般法律概念、法律理念的基本相同或相通的理解,执法者和法官对不确定用语的解释一般不会过于离谱;其二,法律人通常都具有较高的素质,他们不是只能机械适用法律规定的"法律工匠",而是能够运用其法律理念,将不确定法律用语与相应法律目的、原则、精神机智地、灵活地适用于具体个案的法律艺术家;其三,法律共同体长期以来已形成一套维护、保障执法和司法公正的制度,这套制度可以较大限度地激励和制约执法者,使其不想、不敢和不能随意滥用不确定法律用语解释权搞腐败。相对人对执法者解释不确定法律用语有疑义或异议,均可诉诸法院,由法官作出最终解释,保证执法者对不确定法律用语的解释权不被滥用。

但是,我国的情况与此不完全相同,我们正在建立法治社会和法治国家,但现在离建成法治社会和法治国家还有相当一段距离。首先,我国的执法者、法官和其他法律人目前尚未普遍受到共同的基础法律教育和法律训练,法律共同体尚未有完全相同的法律话语。其次,我国的部分执法者和法官的法律素质和人文素质还有待提高,不少人只知机械地适用法律,在遇到法律规定不甚明确或类似"公共利益"一类不确定法律用语时,就不知如何应对,甚至一筹莫展。最后,我国法律共同体尚未形成稳定的,规范和制约法律人行为的完善的法律制度和职业道德规范,一些人在遇到法律规定不甚明确或类似"公共利益"一类不确定法律用语时,不是运用法治理念,将不确定法律用语与相应法律的目的、原则、精神结合,灵活和公正(实质公正)地处理个案,而是滥用自由裁量权,通过恶意地扩大或缩小(甚至歪曲)相应不确定用语的内涵和外延,以达到为自己或自己的亲朋好友,或为对自己行过贿、给过好处的相对人谋利的目的,而这样做乃是以牺牲大量其他行政相对人的合法权益和国家的、社会的利益(真正的公共利益)为代价的。如目前许多地方政府执法人员为开发商卖力地征收农民土地,拆迁城市居民房屋,都是打着"公共利益"的旗号,但其实质是为开发商赚钱,损害农民和城市被拆迁户的利益,其结果往往还以破坏农村耕地,损害国家土地资源,破坏城乡生态环境等为另外的“副产品”。

针对我国现时的这种情况，我们显然有必要通过目前正在制定的《征补条例》对“公共利益”的含义和范围加以界定。

然而，目前正在制定的《征补条例》是否可能对“公共利益”的含义和范围加以界定呢？“公共利益”属于不确定法律用语。法律之所以使用不确定用语，是因为个案的情况千差万别，法律很难用列举的方式将其范围界定清楚，如果硬行界定，即可能导致以形式的公正牺牲实质的公正。这样说来，我们是否不能以法规界定“公共利益”的含义和范围，即使是界定一个大致的范围呢？考察我国和境外的法律实践，以法律或法规界定“公共利益”一个基本含义和大致范围应该说还是可能的。

例如，我国台湾地区有关土地的规定即采用列举加概括的方式界定“公共利益”的范围。值得注意的是，该规定在以列举式和概括式界定“公共利益”范围之前，还设了一限制性条款：征收之范围，以其事业所必需者为限。何谓“必需”，虽然是一个不确定法律用语，但它构成对个案中“公共利益”范围的一个有效限制。

借鉴列举加概括的方式，我们完全有可能对我国《宪法》和有关法律中的“公共利益”用语的内涵和外延加以大致的界定，其方法可以是：首先，给“公共利益”下一个简要的定义，如公共利益是指涉及国家安全和广大社会公众福祉的利益。其次，尽可能较全面地列举出属于公共利益范畴的事项。再次，设立一个概括性（兜底性）条款，即立法时无法列举或难以列举的其他应属于“公共利益”范畴的事项。此外，还可设立一个排除条款，即明确排除哪些事项不属于“公共利益”的范围，如企业从事商业性开发，政府兴建度假村和娱乐场所等事项。最后，还可考虑设立一个一般限制性条款，即规定在处理个案中，“公共利益”的范围应以相应事项所必需者为限等。

为了防止某些政府机关和政府官员打着“公共利益”的旗号滥权和侵权，除了以法律或法规对“公共利益”的含义和范围加以一般性界定，法律上还可考虑设定一些其他应对措施对政府机关的相应行为加以制约。这些措施主要有三：其一，通过行政程序限制政府对“公共利益”的武断解释和认定，为行政相对人提供参与解释和认定“公共利益”的机会。例如，政府在实施征收行为时，法律应要求其举行听证会、论证会或其他形式听取行政相对人和其他社会公众的意见,确定相应行为是否为"公共利益"的需要;如确属"公共利益"的需要,还要确定相应行为是否是实现此种"公共利益"需要的最佳途径,有无较此种途径更好的途径等。其二,通过加强市场化运作限制政府对公权力的过度运用,防止政府以公益的名义为其所偏爱的市场主体实现私益运用公权力。为此,要通过行政组织法对政府公权力进行严格的限制。凡是能通过市场化运作解决的问题,法律应禁止公权力介入。其三,通过适当的"公法私法化",保障公共利益以公正、公平的方式得到实现。对于公共利益,完全通过私法途径而不运用公法是不可能实现的。但是,行政机关为实现公共利益,在运用公权力的同时,辅之以适当的私法途径,如合同、招标、拍卖等,则不仅是可能的,而且是必要的。适当的"公法私法化"对于防止公权力腐败、滥用,保障社会公正和公平有着极为重要的意义,是建设法治政府、廉洁政府、有限政府和高效政府的重要措施,也是世界行政改革发展的一大趋势。

很显然,对于"公共利益"含义和范围不确定而导致的侵权、腐败、滥权等各种问题,不是仅通过法律界定和明确"公共利益"含义和范围就能解决得了的,而必须同时借助经济体制、行政体制、政治体制和司法体制的整体改革。因为产生侵权、腐败、滥权等各种问题的根源并非某一或某些法律用语的含义和范围不明确,而是导致政府机关和政府官员利用不确定法律用语侵权、腐败、滥权的体制和环境。

三、《征补条例》怎样实现维护公共利益与保障被征收人合法权益的平衡?

《征补条例》要实现维护公共利益与保障被征收人合法权益的平衡,除了要正确界定"公共利益"的含义和范围,还有必要解决下述具体问题。

其一,征收主体和征收实施组织问题。征收是一种公权力行为,只能由政府作为行为主体。但是,征收行为的组织和实施却可以由政府授权的部门(房屋征收部门)承担。至于征收中实施执行强制搬迁决定的事实行为,则可以和应该由房屋征收部门通过招投标程序委托与建设单位无利害关系的相关中介组织实施。

其二,征补程序中被征收人参与问题。在整个征收程序中,从计划征收,到征收决定,到补偿方式、补偿标准的确定,都必须有被征收人的参与。参与的方式可以是座谈会、论证会、听证会,也可以是投票、辩论、协商。没有被征收人的一定方式的参与，征收行为即违法、无效。

其三，对危旧房征收的区分问题。现行征收拆迁对危旧房是不加区分的，《征补条例（草案）》也未对之加以区分，拟将二者同时列入公共利益需要征收的范围，并以拟征收区域范围内 90%以上被征收人同意作为征收、改造的前提条件。这样规定是很不妥当的：旧房未获 90%以上被征收人同意不征收、改造也许是没有问题的，甚至不作为公共利益需要征收、改造的范围也是没有大问题的，但危房如不获 90%以上被征收人同意就不征收、改造就可能出灾难性事故，就有大问题。

其四，对征收决定异议的裁决问题。根据正当法律程序的要求，任何个人和组织都不能做自己案件的法官。因此，由房屋管理部门承担拆迁、补偿、安置争议裁决职能的现行做法必须改变。目前《征补条例（征求意见稿）》规定的当事人对征收存在重大争议的，由县级以上人民政府报上一级人民政府裁决也不完全符合正当法律程序的要求。合适的制度应该是由中立第三方（法院或专门裁判所）作为征补决定异议的裁决机构。如果法院作为征补决定异议的裁决机构，就意味着法院对“公共利益”的界定有最终裁决权。这无疑能为被征收人权益提供最有效的保障。

其五，征收估价机构问题。征收估价机构必须是有资质的和公正的。为避免“暗箱操作”导致的不公正和被征收人对估价机构的不信任，估价机构不能由房屋征收部门单方指定。被征收人可在房屋征收部门推荐的若干估价机构中通过一定方式（如票决、抽签等）选择、确定。

其六，征收补偿方式问题。征收补偿方式应该是多元化的，除了货币补偿，还应有房屋产权调换、房屋产权调换加货币补偿。因危旧房改造实施的征收，被征收人应可优先选择回迁的方式。

其七，征收补偿范围问题。房屋征收补偿除了房屋使用权征收补偿，还应包括：（1）征收营业用房在产权调换或回迁前过渡期内因停产停业造成的营利损失（可按其前三年平均收入或同行业上年度平均收入计算）；（2）搬迁费；（3）征收住房在产权调换或回迁前过渡期内征收主管部门临时安置过渡住房给被征收人造成上班、上学或其他工作、生活不便的补偿；（4）产权调换与被征收房屋的差价（产权调换的房屋和房屋地理位置如果是被征收人自己选择的，其差价则应由被征收人本人承担）；（5）土地使用权征收的补偿。现在通行的做法是只补房价不补地价，理由是房补包括地补。这种认识是不正确的，土地使用权的情况是各种各样的：有的被征收人建房是向政府购买了土地使用权的（通常为70年）；有的被征收人的房屋的土地使用权是开发商向政府购买的，被征收人向开发商买房，房价即包括地价；有的被征收人的房屋的土地使用权是政府无偿划拨的；还有的被征收人的房屋的土地使用权是祖传的。对于不同情况土地使用权的征收，应给予不同的补偿。一律以“房价包括地价”为由，对土地使用权征收不予补偿的做法是不适当的。对于开发商来说，明晰他们出售房屋的房价和地价，也是避免他们故意搅浑水不断抬高房价的需要。

其八，责令违章建筑房屋搬迁是否应予补偿问题。违章建筑的情况是各种各样的：有的违章建筑是在行政机关默许下建起来的，建起来以后，行政机关长期不闻不问，不作为；有的是祖传房屋，因各种原因未办理某种证照（如土地使用权证、规划许可证等）而构成“违章建筑”；有的是当事人在房屋建筑过程中不听行政机关劝阻，执意违法建房，房屋建好后，又不执行行政机关的行政处罚决定，不拆除其违章建筑。对于第一种情况，根据《行政处罚法》两年时效的规定，应给予当事人适当补偿；对于第二种情况，根据公平正义，应给予当事人完全补偿；对于第三种情况，可不给当事人任何补偿。

其九，复议、诉讼期间是否应停止强制拆除拟征收房屋的问题。根据我国现行法律，复议、诉讼期间不停止被申请、被诉行为的执行。但是强制拆除房屋的行为是一种特殊的行政行为，一旦错拆，就会造成不可弥补的损失。特别是作为文物和名胜古迹的房屋，一旦错拆，即不可复制。因此，除非公共利益的特殊紧急需要，复议、诉讼期间应停止强制拆除拟征收的房屋，待复议决定、法院判决作出后，再决定是否强制拆除（征收决定合法，被复议决定、法院判决维持，则拆除；征收决定不合法，被复议决定、法院判决撤销，则不再拆除），以避免“当事人官司打赢了，房屋却已被拆除，甚至新楼已在自己房屋的地基上耸立起来了”的局面。

其十，如何防止野蛮拆迁的问题。为了防止野蛮拆迁，目前《征补条例（征求意见稿）》规定，房屋征收机关不得采取“四断”（断水、断热、断气、断电）以及其他非法手段实施搬迁。但这还不够，还应加上不得在夜间和节假日实施搬迁。

要实现维护公共利益与保障被征收人合法权益的平衡,《征补条例》除了要解决上述十个具体问题,还有很多其他问题要解决。但是,上述十个问题是目前社会公众,特别是被征收人最集中关注的问题,人们普遍希望《征补条例》能在解决这些问题方面有所突破,有所进展。

就“黑车”整治问题答记者问*

写作背景:从2009年10月开始,该报记者调查了近百名司机(包括“黑车”司机)的营运情况,发现执法机关在对“黑车”司机执法过程中有诸多不规范之处,存在“靠‘钓鱼’认定黑车”“罚款可讨价还价”“中介靠捞车获利”等现象。《新京报》记者就此多次向北京市交通执法总队求证,均未得到答复。据《北京日报》报道,北京将明确各类“黑车”非法运营处罚标准。

《新京报》记者历时数月,对百余名“黑车”司机进行调查。《新京报》记者就执法机关查处“黑车”行为所涉法律问题,对笔者进行了采访。

记者:姜教授,对于执法机关查处和整治“黑车”的行为,法律应如何进行规范?

姜明安:对于“黑车”整治,首先应统一执法依据。应当专门针对汽车无证经营制定专门的法规。这种法规应具体规定“黑车”经营的不同情形,如相应“黑车”司机是以“拉黑活”为主业;还是其另有其他的职业,只是偶尔为之,挣点小钱,补贴家用;或者仅是有人要求搭便车,硬塞给一些报酬,难以拒绝。应针对各种不同情况,制定详细的处罚基准。

记者:法律应如何规范行政执法机关的自由裁量权?

姜明安:任何行政执法机关都应当享有一定的自由裁量权。为了保证行政行为的实质公正,行政行为享有相应的自由裁量权是必要的,以便不同情况不同对待。但为了防止行政裁量权滥用,行政执法机关应就裁量行为制定基

* 该访谈原载2010年7月29日《新京报》A18版。

准,尽可能针对行政相对人的各种不同情形,规定与其对应的具体处理规则和标准,确定罚款、拘留等的相应幅度。行政机关执法、处罚时应适用基准,如遇特殊情况,必须突破基准,应在执法决定书中说明理由。

记者:法律是否可以允许行政执法机关在罚款时与行政相对人讨价还价?

姜明安:行政处罚一般不允许“讨价还价”,但在某种特定场合是允许的,如在第三方组织的听证会上公开进行。对“黑车”司机的执法应引入听证程序,对一定罚款(如3000元以上的处罚),都应召开听证会,由“黑车”司机和执法者进行辩论,确定适用法规中对应的情形和处罚基准,不能由执法者单方定罚。执法机关不应该单独收取扣押“黑车”的停车费、保管费、代驾费等,这些费用应包含在罚款里。这样会督促执法机关尽快执法,不至于故意拖延时间。但如果处罚决定作出后并通知当事人,当事人超过规定时限不来取车,相关费用则应由其个人承担。

记者:对于个别执法人员与中介勾结的问题应如何解决?

姜明安:对个别执法人员与中介勾结的问题,可设立有奖举报机制,鼓励司机举报执法人员的违法行为。司机可留下录音或其他证据,向相关部门反映。相关部门查实后可重奖举报人。另外,还应在执法机关内设立专门的督察队伍,监督行政执法人员的执法行为。

记者:执法机关对“黑车”罚款的数额和去向是否应当公开?

姜明安:根据《政府信息公开条例》的规定,“黑车”罚款收入等应是政府主动公开的信息,不属于依申请公开信息。公民要监督政府,有权知道这些信息。政府应主动公开而没有公开的信息,公民可提出申请要求其公开。政府如拒绝,相对人可提起行政诉讼。最高人民法院关于政府信息公开的司法解释将规定受理此类信息公开的诉讼。

记者:对于“黑车”整治,您还有什么建议?

姜明安:“黑车”问题的成因是多方面的,如公共交通覆盖面较小,特殊困难群体的生活困难问题难以解决等。治理“黑车”应从多方着手:制定统一的“黑车”治理法规,细化处罚基准;加强公共交通,深入调查研究,解决百姓出行问题;治理腐败,打击内外勾结的行为;引入听证程序,处罚过程透明公开;解决困难群体的就业问题;允许个体出租车运营,不必都挂靠出租公司等。

行政强制法立法若干争议问题之我见*

写作背景:行政立法研究组早在1989年《行政诉讼法》出台和1994年《国家赔偿法》出台后,就规划制定《行政处罚法》、《行政强制法》和《行政许可法》三部行政行为法,以规范行政机关这三种主要行政行为的实体和程序规则。但是,因这些立法涉及各种利益群体,学术界和实务界对这些法律的内容均有各种不同观点和主张,很难达成共识,故这三部法律的草拟花费了很长的时间。尤其是《行政强制法》,从1988年行政立法研究组和国务院法制局合作草拟《行政强制条例》到2011年第十一届全国人大常委会第二十一次会议正式通过《行政强制法》,共花费了20多年时间。学术界和实务界对于法律应如何规范行政主体的行政强制行为,以有效保护行政相对人的人身权、财产权和其他重要权益,以及法律对行政主体行政强制权应如何限制,包括行政强制设定权应如何配置,行政强制实施体制应如何设计,行政强制权的行使方式、程序应如何规范等,展开了长时间的争论、辩论。这些争论、辩论一直延续到2009年第十一届全国人大常委会第十次会议对该法三审稿草案进行审议时,人大常委会委员们仍未能达成共识。正是在这种背景下,笔者撰写了这篇文章,希望促使立法者和公众就相应争议问题尽可能形成最大限度的共识,促使立法博弈各方正确认识和把握立法的平衡原则,使最终的立法方案选择既有利于保障人权,保护公民、法人和其他组织的合法权益,也有利于保障和监督行政主体依法实施行政管理,维护公共利益和社会秩序。

---

* 该文原载《法学家》2010年第3期。

2009年8月，第十一届全国人大常委会第十次会议对《行政强制法（草案）》进行第三次审议。由于各方对草案三审稿仍存在较大争议，常委会未能就相应争议问题达成共识，该法案最终未能交付表决而只能留待下次常委会继续审议。那么，草案三审稿中尚有哪些问题人们仍争议较大，迟迟难以达成共识呢？

这些问题可能是多方面的，主要有以下三项：其一，行政强制设定权应如何配置？其二，行政强制实施体制应如何设计？其三，行政强制及其程序应遵循什么原则？①

本文特对以上问题进行相关实践层面的探讨，并对此提出笔者的若干浅见。

一、行政强制设定权应如何配置？

关于行政强制设定权的配置，人们存在的争议主要是：国务院应有多大的行政强制设定权？国务院部委应否赋予行政强制设定权？地方人大和地方政府应否赋予行政强制设定权？如应赋予，应赋予它们各自多大的行政强制设定权？

《行政强制法（草案）》（三审稿）对行政强制设定权是这样配置的：行政强制措施和行政强制执行均由法律设定。尚未制定法律，或者属于国务院行政管理职权事项的，行政法规可以设定除限制人身自由、冻结存款、汇款以外的行政强制措施（包括查封场所、设施或财物，扣押财物以及其他行政强制措施）。尚未制定法律、行政法规，或者属于地方性事务的，地方性法规可以设定查封场所、设施或财物，扣押财物两项行政强制措施。法律对行政强制措施的对象、条件、种类作了规定的，行政法规、地方性法规不得作出扩大规定；法律中未设定行政强制措施的，行政法规、地方性法规不得增设行政强

① 参见《行政强制法草案公开征求意见结束——全力实现公权力与私权利的平衡》，载中国人大网，http://www.npc.gov.cn/zgrdw/npc/xinwen/lfgz/lfdt/2009-10/10/content_1520889.htm；《行政强制需要更多司法制约》，载新浪网，http://news.sina.com.cn/o/2009-10-12/083016422374s.shtml；莫于川：《行政强制法：民主科学高效一个都不能少》，载中国人大网，http://www.npc.gov.cn/npc/c221/200909/725b8d101da9457cbbc1e721fb1e0f0e.shtml。

制措施。[1]

这些规定意味着:(1)国务院只具有有限的行政强制措施设定权,其制定的行政法规不仅不得设定限制人身自由,冻结存款、汇款两项行政强制措施,更不得设定包括排除妨碍、恢复原状等义务的代履行,加处罚款或滞纳金的执行罚,划拨存款、汇款,拍卖或依法处理查封、扣押的场所、设施或者财物等行政强制执行。(2)国务院部委不具有任何行政强制设定权,其规章不得设定任何行政强制措施或行政强制执行。(3)地方性法规只具有很有限的(仅两项)行政强制措施设定权,而不具有任何行政强制执行的设定权。(4)地方政府规章不具有任何行政强制设定权,不得设定任何行政强制措施或行政强制执行。

相较于《行政处罚法》和《行政许可法》对国务院行政法规、国务院部委规章和地方人大的地方性法规、地方政府规章的授权,《行政强制法(草案)》(三审稿)的授权更加严格、更加狭窄。《行政处罚法》的授权是:国务院可以行政法规设定除限制人身自由以外的所有法定范围的行政处罚;国务院部委可以规章设定警告、罚款(限额由国务院规定)两类行政处罚;地方人大可以地方性法规设定除限制人身自由、吊销营业执照外的所有法定范围的行政处罚;地方政府可以规章设定警告、罚款(限额由地方人大常委会规定)两类行政处罚。[2]《行政许可法》的授权是:国务院可以行政法规设定所有法定范围的行政许可;国务院部委不得以规章设定任何行政许可;地方人大可以地方性法规设定除资格、资质,以及企业、组织设立登记及其前置性行政许可以外的行政许可;地方政府可以规章设定临时性行政许可(一年后失效或提请制定地方性法规)。[3]

对于《行政强制法(草案)》(三审稿)对行政强制设定权的配置,有人认为不适当。不适当的理由各不相同,主要意见包括:其一,行政强制设定权应由法律保留,不应由法规(包括行政法规和地方性法规)和规章(包括部委规章和地方政府规章)分享。其二,行政机关(包括中央行政机关和地方行政机

---

① 这些规定参见《行政强制法(草案)》(三审稿)第10、11、13条。

② 参见《行政处罚法》第10~14条。

③ 参见《行政许可法》第14~17条。

关)不应赋予行政强制设定权,但地方权力机关则应赋予更多一些行政强制设定权(通过地方性法规设定)。其三,应适当赋予规章一定的行政强制设定权,不赋予规章任何行政强制设定权不利于行政管理。其四,行政法规和地方性法规虽应赋予行政强制设定权,但应加以严格限制,应恢复《行政强制法(草案)》(一审稿)对行政法规和地方性法规赋予行政强制设定权的表述:尚未制定法律,**“且”(而不是“或者”)**属于国务院行政管理职权事项和地方性事务的,行政法规和地方性法规方可行使有限的行政强制设定权。

上述第一种意见显然不适用于现代社会的国家治理或公共治理,不仅在现代中国行不通,在现代社会,西方国家(特别是联邦制国家)也几乎没有这么做的。如果说,不赋予政府规章行政强制设定权在理论上能够成立,在实践中尚有可行性的话,那么,不给法规,特别是地方性法规,以任何行政强制设定权就既在理论上难以成立,更在实践中行不通。不给地方性法规以任何行政强制设定权,地方性法规没有任何“牙齿”,地方的公共治理将无法有效进行。美国著名公法学者施瓦茨认为,“从质上说,规章(相当于我国的行政法规、规章和其他具有法律效力的行政规范性文件的总和——笔者注)[①]具有与法律相同的效力。它们的规定具有法律效力。它们有和法律同样的制裁措施作后盾。特别是它们具有以强制服从法律的刑事强制措施”。[②] 他引用格里蒙德的话说明规章规定强制措施,甚至规定刑事制裁措施的必要性:“行政规章用刑事制裁作后盾完全是出于需要。法律没有制裁就是空话。如果违反行政规章可不以刑事犯罪论处,就等于说行政规章没有‘牙齿’,不遵守它仍可逃之夭夭,这就会使有效地行使制定规章之权成为不可能。”[③]当然,中国的法治环境和美国不一样,法律授予规章以行政强制设定权很可能导致滥用和对公民权利的侵犯,但如果我们连行政法规和地方性法规的行政强制设定权也一律取消,显然会严重影响公共治理的效力。

---

① 美国和其他一些西方国家的法律和法学著作中使用的 Rules 和 Rulemaking(“规章”和“规章制定”)指所有行政法律规范性文件及其制定,“规章”不仅包括相当于我国行政法上“规章”的规范性文件,也包括相当于我国“行政法规”的规范性文件,甚至还包括“规章”“行政法规”之外的其他有法律效力的规范性文件。

② [美]伯纳德·施瓦茨:《行政法》,徐炳译,群众出版社 1986 年版,第 138 页。

③ [美]伯纳德·施瓦茨:《行政法》,徐炳译,群众出版社 1986 年版,第 64-65 页。

第二种意见虽然在中国现有语境下很有道理,笔者也基本认同。但目前(甚至在一个相当长的时期内)中国不具备这么做的条件:在现行体制下,全国人大立法能力很有限(全国人大一年只开一次会,全国人大常委会两个月开一次会,每次会期都只有一周左右,且人大代表和人大常委会委员绝大多数是非专职的),如果不赋予国务院行政法规较多的立法功能,国家管理将难以运行。而承担实际立法功能的行政法规如果没有行政强制设定权,其立法则难以有效发挥治理社会的作用。在行政立法的问题上,一贯持"控权论"观点的英国行政法权威教授韦德甚至也持开放态度。他在其经典著作《行政法》中指出:"传统的观点认为,行政立法是一个不得不予以容忍的祸害,它对于分权是一种不幸而又不可避免的破坏。然而,这是过时的观点,因为,实际上,问题的关键在于行政立法在实践当中是不可缺少的,而不在于理论上难以使其合理化……只要我们从实务的方面看一看,马上就会明了,行政机关进行大量的一般性立法是必须的。"①坚持控权法治的英国尚且如此,在我们这样一个法治发展中国家,完全取消最高国家行政机关——国务院设定行政强制的行政立法权显然是不切实际和有害的。

第三种意见则忽视了目前中国公权力过于膨胀和容易导致滥用的现实。不赋予规章行政强制设定权显然会给当下相关行政管理带来某些不便,但赋予规章行政强制设定权则不能有效治理目前行政强制存在的"乱"和"滥"两大问题,而行政强制的"乱"和"滥"已构成对国民人权的威胁。权衡利弊,自然应以不赋予规章行政强制设定权为好。2003 年前制定《行政许可法》时,也有人提出立法不赋予规章行政许可设定权,行政管理就会无法运行。但《行政许可法》最终没有赋予规章行政许可设定权,行政管理却没有受到太大影响,而乱设许可和滥设许可的现象却得到很大程度的扼制。诚然,前面已经述及,在法治较发达的西方国家,行政规章通常可设定一定范围的行政强制。但是,我国目前的情况是行政强制过多、过滥。在当下缺乏对规章制定权和制定程序严格法制规范的情况下,赋予规章行政强制设定权有太大的被滥用风险。

至于第四种意见,对行政法规和地方性法规赋予行政强制设定权应设定较严格的条件限制:尚未制定法律,**"且"**属于国务院行政管理职权事项和地

---

① [英]威廉·韦德:《行政法》,徐炳等译,中国大百科全书出版社 1997 年版,第 558-559 页。

方性事务的。[①] 目前《行政强制法(草案)》(三审稿)规定的条件是:尚未制定法律,**“或者”**属于国务院行政管理职权事项和地方性事务的。**“且”**意味着“尚未制定法律”和“属于国务院行政管理职权事项和地方性事务”的两个条件必须同时具备;而**“或者”**,则意味着上述两个条件只要具备其中之一即可。也就是说,在“尚未制定法律”的情况下,即使相应事项不“属于国务院行政管理职权事项和地方性事务”,行政法规和地方性法规也可设定行政强制;以及只要“属于国务院行政管理职权事项和地方性事务”,即使已经制定了法律,行政法规和地方性法规也可设定行政强制。这样规定的倾向显然是意图适当扩大行政法规和地方性法规的行政强制设定权。杨建顺教授非常赞同这种扩大。他认为:“在立法政策层面,必须确立复数的、多维的视角,要充分认识到,‘强制’并不仅仅意味着权利的限制或者剥夺,义务的设定或者增加,负担的要求或者赋课,它还意味着对权利的实现或者张扬,义务或者负担的合理化,从而有利于构建和谐社会。”[②]笔者认为,杨教授的这种观点是很有道理的:为了适应公共治理的需要,法律对行政法规和地方性法规的行政强制设定权不能限制过死,而应适当放宽。但是,法律在这里使用**“或者”**的表述似乎是不妥的,在已经制定了法律的条件下,如果法律未对行政强制作出规定,而行政强制对于公共治理又是非常必要的情况下,行政法规和地方性法规对“属于国务院行政管理职权事项和地方性事务”设定有限的行政强制是适当的。然而,在“尚未制定法律”的情况下,相应事项如不“属于国务院行政管理职权事项和地方性事务”,任由行政法规和地方性法规设定行政强制就可能违反行政组织法和《立法法》。因此,笔者建议,这里的限制条件可改为:尚未制定法律,**“且”**属于国务院行政管理职权事项和地方性事务的;**“或者”**虽已制定法律,但相应法律未对行政强制作出规定,而行政强制对于相应公共治理又是非常必要的情况下,行政法规和地方性法规对“属于国务院行政管理职权事项和地方性事务”可设定行政强制。

---

① 《行政强制法(草案)》(一审稿)对行政法规和地方性法规的行政强制设定权所规定的条件用了“且”的表述,即法规设定行政强制必须具备两个条件:其一,尚未制定法律;其二,属于国务院行政管理职权事项或地方性事务。

② 参见王丽丽:《行政强制立法四个问题体现前瞻——对话中国法学会行政法学研究会副会长杨建顺》,载《检察日报》2007年10月29日“声音周刊”。

二、行政强制实施体制应如何设计?

《行政强制法(草案)》(三审稿)规定的行政强制实施体制是:行政强制措施由行政机关实施;[①]行政强制执行,法律规定行政机关有强制执行权的,可由行政机关强制执行;法律没有规定行政机关有强制执行权的,作出行政决定的行政机关应当申请人民法院执行。[②]

草案三审稿确定的这种体制实际是对现行体制的确认,而行政强制的现行体制在长时期的实际运作中已暴露出多种弊端。特别是在近几年城市化建设过程中强制拆迁公民房屋所导致的各种悲剧,更使其弊端明显化。行政强制现行体制的弊端主要表现在:

其一,行政强制措施(如限制人身自由,强行进入公民住宅,进入企业生产、经营场所等)一律由行政机关或行政执法人员直接决定、直接执行,使行政强制权缺乏必要的程序制约,使行政相对人的权益缺乏严格的程序保障,这不可避免地导致滥权和侵权。诚然,在某些特别紧急的情况下,行政机关或行政执法人员必须即时采取强制措施。否则,就可能危及社会秩序,甚至导致国家利益和公民生命、财产的重大损失。但是,在绝大多数其他情况下,危险并不那么急迫,行政强制措施经过人民法院或其他第三者裁决并不会影响行政机关或行政执法人员及时调查和制止违法。在这些情况下,有一个经第三者简易裁决和行政机关或行政执法人员通过简易裁决程序向第三者申领检查证、搜查证的程序,既能保障行政秩序,又能防止行政强制权的滥用。

其二,由行政机关自行实施行政强制执行(如强制拆迁、查封、扣押、拍卖等),即由行政机关自己执行(不经第三者裁决)自己作出的行政决定。实际是让行政机关自己做自己的法官,背离基本的正当法律程序,因为行政强制执

---

① 《行政强制法(草案)》(三审稿)第17条规定:行政强制措施由法律、法规规定的行政机关在法定职权范围内实施;法律、行政法规授权的具有管理公共事务职能的组织在法定职权范围内实施行政强制措施。

② 《行政强制法(草案)》(三审稿)第34条规定:行政机关依法作出行政决定后,当事人在行政机关决定的期限内不履行义务的,具有行政强制执行权的行政机关可以依照第四章的规定强制执行。第52条规定,当事人在法定期限内不申请行政复议或者提起行政诉讼,又不履行行政决定的,没有行政强制执行权的行政机关可以自期限届满之日起三个月内,依照第五章的规定申请人民法院强制执行。

行是在行政机关与行政相对人发生行政争议的前提下实施的：行政相对人认为行政机关的行政决定违法或不当，拒绝履行。在这种双方存在争议的情况下，本应由一个中立第三者介入，对争议进行裁决，然后再决定相应行政决定是否执行。但是，现行制度和《行政强制法（草案）》（三审稿）却授权作为争议一方的行政机关可以自裁、自执，从而必然导致行政相对人对相应行政强制执行行为公正性的怀疑（无论实体是否真正公正），以致抵制甚至暴力抗拒行政机关的强制执行行为。就行政机关而言，由于其拥有对自己决定自裁、自执的权力，可不受人民法院或其他第三者裁决的正当程序制约，违法强制和野蛮强制即不可避免。

其三，由行政机关申请人民法院实施的强制执行，人民法院既行使裁决职能，又行使执行职能，裁执不分，同样违反正当法律程序，这种违反严重影响法院的形象和司法尊严。人民法院实施强制执行虽然不同于行政机关自己实施的强制执行（行政机关自己实施的强制执行是决定、争议裁决、强制执行三者一体，人民法院实施强制执行只是裁执一体），但法院既裁决争议，又直接动手去实施强制行为（如拆房、搬物等），显然对其公正形象有负面影响。此外，人民法院实施强制执行，自裁自执，监督缺位，极易导致执行法官腐败，从而会从另一个方面影响当事人对法院的信任和司法权威。

鉴于此，行政强制的现行体制必须改革。如何改革，目前主要有两种思路：一种思路是将行政强制统一由行政机关实施，改变目前可申请人民法院强制执行的做法。这又分两种具体模式：一是建立由司法行政机关主管的或自己独立运作的统一的行政强制执行机关；二是不设统一的行政强制执行机关，行政强制执行仍由作出行政决定的行政机关自己实施。另一种思路是行政强制执行统一由人民法院实施，改变目前部分行政强制执行可由行政机关自己实施的做法。

笔者认为，此两种思路均不可取：行政强制统一由行政机关实施，现在的问题不仅不能解决，而且滥权和侵权会比现行体制更为严重。行政强制执行如果统一由人民法院实施，则可能更严重地损害法院的中立和公正形象，更严重地影响司法权威。为此，笔者认为，为保障公正和效率的统一，《行政强制法》应确立这样的执行体制：行政决定（包括行政强制措施决定）作出后，行政相对人对之有异议，不自行履行的（包括可申请复议和提起诉讼而不申请复议和提起诉讼的),除紧急情况需要即时强制外,行政机关应一律申请人民法院审查和作出裁定;[①]人民法院裁定行政决定合法,且应予执行的,一律由行政机关执行,人民法院对执行的合法性实施监督(当事人认为行政执行行为违法,超越人民法院作出的执行裁定,可以向人民法院起诉,人民法院可作出即时裁决,中止行政机关的执行行为或责成行政机关限期纠正)。这样,既可通过人民法院裁决防止行政机关滥权和侵权,又可通过由行政机关实施执行行为而避免法院直接卷入强制运作(特别是强制拆迁一类强制执行的运作)而损害其形象和权威。

三、行政强制及其程序应遵循什么原则?

《行政强制法(草案)》(三审稿)规定的行政强制基本原则有四项:行政强制法定原则、比例原则、教育与强制相结合原则、正当法律程序原则。对这些原则,人们有不完全相同的理解,从而在具体法律制度和法律规则的设计上,也未能完全达成共识。

关于行政强制法定原则,《行政强制法(草案)》(三审稿)的表述是:行政强制的设定和实施,应当依照法定的权限、范围、条件和程序。[②] 但是,“法定”的“法”是仅指法律,还是包括法规和规章,人们却存在不同的观点。笔者认为,权限法定的“法”应仅限于法律;范围法定、条件法定的“法”可限于法律、法规;程序法定的“法”则不仅应包括法律、法规,而且应包括规章。

对“法定”的“法”,之所以要作如此理解,既有法律原理的根据,也有一定的制定法根据。行政强制的权限,涉及行政主体与行政相对人的基本关系,自应由法律保留,《立法法》也是这样规定的。[③] 虽然《行政强制法(草案)》(三审稿)将行政强制设定权分别授予法律、法规,但法律、法规依此授权规定的行政强制权的权源仍然是作为法律的行政强制法。而行政强制的条件则不同,是在获得授权的前提下根据不同地方、不同管理领域的行政管理需要确立

---

① 目前部分行政机关(如税务、海关等)依法享有的冻结、划拨行政相对人存款和汇款的行政强制决定具有一定特殊性,是否需经人民法院裁决可以继续研究。

② 参见《行政强制法(草案)》(三审稿)第 4 条。

③ 根据《立法法》(2000 年)第 8 条的规定,限制人身自由的强制措施,对非国有财产的征收等,只能制定法律。

可运用此种行政手段的具体情形,因而由法律、法规规定较为适宜。至于行政强制的程序,则更多的是法制对行政机关行使行政强制权行为的规范,既应有他律,更应有自律。因此,程序法定的"法"不仅应包括法律、法规,而且应包括规章。

关于比例原则,《行政强制法(草案)》(三审稿)的表述是:行政强制的设定和实施,应当适当,采用非强制手段可以达到行政管理目的的,不得设定和实施行政强制。[①] 比例原则的内容包括必要性、适当性、比例性。"必要"、"适当"、"比例"(狭义的比例),都是具有弹性的不确定用语,在适用于具体法律制度和法律规则的设计上,有人可能较偏向于对行政权力的控制和对公民权利的保障,有人可能较偏向于行政管理的效率和行政秩序的维护。尽管比例应以适中为宜,但绝对的适中是不可能的。因此,在行政强制具体法律制度和法律规则的设计上,笔者倾向于对行政权力的较严格的控制和对公民权利较完善的保障。

比例原则是行政法的重要原则。以前我国行政法的立法中很少明确规定这一原则。《行政强制法(草案)》(三审稿)可以说是第一次明确规定这一原则。这一原则的核心内容是"最小损害",即行政机关为实现行政目的,在有多种手段、多种方法、多种途径可供选择时,应选择其中对相对人"最小损害"的手段、方法和途径。在这个意义上,比例原则又可称"最小损害"原则。《行政强制法(草案)》(三审稿)规定的"采用非强制手段可以达到行政管理目的的,不得设定和实施行政强制"即是"最小损害"原则的最好体现。

关于教育与强制相结合原则,《行政强制法(草案)》(三审稿)的表述是:实施行政强制,应当坚持教育与强制相结合。[②] 这里"教育与强制相结合"的"教育",是特定教育还是一般教育,是对被强制对象的教育还是对一般社会公众的教育?笔者认为二者兼有,但主要应指前者,即对被强制对象的特定教育。此外,"教育与强制相结合",笔者认为还应包含先教育、后强制,能教育相对人自觉履行解决的问题,就不要实施强制的含意。因此,建议《行政强制法》对这一原则进一步完善,在"实施行政强制,应当坚持教育与强制相结合"

---

① 参见《行政强制法(草案)》(三审稿)第5条。
② 参见《行政强制法(草案)》(三审稿)第6条。

的后面补充规定:在拟实施行政强制前,应先教育使行政相对人自觉履行义务。行政相对人通过教育自觉履行义务后,不得再实施行政强制。

关于正当法律程序原则,《行政强制法(草案)》(三审稿)没有作直接的表述,而是将该原则贯穿和体现在行政强制程序的具体设计上。该原则的基本含义包括:行政机关实施行政强制,应向相对人说明理由,听取其陈述、申辩,并为其提供行政复议、行政诉讼的救济途径,相对人因行政机关违法实施行政强制受到损害的,应为其提供申请国家赔偿的途径。

上述行政强制基本原则在行政强制程序的具体设计上体现为行政强制实施程序的一般规则以及法律对行政强制措施和行政强制执行程序的具体要求。

《行政强制法(草案)》(三审稿)规定的行政强制实施程序的一般规则有五:其一,违法行为显著轻微,没有明显社会危害,涉案财物数量较少的,可不实施强制。其二,行政强制措施权不得委托。其三,实施行政强制措施须事前报行政机关负责人批准。其四,执法者执行时应二人以上,通知当事人在场(或邀请见证人在场);并出示身份证件,告知当事人理由、依据、权利,听取其陈述申辩,制作笔录。其五,如紧急情况需要当场强制,执法者须在24小时内向行政机关负责人报告。

《行政强制法(草案)》(三审稿)还规定了行政强制措施和行政强制执行程序的具体要求。行政强制措施程序的具体要求主要有六:其一,限制公民人身自由应当场告知或实施行政强制措施后立即通知当事人家属实施行政强制措施的行政机关和地点,限制公民人身自由不得超过法定期限,在目的已经达到或条件已经消失后应立即解除。其二,执法者在紧急情况下当场实施行政强制措施的,在返回行政机关后应立即向行政机关负责人报告。其三,行政机关依法查询企业的财务账簿、交易记录、业务往来等事项,不得影响企业的正常生产经营活动,并应保守其所知悉的商业秘密。其四,查封、扣押限于涉案的场所、设施或财物,不得查封、扣押与违法行为无关的场所、设施或财物,对其他国家机关已经查封的,不得重复查封,查封、扣押应制作清单一式二份,由行政机关和当事人分别保存。其五,查封、扣押期限一般不得超过30日(特别复杂的情况经行政机关负责人批准可延长30日)。查封、扣押后应及时查清事实和作出处理决定,确定不应或已不需查封、扣押的,应立即解除查封、扣押。其六,冻结存款、汇款只限法定行政机关实施,不得委托其他机关、组织实施;冻结存款、汇款一般也不得超过30日(特别复杂的情况经行政机关负责人批准可延长30日),30日后不批准延长的应作出解冻决定。

行政强制执行程序的具体要求主要有五:其一,行政机关作出强制执行决定前,应事先书面催告当事人履行义务。其二,当事人收到催告书后有权陈述和申辩,当事人提出的事实、理由、证据成立的,行政机关应当采纳。其三,经催告,当事人仍不履行行政决定,且无正当理由的,行政机关方可作出强制执行决定,强制执行决定应交付或送达当事人。其四,实施行政强制执行,行政机关在不损害公共利益和他人合法权益的情况下,可与当事人达成执行协议。其五,行政强制执行除紧急情况或当事人同意外,不得在夜间或节假日实施,不得以停止供水、供电、供热、供气的方式迫使当事人履行,以防止和避免野蛮强制。

笔者认为,《行政强制法(草案)》(三审稿)规定的这些行政强制实施程序的一般规则和对行政强制措施、行政强制执行程序的具体要求均较好地体现了行政强制的上述四项基本原则。

城管拍租摊位,合法乎？合理乎？*

写作背景:2010年年初,江西省弋阳县城管大队在城区市政道路和人行道上划出100多个摊位,组织原占道经营的摊贩竞价拍租,价高者得,得者发证算合法经营。对此,摊贩和居民叫苦连天。一个经营水果摊的摊贩说,自己和老母近4年来就靠这个水果摊谋生,现在拍租一年要交6000多元,今后经营所得将所剩无几。一对经营店铺的夫妻说,自己店铺的门口马路被城管划为30平方米左右的两块地供拍租,自己不得不花1300元拍下其中的一块,以供出入之用(参见2010年5月15日《新京报》报道)。“拍租事件”被曝光后,弋阳县领导层召开会议,决定中止这一措施。对于弋阳县城管的上述行为,有专家认为,城市道路是公共设施,政府无权改变城市道路的公共性,不能在市政道路和人行道上设摊拍租,不能把公共设施转化为商品赚钱。弋阳县城管回应,市政公用设施能否有偿使用,法律无明文禁止。他们行为的依据是江西省《城市市容和环境卫生管理实施办法》第10条,采取拍租的办法是为了体现公开、公平、公正。为回应社会各界对江西省弋阳县城管在市政道路和人行道上设摊拍租的不同意见,《新京报》记者约邀笔者撰写了这篇短评。

法治政府必须尊重民意,政府的一切决策、一切行为都必须听取民众意见,不能自以人民利益的天然代表自居。究竟应该怎么看待弋阳县城管拍租摊位的行为？城管拍租摊位的行为是否合法、合理？

衡量一个行政行为是否合法,首先要确定该行政行为的性质;其次根据该

---

* 该文原载2010年5月22日《新京报》B6版“评论周刊”。

行为的性质,再审视该行为的主体、内容和程序是否符合相应法律、法规或规章的要求。

弋阳县城管拍租摊位的行为可以认为是一个行政许可行为,也可认为是一个解决下岗工人、城市无业人员等困难群体生计的一种行政措施。作为行政许可行为,许可设定权依《行政许可法》只属于法律、法规,省级政府的规章只能设定临时性许可。其实施权只能是相应法律、法规或规章授权的主体。如果江西省政府规章《城市市容和环境卫生管理实施办法》第 10 条[①]设定的是一种临时性许可的话,那该条款规定的许可主体乃是市容环境卫生、公安、城建等行政机关,而非城管,更不要说该临时性许可早已过了临时期。至于该许可的内容,既没有对市政道路和人行道设经营摊位规定任何限制性条件(如不得妨碍交通和行人通行等),也没有对许可对象确定任何要求(如原摊主有优先获得许可权等)。就许可设定程序和实施程序而言,根据《行政许可法》和国务院《全面推进依法行政实施纲要》对行政决策的要求,设定行政许可必须通过一定途径和形式(如座谈会、听证会或互联网等)征求民意,与有关主管部门(如城市交通、规划等部门等)协商,并进行专家论证。实施行政许可应遵循《行政许可法》第四章规定的申请、受理、审查、决定和必要时举行听证的程序,招投标和拍卖只适用于有限自然资源开发利用、公共资源配置及市场准入一类特定事项的许可,而绝不能适用于赋予资格、资质类事项的许可。显然,江西省弋阳县城管的上述行为是不符合《行政许可法》和国务院《全面推进依法行政实施纲要》的要求的。

如果江西省弋阳县城管的上述行为只是解决下岗工人、城市无业人员等困难群体生计的一种行政措施,那么该行政措施的确定主体依地方组织法应属于弋阳县政府而不属于城管,其政府确定程序同样应遵循国务院《全面推进依法行政实施纲要》规定的公众参与、征求民意和科学论证的程序。该措施必须规定对市政道路和人行道设经营摊位的明确的限制性条件,对安置对象的明确的要求(如下岗工人、城市无业人员、外来民工的家属等)。如果一个摊位有多个符合条件的人申请,可按申请先后顺序或抽签决定,而决不能搞

---

① 该条规定,"未经城市市容环境卫生、公安、城建等有关行政主管部门批准,任何单位和个人不得占用城市道路和人行道摆摊设点"。

招投标和拍卖,就像分配经济适用房和廉租房不能搞招投标和拍卖一样。

讲到合理性,我们不能认为凡城市道路和人行道绝对不能摆摊设点。在特定时段(如有些城市早8点前,晚6点后)、特定区域的某些道路上,可能很少或几乎没有车辆通行,有的全天通行的车辆很少而街道很宽。在这种情况下,政府即使严令不准摊贩摆摊设点,他们也会违令摆摊设点。与其明知禁不住而禁,最终导致城管与摊贩严重对立,两败俱伤,还不如有限开禁,借此适当解决部分下岗工人、城市无业人员等困难群体的生计问题。至于像弋阳县城管在市民店铺家门口设摊位拍租,让店主租了门面,还要自己掏钱租人行通道的一类不合理做法,如果我们在制定和实施有限开禁摆摊设点的行政措施时能引入公众参与、征求民意和科学论证的程序,就不会和不可能发生。

弋阳县城管拍租摊位这一事件不是孤立的个案,它应引起所有城市管理者的反思。从这一事件中,我们至少可以得到以下三点启示:其一,法治政府的一切行为都必须以人为本,不能为管理而管理,更不能为收费、赚钱(无论收的费、赚的钱是进了部门的小金库,还是进了市财政账户)和单纯为经济效益而管理。其二,法治政府必须尊重民意,一切行为都必须通过各种途径和形式听取民众意见,不能以人民利益的天然代表自居。其三,法治政府必须公正、公平优先,而公正、公平有多种途径和形式(而不是只有招投标和拍卖一种途径和形式)实现,试图通过某一种途径和形式去处理不同性质的事务只会事与愿违,最后达致南辕北辙的结果。

用法治平衡原则规范拆迁行为*

罗豪才教授指出，行政法就是平衡法。也就是说，法律规范行政行为必须坚持法治平衡原则，坚持维护国家、社会公共利益与保护公民、法人和其他组织合法权益的平衡。

近年来，一些地方三天两头出现暴力拆迁、野蛮拆迁的事件，甚至引发自焚、暴力冲突或群体性事件，引起网民和社会的广泛讨论：为什么会连续不断地出现这类悲剧？导致这些悲剧的原因可能是多方面和各不相同的，但其中一个重要的原因乃是当地政府和相关主管部门在拆迁中没有坚持法治平衡原则，未能用法治平衡原则规范拆迁行为。

拆迁导致的利益冲突和社会矛盾是各种各样的：有被拆迁人与拆迁人（可能是开发商、公共工程建设单位或专门的拆迁公司）的矛盾、冲突；有被拆迁人、拆迁人与行政管理机关（如房管、城建、规划等）的矛盾、冲突；也有被拆迁人之间（同一拆迁区域甚至同一拆迁居民楼，一些被拆迁人盼拆迁，一些被拆迁人恨拆迁）、拆迁人之间（若干开发商、建设单位或专门拆迁公司对同一拆迁区域、拆迁地段进行利益博弈）的矛盾、冲突；还有拆迁人与拆迁受益单位、受益人（未来新建筑的所有人或使用人）的矛盾、冲突，等等。这些矛盾、冲突中，无论是哪一种矛盾、冲突，如果处理不好，都可能导致影响社会和谐、稳定的纠纷、事件发生。而要正确处理这些矛盾、冲突，就必须坚持和适用法治平衡原则，协调不同利益群体和个体的不同利益。

首先，法治平衡原则要求正确处理公共利益与私人利益、整体利益与局部

---

* 该文原载 2010 年 10 月 20 日《法制日报》第 4 版。

利益、长远利益与短期利益的关系，平衡经济发展与特定公民、法人和其他组织权益的保护。对于公共利益与私人利益、整体利益与局部利益、长远利益与短期利益关系的处理，最佳方案并非前者绝对优于后者，后者无条件让位和服从于前者，而应该是两者兼顾。在两者不能或难以兼顾时，也非应绝对选择前者而舍弃后者，而应进行利益衡量，视何者利益更为重大而决定何者优先。当下很多拆迁纠纷、事件的发生，均源于一些地方政府过于重视 GDP，过于重视经济发展而忽视对公民、法人和其他组织权益的保护；错误地理解“发展就是硬道理”，以为发展就是 GDP 增长，GDP 增长就是公共利益、整体利益、长远利益。因为房地产业被认为是拉动 GDP 增长的“灵丹妙药”，于是支撑房地产业发展的拆迁就成为他们在一定时期内压倒一切的中心任务，被拆迁人的一切权益都要给拆迁让路，暴力拆迁、野蛮拆迁在他们的“中心任务”和他们的“公共利益、整体利益、长远利益”的旗号下均获得了正当性。很显然，为了扼制这种“异化”的发展，最重要的解决之道就是真正实行以人为本和平衡、协调发展的科学发展观。

其次，法治平衡原则要求关注和照顾弱势群体、弱势个体的利益。在涉及拆迁的各种法律关系中，被拆迁人往往是弱势一方。很多拆迁纠纷和由拆迁纠纷导致的暴力事件的发生，大多是因为拆迁人、拆迁管理机关过分忽视被拆迁人的利益，肆意侵犯和损害被拆迁人的利益。如拆迁补偿标准过低（拆了人家 100 平方米房，给人家的补偿款还买不到 50 平方米同样地段的房屋），安置位置太差（拆了人家市区的房屋，给人家安置到市区以外甚至远郊；拆了人家临街开店的房，给人家安置到交通不便，无人问津的冷僻处），或断了人家谋生之道（人家原以其房屋出租、开店谋生，现安排其新居无法出租、开店），等等。每个被拆迁人的情况和困难是不一样的，如果拆迁人、拆迁管理机关无视被拆迁人的实际困难，以强势要求其服从制定的拆迁方案，就必然导致纠纷、对抗甚至暴力。反之，如果拆迁人、拆迁管理机关能不以强势自恃，而能平等地与每个被拆迁人对话，听取他们的意见、陈述，解决他们的实际困难，满足他们的合理要求，绝大多数争议、纠纷、矛盾是可以化解的。

再次，法治平衡原则要求拆迁人、拆迁管理机关对所有被拆迁人一视同仁：同样情况同样对待，不同情况不同对待。中国人在传统上就有“不患寡而患不均”的观念，这种观念虽有滋生平均主义的消极因素，但也有追求公正、平等的积极因素。现在拆迁过程的大量矛盾、纠纷，有很大一部分是因“寡”（补偿过低，安置过差）造成的，但也确有一部分是因“不均”引发的。同样情况，先搬迁的人补偿少、安置差，晚搬迁的“钉子户”最后得到的补偿款往往比先搬走的人高出很多，其安置新居的位置、条件也大大优于先搬走的人。这样，一些先搬走的人也不干了，他们也要“奋起维权”了（上访、请愿，甚至制造群体性事件）。因此，制定和实施拆迁补偿安置方案一定要坚持平衡原则和稳定性原则，不能向有权有势的人倾斜，也不能特别向“钉子户”倾斜。如果要有所倾斜的话，应该向弱势群体和弱势个体适当倾斜。只有这样，才能形成正确的导向，防止社会矛盾、纠纷的恶性循环。

最后，法治平衡原则还要正确处理城市地价因城市发展上涨和适当提高被拆迁人补偿标准的关系。目前，一些被拆迁人对补偿标准不满，不是完全因为补偿的绝对标准太低，而是因为其房屋（特别是郊区农民的房屋）被拆迁后，政府将其房屋下面的土地“招、拍、挂”，得到的土地出让金太高，有的高出付给被拆迁人的补偿款的几倍、几十倍，甚至更多。这样，有的被拆迁人就不干了，似乎政府在“投机倒把”（将他们的地低价买进，随后向开发商高价卖出）。于是，他们就抗议或闹事。对这种情况，应从两个方面适用法治平衡原则：一方面，政府应向被拆迁人说明白，他们房子下面的土地的地价上涨是因为城市的发展（城市的道路、交通、市场、物流等的发展）导致地价的升值，不是被拆迁人土地自然的升值。而城市的发展乃是全体市民付出（包括税收）的成果。从而，为了平衡全体市民和被拆迁人的利益，不能将被拆迁人房子下面的土地的地价升值全部归于被拆迁人。

另一方面，被拆迁人也应向政府说明白，他们对其房子下面的土地虽然没有所有权，但毕竟有使用权。因此，其地价的升值虽然不是因他们的劳动或投资所致，但与他们的土地使用权有关。从而，政府不能代纳税人将这部分升值完全拿走，而应以一定比例将这部分升值归还被拆迁人，以平衡土地使用权人与土地所有权人的利益。

就最后一种平衡而言，我们也许可以考虑另一种思路：对于农村农民的集体土地，如果要转为建设用地，用于商业开发，可不经过政府征收，而让农民直接与开发商交易。但是，为了防止农民随意出让土地，确保耕地“红线”，政府可通过严格的、强制性的规划控制建设用地规模；为了保证城镇建设资金来源,防止城镇地价因城镇发展上涨的差价全部被农民占有,国家可开征农村集体土地出让税,作为城镇公共设施的建设资金。

总之,拆迁实质是一个利益博弈和利益平衡的过程,我们如果能善于运用法治平衡原则规范拆迁行为,调整拆迁过程中的各种关系,就可能最大限度地避免各种社会矛盾和纠纷的发生,维护社会的稳定与和谐。

就审查、废止《拆迁条例》和制定《征补条例》答若干媒体记者问*

写作背景:“北大五教授”向全国人大常委会提交审查和废止《拆迁条例》建议书和国务院启动制定《征补条例》以后,国内许多媒体对笔者进行了各种不同形式的采访。本篇访谈录是选择其中三次较有代表性的采访记录,以整合和反映笔者对审查、废止《拆迁条例》和制定《征补条例》的若干主要观点。所选三次采访分别是:《瞭望》新闻周刊对笔者的采访、《半月谈》对笔者的采访和《新京报》对笔者的采访。本篇访谈录仅摘要这三次采访的主要内容,去除了各次记者重复提出的问题和笔者重复的回答。

《瞭望》新闻周刊记者:您与其他几位学者向人大常委会提交建议时,有什么具体预期?有没有预料到立法机构会有所回应?

姜明安:我们提交建议有两个目的。一是希望能够尽快促成《拆迁条例》的废除或修改。最近各地发生多起强制拆迁事件,让我们感到有必要解决这个条例导致的各种问题。二是希望通过个案来建立法规违宪违法审查制度。因为从现实情况来看,不仅这个条例需要废除修改,从中央到地方还有不少其他条例(行政法规、地方性法规、自治条例、单行条例等)存在这样那样的问题,所以必须要有个审查制度,不能“头痛医头,脚痛医脚”,舆论炒一个才解决一个。这是我们“上书”的两个目的,也可以说是两个预期。前一个希望国

---

* 笔者采访分别参见《瞭望》新闻周刊 2010 年第 2 期,《瞭望东方周刊》2010 年第 5 期,《半月谈》2010 年第 21 期,《新京报》2009 年 12 月 20 日 A03 版、2010 年 3 月 13 日 B03 版、2010 年 11 月 6 日 B06 版。

务院能够解决,后一个希望全国人大常委会解决。这样的预期不一定都能实现,但我们想一点点去推进。

之前也预想过,可能得不到任何回应,因为此前有不少其他学者和公民的建议都是石沉大海,没有得到任何回复。从这个角度来讲,我们希望今后能明确规定对该类建议如何作出回复,比如至少打个电话通知建议提出者一声"你们的建议我们已经收到了,正在联系有关方面解决问题,有了结果会另行告知你们"。

《瞭望》新闻周刊记者:您也提到,此前公民关于法规审查、修改的建议很少得到公开回应,这次能得到两家立法机构的回复,并且有望废除或修改条例,主要是什么原因?

姜明安:我想这次能得到这么快回复的原因可能有二:一是《拆迁条例》引起的社会矛盾确实太大了,各地此类事件此起彼伏,严重影响社会稳定,领导希望尽快平息社会矛盾;二是我们几位学者是长期研究法律的,对问题抓得比较准,提出解决问题的方案都是建设性的。但前者是主要因素,我们并不是以学者身份而是以公民身份提出建议的。

《瞭望》新闻周刊记者:悲剧性的个案在整个事件中起到了什么样的作用?

姜明安:个案起了重要作用,引发的舆论起了更重要的作用。如上海的"钓鱼执法"事件,如果没有这样比较极端的事件,我们可能就不会去思考"钓鱼执法"这个普遍性的问题。

个案多了,大家就开始思考制度在哪里出了问题。这时不再局限于某一个案的事件本身,而涉及更广泛的问题,如行政执法的理念,行政执法的体制、机制,相应法律、法规的具体规定等。我们当然绝不提倡民众为抵制不合理制度付出生命健康的代价,但是这些人的行为确实客观上推动了法治的进步。

反过来说,如果能早一些启动合宪性、合法性审查制度,《拆迁条例》或"钓鱼执法"的事很可能就不会发生,而不必等到群体性事件发生后,才去做法规、制度的审查、修改。

《瞭望》新闻周刊记者:你们的建议提交给全国人大常委会后,似乎是国务院法制办先给出的回应,人大常委会法工委随后也给出回应。当时是怎么一个情形?

姜明安:我们于 12 月 7 日寄出建议,9 天之后国务院法制办就通过座谈会的形式给予我们回应。座谈会主要有两个议程:一是他们介绍整体情况,表示并非我们提出建议后他们才开始准备修改这个条例,而是他们酝酿了相当长的时间。《物权法》于 2007 年 4 月 1 日实施之后,当年 12 月 14 日国务院常务会议就讨论过修改《拆迁条例》的事。但是由于各种各样的原因,主要是各地地方政府有一些不同意见,所以一直未有结果。二是把修改草案提供给我们,听取我们对这个草案的意见。我们对该草案中大部分内容是肯定的,我曾向媒体透露过该草案较原条例取得的四个方面的进展。但草案也还存在不少问题。

全国人大常委会法工委也是采取召开座谈会的形式回应的。会上,他们介绍了收到我们建议之后和之前他们在促进《拆迁条例》修改方面所做的工作。他们说他们非常重视我们的建议,收到建议后立即与国务院法制办等各方面联系,督促《拆迁条例》的修改、废除工作。他们认真听取了我们的意见。我们表达了对修改该条例的意见以及建议全国人大常委会建立法规审查制度的意见。

法工委还介绍说,在我们之前也有人以律师或公民的身份提交过建议,他们在接到建议后就一直和国务院协调,国务院表示正在做这个事,但过程中有一些困难,进度比较慢。

《瞭望》新闻周刊记者:据您所知,人大常委会法工委和国务院法制办此前对修改或废除《拆迁条例》有哪些准备?

姜明安:在我们建议之前,国务院法制办已经有了草案,详细条文共 38 条,对于我们提到的几个方面的问题基本上都有回应,但是怎么解决还有待讨论。我和沈岿教授在人大常委会法工委座谈时提出,对于这些问题能不能先梳理一下(理出 10~20 个较重要的问题),再通过媒体发布,让老百姓参与讨论。“三个臭皮匠顶个诸葛亮”嘛,普通人里也许有人能想出办法把这些问题比较好地解决掉,包括公共利益怎么界定,拆迁主体怎么明确,取消强制拆迁后中西部地区发展怎么解决开发用地问题,法院的裁决怎么保障公民财产权的保护与经济发展的统一,等等。《征补条例(草案)》本身可以不急于公布,但问题可以先列出来讨论,不用非等到《征补条例(草案)》经国务院常务会议正式通过那一天再讨论这些问题。

《瞭望》新闻周刊记者:对你们提出的这个建议,对方如何答复?

姜明安:这是我们 12 月 30 日向全国人大常委会法工委提出的建议,但建议的对象是国务院法制办,所以目前还没有答复。我们是把建议提出来,请法工委向国务院转达,建议他们把问题和解决问题的各种方案都公开列出来,不加任何评论,让公众讨论。这个《征补条例》不应关起门来搞,要老百姓参与,让老百姓知道有什么困难,大家都可以想办法。我觉得这样并不会造成社会矛盾和混乱。

《瞭望》新闻周刊记者:您之前提到,希望借这个契机能建立起违宪违法的审查制度。对于推动法治进步,建立制度是否更为重要?

姜明安:建立制度确实比修改某一个具体条例要重要得多。具体条例只能解决某一个方面或某一个领域的问题,如孙志刚事件之后废除了《收容遣送条例》,但也只解决了这一件事,还有很多其他问题。如这次的拆迁问题,还有农民土地征收问题、劳动教养问题,等等。对于一些普遍存在的违宪或者违背上位法的问题,必须要有一个制度化的解决途径。

对此,《立法法》已经规定了四个制度:一是法律规范冲突裁决制度;二是违宪违法法规审查制度;三是违宪违法法规修改、撤销制度;四是法规备案制度。这几个制度都非常重要,但它们现在有的没有完全运作起来,有的则完全没有运作起来。制度放在那里不运作没有用,需要通过一些程序规则激活它们,让它们运作起来。

第一个制度是裁决制度,解决的是法律规范冲突问题。现在法律规定由全国人大常委会裁决,但具体裁决由谁来提出,由谁来受理,受理多长时间给出答复?没有操作规则。第二个制度是审查制度,又分为两类:一类是由五机关,即国务院、中央军委、最高人民法院、最高人民检察院、地方人大常委会,对法规违宪违法提出审查要求。到目前为止,全国人大常委会还没有进行过这类审查。假如最高人民法院认为国务院某个法规违宪,提交全国人大常委会审查,全国人大是必须进行审查的;但怎么审查、经过什么程序、由哪个委员会来审查、多长时间答复,法律尚无明确规定。另一类是由老百姓(包括五机关以外的其他国家机关、组织、个人)提交的审查建议,就像我们这次提出的审查建议,法律地位更尴尬,如何启动,多长时间答复,真有问题怎么解决,多长时间解决,都没有一个程序规则。如果老百姓建议长期得不到理睬,他们的积极性就会受到打击,很多矛盾就可能激化。第三个制度是修改和撤销制度,与审查制度相衔接,但不等于审查制度。有一些法规违宪违法或法律违宪情况是人大和人大常委会自己发现,自己主动审查和主动启动修改和撤销程序的,而不待有人提出审查要求或审查建议,但如何启动、如何运作,目前也缺乏相应程序。第四个制度是备案制度。现在所有的法规,包括行政法规、地方性法规、自治区的自治条例、单行条例,都要送到全国人大常委会备案,而这个备案不应仅是录入电脑里,而是要进行审查。这与前面讲的应要求、建议的审查也是不一样的,是主动审查。此种审查如何发现问题和处理问题,目前也缺乏具体明确的操作程序规则。

这些制度并不是什么敏感的东西,我们现在的宪法、《立法法》已经确定了这些制度,现在的问题是需要一套程序规则使它们运作起来。制度建立以后,凡是涉及这方面的问题,就走法定的程序,不再走人治的道路。但很多事情不能单靠媒体集中报道,假如有一个制度化的解决方式,我们就可以尽量避免恶性事件、群体性事件,不用等到违宪造成了恶果才动手解决。所以我说建立制度比单纯废除一个具体条例要重要 100 倍。

《瞭望》新闻周刊记者:请问应如何界定公共利益?

姜明安:关于公共利益的界定,我曾分别写过两篇文章:一篇是 2004 年 7 月 1 日发表在《法制日报》上的《界定“公共利益”,完善法律规范》;另一篇是 2006 年 10 月 19 日发表在《人民法院报》上的《公共利益与“公共利益优先”的限制》,专门探讨过这个问题。

我的观点主要有三:一是对公共利益的标准和范围可以而且必须进行界定,法律应尽可能较全面地列举出属于公共利益范畴的事项,再设立一个概括性(兜底性)的条款,以解决难以事前明确界定的各种特殊情况的需要。二是除了设定公共利益的标准和范围,还要通过立法确立认定公共利益的方法和程序。如通过网络、媒体讨论,通过座谈会、听证会、论证会等途径听取社会意见,有的可能需要通过人大来界定,有的可能要通过法庭程序辩论和裁决。三是对于“公共利益优先”应进行适当限制。不是所有情况下公共利益都要优先,在某些场合,公共利益与私人利益发生冲突时,如前者利益相对较小,后者利益相对较大,就不应一律坚持公共利益优先。如近期强制拆迁发生的冲突事件中,当个人的生命面对危险时,公共利益就应先适当地退让,通过相应措施解决了相对人生命健康权保障后再实施强制。

《半月谈》记者：姜教授，近年来，部分地方因野蛮拆迁引发诸多恶性事件，当地领导干部虽然被免职或处分，但暴力拆迁事件仍然频繁发生。“拆迁热”为什么高烧不退？

姜明安：《征补条例（征求意见稿）》公开征求意见后，一些地方征地、拆迁更加“急迫”，通过车轮战术、“连坐”等方式动员拆迁，手段也更加隐蔽。一些官员热衷于拆迁，根本原因是部分地方将土地出让金作为重要的财政收入来源，陷入“土地财政”的泥潭。当然，各地强拆频发的情况和原因不完全相同：有的地方官员确实想有所作为，他们为官一任，想干点事，让所在地区旧貌换新颜。但搞开发建设要有钱、要有地，他们认为要建设、要发展就不能没有强拆。有的地方官员特别想“进步”得快点，想在任上干几件“大事”，做出点“实绩”“政绩”。然而，干“大事”，出“政绩”也要有钱，而地方财力有限，因此，他们就通过卖地、拆迁敛钱。还有些地方官员热衷于强拆，急开发商之所急，乃是因为腐败，官商勾结，从拆迁中渔利。

《半月谈》记者：近期暴力拆迁频繁发生引发群众对《征补条例》的期待。您认为哪些难点导致《征补条例》出台困难？

姜明安：《征补条例（征求意见稿）》公开发布后，我原以为这部条例有望今年（2010 年）上半年出台，然而至今却没有动静。最近我们在北京香山召开的促进《拆迁条例》废旧立新学术研讨会上，多数与会的专家、学者认为，有关部门不能封锁信息，起码应该告知公众，立法中存在哪些难题、有何解决办法、新法大致何时能出台等。我认为，新法难以出台，除了一些地方政府、开发商的极力反对，还有其他原因：一是目前发生在城乡接合部、郊区乃至农村的征地、拆迁大幅增多，而城乡接合部、郊区农村的土地属于集体所有，新条例定位于规范“国有土地上房屋征收与补偿”的法律关系，其调整范围解决不了现在最广泛、最急迫的问题。二是《征补条例（征求意见稿）》有关危旧房改造规定中的比例问题各界争议较大。征求意见稿规定“90%以上被征收人同意进行危旧房改造”，政府才能做出征收决定，补偿方案须经 2/3 以上被征收人同意；危旧房改造的补偿协议，在签约期限内签约率达到 2/3 以上的，方可生效。对于这些规定，有些人认为少数人权利未得到充分保护；有些人则认为比例过高，现实中难以操作。三是《征补条例(征求意见稿)》中有关公共利益的规定引发广泛的争议。《征补条例(征求意见稿)》采取列举的方式严格限定公共利益的范围，有些人认为这种列举式规定限定过于严格，应当采取概括式的规定，留给地方政府较多一些自由裁量权；而有的人认为应当更严格限制公共利益种类，防止地方政府曲解和扩大公共利益条款的外延。

《半月谈》记者：您认为应如何解决这些立法难题，让《征补条例》更加系统、完善？

姜明安：一是要对"公共利益"予以较为明确的界定。我个人认为，对"公共利益"应区分直接的公共利益和间接的公共利益，对二者分别作出规定。直接公共利益是指那些与公众福祉、国计民生直接相关的利益，如军事设施、公共交通、公用事业等。间接公共利益是指其最终目的虽与公共福祉相关，但其中掺杂着商业利益，如旧城改造、城中村改造以及为改善当地经济、提升城市公共服务水平、增加当地就业和税收而进行的开发建设。对涉及直接公共利益的征收，立法可允许强拆，但应当对直接公共利益采取列举式规定，严格限定其种类和范围；对间接公共利益的征收，必须有严格的程序制约，如听证、票决等，一般情况下不允许强拆。但对间接公共利益征收的种类和范围，可有较宽松的规定，采列举加兜底条款。

二是应解决拆迁补偿费过低的问题，应当从两个方面入手：其一，确保房地产价值评估机构的中立性和为被拆迁人的可接受性，最好在全国范围内(不限于本地本市)选择，并征得被拆迁人的同意。其二，确保补偿标准的公正性，应按"房价+地价"补偿。房价应区分住房、营业房、高档房、低档房等不同的补偿标准；地价应区分国家划拨地、国家有偿出让地、继承祖辈居住地、农村宅基地等确定不同的补偿标准。此外，还应完善对补偿方案不服的法律救济程序。法律应推动多元化补偿机制，包括货币补偿、房屋产权调换，产权调换分住房、出租房和营业房、产权入股等方式，解决被拆迁人未来生活出路问题以及让被拆迁人享受到土地溢价的收益。

《半月谈》记者：您认为《征补条例》出台后，暴力拆迁现象是否会大幅减少？

姜明安：《征补条例》出台只能部分解决市区的拆迁问题，要解决城乡接合部、郊区乃至农村的征地、拆迁问题，还应修订、完善相应土地、规划等其他法律、法规。首先，应当修改《土地管理法》，不能只制定《征补条例》，现在不少地方市区的拆迁已告一段落,拆迁大部分已向城乡接合部甚至农村地区延伸。当务之急是系统地制定规范包括征地、拆迁在内的征收、征用的法律、法规,解决集体土地上房屋征收、拆迁与补偿的问题。集体土地上房屋征收、拆迁与补偿必须与集体土地征收的问题一并解决。这与城市房屋拆迁不同:城市土地是国有的,农村土地是农民自己的(农民集体所有)。对于农村农民的集体土地,如果要转为建设用地,用于商业开发,也许可以考虑另一种思路:可不经过政府征收,而让农民直接与开发商交易。但是,为了防止农民随意出让土地,确保耕地"红线",政府可通过严格的、强制性的规划控制建设用地规模;为了保证城镇建设资金来源,防止城镇地价因城镇发展上涨的差价全部被农民占有,国家可开征农村集体土地出让税,作为城镇公共设施的建设资金。

其次,新的《征补条例》对公共利益作出界定后,还要考虑通过比例原则和平衡原则限制和制约对公共利益的滥用。不是只要公共利益需要就可以征收和拆迁。例如,修建学校符合公共利益,但如果当地教育资源过剩,或在某地建校交通条件差,就不应在该地为建学校而进行征收拆迁。又如,为缓解交通瓶颈,新修城市道路,符合公共利益,但该道路是否必须通过某建筑物而要求该建筑物拆迁。实践中可能有更好的路线选择。即使是公共利益拆迁,也要考虑如何使其对相对人的损失最小、如何与其他利益平衡协调。总之,对公共利益,我们还应按照平衡原则、比例原则、即损害最小原则加以规制。

最后,我们还应完善认定公共利益的程序,充分保障利益相关者的参与权和知情权。对公共利益的认定,不应在征地、拆迁时才让公众参与,而应在制定规划时就应当充分保证公众特别是利害关系人的参与权。现在,一些地方政府修改城市规划比较随意,一任领导人搞一套规划,规划必然涉及征收、拆迁。但规划制定是领导说了算,公众很少参与,公开、透明性差。到了规划实施,正式开始征地、拆迁时,公众和利害关系人才知道有此规划,他们当然抵制,不配合。我建议,应当修改和制定《城乡规划法》等有关规划的法律、法规,规定城市规划必须由地方人大审议,必须公开讨论和征求公众意见,必要时通过听证会进行质证和辩论,真正保证公众参与权和知情权的实现,保证各种不同利益群体的利益在公正的平台平等博弈。这样,很多矛盾和争议就可在规划制定过程中解决,到征收和拆迁时相对人自然会自觉配合,无须强拆。甚至相对人在规划确定后,就主动与政府达成协议提前拆迁而无须政府费力劳神地一轮又一轮地去做被拆迁人的工作了。

《新京报》记者:姜教授,将“危旧房改造”列为“公共利益”的征收范围是出于什么考虑?“危旧房改造”到底算不算公共利益?“危房”和“旧房”能否同等对待?如此规定是否违背《物权法》?

姜明安:我认为,危房可以作为公共利益征收,旧房似乎不能。因为一栋楼里有一户是危房,就会对整栋楼的居民生命财产构成威胁。如果确定一户人家是危房,政府就应该作出征收决定,哪怕90%以上的人不同意,因为生命权高于财产权和自主权。对于旧房,即使有“90%的条款”(一栋楼里有90%户人家同意拆迁即可视为因“公共利益”需要拆迁)要求还不够,10%的业主可能觉得住在旧房里舒服,不愿意花钱费力住新房子,这是他的自主权。这里90%户人家的同意似乎构不成强制10%户拆迁的“公共利益”。

《新京报》记者:在《征补条例(征求意见稿)》对“公共利益”的列举中,有一项是“由政府组织实施的危旧房改造的需要”。听说当时你在专家座谈会上,并不认可这个条款?

姜明安:在我参加的两次由国务院法制办组织的座谈会上,我都极力反对把危旧房改造项目纳入公共利益,我认为这并非完全的“公共利益”。法制办的同志解释说,危旧房改造可以改善居民居住条件,列入“公共利益”没有问题,并最终写进了《征补条例(征求意见稿)》。我认为,危旧房改造可能有公共利益,但其中也有商业利益。危旧房改造可能涉及公共利益有几个方面的理由:第一,可以推动城市房地产业发展并进而推动城市经济的发展。同时,危旧房改造可以进行大面积的基础设施建设,如进行供暖供气供水供热的管道改造,这不是能一家一户地进行的,要有统一的危旧房改造计划。而且危旧房改造也可以带动大量就业,一部分拆房子的,一部分建房子的,还有一部分装修的,等等。第二,对于一个城市而言,确实需要统一规划,这样可以使城市更美观。我也到过国外一些城市,看他们的旧房所有权人自己去改造,五花八门,确实不如威海、北京等地的改造美观。第三,确实能改善部分居民的居住条件。但也要看到,开发商会从中赚很多钱,危旧房改造项目事实上并不等于公共设施建设,其中确实存在商业利益的成分。现在写进《征补条例(征求意见稿)》中,主要是考虑地方政府特别是中西部地区的地方政府的想法。

《新京报》记者：如果这一“公共利益”列举项最终得以保留，怎么能减轻其消极的一面？

姜明安：如果这一条款得以保留，那就得考虑如何维护被征收人的合法权益。被征收人在此过程中有两项权益：一是自主权，就是自己的房子有自己作主决定的权利；二是财产权，就是土地使用权和房屋所有权。现在的《征补条例（征求意见稿）》中加入“90%条款”（90%以上被征收人同意进行危旧房改造的，县级以上地方人民政府方可作出房屋征收决定；未达到90%被征收人同意的，不得作出房屋征收决定）和两个“三分之二”程序（因危旧房改造的需要征收房屋的补偿方案应征得2/3以上被征收人的同意；危旧房改造补偿协议，在签约期限内签约率达到2/3以上的方可生效）。“90%条款”是保护绝大多数，两个“三分之二”程序是保护了多数人的利益。但少数人的利益怎么保护？这是一个问题。现代民主既要强调“少数服从多数”，也要强调“保护和尊重少数人的权利”。这不足10%的人可能有很多现实的困难，如他们的家人上班不方便，小孩上学不方便，没有钱买新房子等。如果不考虑他们的实际困难，有90%以上的被征收人同意就作出房屋征收决定，这就是“多数人的暴政”。我认为应该对这不足10%的人挨家挨户去了解情况，他们所有的合理要求都要予以满足；如果确实有人做不通工作，还要给他们一个司法救济途径，允许他们向法院提请诉讼或申请行政复议，在申请复议和提请诉讼期间应暂停征收决定的执行。

《新京报》记者：是不是应该在《征补条例》中，对“危房”和“旧房”作适当的界定呢？现在没有界定，把界定权交给了地方政府，会不会在实际中增加了地方政府的权限？

姜明安：危房和旧房改造确实应有一个不同的标准，这涉及谁来界定，怎么界定的问题。《征补条例（征求意见稿）》中对这个问题没有涉及，既缺乏标准又缺乏程序。比如危房，肯定要有一定的危险。又如经历了地震，受到了洪水浸泡，房屋支撑墙体受到严重冲击等。再如旧房，要居住了多少年代，房屋的用途对房屋折旧的影响等，不能像福建的那所学校那样，第一年建第二年就说是旧房。在标准确定后还要有一定的程序，不能由政府直接说了算，政府说是危房或旧房就是危房或旧房，房屋所有权人也应有参与的权利。技术部门先要有一定的技术标准，在确定标准时要召开听证会，之后再由政府认定；如果公众有异议还可申请复议，必要时还要有司法审查。这样就在此过程中保障了他们的知情权、表达权、参与权和监督权。

《新京报》记者：有学者认为，现在将征收的权限直接交给政府，这可能更不利于维护被征收人的权益。因为现在是开发商面对被征收人，尽管开发商显强势，但开发商毕竟只是一个商人。如果改为政府面对拆迁户，政府不仅是强者，而且是公权力强者，这种强者更强的关系会更不利于被征收人。尤其是在焦点比较集中的“危旧房改造项目”上，这些地区一般都在城市中心，政府的利益更是深陷其中。

姜明安：你们这样认识似乎不太正确。征收的权力本来就是公权力，必须由政府和国家来行使。过去把拆迁的权力部分委托给了开发商，现在改称“搬迁”了，政府要把这个权力收回来。同样是征收，开发商跟政府毕竟还不一样。开发商有直接利益在其中，如果房子建不起来，他们要背负银行的利息，也有资金链的压力。虽然政府也有利益在其中，但除了贪官污吏，这种利益不像开发商那么直接。有些开发商为了利益什么都可能做得出来。所以《蜗居》中开发商的强拆砸死老太太，而作为官员的宋思明虽然也想强拆，但他还是不希望这样的事情发生。政府虽然有很多强制手段，但不能随便使用，要有法律授权；而开发商作为企业法人，则是法律不禁止的都可以做。古典法学家认为，因为人不是天使，所以需要政府；因为政府不是天使，所以需要法律。要用法律控制政府，用法律规定政府行为的程序，还要有司法审查，还要有纪检监察防腐反腐，使政府官员不敢干坏事、不能干坏事。

《新京报》记者：即便把“危旧房改造项目”列入“公共利益”范畴，但您也一直主张将危房与旧房分开，这是基于什么理由？

姜明安：我之所以要对危、旧房加以区分，不能把“危房”和“旧房”捆绑在一起，是因为危房改造有更多公共利益成分，而旧房改造其实房屋所有权人是可以自己作主的。危房可以列入公共利益范畴，旧房列入则很勉强。我认为，危房不能受“90%条款”的限制；而旧房要求有90%的被征收人同意还多少有些道理。但现在将二者捆绑在一起，可能政府主要是考虑更有利于征得多数人同意，有利于他们去说服一般的民众，有利于他们作出征收决定。

《新京报》记者：如果最终的《征补条例》仍保留这一条款，这是否与《物权法》的规定相悖呢？这个“公共利益”还能作为搬迁理由吗？

姜明安：《物权法》第42条虽然强调为了公共利益的需要才能依法征收

个人的房屋及其他不动产,但其中预留了一定的空间,没有对“公共利益”进行界定,没有规定任何标准。《征补条例(征求意见稿)》中这一条款的“公共利益”列举项,不能说违反了《物权法》,当然,不违反《物权法》是一回事,而把旧房改造纳入公共利益在事实上是否说得过去,则是另外一回事。我认为把旧房改造列入公共利益确实有些勉强。当然,就现在的国情而言,中国经济必须要发展,现在把旧房改造纳入公共利益也可能对地方经济发展有一定益处。但不管怎样,从长远的利益讲,从法治的角度讲,对此还是应予以限制,法律对此应加以较严格的规范。

《新京报》记者:这些年暴力拆迁事件为什么多发频发?当地的政府官员们为什么不制止暴力拆迁,他们是怎么想的?

姜明安:我认为,对于房屋拆迁这件事,官员们的情况各不相同,想法也会是不同的。有的官员确实想有所作为,有的官员想“进步”的步伐再快点、再大点,他们在任上要干几件“大事”,做出点“实绩”“政绩”,让上面看看、瞧瞧,他们是有能力、有魄力的。然而,地方财力有限,因此,他们只能依赖拆迁。有的官员则不太在乎政绩,他们眼睛向“下”,想为开发商所想,急为开发商所急,他们与开发商打成一片,吃由开发商请,玩由开发商安排,自己和家里人的花费都由开发商打点。他们强拆的积极性比前两种官员更高。

当然,大多数政府官员并不是这么想和这么说,他们可能更多地考虑发展和稳定:我们国家正处在发展的关键时期,城市化必须加快推进,发展必须保持一定速度。不然,我们的各种“民生”工程就无财力维持,失业率就会剧增,社会就会出现严重社会动荡。因此,他们虽然看到下面的拆迁有点过,暴力拆迁时有发生,也只能告诫下面不能太过分。但他们不能立即让房地产开发速度降下来。这些官员们,特别是那些真正想为人民办事,想把中国的事情办好的有责任心的官员们,之所以不能狠下决心立即阻止强制拆迁,确实有他们的难处,有他们的不得已。对此,必须加快推进改革,包括财政税收制度的改革,让地方官员有钱办事,给他们发展创造必要的条件。

"行政强拆"改"司法强拆",是重大进步吗?*

写作背景:2010 年 12 月 14 日,国务院法制办发布了《征补条例(第二次征求意见稿)》(以下简称《征补条例第二稿》),将《征补条例(第一次征求意见稿)》(以下简称《征补条例第一稿》)中的"行政强拆"改"司法强拆"。《征补条例第一稿》规定,被拆迁人如不能就其房屋征收补偿与政府达成协议,即由行政机关作出裁决,被拆迁人如未能在裁决确定的搬迁时间内搬迁,则由行政机关组织强制拆迁。而《征补条例第二稿》将强拆主体改为司法机关,即被拆迁人如未能在行政裁决确定的搬迁时间内搬迁,则由行政机关申请人民法院强制拆迁。对《征补条例第二稿》这一改变怎么看,大多数人认为这是一个重大进步。笔者同样认为这一改变是法治的进步,但这种进步应以强拆的裁执分离为前提。否则,不仅不能有效保护被拆迁人的合法权益,还可能损害司法的公信力。正是基于这种认识,笔者撰写了这篇评论发表于《经济参考报》。

《征补条例第二稿》最大的亮点是什么?人们几乎不约而同地认为,是"行政强拆"改"司法强拆"。今天,很多大报小报都以"行政强拆将取消"或"司法强拆将取代行政强拆"的大标题报道《征补条例第二稿》公开征求意见的新闻。

"行政强拆"改"司法强拆",果真是法治的重大进步吗?果真值得我们欢呼雀跃吗?

笔者认为,"行政强拆"改"司法强拆"确实是一种进步,但这种进步必须

* 该文原载 2011 年 5 月 10 日《经济参考报》第 8 版。

有相应制度的建立和完善为前提。否则,这种“进步”将以牺牲司法的公正、权威和最终摧毁人们对司法和法治的信仰为代价,而被征收人从这种“进步”中增加的权利保障却非常有限。

原《拆迁条例》规定的“行政强拆”被取消之所以是一种进步,是因为那种“行政强拆”确立的制度是:行政机关自己作出拆迁决定,自己对拆迁决定的争议进行裁决,自己对不履行裁决的当事人予以强制执行(强拆)。这种制度显然违反“自己不做自己法官”的正当法律程序,违反法治的最基本原则。取消和废除这种非正义的制度当然是进步。

但是,以“司法强拆”取代“行政强拆”就必然符合正当法律程序,符合法治的基本原则吗?就一定是法治的进步吗?笔者认为,不一定。如果没有其他相应制度的配合,可能不仅不是进步,还可能损害司法的公正、权威和最终摧毁人们对司法和法治的信仰。

首先,强拆涉及强拆裁决和强拆执行的问题。作出强拆裁决是一个司法行为,实施强拆是一个行政行为,或者说实质上是一个行政行为。“司法强拆”如果不以裁执分离制度为前提,统一由法院执行庭或行政庭实施,同样会导致滥权、侵权和腐败。较理想的方案应该是:法院裁决,行政机关组织实施,法院对实施行为予以监督,包括受理被征收人对违法实施行为的起诉。

其次,司法强拆比行政强拆公正是假定司法相对超脱、独立,不受地方行政和其他外力干预,从而能兼顾和平衡公共利益、建设单位利益、地方当局利益和被征收人的利益而得出的结论。但是我们在实行司法强拆后,如果仍不建立和完善司法相对独立的制度,司法仍受地方行政和其他外力干预,行政强拆发生的问题就可能同样在司法强拆中重演。因此,对于法院审理行政征收案件、征收补偿案件和作出是否强拆的裁决,地方当局都不得进行任何干预,不得指令法院强拆。

最后,司法强拆是否能对被征收人权益予以有力和有效保障是以司法对行政行为的严格审查为前提的,而这就要求法院在被征收人对行政征收决定或征收补偿决定不服提起诉讼后,认真严格对相应行政决定进行审查,并依法作出判决以后再实施强拆。如果我们仍然像过去一样,被征收人起诉后不停止强拆,只要政府一申请,法院就强拆。结果导致,被征收人的房屋被拆完半年一年以后,法院才就被征收人的起诉作出判决。在这种情况下,即使被征收人胜诉,权益也难于恢复了:旧房子早拆了,新高楼大厦早盖起来了。你不可能将新盖起的高楼大厦推倒,再恢复你的小平房或小四合院(即使是梁思成与林徽因的旧居)吧?这样,司法强拆还有多大优越性,只是被征收人对违法强拆由过去请求行政赔偿改为请求司法赔偿而已。因此,在新征收条例中,如果不确立起诉停止执行(紧急情况除外)制度,司法强拆仍然解决不了行政强拆中的问题:在没有"说法"(终局判决)之前,你硬要强拆,有些倔性格的被强拆人可能就会选择暴力对抗或自焚了,他(她)不会因为你是法院,不是行政机关就选择忍耐和配合。

由此可见,以"司法强拆"取代"行政强拆"必须要以建立和完善上述相应制度为条件、为前提。否则,这种转变对现行制度的改进有限,对被征收人权益保障的增进有限,对消除暴力拆迁、野蛮拆迁,避免强拆中暴力对抗和被征收人自伤、自焚、自杀悲剧的效果和作用有限。不仅正面作用有限,而且还可能使法院失去公信力和权威,使国民失去对司法的信任和信心,对中国法治的前景产生悲观情绪。

"行政强拆"改"司法强拆",是法治的进步,我们一定要使这种进步名副其实。

新征补条例确立的决策与强执制度应改进和完善*

写作背景：本篇短评是前一篇短评的继续。前一篇短评只评述了《征补条例第二稿》中有关“行政强拆”改“司法强拆”的问题；本篇短评则除了继续对有关“行政强拆”改“司法强拆”的问题作进一步深入分析外，同时对《征补条例第二稿》中另外两个被社会公众认为是具有“亮点”性质的问题进行评论：一是条例新稿确立了规范征收行为的三项重要基本原则（平衡原则、公平补偿原则、正当法律程序原则）；二是条例新稿引入了人大审议和监督政府征收行为的机制。

《征补条例第二稿》有三个主要亮点：其一，确立了规范征收行为的三项重要基本原则；其二，引入了人大审议和监督征收的机制；其三，取消了征收中的“行政强拆”而以“司法强拆”代之。

所谓“规范征收行为的三项重要基本原则”，是指《征补条例第二稿》的第1~3条及条例各项具体规定的内容所体现的三项原则：第一，平衡原则。即征收应坚持维护公共利益与保障被征收人合法权益的平衡，使之做到既有利于稳步推进工业化、城镇化的进程，又防止违法损害被征收人的合法权益，杜绝暴力拆迁、野蛮拆迁的现象。第二，公平补偿原则。即按市场价格补偿，保证被征收人所得补偿能在市场上买到区位、面积类似的住房，同时保障被征收人的生活水平不降低。第三，正当法律程序原则。即征收与补偿的实施，应做

* 该文原载2010年12月20日《法制日报》第1版。

到决策民主、程序正当，过程和结果公开、公正、公平。

所谓“征收引入人大审议和监督机制”，是指《征补条例第二稿》第8条第2款规定的“各项建设活动，应当符合国民经济和社会发展规划、土地利用总体规划、城乡规划和专项规划。保障性安居工程建设、旧城区改建，应当纳入市、县级人民政府国民经济和社会发展年度计划”。而上述规划和计划大多是要经过人大或人大常委会审议通过的。这样，征收和拆迁就间接地要接受人民代表机关的监督，从而对地方政府过度依赖“土地财政”推进地方经济发展和城市建设的冲动多少构成一定的制约。

所谓“以司法强拆取代行政强拆”，是指《征补条例第二稿》第25条规定的对拒不履行征收决定的被征收人，由作出征收决定的人民政府“依法申请人民法院强制执行”，废除和取消原《拆迁条例》第17条和《征补条例第一稿》第28条中关于亦可由“人民政府强制拆迁（搬迁）”的规定。“行政强拆”改“司法强拆”之所以是新征补条例的一大亮点，是因为“行政强拆”所确立的制度架构是：行政机关自己作出拆迁决定，自己对拆迁决定的争议进行裁决，自己对不履行裁决的当事人予以强制执行，违反了“自己不做自己法官”的正当法律程序，违反了法治的最基本原则。新征补条例取消和废除这种非正义的制度是特别值得肯定的。

作为第二次征求意见稿的新征补条例能有上述亮点自然难能可贵，社会公众和媒体大多对之予以正面评价。但是，在肯定这些亮点的同时，我们也不得不指出，新征补条例在征收决策和强制执行（强拆）制度的设计上尚有改进和完善的必要。

《征补条例第二稿》设计的征收决策制度与《征补条例第一稿》相比，间接地引进了人大的监督和制约，这显然是一大进步；但是新征补条例在进一步的同时却又退了一步，即取消了第一稿中关于被征收人直接参与危旧房改造决策的制度设计，即“一个90%”（征收决定必须获得90%以上被征收人的同意）和“两个三分之二”（补偿方案应征得2/3以上被征收人同意，补偿协议签约率达2/3以上方可生效）的制度。这个制度设计的“门槛”虽然有点高，但它却很好地反映了现代民主的发展趋势，即议会民主向参与民主（特别是利害关系人参与）发展的趋势，确实构成了对地方政府过度依赖“土地财政”推进地方经济发展和城市建设冲动的最有力的制约。新征补条例把这个制度取消了,条例立法目的实现的力度将会有所减损。当然,原设计的“门槛”过高,可以降低,如分别降到67%和50%,但是,不应该完全撤除“门槛”,让那些过分追求政绩和形象工程的官员大拆大建畅行无阻。

新征补条例设计的“司法强拆”取代“行政强拆”制度与第一稿规定的“行政强拆”与“司法强拆”并行的制度相比,确实是一种进步,但“司法强拆”制度必须有相应机制的建立和完善为前提。否则,该制度不仅不能实现预设目的,而且会以牺牲司法的公正、权威和最终损害人们对司法和法治的信仰为代价,被征收人从这种制度中获得的权益保障不仅不能增加,反而可能减少。

作为“司法强拆”制度前提的机制主要有三:其一,裁执分离制度。强拆涉及强拆裁决和强拆执行的问题。作出强拆裁决是一个司法行为,实施强拆是一个行政行为,或者说实质上是一个行政行为。“司法强拆”如果不以裁执分离制度为前提,统一由法院执行庭或行政庭实施,同样会导致滥权、侵权和腐败。合乎法治理念的方案应该是:法院裁决,行政机关组织实施,法院对实施行为予以监督:行政机关如超越法院裁决违法强拆,被征收人可向法院起诉寻求救济。如果法院自裁自执,其违法强拆,当事人到哪里告去?其二,司法独立裁决制度。司法强拆比行政强拆公正是以假定司法相对超脱、独立,不受地方行政和其他外力干预,从而能兼顾和平衡公共利益、建设单位利益、地方当局利益和被征收人的利益为前提的。但是我们的新征补条例如果不明确规定司法独立裁决的制度(对于行政机关申请强执的案件、被征收人起诉的不服征收决定和征收补偿的案件的审理、裁判,地方当局都不得进行任何干预,不得指令法院强拆),司法裁决如仍受地方行政和其他外力干预,行政强拆发生的问题就可能同样在司法强拆中重演。其三,起诉停止执行制度。司法强拆是否能对被征收人权益予以有力和有效保障是以司法对行政行为的严格审查为前提的,而这就要求法院在被征收人对行政征收决定或征收补偿决定不服提起诉讼后,认真严格对相应行政决定进行审查,并依法作出判决以后再实施强拆。如果我们的新征补条例仍不改变被征收人起诉后不停止强拆制度,只要政府一申请,法院就强拆。结果导致法院判决做出后,被征收人的房屋早拆了,新高楼大厦早盖起来了。这样,即使被征收人胜诉,权益也难以恢复了,因为你不可能将新盖起的高楼大厦推倒,再恢复你被拆除的小平房或小四合院。因此,在新征补条例中,应该确立起诉停止执行(紧急情况除外)制度，以避免起诉过程中强拆，迫使被强拆人作出暴力对抗的行为。

由此可见，《征补条例第二稿》确立的征收决策制度和司法强拆制度虽然相对于《征补条例第一稿》第一次征求意见时有重大进步，有很多亮点，但仍需改进和完善。我们希望立法部门在《征补条例》第二次征求意见后，再适当修改有关内容，使之能进一步反映和体现民意，能实实在在地解决目前拆迁中存在的诸多问题。

法治政府必须认真对待公民权利

——评《国有土地上房屋征收与补偿条例》*

写作背景:2011 年 1 月 21 日,《征补条例》经国务院第 141 次常务会议审议通过并公布。这对于当时正面临拆迁和将面临拆迁的广大被拆迁人来说,是他们盼望已久的一件大事、喜事。此前他们从各种渠道听到,甚至亲眼看到太多的暴力拆迁、野蛮拆迁的故事,他们怕这种血拆的故事在他们自己或亲人的身上重演,而一直盼望着“拆迁新法”早日出台,盼望这部“拆迁新法”能扼制暴力拆迁、野蛮拆迁,阻止血拆发生在他们自己或亲人身上。

现在,“拆迁新法”终于出台和正式发布实施了。但新法真的能如他们所愿,消灭或减少暴力拆迁、野蛮拆迁,给予他们充分的财产权保障和人身权安全吗?一些人对此似乎没有完全的信心,有人认为新法相对于旧法和《征补条例(征求意见稿)》虽有进步,但进步不大,或者说,在某些方面(如补偿方面)进步较大,但在其他方面却进步有限。立法征求意见时公众特别希望的限制征收、限制强拆的设想和建议没有在新法中得到完满体现。当时很多人建议将大量商业开发用地和其他可不采用征收而可通过市场交易的建设项目用地(即使是涉及公共利益的用地,亦非全部必须采用征收)排除在征收范围之外,公众的这些意见并未完全反映在新法中,从而很难使违法拆迁、暴力拆迁的局面在今后有大的改观。

此外,这部新法仅限于对国有土地上房屋征收行为的规范,但大量的征收、拆迁行为在当时已不完全是发生在国有土地上,而是发生在集体土地

---

* 该文原载《苏州大学学报(哲学社会科学版)》2011 年第 1 期。

上,如果不修改《土地管理法》和改革目前的财政税收制度,不扼制住地方政府通过“土地财政”获取巨大土地出让收益而填补地方经济社会发展所需经费的财政缺口的欲望,新法即使制定得再好,也不可能得到有效实施,从而也不可能解决目前因征收、拆迁引发的大量社会矛盾和纠纷。有人甚至认为,“拆迁新法”现在这个样子出台,似乎意义不大,甚至还不如不出。如果不出,现在的地方政府官员和开发商搞暴力拆迁、野蛮拆迁,也许还有一种负罪感,因为他们拆迁所依据的“拆迁旧法”(《拆迁条例》)违宪违法已经是尽人皆知的事实。如果出了这样的“拆迁新法”,他们就会连这种负罪感也没有了:拆迁计划已通过了人大,新法已赋予拆迁以“公共利益”的光环,他们还有什么可不好意思大胆放心地拆迁呢?

但是,笔者认为,这些想法和说法并不准确,人们对“拆迁新法”完全不必这么悲观。《征补条例》虽不能完全如人们所预期的那样给予被拆迁人财产权和人身权以充分的保障,但肯定要优于《拆迁条例》很多。目前的《征补条例》虽有不完善处,但应该说有很多亮点,其中最大的亮点是与《拆迁条例》比较,其对待公民权利的态度有了根本的变化。故笔者撰写和发表了这篇文章。

一个政府是不是法治政府,其最重要的区分标志是看它是否认真对待和尊重公民的权利。《认真对待权利》的作者德沃金说:“如果政府不给予法律获得尊重的权利,它就不能够重建人们对于法律的尊重。如果政府忽视法律同野蛮命令的区别,它也不能够重建人们对于法律的尊重。如果政府不认真地对待权利,那么它也不能够认真地对待法律。”2009 年 12 月 7 日,我们北大五教授之所以向全国人大常委会提出审查和撤销国务院 1991 年发布、2001 年修订的《拆迁条例》的建议,就是因为该条例没有认真对待公民的权利,轻忽、轻视、轻慢作为被拆迁人的公民的权利,违反宪法和法律,导致政府行为严重偏离了法治政府的轨道。

笔者认为,作为抽象行政行为或行政立法,无论是位阶较低的政府规范性文件或政府规章,还是位阶较高的行政法规,如《拆迁条例》,如果轻忽、轻视、轻慢公民权利,违宪、违法,就是“野蛮的命令”。这种野蛮的命令必须废除或撤销,否则,即不可能建立起人们对法律的尊重,法治政府、法治国家建设的目标和任务就不能完成。

很幸运的是,在我们提出审查和撤销《拆迁条例》的建议后,全国人大常委会法工委和国务院法制办对之予以了足够的重视,有关部门在与我们交换意见后,迅疾加快了《拆迁条例》废旧立新的步伐。需要说明的是,我们的建议只是加快,而不是启动《拆迁条例》的废旧立新的进程。实际上,《拆迁条例》废旧立新的进程早在我们建议之前的 2007 年,即《物权法》通过之后就已经开始了。2010 年 1 月 29 日,在我们的建议提出后不到 2 个月,国务院法制办即推出了《征补条例(征求意见稿)》。不过,在征求意见稿发布后 10 个多月的时间里,《拆迁条例》废旧立新的进程却慢了下来,据说是遇到了一些阻力,以至于有些媒体猜测,《征补条例》已"胎死腹中"。在此情形下,我们五教授所在的北京大学宪法与行政法研究中心与蔡定剑教授(2010 年病逝)主持的中国政法大学宪政研究所合作,于 2010 年 10 月 26 日至 27 日在北京香山联合举办了促进《拆迁条例》废旧立新的国际研讨会,试图通过舆论推进立法进程。在我们大家和各方面的努力之下,在广大公民特别是广大被拆迁人,以各种方式为自己的权利进行抗争和力争下,在众多学者、媒体的不断呼吁下,以及在政府有关立法部门的努力工作(数易其稿)下,各种群体的人们通过各种途径、各种形式的博弈,国务院法制办终于在 2010 年 12 月 15 日推出了《征补条例》的第二次征求意见稿,并在意见征求结束后,根据公众提出的 37898 条意见对《征补条例》第二次征求意见稿再次进行修改后,于 2011 年 1 月 19 日提交国务院常务会议原则通过,2011 年 1 月 21 日国务院正式发布,从而最后完成了《拆迁条例》废旧立新的整个过程。

《征补条例》与《拆迁条例》比较,其对公民权利和宪法、法律的态度,有五大重要变化:

其一,确立了《宪法》、《土地管理法》、《城市房地产管理法》和《物权法》均规定的征收、拆迁必须以"公共利益"为前提条件的基本原则。《拆迁条例》之违宪、违法,首先即在于它规避了征收、拆迁的"公共利益"前提:开发商进行任何商业性的建设活动,都可以从政府那里获得拆迁许可,无须公民同意而可拆迁其房屋。在这种"野蛮命令"下,公民何以安生?其权利何以保障?因此,《征补条例》重新确立"公共利益"的前提条件,说明政府对公民权利开始有了新的认识,开始对公民权利有了较多敬畏和重视,而不再只是敬畏和重视 GDP。

其二，确立了房屋征收应当先补偿、后搬迁，以及依市场价格补偿的法治国家的普适性原则。《拆迁条例》之所以引发许多血拆的悲惨事件，重要原因之一即其无视公民财产权，导致拆迁不及时补偿，补偿标准过低：被拆迁人房屋被拆后，补偿款买不起新房，原依靠房屋出租或其他经营的被拆迁人后半生生活无着落，无保障，等等。《征补条例》在提高补偿标准、完善补偿机制上下了较大功夫，取得较大进展，这一进步显然是多年来许多被拆迁人用多种方式，甚至用生命维权和争取权利的结果。

其三，确立了征收的公众参与和公开透明的正当法律程序。正当法律程序是公民权利的保障，甚至是公民权利本身。因为“公共利益”和“公正补偿”都是不确定用语，谁来判定和怎样判定“公共利益”和“公正补偿”可能比如何界定“公共利益”和“公正补偿”更重要，更有意义。《拆迁条例》之所以导致无数滥权、侵权事件，很重要的原因就是没有确立公众，特别是被拆迁人对拆迁决定和补偿决定的参与程序和拆迁决策、过程、结果的公开程序，甚至赋予开发商以拆迁主体的地位，赋予政府主管部门以决定、裁决和裁决执行的三重主体地位。现在，《征补条例》规定了征收应入规划，规划应广泛征求社会公众意见，征收补偿应公布，旧城区改建如为多数被征收人异议则要举行听证会等程序，这些规定无疑体现了对公民实体权利和程序权利的双重尊重。

其四，确立了对“五断”（断水、断热、断气、断电、断路）等野蛮拆迁、暴力拆迁行为的禁令和法律责任。《拆迁条例》虽然没有授权拆迁者可以在拆迁中实施“五断”，但其确立的整个拆迁制度必然导致“五断”。因此，《征补条例》不是简单地发布禁令，而是从制度设计入手，赋予被征收人相应权利，改善被征收人的补偿安置待遇，取消开发商拆迁主体资格，以及规定“五断”等野蛮拆迁、暴力拆迁行为的严格法律责任。从而从源头和结果两个方面防止野蛮拆迁、暴力拆迁行为的发生。

其五，确立了对被征收人较充分、较有效的救济途径。《拆迁条例》对被拆迁人规定的救济途径是很不充分的：被拆迁人对自己的房屋征收、拆迁、强拆不能表示异议和申请行政复议、提起行政诉讼，而只能对拆迁补偿多少表示异议和申请救济。而《征补条例》在救济方面则向前走了一大步：被征收人不仅对补偿决定不服，可以申请行政复议和提起行政诉讼，而且对征收决定不服，也可以申请行政复议和提起行政诉讼。这种救济机制使公民的权利有了更切实的保障,从而使公民权利更为真实,因为没有救济的权利不是真正的权利。

《征补条例》相较于《拆迁条例》,在对待公民权利方面自然不限于上述五大进步。但是,即使只有上述五大进步,亦属不易。当然,《征收条例》在维护和保障公民权利方面亦有不足,如没有规定比例原则,即对可通过其他方式(如自愿协商的市场交易)实现公共利益目的的,尽量不采用征收方式;对因旧城区改建所作出征收决定没有规定被征收人的参与程序(如经 2/3 或半数以上被征收人同意);对强制搬迁没有规定裁决与执行分离制度;对被征收人申请行政复议和提起行政诉讼,没有规定复议和诉讼期间原则上停止执行强制搬迁决定的制度,等等。因此,对于《征补条例》,虽然我们付出了这么多的努力,许多被拆迁人付出了那么大的代价,现在终于有了这么多进步,但大家仍不可过于乐观,其实施还有待于广大执法者的智慧,尽量用条例所长(规定得好的那些制度),避条例所短(规定得不足和有缺陷的那些制度),而不是相反。

推进依法行政，弘扬社会主义法治精神*

写作背景：2011 年 3 月 28 日下午，中共中央政治局就推进依法行政和弘扬社会主义法治精神进行第二十七次集体学习。中共中央总书记胡锦涛在主持学习时强调，全面推进依法行政，弘扬社会主义法治精神，是坚持立党为公、执政为民的必然要求，是推动科学发展、促进社会和谐的必然要求。此前，国务院法制办曾组织"依法行政，弘扬社会主义法治精神"课题组对依法行政相关问题进行专题研究。这些问题主要包括：各级政府部门在推进依法行政过程中还存在哪些困难；如何应对困难、迎接挑战；如何克服部分党政机关过分追求 GDP 增长政绩、过分依赖"土地财政"，以及行政程序法制缺失、腐败现象易发多发、暴力执法时有发生等问题。《法制日报》记者任雪就这些问题对笔者进行专访，讨论这些问题发生的原因和解决这些问题的对策。

记者：姜教授，"依法行政"原则是什么时候提出来的？其主要内容和基本要求是什么？

姜明安：20 世纪 80 年代以前，中国行政管理基本是以人治为主，行政机关及其工作人员主要是依政策办事，依领导人的指示、命令办事。至 80 年代前期，这种情况开始改变。1984 年，时任全国人大常委会委员长彭真同志提出，国家管理"要从依靠政策办事逐步过渡到不仅依靠政策，还要建立、健全法制，依法办事"。1989 年，中国法学会行政法学研究会原会长罗豪才教授主编的高等学校法学教材《行政法学》提出了行政合法性原则，即依法行政原

* 该访谈原载 2011 年 4 月 6 日《法制日报》第 4 版，发表时题为《姜明安：推进依法行政须除五道"坎"》。

则,并将该原则分解为四项具体要求:(1)任何行政职权必须基于法律的授予才能存在;(2)任何行政职权的行使都应依据法律、遵守法律;(3)任何行政职权的委托及其运用都必须有法律依据,符合法律要旨;(4)任何违反上述要求的行政活动非经立法机关事后认许,均应宣告无效。1993 年,时任国务院总理李鹏所作的《政府工作报告》正式以政府文件的形式确定了依法行政原则:"各级政府都要依法行政,严格依法办事。"1996 年,第八届全国人大第四次会议通过的《关于国家经济和社会发展"九五"计划和 2010 年远景目标纲要及关于〈纲要〉报告的决议》更进一步将依法行政、依法治国,建立法治国家作为国家的治国方针。该决议指出:"要坚持和实行依法治国,积极推进社会主义法制建设的进程,加强立法,严格执法,不断提高广大干部和群众的法律意识和法制观念,努力建设社会主义法制国家。"之后,国务院于 1999 年发布《关于全面推进依法行政的决定》,号召各级政府严格依法办事,全面推进依法行政。2004 年,国务院又在全面总结改革开放以来依法行政经验的基础上,颁布了《全面推进依法行政实施纲要》,系统规划了我国全面推进依法行政的实施蓝图,提出要"经过十年左右坚持不懈的努力,基本实现建设法治政府的目标"。

《全面推进依法行政实施纲要》对依法行政的主要内容和基本要求进行了高度的科学概括,主要有以下六项,即合法行政、合理行政、程序正当、高效便民、诚实守信、权责统一。2010 年 11 月,国务院发布《关于加强法治政府建设的意见》,进一步提出了依法行政,建设法治政府的八项具体要求:提高行政机关工作人员特别是领导干部依法行政的意识和能力;加强和改进制度建设;坚持依法科学民主决策;严格规范公正文明执法;全面推进政务公开;强化行政监督和问责;依法化解社会矛盾纠纷;健全推进依法行政的领导体制和机制。

记者:请问目前我国依法行政的现状如何?取得了哪些进展?还存在哪些问题?

姜明安:自 20 世纪 80 年代末 90 年代初我国正式提出依法行政的法治政府建设方略和 1999 年《宪法》正式确立依法治国,建设法治国家的治国方略以来,我国在行政立法(广义的行政立法)、执法、法制监督诸方面均取得了重大成就。

就行政立法而言，我国行政法的法律体系虽仍有较多缺陷，但整体框架已初步形成。在行政组织法方面，我们已制定了《国务院组织法》、《地方各级人民代表大会和地方各级人民政府组织法》和《公务员法》三部支柱性法律；在行政行为法方面，我们已制定了《行政处罚法》、《行政许可法》和《行政强制法》(该法已三审，即将出台)三部支柱性法律和《行政法规制定程序条例》《规章制定程序条例》《政府信息公开条例》三项基干性行政法规，以及成百上千部规范公安、民政、工商、质监、环境和食品药品安全等行政管理的部门性法律、法规；在行政监督、行政救济和行政责任法方面，我们已制定了《行政诉讼法》、《行政复议法》、《国家赔偿法》、《监督法》和《行政监察法》五部支柱性法律。行政立法目前最大的缺陷是作为行政法体系核心的基础性法典，即行政程序法尚未制定，这是我国今后行政立法的最大任务。

就行政执法而言，我国目前已推出了行政管理公众参与、政府信息公开、行政听证、相对集中行政处罚权、相对集中行政许可权等联合执法、综合执法、突发事件应对、行政决策科学论证和风险评估等一系列体现现代行政法治精神和原则的制度、机制。行政执法目前存在的主要问题是行政法的公开、公正、公平原则尚未在行政管理的实践中完全落实，在一些地方和部门，法治尚未完全取代人治。

就行政法制监督而言，目前我国各级政府及其工作部门已相继建立了行政监察、督察、执法监督和问责制度。行政机关及其工作人员违法或不当行使职权，滥用权力和侵犯行政相对人权益，大多都能得到及时监督和严肃处理，基本能做到“有权必有责、用权受监督、违法受追究、侵权须赔偿”的行政法治要求。行政法制监督目前存在的主要问题是体制内的监督与体制外的监督未能有机结合，社会舆论监督，特别是媒体和网络监督尚不规范，没有与问责制度很好地衔接，从而没有能发挥最有效的作用。

记者：我们在实际采访中了解到，地方上尤其是市县乡镇的依法行政状况并不乐观。一些政府部门和政府工作人员滥用职权、违法行政，甚至暴力执法、野蛮执法，导致官民矛盾加剧，甚至引发群体性事件。您对这些问题怎么看？您认为产生这些问题的主要原因是什么？

姜明安：这次中央政治局集体学习之所以选择“依法行政，弘扬社会主义法治精神”这一课题是有一定针对性(针对当前依法行政存在的各种问题)和时代背景的。当前,我国经济社会发展正处于新的转型阶段,国内外环境较前更为复杂,社会矛盾增加。全国各地在依法行政和官民关系方面出现不少问题,产生这些问题的主要原因有五:其一,部分行政机关工作人员特别是某些领导干部依法行政意识淡薄,没有以以人为本的科学发展观取代单纯追求GDP增长的政绩观。一些领导干部为了"政绩",不惜侵犯老百姓的权益而大搞形象工程。其二,一些地方、一些部门、一些领域腐败现象多发易发,少数公职人员滥用权力,执法不公,行政不作为、乱作为,导致人民群众不满情绪增加。其三,许多新组建的行政执法队伍,如城管、文化、卫生、工商等,没能严把招聘录用人员进入关,进人后又没有对其进行系统的法制培训,导致部分执法人员法律素质低,不可避免地产生违法执法、暴力执法、野蛮执法的现象。其四,财政体制改革不到位,中央地方税收分配不合理,导致一些地方过分依赖"土地财政",无节制地违法征收农民土地和拆迁市民房屋,引发大量的悲剧性事件。其五,缺少保障公开、公正、公平的统一行政程序法,不能从制度上和源头上扼制住违法行政和腐败及滥用权力的现象。另外,监督和问责制度不完善也是上述问题产生和难以遏制的重要原因。

记者:加快推进依法行政是十二五规划顺利完成的法制保障,您认为依法行政如何才能更有效地推进?如何建立依法行政的长效机制?

姜明安:胡锦涛同志在今年3月28日中共中央政治局组织的第二十七次集体学习时提出了四个"要更加注重"。我认为,这四个"要更加注重"是有效推进依法行政和建立依法行政长效机制的根本性措施。这四个"要更加注重"分别是:第一,要更加注重制度建设。所谓"制度建设",既包括进一步完善推进行政管理民主化、科学化、规范化的各项立法,特别是行政程序立法;也包括健全保障法律执行、运作、实施的各种具体制度,如保障行政公开、公正、公平的各种制度。第二,要更加注重行政执法和推进政府管理方式创新。在这方面,加强行政决策程序建设和推进政府职能转变有特别重要的意义。第三,要更加注重行政监督和问责。监督和问责是依法行政的重要保障,为此,必须进一步强化政务公开,保障人民群众批评政府、监督政府权力的落实。第四,要更加注重依法化解社会矛盾纠纷,维护社会和谐稳定。依法化解社会矛盾纠纷,维护社会和谐稳定既是依法行政的目标和要求,也是依法行政的保障。为此,应建立多元化的解决社会矛盾、争议、纠纷的机制,包括健全、完善调解、信访、行政裁决、行政复议、行政诉讼等各项相关制度。

除了上述四个“要更加注重”,笔者认为,要有效推进依法行政和建立依法行政长效机制,还有一个更关键的措施就是要高度重视对公职人员特别是领导干部依法行政意识与能力的培养。国务院去年发布的《关于加强法治政府建设的意见》提出,领导干部要自觉养成依法办事的习惯,切实提高运用法治思维和法律手段解决问题的能力。这里提出的“法治习惯”、“法治思维”和“法律手段”非常重要。我们的领导干部,如果在今后 5 到 10 年的时间内,经过学习和培训,绝大多数都能由“人治习惯”、“人治思维”和运用人治手段解决问题转变为“法治习惯”、“法治思维”和运用法治手段解决问题,那我们建设法治政府的目标和任务的实现就大有希望。

根治"违拆"还要靠民主监督*

写作背景:国务院《征补条例》出台后,"行政强拆"改为"司法强拆",严禁违法拆迁、暴力拆迁,并规定了违法拆迁、暴力拆迁的多种法律责任,包括行政处分、治安管理处罚乃至刑事责任等,"违拆"问题有了较大改观;但是,问题尚未完全解决。对此,国土部再次发文,要求各地全面自查自纠"违拆",对不自纠而继续实施"违拆"行为的,要立即予以制止,进行整改,直至"依法依规严肃查处";国办亦再发文,要求立即在全国开展征地拆迁制度落实情况专项检查,确保不再发生暴力拆迁事件,并拟于2011年6月下旬由国土部等六部门对暴力拆迁予以督察检查。

解决和根治"违拆"问题是一个系统工程。为此,笔者在本篇短评中提出应进行综合治理,尤其要加强民主制度建设,认为民主是治理"违拆"的治本之策。

怎么治理"违拆",近年来中央和各级政府想了很多办法,出台了很多对策,但是问题没有完全解决。仅就治"违拆"("违拆"是相对于"违建"和"拆违"而言。"违建"指违法建筑,"拆违"指拆除违法建筑,"违拆"则指违法拆迁,不仅包括违法拆"违建",也包括违法拆合法建筑,如暴力强拆、野蛮强拆等)一事而言,中办、国办、住建部、国土部均发了多份文件,三令五申禁止违拆。今年(2011年)1月21日国务院更是出台《征补条例》,改行政强拆为司法强拆,严禁违拆,并规定了违拆的多种法律责任,包括行政处分、治安管理处

* 该文原载2011年5月21日《新京报》B04版。

罚乃至刑事责任等。但是《征补条例》出台 4 个月以后,“违拆”问题并没有完全解决。对此,国土部于近日再次发文,要求各地全面自查自纠“违拆”问题;国办亦发文要求立即在全国开展征地拆迁制度落实情况专项检查,确保不再发生暴力拆迁事件,6 月下旬国土部等六部门将对暴力拆迁予以督察检查。

“违拆”的问题实在太严重,影响太大了,它涉及人权问题,涉及人民对政府的信任问题,涉及人民对政府执政能力的认可问题。我们必须对之予以足够的重视,党和政府必须像重视 GDP 一样重视解决“违拆”问题,像重视治理食品安全问题、房价问题、交通拥堵问题一样重视治理“违拆”问题。

“违拆”问题如何治理?人们已经提出各种各样的对策建议。有主张加强科学发展观教育的,有主张修改政绩考核指标实行“违拆”一票否决制的,有主张加大反腐力度严查政府官员与开发商勾结“违拆”的,有主张制定不动产征收法和修改《土地管理法》进一步规范征收、搬迁和补偿行为的;等等。前两天,殷国安先生在《检察日报》上发文,认为“刹住强征强拆迫切需要‘立木为信’”。他提出,治理“违拆”关键不在发文,发再多文件也无法制止强征强拆。他主张学商鞅的“立木为信”,找几个“违拆”典型,严肃“亮剑”。

上述治理“违拆”的对策建议无疑都值得决策者认真考虑。因为治理“违拆”是一个系统性工程,必须“打组合拳”,必须“综治”,从而上述各种治理措施对于治理“违拆”都有其积极价值。不过,笔者认为,要治理“违拆”,首先要弄清“违拆”的根本原因是什么:“违拆”为什么会产生?为什么会禁而不止?为什么能畅行无阻?只有把这其中的逻辑弄明白了,方能找到和确定治理“违拆”的治本之策。

笔者认为,导致“违拆”和能够使“违拆”畅行无阻的根本原因是我们在推进经济社会发展的进程中,民主监督少了一点。有的地方政府,在对待经济发展和民主监督两手方面,存在一手硬,一手软的问题。试想,如果我们的决策过程能多一些民主,各种建设项目尽可能经过公民充分讨论,坚持多数老百姓不同意建的项目不立项,那许多大拆大建的项目还可能通过和施行吗?如果我们在土地和房屋征收、拆迁过程中多一些民主监督,征收、搬迁、补偿的规划、计划、方案(特别是旧城区改建和像贵州茅台镇“酒文化一条街”之类的建设规划)都经过公民充分讨论和相应票决,被搬迁人还会对搬迁有那么大的抵触情绪,从而必须启动那么多强拆吗?如果我们的干部选拔、晋升过程多一些民主监督,多听取人民群众的意见,那些政绩欲太强的人还敢完全无视人民的意愿随意启动大拆大建的项目和在征收、搬迁中遇到阻力就随意启动强拆程序吗？如果我们的人代会制度运作过程中多一些民主监督,能随时针对那些只讲经济发展,不讲法治,只重政绩,不重视人权保障的官员发起质询和罢免程序,官员们还敢将其所管辖地域视为实现自己改天换地抱负的私人“实验田”而任意规划、建设,而置人民的意愿、幸福于不顾吗？如果上述的“如果”不是“如果”,真正在推进经济社会发展的进程中多一些实实在在的民主监督,虽然不敢说“违拆”会完全绝迹,但笔者坚信“违拆”会大大减少,“违拆”的势头会得到有效遏制。

当然,笔者说在推进经济社会发展的进程中同时推进民主监督是治理“违拆”的治本之策,并不是说民主监督是治理“违拆”的唯一对策和措施。前已述及,治理“违拆”是一个系统性工程,必须“打组合拳”,必须“综治”。笔者认为,治理“违拆”的综合措施除了前面已提到的诸项,还有必要推进对现行集体土地制度、国家财政税收分配制度和行政强制执行制度的改革,以平衡和协调各种利益关系,化解因制度不公而可能引发的各种社会矛盾,消除产生和形成“违拆”的相应社会因素和制度基础。

关于现行集体土地制度,就治理“违拆”的角度而言,主要应考虑以下三项改革:其一,明确集体土地所有权的主体,保证集体经济组织的每个成员都能参与对土地所有权的行使,防止目前一些地方村委会主任和若干村委会成员不经村民讨论同意就任意处置集体土地。其二,对集体土地和集体土地上的房屋征收制度进行重大改革,构建建设用地流通市场。即修改《土地管理法》第 43 条,明确农村土地转化成建设用地可以有两个途径:一是通过征收转化,这一途径仅用于公共利益;二是通过市场交易,这一途径主要用于商业利益,但也可用于公共利益。这就是说,建设用地开发商今后不但可以从政府那里买地(政府有偿出让国有土地使用权),也可以从拥有土地所有权的农民集体那里买地(农村集体建设用地的市场交易)。政府为公共利益用地,既可以通过市场交易向农民集体经济组织购买,在无法与农民集体经济组织达成购买协议的情况下,也可以通过征收,即强制购买取得。其三,提高对集体土地和集体土地上的房屋征收的补偿标准。按照《土地管理法》第 47 条的规定,集体土地和集体土地上的房屋征收的每亩土地的补偿标准仅 10 万元左右，而城市房屋（实际是房屋下面的土地使用权）每平方米的补偿标准通常达几千元，大城市甚至达上万元。因此，要解决郊区和城乡接合部的农民抵制征收的老大难问题，必须参照《征补条例》，较大幅度地提高对集体土地和集体土地上的房屋征收的补偿标准。

关于国家财政税收分配制度的改革，就治理“违拆”的角度而言，应考虑对中央和地方税收的比例进行适当调整，将目前部分国税转化为地税。多年来，许多地方推行“土地财政”，大拆大建，虽有各种原因，如不正确的政绩观驱使等，但其中一个重要原因无疑是地方税收少，而地方政府要办的事（如社会保险、义务教育、医疗改革、道路交通、公用事业以及其他各种基础设施建设）太多。办事没有钱怎么办？于是在土地炒作上作文章，因为土地来钱最快，且一本万利。因此，要让地方少炒地，少“违拆”，就必须适当给他们开辟一些新的来钱的渠道，如增加税源。可以考虑将目前正在一些地方试行的房产税和今后可能开征的土地交易税（将目前的土地出让费部分转化成税，农民将进行建设用地交易的收入的一部分通过税收上缴地方财政）划归地方。

关于行政强制执行制度的改革，《征补条例》设计的制度是以“司法强拆”取代“行政强拆”。但“司法强拆”制度的实行必须解决制度的前提机制，如裁执分离、起诉停止执行等。司法强拆是否能对被征收人权益予以有力和有效保障是以司法对行政行为的严格审查为前提的，而这就要求法院在被征收人对行政征收决定或征收补偿决定不服提起诉讼后，认真严格对相应行政决定进行审查，并依法作出判决后再实施强拆。绝不能只要政府一申请，法院就强拆。因此，笔者建议，应在目前正在人大审议修改中的《行政强制法》（四审稿）中，确立起诉停止执行（紧急情况除外）制度，以避免起诉过程中强拆，迫使被强拆人作出暴力对抗的选择。

就《行政强制法》的若干问题答新华社记者问*

写作背景:2011 年 5 月下旬,《行政强制法(草案)》自 2005 年至 2011 年经全国人大常委会四次审议后,进入最后审议通过阶段。因为该法涉及千千万万公民、法人和其他组织的切身权益,受到社会的广泛关注,在全国人大常委会审议前和审议过程中,人们对该法的最后审议稿提出了各种各样的问题。新华社记者收集并挑选了若干问题,对笔者进行了这次专访。

记者:姜教授,请您首先为我们简单回顾梳理一下《行政强制法》的立法过程。

姜明安:《行政强制法》的立法过程经历了 23 年,大致包括八个阶段:

第一阶段:1988 年,国务院启动《行政强制执行条例》以及《行政复议条例》、《行政处罚条例》的起草,拟制定这三个条例作为《行政诉讼法》的主要配套条例,以保证《行政诉讼法》通过后能顺利和有效实施。

第二阶段:1996 年,行政立法研究组在《行政处罚法》通过后启动《行政强制法》和《行政许可法》的立法研究及试拟稿的起草,拟作为完善我国行政行为和行政程序法体系的三项主要法律,实现各级国家行政机关依法行政基本有法可依。

第三阶段:1999 年,全国人大常委会法工委启动《行政强制法》的起草,

* 该访谈是笔者 2011 年 5 月 25 日接受新华社记者采访整理稿,参见《中国立法十二载　规范行政强制维护百姓合法权益》,载中国新闻网,https://www.chinanews.com/fz/2011/06-29/3143995.shtml。

《行政强制法》进入正式立法程序。

第四阶段:2005 年,第十届全国人大常委会第十九次会议对《行政强制法(草案)》进行一审,重点研究行政强制法的体系框架和基本原则问题。

第五阶段:2007 年,第十届全国人大常委会第三十次会议对《行政强制法(草案)》进行二审,重点研究行政强制的设定权配置和完善程序制约问题。

第六阶段:2009 年,第十一届全国人大常委会第十次会议对《行政强制法(草案)》进行三审,重点研究行政强制措施和行政强制执行的种类以及行政强制实施的程序问题。

第七阶段:2011 年,第十一届全国人大常委会第二十次会议对《行政强制法(草案)》进行四审。

第八阶段:2011 年,第十一届全国人大常委会第二十一次会议对《行政强制法(草案)》进行五审,并最终通过该法。

记者:请您举例说明,在整个立法过程中,《行政强制法(草案)》有哪些您印象深刻的重要修改?您对此如何评价?

姜明安:关于《行政强制法(草案)》(三审稿)的修改,我曾撰文《行政强制法立法若干争议问题之我见》,发表于《法学家》2010 年第 6 期,《新华文摘》2010 年第 17 期进行了全文转载。

关于《行政强制法(草案)》(四审稿)的修改,我曾接受记者采访谈及下述观点:

其一,《行政强制法(草案)》(四审稿)第 10 条关于"属于国务院行政管理职权事项,或者尚未制定法律的,行政法规可以设定除本法第九条第一项、第四项以外的行政强制措施"以及"尚未制定法律、行政法规,或者属于地方性事务的,地方性法规可以设定本法第九条第二项、第三项的行政强制措施"的规定,我一直建议将"或者"改为"且"。由"或者"改为"且"非常必要。因为"或者"意味着两个条件具备一个即可,而只具备其中一个条件,即授权行政法规和地方性法规设定行政强制措施涉及违宪。

因为,第一,如某一事项虽属"国务院行政管理职权事项""地方性事务",但已制定了法律,法律没有规定行政强制措施,再允许行政法规、地方性法规规定行政强制措施,就等于允许行政法规与法律不一致,允许地方性法规与法律相抵触。第二,如某一事项虽尚未制定法律,但不属"国务院行政管理职权事项""地方性事务",若允许行政法规、地方性法规规定行政强制措施,就等于允许国务院和地方人大、地方人大常委会超越权限行事。

其二,《行政强制法(草案)》(四审稿)第11条第2款关于"法律中未设定行政强制措施的,行政法规、地方性法规不得设定行政强制措施。但是,法律规定特定事项由行政法规规定具体管理的,行政法规可以设定除本法第九条第一项、第四项以外的行政强制措施。法律、法规以外的其他规范性文件不得设定行政强制措施"的规定。①

我认为,该条款但书后面应修改为:"法律规定特定事项由行政法规规定具体管理的,可以授权行政法规设定除本法第九条第一项、第四项以外的行政强制措施。"因为,法律规定的特定事项由行政法规规定具体管理,不一定必须授予行政法规设定行政强制措施的自由裁量权,行政强制措施严重影响行政相对人权益,大多数具体管理不一定需要行政强制措施保障,如某一具体管理必须以行政强制措施保障,则应由相应法律另行单独授权。

其三,《行政强制法(草案)》(四审稿)第44条(三审稿第51条)规定,"对违法的建筑物、构筑物、设施等需要强制拆除的,应当由行政机关予以公告,限期当事人自行拆除;当事人逾期不拆除的,行政机关可以依法强制拆除"。② 我建议,在"限期当事人自行拆除"后,应加一段,即"当事人对限期拆除公告有异议的,可以申请行政复议或提起行政诉讼。复议、诉讼期间,除公共利益紧急需要外,暂停公告的实施。公告期满后,当事人既不自行拆除,又不申请行政复议或提起行政诉讼的,行政机关可以依法强制拆除"。因为:第一,行政机关对违法的建筑物、构筑物、设施的认定可能有误;第二,即使行政机关对违法的建筑物、构筑物、设施的认定正确,相应违法建筑物、构筑物、设施也不一定需要拆除,而可能有其他处置方法,因此,应该给行政相对人一个提出异议和寻求救济的机会。

其四,《行政强制法(草案)》(四审稿)第5条规定,"行政强制的设定和实施,应当适当。采用非强制手段可以。达到行政管理目的的,不得设定和实

---

① 仿宋体为三审稿新增规定。

② 三审稿规定的是,"当事人逾期不拆除的,除法律另有规定外,由行政机关依法申请人民法院强制拆除"。

施行政强制”。这一规定体现的是比例原则的精神。我认为,对比例原则应全面规定。现在只规定了一半,即“行政强制的设定和实施,应当适当。采用非强制手段可以达到行政管理目的的,不得设定和实施行政强制”。故本条应增加另一半,即“采用对当事人损害较小的强制手段可以达到行政管理目的的,不得设定和实施对当事人损害较重的行政强制”。

记者:您认为目前的草案有何亮点?

姜明安:我认为目前的草案主要亮点有四:其一,确定了行政强制的三项重要原则:(1)法定原则(见四审稿第4条);(2)比例原则(见四审稿第5条);(3)平衡原则(见整个条文的内容,包括行政权力与相对人权利的平衡、公共利益与相对人个人利益的平衡、控权与授权的平衡、控制乱作为与制约不作为的平衡,以及强制与教育、救济的平衡等)。

其二,规范和限制了行政强制的种类(见四审稿第9、12条)及行政强制的设定权限(见四审稿第10、11、13~15条)。

其三,确立了行政强制实施的严格程序,主要包括四类:(1)行政强制措施的一般程序,如报告、批准、说明理由、听取陈述申辩等;(2)紧急情况下和限制公民人身自由的行政强制措施程序(见四审稿第19、20条);(3)行政机关的行政强制执行程序,如催告、听取陈述申辩、决定送达等,特别是规定了禁止节假日、夜间执行和断水、断电、断气等野蛮强制执行方式;(4)人民法院的强制执行程序,如受理、审查、听取双方意见及裁定程序。

其四,确立了违法行政强制的严格法律责任,特别是强化了行政机关违法强制的法律责任。

记者:本次审议的《行政强制法(草案)》中规定了代履行,对这个问题您有何看法?如天价拖车费的出现。交通管理部门可以代履行,但是被委托的没有利害关系的其他组织代履行应当怎样规范,从而避免天价拖车费的产生。如果产生不正当的代履行,如何救济?

姜明安:代履行是世界各国行政强制普遍采用的方式。区别在于,有的国家规定行政机关不得代履行,只能直接强制(如德国);有的国家规定行政机关也可以代履行(如日本)。我的观点是,行政机关在难以找到第三人代履行或者第三人代履行成本太大的情况下,应允许其自己代履行,但收费应限于代履行成本费;若天价收费,相对人可通过诉讼救济。在一般情况下,行政机关应委托无利害关系的第三人代履行。

记者:本次审议的《行政强制法(草案)》第10条规定有何含义?是否适用强行进入公民住宅等强制措施?

姜明安:强行进入公民住宅和企业营业场所应规定比一般行政强制措施更严格的程序和要求,一、二审稿中有规定,三、四审稿取消是不适当的。

记者:您如何评价,目前的草案对于行政机关强制措施的授权设定?城管是否有行政强制权,目前的《行政强制法(草案)》是否可以约束城管?通过这部法律,您如何看待城管问题?

姜明安:目前草案第17条规定,行使相对集中行政处罚权的行政机关(如城管、文化执法大队等)可以实施与行政处罚权有关的行政强制措施。这一规定是适当的。既然授权其执法,就必须赋予其执法手段。否则,相应社会秩序就不能得以维护,公民、法人和其他组织的安宁、自由和其他权益就不能得到有效保护。这是平衡原则的要求:行政执法既要赋予行政机关足够的权力,又要对其权力予以严格的程序制约。

记者:四审稿第60条曾规定,"行政机关向人民法院申请强制执行的案件,裁定执行的,由人民法院执行"。而本次的审议稿中删除了这个规定,您认为是出于什么考虑?

姜明安:对此,我提过很多次建议,也写过文章,接受过记者采访。法院是司法,不宜到第一线执行,特别是强制拆迁,一定要裁执分离,法院负责裁定,行政机关负责执行。否则,司法的权威将难以保障,相对人被违法强制也得不到救济:行政机关违法执行,相对人可到法院告,法院违法拆迁,相对人到哪里告?现在的审议稿采纳了我的建议,我很高兴。

《行政强制法》:23 年磨一剑,一法五审:“如何限权”牵动人心*

写作背景:2011 年 6 月 30 日下午,第十一届全国人大常委会第二十一次会议以 145 票赞成、1 票反对、7 票弃权,通过了《行政强制法》。该法于 2012 年 1 月 1 日起施行。在该法施行之前,《检察日报》记者郑赫南就该法的立法过程和施行的有关问题对笔者进行了采访。

记者:姜教授,《行政强制法》从最初起草到现在 23 年了,听说 1988 年您即参与了国务院法制局启动的《行政强制执行条例》的起草工作,这应该是该法最早的起草时间了吧?当时起草条例到后来直接立法,该法立法的初衷是否剑指当时行政强制的“乱、滥、软”?

姜明安:1988 年,我参与了国务院法制局起草《行政诉讼法》三个配套条例的工作,其中《行政强制执行条例(草案)》就是现在的《行政强制法》的最早版本。1991 年以后,全国人大常委会决定就行政处罚、行政许可、行政强制直接立法而不再先制定条例(只有行政复议是先制定条例然后再制定法律)。2005 年 12 月 24 日,《行政强制法(草案)》提交第十届全国人大常委会第十九次会议初审。在这次会议上,全国人大常委会法工委副主任信春鹰就该法的立法初衷指出,实践中,存在乱设行政强制和滥用行政强制的现象,也存在行政机关对有些违法行为不能有效制止等“软”的现象,“因此,制定《行政强制

* 该访谈是笔者 2011 年 7 月 5 日接受《检察日报》记者采访整理稿,部分内容发表在 2011 年 7 月 4 日《检察日报》第 5 版,发表时题为《行政强制:“如何限权”牵动人心》。

法》,既要治‘乱’和‘滥’,也要治‘软’”。

记者:那么,现在通过的《行政强制法》,是否能实现治“乱、滥、软”的初衷呢?

姜明安:大体上可以实现。治“乱”方面,《行政强制法》完善了行政强制设定权,以后就不会再有随意设定行政强制的“红头文件”或规章;治“滥”方面,该法确立的“行政强制实施程序”要求实施主体必须是“具备资格的行政执法人员”,且由“两名以上执法人员实施”,实施时必须“当场告知”理由、依据以及当事人权利、救济途径,要听取陈述和申辩等。对行政强制“软”的方面,一些城管执法人员最有体会。济南市的丁先生曾经对媒体表示“最怕查露天烧烤摊”,一次,他和同事100多人突击检查时被200多人围在中间,“这些摊主都懂法,不打我们,只是辱骂我们,一些老人、妇女朝着我们乱抓乱挠、吐口水。我们不能还手,否则会被看成欺负弱势群体、暴力执法。最后,我被吐得满脸唾沫,恶心地好几天吃不下饭……”

有了《行政强制法》后,这种“软”的现象会有所改变。该法第17条规定:“依据《中华人民共和国行政处罚法》的规定行使相对集中行政处罚权的行政机关,可以实施法律、法规规定的与行政处罚权有关的行政强制措施。”这便赋予了城管、文化执法大队等执法手段。当然,行政相对人也不必担心城管执法权过大,《行政强制法》在赋予城管行政强制权限的同时,也规定了行政强制实施的严格程序。这个法的性质主要应是一部“控权法”,而不主要是“授权法”,这一点我们必须清楚。

记者:2009年,全国人大常委会法工委有关负责人表示,行政强制的设定“比较乱”,因为除了法律,行政法规、地方性法规都对此作出规定。请问行政强制措施的设定权应如何配置较为适当呢?是让法律统一设定,还是允许行政法规、地方性法规也部分设定,给行政法规和地方性法规开一定的“口子”?如果开,这个“口子”应该开多大?

姜明安:在《行政强制法(草案)》历次审议中,委员们都高度关注设定权问题。委员们的主张大致分为三类:一是法律统一设定,不“开口子”。四审时,吕薇、李重庵等委员依然建议:“从长远的角度来看待行政强制的设定,坚持行政强制法定原则,尽量由法律统一设定行政强制。”二是由法律统一设定,但在法律尚未设定时,可以给行政法规开一定的“口子”。如二审时,郑功成等委员提出,授予地方设定权容易造成行政措施被滥用,不赞同地方性法规设立行政强制措施,但同意行政法规设立一定行政强制措施。三审时,朱启委员认为,行政强制权的设定应该收归中央一级,法律覆盖不到的,可以由国务院制定行政法规设定,而不应该下放到地方。三是法律就所规范的行政事项未设定行政强制时,可以向行政法规、地方性法规“开口子”,但要严格限制。持该观点的委员较多,这也是《行政强制法(草案)》多次审议多数委员的意见。三审时,陈斯喜委员曾主张,赋予行政法规、地方性法规强制设定权的同时,“要有严格的条件限制”,即可以对哪些事项需要采取强制作出规定,但是不应该扩大行使强制权的主体。四审时,吴晓灵委员建议行政法规、地方性法规设定行政强制时报全国人大常委会备案,同级人大常委会在两年内进行评估。《行政强制法》表决稿确认了第三种主张,即“行政强制措施由法律制定”;行政法规可以设定除限制公民人身自由、冻结存款、汇款以及应由法律规定的行政强制措施(如进入公民住宅)以外的其他行政强制措施;地方性法规可以设定查封场所、设施或者财物,扣押财物的行政强制措施。为了加强对设定权的监督,表决稿还规定了拟设定强制的起草单位应采取听证会、论证会等形式听取公众意见;设定机关应定期对所设强制进行评价,对不适当的强制及时修改或废止;公民、法人或者其他组织可以就行政强制的设定、实施提出意见建议,有关机关应当研究论证并反馈。

记者:1989 年,《行政诉讼法》确立了行政强制执行体制,规定行政机关可以依法强制执行,也可以申请法院强制执行,这被学界称为“非诉行政强制执行”。《行政强制法(草案)》四审稿规定:“行政机关向人民法院申请强制执行的案件,裁定执行的,由人民法院执行。”您怎么看待这一规定?

姜明安:在实践中,此类强制执行,尤其是其中涉及土地、房屋等行政强制执行难度日益增大。2007 年,各级法院受理此类执行案件超过 24 万件,而同期行政诉讼案件却只有 10 万件左右,给法院执行带来不小的压力。一位基层执行法官说:“法院实施强制拆迁,有可能损害司法形象。而且行政机关违法强拆,相对人可以到法院告;但法院如果违法强拆,相对人到哪里去告?”

这确实是个问题。我一直认为,强拆裁决是司法行为,实施强拆实质上是一个行政行为。法院实施的强拆,如果不能“裁执分离”,同样会导致侵权和腐败。我的主张是:法院裁决,行政机关实施,法院对实施行为进行监督。

近年来,一些地方开始探索“裁决、执行”适当分离。如浙江省东阳市政府在今年1月出台《关于进一步明确土地及规划管理职责的意见》，要求该市国土部门对已作出行政处罚决定的土地违法案件，及时向法院申请强制执行，法院审查裁定执行的，由乡镇政府联合有关部门实施强拆。今年2月，上海市高级法院出台《关于〈国有土地上房屋征收与补偿条例〉中房屋拆迁许可证项目所涉案件有关审判、执行工作的若干意见》，明确强制搬迁的审查由法院进行，在裁决后由法院院长签发公告责令限期搬迁，如逾期不搬，可在法院监督下由政府部门具体实施。

今年1月国务院出台的《征补条例》已规定，强制搬迁，由作出房屋征收决定的市、县级政府依法申请法院强制执行。但《行政强制法》生效后，法院对此类强制执行申请，裁决后未必自己实施强拆，因为上位法优于下位法。《行政强制法》的法律效力肯定优于《征补条例》。

此外，对于拆违（违法建筑物、构筑物、设施等）行为，《行政强制法》明确规定，当事人在法定期限内不申请行政复议、提起行政诉讼，又不拆除的，行政机关可以依法强拆。这一规定意味着增加了当事人的救济程序，当事人对行政机关“违建”的认定和“拆违”有异议，有权申请行政复议或提起行政诉讼。

建立真正的土地市场制度*

写作背景:2011 年 8 月 23 日,中共中央政治局就完善我国土地管理制度问题研究举行集体学习会,胡锦涛总书记在学习会上提出,完善和改革我国土地管理制度要重点抓好四项工作,其中之一是:切实维护群众土地合法权益,严格界定公益性和经营性用地,完善征地补偿机制,规范征地拆迁管理,加大土地督察和执法力度,维护被征地农民合法权益。基于中共中央政治局这次集体学习会的精神以及笔者长期对这个问题的思考,即撰写了这篇短评交付《法制日报》发表。

胡锦涛总书记关于"严格界定公益性和经营性用地"的指示,为我国土地管理制度改革,特别是建设用地改革,展示了一条有别于我国传统土地管理模式的新的思路。

我国传统土地管理模式是排除一般土地市场交易的计划经济和行政干预模式,建设用地基本不区分公益性和经营性用地。《土地管理法》第 43 条规定,任何单位和个人进行建设(除兴办乡镇企业和村民建设住宅以及乡村公共设施和公益事业建设外),需要使用土地的,必须依法申请使用国有土地。而根据《宪法》第 10 条的规定,城市的土地全部属于国有,农村和城市郊区的土地,除由法律规定属于国有的以外,均属于集体所有。在这种土地制度下,任何单位和个人进行建设,需要使用城市土地的,均不需要征收土地,而只需征收土地使用权人在相应土地上所有的房屋。建设用地人无论是进行公益

* 该文原载 2011 年 8 月 29 日《法制日报》第 1 版。

性建设还是进行经营性建设,均不需要与土地使用权人进行土地使用权市场交易,一律通过向政府交付土地有偿使用费或政府无偿划拨的方式取得土地使用权。至于建设用地人进行建设需要使用农村和城市郊区土地的,其无论是进行公益性建设还是进行经营性建设,亦无须与土地所有权人进行市场交易,一律由政府向农民征收土地,政府通过征收将农民集体土地变为国有土地,然后,建设用地人通过向政府交付土地有偿使用费或政府无偿划拨取得土地使用权。

这种土地管理制度的弊病和危害主要有五:其一,严重侵害土地所有权人和土地使用权人的合法权益,损害社会公平正义。政府征收农民的土地(包括为开发商建设征收经营性用地),根据《土地管理法》第 47 条规定的标准,每亩补偿费一般不到 10 万元,但政府通过"招拍挂"将征收的土地出让给建设用地人,出让费往往每亩达几百万元或上千万元;政府为建设用地人取得城市土地(包括为开发商建设取得经营性用地),则根本不需要征收土地,而是运用行政权强制无偿收回土地使用权,政府只征收土地上的房屋(尽管今年发布的《征补条例》规定的对房屋的补偿标准较前大为提高,实际上已一定程度考虑了土地使用权的价值)。其二,导致官商勾结和腐败。由于开发商进行建设不能直接通过市场协商向土地所有权或土地使用权人购买土地所有权或土地使用权,其经营性用地只能从政府处获取,这就给政府官员制造了大量的"寻租"机会。其三,政府垄断土地交易(非真正的市场交易)促推"土地财政"愈演愈烈。由于政府垄断"土地买卖"(征收和"招拍挂"出售),钱太好赚了,使许多地方政府将土地经营开发作为其中心任务和推动当地经济发展的主要甚至唯一途径。其四,政府控制建设用地促推城市房价疯涨,且居高不下。由于政府垄断土地一级市场,地价必然只涨不降,而在地价不断上涨的情况下要想让房价降下来只能是缘木求鱼。其五,土地和房屋征收作为取得建设用地唯一途径引发大量社会矛盾纠纷,严重影响和谐社会的构建。近年来各地因征地、拆迁不时引发的极端事件以及由这些事件引发的群体性事件对社会稳定构成严重威胁,导致这类事件的原因是多方面的,但在土地管理制度上不区分公益性用地和经营性用地,对建设用地一律采取政府征收和政府出让,严重损害群众合法权益的土地管理制度及其运作方式无疑是最重要和最直接的原因。

很显然,对这种违反法治原则,违反以人为本的科学发展观,损害人民群众利益的旧的土地管理制度必须改革。事实上,近年来人们对改革旧的土地管理制度的必要性已经形成共识,《土地管理法》的修改去年即已启动。但是,土地管理制度究竟应如何改革,《土地管理法》应如何修改,改革和修法应遵循什么样的思路,人们却还远没有达成共识。现在,胡锦涛总书记提出对土地(包括国有土地和集体土地),特别是建设用地作公益性用地和经营性用地的区分,"严格界定公益性和经营性用地",对此两种用地进行不同的制度设计,无疑为人们统一改革思路提供了一个很好的和可行的方案。根据这个方案,今后任何单位和个人进行建设需要土地,都必须首先确定其建设项目是公益性的还是经营性的。如果相应建设项目是公益性的,其所需土地可通过政府征收取得,也可通过市场交易取得。如果相应建设项目是经营性的,其所需土地只有通过市场交易(而不能通过政府征收)取得,即只能通过与城市土地使用权人或农村和城市郊区土地所有权人平等协商,购买其土地使用权或土地所有权。当然,向农民购买土地所有权必须是根据城乡规划可用于建设用地的土地的所有权。

对土地作公益性用地和经营性用地的区分,"严格界定公益性和经营性用地"意味着我国将建立真正的土地市场,建设用地需要土地通过市场交易取得将成为一般原则,通过征收取得则是例外。即使是公益性用地,只要不是公共利益的紧急需要,也可先通过市场交易购买。在市场交易发生困难和障碍时,再启动征收程序。

当然,具体制度如何设计还可继续研究,但区分和严格界定公益性和经营性用地毫无疑问应该成为我们改革设计的基本思路。

就《行政强制法》制定和实施的有关问题答记者问*

写作背景:2011年6月30日,第十一届全国人大常委会第二十一次会议审议通过了《行政强制法》。该法拟于2012年1月1日起正式实施。在该法实施前夕,《中国纪检监察报》记者孙崇鸽和《时代周报》记者徐伟、实习生周振兴、李活妙就该法的立法和实施的有关问题对笔者进行了采访,形成了这份访谈录。

记者:姜教授,《行政强制法》从最初草拟到出台历时23年,您怎么看待这部法律经历如此漫长的立法过程?

姜明安:《行政强制法》的通过和即将实施是我国人权保障和法治建设的一件大事,是推进我国法治国家和法治政府建设进程的重要举措。该法之所以经历如此长的立法过程,一是因为党和政府对法治本质和规律的认识有个渐进的过程。当经济增长任务更加紧迫时,在公平和效率之间,党和政府选择效率优先,对政府的约束也就松一些。当然,这个观念现在开始转变。二是因为该法涉及许多极端重要性和复杂性的问题,需要时间研究。《行政强制法》所构建的制度对公民人身权和财产权产生的影响可能将超过所有的现行行政法律,甚至超过《行政处罚法》和《行政许可法》,而其中涉及的行政相对人权利保护与公共利益、社会秩序维护之间的平衡很难拿捏。三是由于这部法律

---

* 该访谈原载2011年12月30日《中国纪检监察权》第8版,发表时题为《用敬畏之心触摸〈行政强制法〉》。原载2012年1月15日《时代周报》A13版,发表时题为《姜明安:〈行政强制法〉在赋权与限权之间找平衡》。

涉及行政与司法的权力配置。这里有个认识问题：一方面是对权力性质本身的认识，法院应当是监督者还是执行者？另一方面，如果说法律要设置更严格的要求，那么行政机关对此将有一个接受的过程。四是立法机关对该项立法特别慎重，反复启动公民参与程序和学者专家论证程序，以保证此次立法的民主性、科学性和社会公众的接受度。五是因为广大社会公众，包括学术界、实务界、舆论界对该项立法涉及的各种问题一直存在较大争议，并且很难在短时间内达成共识。

记者：我国的行政法立法一方面强调中国特色，另一方面也强调对他国经验的借鉴。那么《行政强制法》立法体现了我国行政法的哪些特色？

姜明安：中国现代意义上的行政法和行政法学在不同时期借鉴了不同的经验：清末和民国主要受日本影响；新中国受苏联影响；20 世纪 80 年代后学西方的比较多。当代中国行政法和世界主要国家的行政法有区别，但也有很多共同点。

一是行政法律从命令性、单方性、强制性向讨论性、双向性、非强制性发展，认为政府与各个社会公共机构、个人之间存在权力依赖和互动的合作伙伴关系，其职能也在逐步从传统的管理型政府向服务型政府转变。二是行政权力从国家全面垄断向权力社会化转型，非政府组织、协会等在社会管理中扮演了日益重要的角色。三是公法的私法化和私法的公法化趋势明显。例如，政府现在更多用签订合同这一类私法上的办法进行公共设施建设，像北京奥运会和上海世博会的场馆建设等。

除了这些共同点，我们也要看到中国的现实状况，即中国还处于转型阶段，整个社会的法律素养和道德水准都需要不断提升，所以中国的行政法里面强制性的内容就多一些。不过强制性的行政权力仍需慎用。能不强制的就不要强制，能使用轻缓手段的就不要使用重手段。如在土地征迁问题上，政府不能总是冲在前面，动辄使用强制手段。很多情况下，政府或用地单位可以用市场手段，通过谈判确定价格买下来。强制征收应该是不得已才使用的手段。

记者：《行政强制法》即将正式实施，这将对行政执法机关和执法人员的思想和执法方式产生哪些影响？行政机关应从哪些方面转变观念以适应该法的要求？

姜明安：再好的法律也要人来实施。如果这部法律能够获得各级行政机关,特别是行政执法人员的重视和有效实施的话,就可以实现规范权力、保护权利的目标。

要实施好这部法律,行政执法机关和执法人员应该做到三个转变:一是要转变执法理念。改革必须依法办事,发展必须保障人权,发展的速度不能以牺牲老百姓的合法权益为代价。一些地方发展经济缺乏资金支持,往往采取违法违规的手段,如以前是靠“三乱”(乱收费、乱罚款、乱摊派),现在又靠牺牲土地和环境。这里面有发展观、政绩观的问题,也有干部考察的问题。必须指出的是,法律执行情况是个软指标,不易考察评估,但任何改革或者“先行先试”都必须在法律的框架内进行。法律代表了人民意志和权威,任何人、任何理由都不能突破法律,如果行政机关可以任何理由突破法律,人治就可能取代法治。二是要转变执法手段。政府要尽量采取非强制性手段行政。如土地流转问题,政府要鼓励更多采用市场的方式,通过对交易行为征税来获得财政收益,减少与公民的直接冲突。三是要转变执法方式。《行政强制法》贯穿了正当法律程序的理念,行政机关对行政相对人采取不利行为必须说明理由并听取其申辩,实施行政强制要与教育相结合。

此外,应当提高执法人员的法律素质。特别是经常和公民打交道的城管等行政执法部门,要严格选聘执法人员,避免出现低素质人员进城管的现象,同时要严格对选聘人员进行法律培训。

记者:《行政强制法》所规定的行政强制执行方式是司法强制和行政强制相结合的“双轨制”。有学者指出这种体制可能会增加法院已经沉重不堪的执行负担,而且,在目前基层司法机关受干扰较多的情况下,让法院承担强制执行权可能有损司法裁判的权威性和公正性。您如何看待这个问题?

姜明安:《行政强制法》确立了“双轨制”的强制执行方式,在行政机关有强制执行权的情况下,其自行实施强制执行;没有强制执行权的,由行政机关申请人民法院强制执行。

在行政强制方面,要强调加强司法权对行政权的监督。行政强制如果统一由行政机关实施,不仅不能解决现在行政执法中出现的问题,而且滥权和侵权会比在现行体制中更为严重。行政强制执行如果统一由人民法院实施,则可能损害法院中立和公正的形象,严重影响司法权威、损害法院形象;也不利于行政效率,可能造成一些案件执行的久拖不决。法院目前在执行工作方面也出现了一些备受关注的问题。如果将法院推到强制执行的第一线，如完全由法院强制拆迁，不仅法院资源不够，而且也剥夺了老百姓在体制内寻求权利救济的机会。行政机关搞错了，老百姓可以到法院去告，法院搞错了，老百姓救济很困难。我个人的观点是行政强制由法院裁决，由行政机关实施，裁执分离，法院对行政机关实施强制执行的行为进行监督。

记者：《行政强制法》的颁布实施广受关注，被认为是建设法治政府、限制公权力的重大进步，您认为该法的主要意义是什么？

姜明安：《行政强制法》颁布和实施的意义重大，我认为这主要体现在三个方面：第一，有利于规范行政机关的行政强制行为，推进依法行政。长期以来，行政强制行为一直存在"乱"和"滥"的现象。过去有几百个法律、法规、规章和其他规范性文件都规定了行政强制，现在《行政强制法》把它们整合起来，将行政强制措施确定为五类，行政强制执行确定为六类，对之进行严格的规范。另外，过去行政机关实施行政强制缺乏严格的法定程序制约，如强制拆迁，其催告期限就很不一样，有的十天半月，有的仅两三天，相对人还没来得及搬家房子就被推倒了，房子里东西就被毁了。《行政强制法》对此作了规范，使之有程序规则可循。第二，有利于保护行政相对人的合法权益，保障人权。之前，一些违法、暴力、野蛮的行政强制行为引发了相对人自焚、自杀等恶性事件，公民的人身权、财产权被严重侵害，《行政强制法》为了保护公民的权利作了很多规定，如禁止夜间和节假日采取强制措施，禁止采取停电、停水、停气等强制措施等。第三，有利于改善政府形象，缓和社会矛盾，构建和谐社会。政府的强制行为没有法律规范，乱强制，滥强制，使民众对政府产生了很大的怨气，政府形象不佳，从而产生很多社会矛盾，甚至导致群体性事件。《行政强制法》的出台显然有利于规范政府行为，改善政府形象，从而缓和社会矛盾，构建和谐社会。

记者：《行政强制法》与之前的《行政处罚法》和《行政许可法》被称为行政法典"三步曲"，《行政强制法》与《行政处罚法》和《行政许可法》是什么关系？

姜明安：行政法作为一个体系，包括三大板块：行政组织法（含公务员法），行政行为和行政程序法，行政法制监督、行政责任和行政救济法。第一个板块包括《国务院组织法》、《地方组织法》、《公务员法》和《行政机关公务员处分条例》等；第二个板块包括《行政处罚法》、《行政许可法》和现在的《行政强制法》以及一百多部部门行政行为法;第三个板块包括《行政诉讼法》、《国家赔偿法》、《行政复议法》和《行政监察法》等。这三块中最重要的一块是行政行为和行政程序法,行政行为和行政程序法通常有一个总的体系,在欧美日韩国家以及我国台湾地区、澳门特区,几乎都有统一的《行政程序法典》或《行政程序法》。我们现在还没有统一的法典,只有若干单行法,主要是三个:《行政处罚法》、《行政许可法》和《行政强制法》,这三部法律跟老百姓的关系特别密切。当然行政行为和行政程序法的单行法并不止这三部,还有很多单行法尚待制定,如“行政收费法”“行政征收法”“行政裁决法”等。

《行政处罚法》涉及行政相对人违法行为的责任,《行政许可法》涉及对行政相对人行为的规制,而《行政强制法》是对前两者的保障。因为很多时候虽然进行了处罚,但是当事人不执行。如法院判决相对人的房子要拆,但是当事人不肯拆,或者罚款不交,这时候就需要强制执行。又如生产假冒伪劣食品、药品,行政机关要对它采取强制措施:关闭相应企业或责令其整改,这些都需要强制执行。

可以说,《行政强制法》是规范行政机关其他行政行为的一个前置或后置程序,行政机关既可能在行政许可与行政处罚之前就采取强制措施,如某人正在实施违法行为,正在制造假冒伪劣产品,还没对他进行处罚就要把他的行为先予制止,不然就会造成危害,这是一种前置行为,以使违法行为不能对他人的生命健康、财产、社会秩序造成破坏。有的时候,又可能是行政处罚、行政许可的一种后置行为,如行政机关已经作出行政处罚,但是相对人不配合执行,那就要对其采取强制执行措施。行政强制并不一定是相对人实施了某种违法行为,也可能是为了实现公共利益而采取强制措施。如强制对特定人群进行检疫,是为了防止有传染病的人将病传染给别人。

记者:《行政强制法》制定的过程非常漫长,其主要的困难是什么?其间有哪些争议?

姜明安:《行政强制法》制定的困难及其原因主要有三个方面:其一,因为《行政强制法》涉及既要维护公众利益,保护广大公民的生命财产安全和人身自由(如查处地沟油、毒奶粉等,需要赋予行政机关相应的强制权力,以保护公民的合法权益不受侵犯);又要对行政机关的行政强制权进行必要的限制,以保护行政相对人的权益,如果行政机关采取强制手段损害公民的合法权益,随便拆人家的房子,关闭人家的厂子,扣押人家的财产,那公民就没法活。《行政强制法》既要赋予行政机关权力,又要控制这个权力,让权力不被滥用。这两者怎么平衡,它的度怎么把握,需要反复地研究、权衡。如行政人员要进老百姓家里检查,什么情况下可以进,什么情况下不能进呢?如果随便可以闯入,那老百姓就没有了自由。但如果有人在家里自杀或杀人,如果不进去,那人就死掉了,所以必须进去,但进去需要经过什么程序,需要经过怎样的批准,这些问题很复杂。其二,《行政强制法》制定涉及权力的博弈。因为行政强制有一部分是由法院来执行的,一部分是由行政机关自己执行的,政府与法院的权力分配有很大困难。有些权力两家都想要,有些权力两家都不想要。如强拆,政府部门说这个要由法院来执行,政府执行不了,法院则说这个我们不能搞,不能把法院的形象都搞坏了,把法院的权威搞没了……类似这样的矛盾有很多。学者对于强制执行权力的分配也有不同意见,有的学者说权力要多给法院,少给行政机关;有的学者则认为要多给行政机关,少给法院,法院应该是监督执行,不能让法院冲到第一线去。其三,是行政机关对法律规范和制约的抵触情绪,行政执法人员认为,在实施行政强制时要开听证会、论证会,进行审批,这些程序麻烦死了,如果这样,很多事情他们就没法管了。像质监部门、公安部门、工商部门等,过去他们有很大的自由裁量权,如果《行政强制法》制定出来,其自由裁量权就会受到很大的约束。对此,有些执法人员意见很大。《行政强制法》更多的是控权法,而谁都不愿意自己的权力受控制,所以他们对该法的很多规定提出异议。

至于学者之间的争论,主要有三派不同观点:一派主张控权,就是想方设法把强制权缩小,不能给行政机关过多的权力;另一派则主张要多给政府强制权力,以打击假冒伪劣,维护社会和经济秩序;还有一派保持中间态度。一些学者建议把行政强制权集中由一个行政机关行使,如由司法部统一执行,不要每个行政机关都有行政强制权。这样更便于法院进行监督。但有的学者认为这样做弊端太多,既不利于保护相对人权益,更不利于行政效率。总之,学者们对该法各种制度各种规定的观点亦分歧很大。

记者:您全程参与了这部法律的制定,最后审议通过的文本和您自己心中的理想文本是否有差距?还有哪些不尽如人意的地方?

姜明安:法律大多是妥协的产物。法律的制定不只是立法机关的事,不仅有人大代表、人大常委会委员参加，还有学者、政府官员、法官、检察官和社会各方面人士参与，法律是由多方力量博弈最后形成的结果。我对这部法律是比较满意的，但也有一些不满意的地方，如之前有对“进入住宅或营业场所”的规定，后来被删掉了。我认为，这两个权力行政机关是必须要有的，因为有的时候，行政人员必须进入住宅或营业场所。如果法律不进行更严格的规范，那这种权力就可能会被滥用。前几稿写了必须经过县一级的机关审批同意，要有相应证件等，可是后来因为考虑各种因素，最后把它删掉了，我是不太同意删掉的。另外，我主张行政强制执行实行“裁执分离”，房屋应不应该拆，或者工厂应不应该关闭，要由法院来裁决，但法院不能自己去执行，自己去拆房子搬东西，而应该由行政机关来实施，但是我的这一观点没被完全采纳。《行政强制法》没有明确规定“裁执分离”，有的地方由法院裁和执；有的地方由法院裁，行政机关执；有的地方是法院裁，法院委托行政机关执。有的在法院实行“裁执分离”：法院的审判庭负责裁，执行庭或执行局负责执。这些今后有待司法解释统一规范。现在法院还要受地方政府的一定干预。如果市委、县委、政府要搞强拆，法院是很难顶得住的。法院是公民权益的最后一道屏障，如果政府强拆错了，老百姓还可以到法院去告，可法院如果强拆错了，那老百姓就可能没有了救济途径。

记者：有人说“有法律并不代表有法制，有宪法并不代表有宪制”，中国的法治建设之路还要做出哪些努力？

姜明安：我认可“有法律并不代表有法制，有宪法并不代表有宪制”这个观点，中国的法律已经有两百多部，行政法规有几百部，还有很多地方性法规。法治社会必须要有完备的法律体系，但这些法律必须是“良法”，这些法律必须得到很好的执行，如果立法机关制定了“恶法”（如《房屋拆迁管理条例》《收容遣送条例》等），或“良法”不能得到有效执行，再多的法律也没有意义。宪法本来要规范和控制国家的公权力，控权有两条主要途径：一个是以权力制约权力，权力要相互制约，防止滥用；另一个是以权利制约权力，公民要有途径和办法去制约公权力，要通过民主选举、民主参政议政、民主监督（包括媒体、舆论和互联网等）的途径去制约公权力的行使。目前我们的法治和宪制都还有不完善、不尽如人意之处，但正在往好的方向发展，只要大家努力，未来应该是很有希望的。

《行政强制法》的基本原则和行政强制设定权研究*

写作背景:《行政强制法》于2011年6月30日为全国人大常委会通过后,《法学杂志》主编宋树涛先生邀约笔者写一篇宣传性的解读文章。于是我重点就该法的两个方面的内容进行阐释:一是《行政强制法》的基本原则(笔者将之归纳为六项:平衡原则、比例原则、行政强制法定原则、教育与强制相结合原则、正当法律程序原则和救济原则),并探讨这些基本原则如何指导该法整体法律制度的设计和具体法律规则的制定,同时研究该法在正式施行后这些基本原则如何指导执法者对该法所确立的具体规则和制度的实施。二是阐释《行政强制法》设计的行政强制设定权制度,探讨该法如何对法律、行政法规和地方性法规的行政强制设定权进行科学配置,并研究这种科学配置如何保障行政强制法立法目的有效实现的关系。

《行政强制法》于1988年在国务院法制局层面列入立法计划并组织调研、论证、草拟,①之后,行政立法研究组②曾起草试拟稿。至1999年,全国人

---

* 该文原载《法学杂志》2011年第11期。

① 国务院法制局基于当时全国人大常委会法工委正起草《行政诉讼法》,为保障《行政诉讼法》通过后的顺利实施,于1988年启动了《行政诉讼法》3个配套条例的研究、论证和草拟,这3个条例分别是《行政复议条例》(于1990年颁布)、《行政处罚条例》(后提交人大立法,1996年全国人大常委会通过《行政处罚法》)和《行政强制执行条例》(现在的《行政强制法》的"毛坯")。

② 行政立法研究组是于1986年成立的一个专门进行行政法立法研究和起草行政法前期试拟稿的半官方半民间的组织,成员包括全国人大常委会法工委、国务院法制局、最高人民法院的实务界专家和北京大学、中国政法大学、中国人民大学和中国社科院法学所的学术界专家,共14人,笔者是这个研究组的成员之一。该立法组成立后,先后草拟了《行政诉讼法》《国家赔偿法》《行政处罚法》《立法法》《行政许可法》《行政强制法》等法律的试拟稿。

大常委会法工委正式启动起草程序,后经第十届和第十一届全国人大常委会五次审议后最终通过,历时 23 年。[①]《行政强制法》的通过和施行是我国人权保障和法治建设的一件大事,是推进我国法治国家和法治政府建设进程的重要举措。本文仅对该法设计、确立的行政强制原则和行政强制设定权的配置进行粗浅的论述和解说。

一、《行政强制法》设计和确立的行政强制基本原则

《行政强制法》明确规定,或者虽非明确规定但在整个法律文本中所体现出的行政强制基本原则共有六项:平衡原则、比例原则、行政强制法定原则、教育与强制相结合原则、正当法律程序原则和救济原则。这些原则既曾指导该法整体法律制度的设计和具体法律规则的制定,更将在该法正式施行后指导执法者对该法所确立的规范和制度的实施。

(一)平衡原则

《行政强制法》总则第 1 条即开宗明义地规定,该法的制定,是“为了规范行政强制的设定和实施,保障和监督行政机关依法履行职责,维护公共利益和社会秩序,保护公民、法人和其他组织的合法权益”。这里确立了两个最基本关系的平衡,一个是保障和监督关系的平衡:《行政强制法》既要保障行政机关依法履行职责,又要监督行政机关依法履行职责。“保障”和“监督”在这里均有两层含义:“保障”一方面指为行政机关履行职责提供足够的手段,另一方面指为行政机关履行职责排除可能的障碍;“监督”一方面指控制行政机关违法、滥用职权,侵害行政相对人权益,另一方面指防止行政机关不作为,规避履行职责,消极损害行政相对人权益。另一个是**维护**公共利益和社会秩序,保护公民、法人和其他组织的合法权益(保护社会公众利益)与**保障**作为被强制对象的行政相对人权益的平衡。行政机关实施行政强制或者行政机关申请人民法院实施行政强制,其目的主要是预防或制止行政相对人实施违法行为(如预防或制止食品、药品制造者制造假冒伪劣食品、药品的行为),以保障社

---

① 全国人大常委会对《行政强制法》审议的历程是:一审 2005 年,第十届全国人大常委会第十九次会议;二审 2007 年,第十届全国人大常委会第三十次会议;三审 2009 年,第十一届全国人大常委会第十次会议;四审 2011 年,第十一届全国人大常委会第二十次会议;五审 2011 年,第十一届全国人大常委会第二十一次会议。

会公众的生命、财产安全和人身健康。很显然,《行政强制法》如不能保障行政机关依法有效行使行政强制权,就不能有效维护社会秩序,从而就不能有效保障社会公众的生命、财产安全和人身健康。同样地,《行政强制法》之所以要设置严密的规则和程序来规范、制约行政机关行使行政强制权,其目的即在于防止行政机关违法和滥用行政强制权,保护作为被强制对象的行政相对人的权利、尊严和合法利益不被侵犯。协调和平衡这两对基本的相互关系,正是《行政强制法》制定和实施要把握的一项最重要、最基本的原则。

(二)比例原则

《行政强制法》第5条规定,“行政强制的设定和实施,应当适当。采用非强制手段可以达到行政管理目的的,不得设定和实施行政强制”。这一条款所体现的精神,在行政法学上通常称为比例原则。广义的比例原则的内容包括必要性、适当性和比例性的要求。“必要”、“适当”、“比例”(狭义的比例原则),都是具有弹性的不确定用语,在适用于具体法律制度和法律规则的设计上,有人可能较偏向于对行政权力的控制和对公民权利的保障,有人可能较偏向于行政管理的效率和行政秩序的维护。尽管比例应以适中为宜,但绝对的适中是不可能的。因此,在行政强制具体法律制度和法律规则的设计上,学者一般倾向于对行政权力的较严格的控制和对公民权利较完善的保障。

比例原则是行政法的重要原则。以前我国行政法的立法中很少明确规定这一原则。《行政强制法》可以说是第一次明确确立这一原则。这一原则的核心内容是“最小损害”,即行政机关为实现行政目的,在有多种手段、多种方法、多种途径可供选择时,应选择其中对相对人“最小损害”的手段、方法和途径。在这个意义上,比例原则又可称“最小损害”原则。《行政强制法》规定的“采用非强制手段可以达到行政管理目的的,不得设定和实施行政强制”应该说是“最小损害”原则的很好体现。但是,这还不太全面。“最小损害”原则在行政强制领域的全面表述应该是“采用非强制手段可以达到行政管理目的的,不得设定和实施行政强制;采用较轻强制手段可以达到行政管理目的的,不得设定和实施较重的行政强制”。当然,《行政强制法》第5条的规定中虽然没有“采用较轻强制手段可以达到行政管理目的的,不得设定和实施较重的行政强制”的明确表述,但该法的内容无疑还是体现这一原则的精神的。例如,该法第三章规定行政机关实施限制公民人身自由的行政强制措施要履行比一般行政强制措施更严格的程序,其中即具有“采用非限制公民人身自由强制手段可以达到行政管理目的的,即不得实施限制公民人身自由的行政强制”的意涵。

(三)行政强制法定原则

《行政强制法》第 4 条规定了行政强制法定原则,其表述是“行政强制的设定和实施,应当依照法定的权限、范围、条件和程序”。这里“法定”的“法”是仅指法律,还是包括法规和规章,人们存在不同的观点。笔者认为,“权限法定”的“法”应主要或基本上限于法律;“范围法定”“条件法定”的“法”则可限于法律、法规;而“程序法定”的“法”则不仅包括法律、法规,还应包括规章。

对“法定”的“法”之所以要作如此理解,既有法律原理的根据,也有一定的制定法根据。行政强制的权限,涉及行政主体与行政相对人的基本关系,自应由法律保留,《立法法》也是这样规定的。① 虽然《行政强制法》将行政强制设定权在主要保留给法律的前提下,也有限地赋予行政法规和地方性法规一定的行政强制设定权,②但行政法规和地方性法规依此授权获得的行政强制设定权的权源仍然是作为法律的《行政强制法》。而行政强制的条件则不同,其是在获得授权的前提下根据不同地方、不同管理领域的行政管理需要确立可运用此种行政手段的具体情形,因而除法律外,同时由法规(行政法规和地方性法规)规定较为适宜。至于行政强制的程序,则更多的是法制对行政机关行使行政强制权行为的规范,既应有他律,更应有自律。因此,“程序法定”的“法”,不仅应包括法律、法规,而且应包括规章。

(四)教育与强制相结合原则

关于教育与强制相结合原则,《行政强制法》的表述是:实施行政强制,应当坚持教育与强制相结合。③ 这里“教育与强制相结合”的“教育”,既包括特定教育,也包括一般教育;既包括对被强制对象的教育,也包括对一般社会公

---

① 根据《立法法》(2000 年)第 8 条的规定,限制人身自由的强制措施,对非国有财产的征收等,只能制定法律。

② 《行政强制法》规定,只有尚未制定法律,且属于国务院行政管理职权事项,或者虽已制定法律,但法律规定特定事项由行政法规规定具体管理措施的,行政法规方可以设定除该法第 9 条第 1、4 项和应当由法律规定的行政强制措施以外的行政强制措施;尚未制定法律,且属于地方性事务的,地方性法规方可以设定该法第 9 条第 2、3 项的行政强制措施。

③ 参见《行政强制法》第 6 条。

众的教育。当然,“教育与强制相结合”的“教育”主要是指对被强制对象的特定教育。因为对一般社会公众的一般教育是通过对被强制对象的特定教育实现的。一般社会公众只有在亲眼看到或直接、间接感受到行政机关在行政强制实施过程中对被强制对象所进行的具体个案教育以后,才可能从中受到相应的守法和履行法定义务的“传来”和“感知”教育。

此外,“教育与强制相结合”,还具有“先教育,后强制”和在行政强制的事前、事中、事后的整个过程中坚持教育的意涵。该原则要求,行政机关在实施行政强制之前,即应对相对人进行教育,促使相对人自觉履行义务。如果相对人经教育后自觉履行了义务,就不要再实施强制。须知,“教育与强制相结合”并非仅要求行政机关在行政强制过程中对相对人进行教育,使其接受强制和对强制行为予以配合,不抵制和阻碍行政机关实施强制行为。更非仅要求行政机关在实施行政强制后再对相对人予以教育,使其对强制心悦诚服,在内心认同和接受行政机关的强制行为。尽管行政强制的事中、事后教育亦非常重要,但事前教育较事中、事后教育更为重要。行政机关除非在紧急情况下采取即时强制,来不及进行事前教育,否则,无事前教育即不得进行强制。行政机关贯彻《行政强制法》“教育与强制相结合”的原则,必须强调“先教育,后强制”,将教育贯穿在行政强制的事前、事中、事后的整个过程中。只要通过教育行政相对人自觉履行了义务,行政机关就不应对其再实施行政强制或处罚。

(五)正当法律程序原则

关于正当法律程序原则,《行政强制法》没有以专门条款统一规定,而是将该原则分别规定于多个不同条款中,以及将其精神贯穿和体现在行政强制权设定程序和行政强制实施程序的具体设计上。例如,《行政强制法》第 7 条规定,行政机关及其工作人员不得利用行政强制权力为单位或者个人谋取利益。第 8 条规定,公民、法人或者其他组织对行政机关实施行政强制,享有陈述权、申辩权。第 14 条规定,起草法律、法规草案,拟设定行政强制的,起草单位应当采取听证会、论证会等形式听取意见,并向制定机关说明设定该行政强制的必要性、可能产生的影响以及听取和采纳意见的情况。第 15 条规定,行政强制设定机关应当定期对其设定的行政强制进行评价,并对不适当的行政强制及时予以修改或者废止。行政强制的实施机关可以对已设定的行政强制的实施情况及存在的必要性适时进行评价,并将意见报告该行政强制的设定机关。公民、法人或者其他组织可以向行政强制的设定机关和实施机关就行政强制的设定和实施提出意见和建议,有关机关应当认真研究论证,并以适当方式予以反馈。

正当法律程序原则对行政强制的要求虽然既及于行政强制的设定,又及于行政强制的实施,但重点在于规范行政强制的实施。即主要落实在行政强制实施程序的具体设计上,包括对行政强制措施的程序的设计和对行政强制执行程序的设计。

《行政强制法》规定的行政强制实施程序的一般规则有五:其一,违法行为显著轻微或者没有明显社会危害的,可不采取行政强制措施。其二,行政强制措施权由法定行政机关在法定职权范围内实施,不得委托,非行政机关和行政机关中非具备资格的行政执法人员不得实施行政强制措施。其三,实施行政强制措施须事前报行政机关负责人批准,由两名以上执法人员实施,实施时应出示身份证件,通知当事人到场(当事人不到场的,邀请见证人到场),告知当事人理由、依据和权利、救济途径,听取其陈述、申辩,并制作现场笔录(笔录由当事人和行政执法人员签名或盖章,当事人不到场的,由见证人和行政执法人员签名或盖章)。其四,如紧急情况需要当场强制,行政执法人员应在 24 小时内向行政机关负责人报告,并补办批准手续;行政机关负责人认为不应当采取行政强制措施的,应当立即解除。其五,实施限制公民人身自由的行政强制措施还应当场告知或实施行政强制措施后立即通知当事人家属实施行政强制措施的行政机关、地点和期限,在紧急情况下需要当场强制的,在返回行政机关后应立即向行政机关负责人报告并补办批准手续。限制公民人身自由不得超过法定期限,在目的已经达到或条件已经消失后应立即解除。以上实施行政强制措施的规则均体现了正当法律程序原则的要求。

正当法律程序对行政强制执行程序的具体要求主要体现为下述一般规则:其一,只有具有法定行政强制执行权的行政机关才能实施行政强制执行。其二,具有法定行政强制执行权的行政机关只有行政相对人在行政决定期限内不履行义务的情况下才能实施行政强制执行。其三,具有法定行政强制执行权的行政机关在作出强制执行决定前,应事先书面催告当事人履行义务。其四,当事人收到催告书后有权陈述和申辩,行政机关应当充分听取当事人的意见,对当事人提出的事实、理由和证据,应当进行记录、复核。当事人提出的事实、理由、证据成立的,行政机关应当采纳。其五,只有经催告,当事人仍不履行行政决定,且无正当理由的,行政机关方可作出强制执行决定。催告书、强制执行决定书应直接送达当事人。当事人拒绝接收或者无法直接送达当事人的,应当依其他法定方式(《民事诉讼法》规定的方式)送达。其六,实施行政强制执行过程中,如具有法定中止执行或终结执行情形的,应中止执行或终结执行。其七,行政机关在不损害公共利益和他人合法权益的情况下,可与当事人达成执行协议。执行协议可约定分阶段履行,当事人采取补救措施的,可减免加处的罚款或滞纳金。其八,行政强制执行除紧急情况外,不得在夜间或节假日实施,行政机关不得对居民采取停止供水、供电、供热、供燃气的方式迫使当事人履行。此外,对违法的建筑物、构筑物、设施等需要强制拆除的,行政机关应先予公告,限期当事人自行拆除。只有当事人在法定期限内不申请复议或提起诉讼,又不拆除的,方可实施强拆。

上述行政强制措施和行政强制执行规则都是正当法律程序原则的要求,都体现了正当法律程序原则。这些规则既有助于防止和避免野蛮强制、暴力强制对当事人合法权益的侵犯,也有助于防止和避免行政机关及其工作人员利用行政强制权谋取私利,滥权和腐败。

(六)救济原则

《行政强制法》主要在第一章总则第 8 条和第六章法律责任第 68 条中确立了行政强制的救济原则。行政救济途径主要有三:一是行政复议;二是行政诉讼;三是国家赔偿。这三种救济途径均有相应的专门法律(《行政复议法》、《行政诉讼法》和《国家赔偿法》)规定和调整。既然有专门法律规定和调整,为什么在《行政强制法》中还要加以特别规定呢?这是因为行政强制是一种严重涉及公民人身权、财产权的“高权”行政行为①,需要特别强调权利救济。此外,行政强制的救济相较于一般行政救济,也具有一定的特殊性,需要加以特别规定。例如,《行政强制法》第 8 条除一般性地赋予公民、法人或者

① “高权”行政行为是西方国家行政法学者对行政强制、行政处罚等具有高度强制力的一类行政行为的称呼,与行政指导、行政合同等一类不具强制约束力的行政行为相对应。有的学者又将“高权”译为“主权”“公权”“强权”等。参见毛雷尔:《行政法学总论》,高家伟译,法律出版社 2000 年版,第 15 页“译者注”。

其他组织不服行政强制的申请行政复议权,提起行政诉讼权和要求国家赔偿权外,还另行专款规定,“公民、法人或者其他组织因人民法院在强制执行中有违法行为或者扩大强制执行范围受到损害的,有权依法要求赔偿”;第68条规定,任何行政强制主体,无论是行政机关,还是人民法院,或者是行政执法人员,凡是“违反本法规定,给公民、法人或者其他组织造成损失的,(都要)依法给予赔偿”。

上述《行政强制法》设计和体现的六项原则,均是行政法治的基本原则,是贯穿于整个《行政强制法》具体规范和制度的指导思想和灵魂。我们要贯彻和实施《行政强制法》,就必须认真、切实领会和掌握这些基本原则。

二、《行政强制法》确定的行政强制种类和行政强制设定权配置①

《行政强制法》第9条和第12条分别以列举的方式规定了行政强制措施的种类和行政强制执行的方式。为了避免列举不全,导致今后行政管理因手段缺失而发生困难和障碍的问题,这两个条款分别在具体列举之后又都增加了一个具有“弹性”的兜底项:“其他行政强制措施”和“其他强制执行方式”。有人可能对此产生疑问,这种弹性的兜底项是否会使前面的列举规定失去意义,从而使《行政强制法》控制行政强制种类,防止行政强制“乱”和“滥”的目的落空呢?② 这种担心虽然有一定道理,但《行政强制法》随之严格限定的行政强制设定权在很大程度上可以避免这种情况。因为除了法律,《行政强制法》只赋予行政法规和地方性法规很有限的行政强制设定权,对规章和其他规范性文件则根本没有赋予任何行政强制设定权。即使是法律,其虽然可设定任何种类的行政强制,但《行政强制法》既然列举规定了相关的行政强制种

---

① 关于行政强制权设定权的配置,笔者曾在《行政强制法立法若干争议问题之我见》(载《法学家》2010年第3期)一文中对《行政强制法(草案)》(三审稿)确立的行政强制设定权配置作了较详细的评价和论述,本文引用了该文中的部分观点,但根据现在正式通过的《行政强制法》作了较大幅度的修改和补充论述。

② 全国人大常委会法工委副主任信春鹰在《行政强制法(草案)》一审时所作的说明中指出,制定《行政强制法》的目的主要在于解决行政强制的“乱”和“滥”的问题。如行政强制措施的具体形式繁多,同一行政强制措施有多种表述,缺乏规范;有些没有强制权的行政机关自行实施强制措施,甚至授权、委托其他组织实施行政强制措施等。参见信春鹰:《关于〈中华人民共和国行政强制法(草案)〉的说明》,载中国人大网,http://www.npc.gov.cn/zgrdw/npc/zt/2011-09/15/content_1865603.htm。

类，即有指引限制的含义：法律在设定行政强制时，一般应以《行政强制法》相应列举规定的种类为限，只有在特别需要的情况下，才可设定“其他”别的行政强制种类。

《行政强制法》第 9 条设定的行政强制措施具体种类仅有四种：其一，限制人身自由（如扣留、约束、强制传唤、强制带离现场等）。其二，查封场所、设施或者财物（场所如营业场所、工作场所、娱乐场所等；设施如供水、供电、供气、供热设施等；财物如房屋、汽车、船舶等）。其三，扣押财物。其四，冻结存款、汇款。除这四种列举的具体种类外，《行政强制法》第 9 条设定的行政强制措施还包括前面述及的“弹性”的兜底项：“其他行政强制措施”（如强制进入住宅、强制进入经营场所等）。

《行政强制法》第 12 条设定的行政强制执行的具体方式仅有五种：其一，加处罚款或者滞纳金；①其二，划拨存款、汇款；其三，拍卖或者依法处理查封、扣押的场所、设施或者财物；其四，排除妨碍、恢复原状；其五，代履行。除这五种列举的具体形式外，《行政强制法》第 12 条设定的行政强制执行方式还包括前面述及的“弹性”的兜底项：“其他强制执行方式”（如强制搬迁、强制销毁等）。

---

① 加处罚款和科处滞纳金均是行政强制中的“执行罚”。“执行罚”不同于行政处罚中的罚款。前者的目的在于保障义务的履行，相对人通过告诫履行了义务，即应终止实施“执行罚”；后者是对相对人以前实施的违法行为予以惩罚，即使相对人在违法行为被发现后停止了违法行为，其应受到的处罚（罚款）并不终止，仍要继续执行。

哈尔滨双城市城管执法行为有哪些“不妥”?*

写作背景:2012年2月8日,新华社记者播发了一篇新闻报道:《网曝哈尔滨城管“抢元宵”:已向商户道歉赔偿》。报道称,连日来,网络上热传有关哈尔滨双城市城管“抢商户元宵”事件,受到众多网民的关注。针对网民的关注和议论,新华社记者7日赶赴双城市,就城管人员是否抢元宵、执法是否有不当等问题进行调查。记者在调查后撰写的报道中指出:2012年元宵节后,双城市的一些商户发现,他们摆在门口卖的元宵竟然不见了。一打听才知道,原来被城管执法人员“征用”拿到敬老院慰问去了。有网民发表评论称:加强城市的基本秩序管理,城管的存在是必要而且是被寄予厚望的。可是如此的执法,让我们感到不能理解。“半分利”副食商店的张伟(化名)站在店门口说,城管人员光天化日之下,就把放在门口的元宵拿走了。张伟说:“正月十一(2月2日)7点多,我把几箱元宵、三袋爆米花,还有点鱼放在商店门口。9点多,我发现元宵没有了。一开始以为被偷走了,后来有顾客说元宵是被城管拿走了,我还不相信。要是城管拿的,怎么也得跟我说一声。”跟张伟有类似遭遇的还有“好心人家”蔬菜水果批发商店的郭振宇(化名)。他也反映,城管人员啥也没说,就把摆在店门口三箱元宵拿走了。

双城市城管执法局周局长在接受记者采访时称,城管人员是正常执法。从正月初八(1月30日)以来,城管部门陆续接到群众举报,反映一些商户占道经营,影响出行。初八、初九两天,城管部门通知商户整改。正月十一当天,城管部门出动30多人、六七台车辆清理占道经营,执法中还邀请了双城市

---

* 该文原载2012年2月15日《人民日报》第18版。

电视台记者同行。周局长说,不存在城管搬走商户元宵而商户却不知情的问题。城管部门的处罚都是按照程序执行,对罚没物品的商户出示了扣罚单,但有些商户拒绝接受和签字。按照相关规定,罚没物品通过拍卖、销毁、送交民政机关等方式处理。因此,我们把元宵拿给了双城市双城镇敬老院。

双城市双城镇敬老院副院长告诉记者,双城市城管局确实送来了 140 多袋元宵,其中一部分已经被吃掉了,现在还剩 90 多袋。敬老院欢迎社会各界的捐助。

记者在双城市城管执法局提供的一份执法当天的视频资料上看到,在收缴“好心人家”蔬菜水果批发商店的元宵时,有人从商店里出来与城管人员理论,但元宵还是被扔到了执法车上。记者注意到,视频中未见城管人员给“半分利”“好心人家”商店开处罚单的画面。在双城市城管执法局向记者出示的一份日期是 2 月 2 日的执法处罚单上,“半分利”“好心人家”上面写着“拒签”。工作人员称,执法当天执法人员出示执法处罚单了,但商户拒绝签字。郭振宇说,他一共进了 4 箱元宵,计划在节日期间销售,没想到一下子被城管拿走了 3 箱。一些老顾客要买元宵,只能从其他商店花高价“串货”,算下来一共损失了 400 多元。张伟、郭振宇认为,如果他们违规经营,城管要给个明确说法,否则就应该赔偿损失。

周局长说,城管人员在执法中确实有不妥,如存在未着装现象,他们将对这些工作人员进行批评教育,并加强法律、法规学习。截至记者发稿前,张伟、郭振宇两个业户分别向记者证实,8 日上午,双城市城管执法局工作人员登门道歉,分别给张伟、郭振宇赔偿款 700 元和 500 元,他们对此处理结果表示满意。

有网民提出,目前城管一度被“妖魔化”,在社会上口碑不佳、声誉不好。城管重塑形象还需下大力气,不妨先从自身工作开始,文明执法、规范管理、勤于服务,把商户当朋友看,拿百姓当亲人待,在执法时尽可能不出现类似的“走样”,这是社会之望、商户之期。

黑龙江省内一位城管执法部门的工作人员介绍说,在城管执法过程中,对违规业户原则上可以暂扣罚没物品,待业户接受处罚后,再退还给业户,执法部门不能随意处理罚没物品。

就新华社记者这篇报道所记叙的事件,《人民日报》编辑邀请笔者写一短评。笔者认为,此类事件在城管执法中有一定普遍性,城管执法人员有必要通过这一事件认识其行为的违法性,并在今后的执法活动中加强依法执法、规范执法、文明执法,故撰写了这篇短评。

日前网上热传哈尔滨双城市城管强拿(或称"征用")商户元宵作为慰问品去慰问敬老院。后该城管执法局局长澄清,他们不是强拿或"征用",而是将依法没收违法占道经营商户的元宵拿去送给敬老院。局长承认他们的执法行为"确实有不妥,如存在未着装现象"。

哈尔滨双城市城管的行政执法行为究竟有什么不妥?仅仅只是或主要只是"未着装"吗?从新华社记者采访的报道看,该局长似乎没有真正搞明白他们的执法行为主要的"不妥"究竟在哪里。只是为了平息舆论风波,他才说了这么一句"不妥"表示歉意,并给了相对人一笔远超过所拿走元宵价值的赔偿款"破财免灾"。

要明了哈尔滨双城市城管拿走商户元宵的行为究竟"不妥"在哪里,错在何处,违反了哪些法律规定,首先必须明确城管拿走商户元宵或其他物品行为的性质。城管拿走商户元宵或其他物品的行为可以有四种性质:其一,作为行政处罚前的调查取证;其二,作为行政强制措施的扣押;其三,作为行政处罚的没收;其四,作为行政强制的征用。

城管拿走商户元宵或其他物品如果是作为行政处罚前的调查取证,其行为是否合法就取决于相应行为是否遵守了《行政处罚法》第 37 条的规定:执法人员不少于两人;向当事人或有关人员出示证件;制作笔录;为收集证据可抽样取证;亦可经行政机关负责人批准先行登记保存,登记保存后在 7 日内作出处理决定。行政机关对于调查取证拿走的物品,今后如案件取消或不再作为证据使用,必须退回当事人,其绝不能将之作为慰问品拿去送人或改作其他用途。

城管拿走商户元宵或其他物品如果是作为行政强制措施的扣押,其行为是否合法就取决于相应行为是否遵守了《行政强制法》第 16~28 条的规定:先向行政机关负责人报告并经批准;出示身份证件;通知当事人到场并告知理由和依据及救济途径;听取其陈述申辩,制作现场笔录,并由当事人和执法人员签名或盖章;扣押期限不得超过 30 日(经批准延期亦不得超过 30 日);在此期限内及时查清事实并作出处理决定；当事人如没有违法行为或扣押物与违法行为无关的，及时解除扣押，向当事人退还扣押物。行政机关绝不能将扣押物作为慰问品拿去送人或作其他处理。

城管拿走商户元宵或其他物品如果是作为行政处罚的没收，其行为是否合法就取决于相应行为是否遵守了财政部门和其他有关部门关于罚没物品处理的相关规定（目前国家尚未制定有关罚没物品处理的统一法律、法规，相应规定只是各种部门规章，如财政部《罚没财物和追回赃款赃物管理办法》、质监局《质量技术监督罚没物品管理和处理办法》等）：向当事人开具财政部门统一制发的罚没票据和罚没物品清单；并由当事人和执法人员签名或盖章；执法人员 3 天内将罚没物品及清单交行政机关专门保管人员；行政机关根据罚没物品的不同情况，或依法监督销毁，或交专门机关（如金银、文物、毒品等交相应专管机关处理），或依法拍卖；拍卖款及时上缴国库。任何单位和个人不得挪用、调换、私分或变相私分罚没物品，不得在本单位内部变价处理罚没物品。很显然，执法机关也不得将罚没物品作为慰问品拿去送人或作其他处理。否则，根据财政部门和其他有关部门关于罚没物品处理的相关规定，相应监督机关可视情节轻重给予责任人相应行政处分和经济处罚；构成犯罪的，依法追究刑事责任。

城管拿走商户元宵或其他物品如果是作为行政强制的征用，其行为是否合法则取决于相应行为是否遵守《宪法》第 13 条的规定。根据《宪法》第 13 条的规定，征用必须满足三个条件：其一，为了公共利益的需要；其二，依照法律规定；其三，给予补偿。哈尔滨双城市城管强拿商户元宵作为慰问品去慰问敬老院的行为如果是“征用”的话，可以认为满足了《宪法》规定的第一个条件：为了公共利益的需要。但却违反了《宪法》规定的第二个和第三个条件：没有任何法律授权哈尔滨双城市城管征用元宵作为慰问品去慰问敬老院；哈尔滨双城市城管征用元宵作为慰问品去慰问敬老院没有给予被征用商户任何补偿。所以，哈尔滨双城市城管强拿商户元宵作为慰问品去慰问敬老院的行为即使是“征用”，该征用行为也完全是违法的。

法治就是要尊重和保障民众权利*

写作背景:2011年,湖南省委制定了《法治湖南纲要》,提出省委要实现依法执政,省委省政府要依法治省的口号,并规定了依法执政、依法治省的一系列措施。《清风》杂志的记者据此就地方党委和地方政府在法治条件下,如何规范地方土地征收、房屋拆迁和依法补偿的问题,如何实现政务公开,特别是"三公经费"公开等问题对笔者进行了专访,形成了这篇访谈录。

记者:我国现在已经出台了《行政处罚法》、《行政许可法》和《行政强制法》,我国行政法体系是不是已经比较完善了?请您谈一谈我国行政法的现状和未来进一步发展、完善的任务。

姜明安:行政法的体系主要包括三大板块:第一大板块是行政组织法,第二大板块是行政行为法,第三大板块是行政法制监督、救济和责任法。行政组织法包括三方面的内容:行政机关组织法、编制法和公务员法。目前我国在行政机关组织法方面,已有了国务院组织法,还有一个地方各级人大和政府的统一组织法,但没有具体的地方各级政府(省、市、县、乡镇等)的组织法。长期以来,我国国务院各部门和各地方的行政组织法均是以国家编制部门制定的"三定方案"(或称"三定办法")①代替的。这带来很多问题:由于"三定方案"是根据不同时期、不同部门、不同情势编制的,标准不一,且随时调整变动,各部门的机构、职能有的可能互有交叉重合,有的则有遗漏,故行政机关相互之

* 该文原载《清风》2012年第5期。

① "三定方案"(或称"三定办法")是国家编制部门为各党政机关(不限于行政机关,而且包括人大机关、司法机关和党的机关等)定机构、定职能、定编制的一种规范性文件。

间有时会互相扯皮,有利的事情大家抢着干,无利的事情互相推诿,老百姓办事,政府部门相互"踢皮球",相对人不知应找哪个部门办。可见,我国在行政机关组织法方面的立法任务还非常繁重。在行政编制法和公务员法方面,现在有了国务院编制条例、地方政府编制条例和公务员法,应该说比较完善了,下一步的主要任务是具体化和制定实施细则。

行政行为法包括行为实体法和行为程序法。行政实体法主要是指部门行政法,现有一百多部法律。但缺项也还不少,如出版法、结社法、新闻法、政务信息公开法、个人信息保护法、公职人员家庭财产申报法、考试法、学校法、精神卫生法等。行为程序法包括一般行政程序法(行政程序法典)和行政程序单行法。一般行政程序法就像《民法通则》一样,适用于所有部门、所有类型的行政行为。行政程序单行法则只适用于某一部门或某一类型的行政行为。目前我国一般行政程序法还没有制定。行政程序单行法已有《行政处罚法》、《行政许可法》和《行政强制法》。尚缺的行政程序单行法还有行政收费法、行政征收征用法、行政裁决法等。当然,现在被我们称为"行政法三部曲"的《行政强制法》、《行政处罚法》和《行政许可法》并不完全是行政程序法,它们也有很多行政实体法的内容,如这三部法律对行政强制、行政处罚、行政许可权限(包括设定权、实施权)的限制,对行使这些行政权力的条件的限定等。只是这些法律的基本内容是程序,行政法对行政权最重要、最有效的控制是程序控制。因此,行政程序法是整个行政法的基干,目前我国行政法立法的最重要的任务是制定统一的行政程序法。

行政法制监督、救济、责任法包括《行政诉讼法》《行政复议法》《国家赔偿法》《行政监察法》《审计法》等。目前我国这部分法律制定得最为完善,接下来主要是补充、修改和细化的工作。2010 年人大完成了《国家赔偿法》的修订,2011 年以来,社会广泛呼吁启动对《行政诉讼法》和《行政复议法》的修改,前不久,北京大学宪法与行政法研究中心向全国人大常委会法工委提交了《行政诉讼法(修改建议稿)》,预计全国人大常委会法工委将很快启动正式的修改工作。

记者:去年,湖南省成立法律顾问团,您是首批法律顾问之一。请您谈谈对湖南省制定《法治湖南纲要》,实行依法执政的看法。

姜明安:党的十六大和十七大都明确提出了中国共产党作为中国执政党

要实行依法执政的执政方略。在中国,依法执政是依法治国、依法行政的关键和前提,没有中国共产党中央和各级地方党委的依法执政,中国要实现建设法治国家、法治政府、法治社会的目标和任务是不可能的。自依法执政作为党的执政方略提出以后,全党上下对之进行了认真的理论探讨和实践探索。去年,中共湖南省第九届十三次全会通过的《法治湖南建设纲要》在总结十六大以来学界对依法执政的理论研究成果和实务界对依法执政的实践探索经验的基础上,对湖南省各级党组织如何依法执政提出了一系列具体的可操作性的要求,初步设计了一条湖南各级党委实行依法执政的具体路径。本人认为,要全面实现依法执政的执政方略,具体路径的探讨比一般目标的确立更重要。《法治湖南建设纲要》所进行的这一探索,其意义非常重大深远,该纲要所提出的具体要求和设计的路径不仅适用于湖南,很多也适用于全国其他省市的党委,为全国地方党组织探索依法执政提供了重要的参考和启示。《法治湖南建设纲要》对依法执政提出的具体要求是多方面的,笔者认为最主要和最有价值的有以下十项:(1)从制度上、程序上规范党委与人大、政府、政协、司法机关以及人民团体的关系。(2)保障各级党组织必须在宪法和法律范围内活动,牢固树立"法律面前人人平等、制度面前没有特权、制度约束没有例外"的观念。(3)将"调查研究、征求意见、法律咨询和集体讨论决定"作为党委重大决策的必经程序,各级党委要按照"集体领导、民主集中、个别酝酿、会议决定"的原则决定重大事项。(4)发挥党委全委会对重大问题的决策作用,"推行和完善党委讨论决定重大问题和任用重要干部票决制"。(5)尊重《宪法》确立的人民民主制度。党委对地方重大事务的决策和主张,凡属于人大及其常委会职权范围内的,应向本级人大及其常委会提出建议,"由本级人大及其常委会作出决议或决定"。对涉及经济社会发展全局的重大事项,要广泛征求民意,充分进行协商和协调。(6)推行党务公开。除依法应保密的事项外,党内事务除应当通过一定方式和途径向党员主动公开外,党员还可按规定向党的基层组织申请公开。(7)建立健全党内情况通报和党内事务听证咨询制度。(8)加强党委新闻发布制度建设,高度重视互联网民意表达,提高在信息网络化条件下的执政能力和水平。(9)建立党内规范性文件备案审查制度。(10)加强党内监督,以领导干部特别是各级领导班子中的"一把手"为监督重点对象。《法治湖南建设纲要》通过"地方性知识"对执政党依法执政的具体路径所进行的认真扎实的探索是非常难能可贵的，尽管这种探索还是很初步的，但其精神值得全国各地党组织学习。

记者：现在，北京正在开全国“两会”，许多人大代表的政协委员提出要进一步加强和细化各级人民政府“三公经费”的公开，推进“三公经费”公开的规范化和制度化。您如何看待“三公经费”公开问题？

姜明安：去年3月23日，国务院召开常务会议，要求中央各部门在国务院向全国人大常委会报告中央财政决算时，向社会公开“三公”经费。之后，中央各部门（除个别部门外）陆续公开了本部门的“三公经费”情况。某些地方政府，如北京市政府，也主动公开了自己的“三公经费”情况。“三公经费”公开，是建设法治政府的要求。法治政府的基本要素之一是公开、透明。只有公开、透明，才能防止公权力滥用，防止政府官员腐败，保障政府的廉政、勤政。“三公经费”公开，是推进民主政治建设的需要。民主政治的基本含义是人民当家作主，而保障人民对国家事务有充分的知情权是人民当家作主的基本前提。人民如果没有对国家事务的知情权，政府如果对自己每年向纳税人收多少钱，这些钱都用于何处，有多少用于政府本身的运作（因公务出国、购车和接待等），都要向人民保密，那人民当家作主就很难真正实现，民主政治就很难有切实的保障。“三公经费”公开，也是维系人民对政府的信任，消除官民隔阂、矛盾，构建官民和谐关系的需要。政府要获得人民的信任，不仅要实实在在地做到廉政、勤政，而且要让老百姓切切实实感受到政府廉政、勤政。而要让老百姓切切实实感受到政府的廉政、勤政，政府就必须诚恳地将“三公经费”向老百姓公开，给老百姓一个明白的清单：自己花了多少钱，做了多少事，让老百姓感受到你确实廉政、勤政，没有大手大脚，没有用纳税人的钱胡吃海喝，没有公车私用，没有公款出国游山玩水。只有这样，人民才会信任政府。否则，即使你再廉政、勤政，也有人也会猜疑你、议论你，甚至有人会散布不实言论误导公众，从而导致政府与人民之间的隔阂、矛盾，动摇执政党的执政地位。

现在，全党和全国人民上上下下对“三公经费”公开的意义都有了比较清醒的认识，并且在“三公经费”公开的道路上已经迈出了可喜的第一步。但是，这仅仅只是第一步。要真正扎扎实实地实现“三公经费”公开的目标，真正切实发挥“三公经费”公开的应有作用，我们还有很长的路要走，很艰巨的工作要做。首先,应推进“三公经费”公开的制度化和规范化。目前,中央各部门“三公经费”公开只是源于国务院常务会议的一个决定,且该决定对公开的范围,公开的广度、深度,公开的方式和公开数据的说明缺乏统一的、具体的和规范化的要求。从而使现在各部门公开的内容、样式五花八门,有的只是应付差事地公开很抽象的几组数据,信息量非常有限。要改变这种情况,必须通过制定专门法律、法规或修改现行法律(如《预算法》)、法规(如《政府信息公开条例》)使“三公经费”公开制度化、规范化。其次,应推进对已公开的“三公经费”的审查,包括审查其真实性、合法性与合理性,从中发现“三公经费”制度运作,乃至整个政府行政运作中的问题和探讨治理、改进的对策。这个工作必须由专门的机构来做。对此,除了应切实加强各级人大财政预算专门委员会的审查力度,还应鼓励相关民间专门组织来从事这项工作。在政策上支持相关民间专门组织对政府“三公经费”进行深入细致的比较分析,包括对不同部门不同年度的“三公经费”进行纵向比较分析,以及对同一年度不同部门、不同地区,甚至不同国度的“三公经费”进行横向比较分析,从中发现问题,撰写和向社会公开发布分析报告。再次,还应建立“三公经费”公开方面的监督问责制度,对不依法定要求和规定期限、规定范围、规定方式、规定途径公布“三公经费”的部门和地方,不仅要追究直接责任人员的责任,还要对相应部门、地方的主要负责人和主管负责人问责。没有严格的问责制,“三公经费”公开制度就可能流于形式,甚至会一个部门接一个部门地退出,整个制度逐渐无声无息地走向消逝。最后,要进一步推进“三公经费”公开,还需健全、完善整个政府信息公开制度,特别是政务公开制度,包括整个预算、决算的公开,政府重大决策内容和过程的公开,行政立法和执法信息的公开,执政党及执政党党务部门信息的公开,等等。为此,必须制定统一的政务信息公开法(而不只是完善《政府信息公开条例》或将《政府信息公开条例》上升为法律),并建立人民法院对政务信息公开行为的司法审查和监督制度。没有整个政务信息公开制度的建立和完善,“三公经费”公开制度孤军深入是难以取得全面和持久的成效的。

“僵尸车”城市病应如何治理?*

写作背景:前几年,许多城市的马路边、小区内停放着一排排长时间(甚至一两年内)无人使用的“僵尸车”,既妨碍交通和造成其他正常使用车辆的市民无处停车,又影响市容美观和小区居民在小区内的正常通行,成为严重的“城市病”。对这一问题,《法制日报》记者朱琳进行了专题调查和报道,并就其中涉及的有关法律问题对笔者进行了采访。

记者:姜教授,现在许多城市对“僵尸车”的治理面临种种尴尬:公安交管部门只能对道路违法行驶和停放的车辆进行管理,对停在社区、停车场内的“僵尸车”无权采取拖移等强制措施,而城管和居委会、物业公司等,更无权处置属于业主个人财产的“僵尸车”。您认为在法律上应如何解决这一问题?

姜明安:如何解决这一城市“牛皮癣”的问题,首先要了解该问题的症结所在,导致该问题的原因有哪些。我认为现行相关法律法规缺乏处理“僵尸车”问题的完善规范是导致该问题的重要原因之一。要解决这一问题,首先应通过相应立法明确“僵尸车”的定义,确定处理“僵尸车”的主管部门和执法机关,赋予相应主管部门和执法机关一定的执法权限,使之在查处“僵尸车”的问题上能负起相应的责任。“僵尸车”是指什么样的车?如果从字面意思理解,应该是指那些长时间不开,且无人打理的废弃车辆。但这种字面理解并非法律用语,应在法律上明确其构成要件。如果法律构成要件不明确,执法机关不仅无法处理“僵尸车”,还极有可能因此而产生与作为行政相对人的车主

---

* 该访谈原载2017年12月5日《法制日报》第5版。发表时题为《立法赋予城管整治“僵尸车”职责——访北京大学宪法与行政法研究中心主任姜明安》。

的争议和纠纷。“僵尸车”法律构成要件大致应包括:车辆停放在停车场或小区多久时间才算“长时间”不开,是一周,还是一年?或者几个月?另外,其停放地点也应考虑,其停车地是否影响所在小区居民的出行?车主长时间不开车而停放的原因似乎也应作为考虑的因素,如有的车主可能出国一年两年,其车子在其回国后还是要继续使用的,这一两年内的停放位置确实不对,如果这个车还是个新车或半新的车,这种情况简单地归入“僵尸车”的范畴给处理掉也似有不妥。因此,确定车辆是否属于“僵尸车”,其法律构成要件应当好好研究一下,如果要件不明确,执法机关就难以治理。

记者:关于“僵尸车”的处理,目前我国法律法规是否尚无任何规定?

姜明安:对于占用公共道路临时停车位的“僵尸车”,目前我国国家法律层面上确属空白,但我国地方性法规已有相关规定出台。2014 年 4 月 1 日起施行的《厦门经济特区机动车停车场管理条例》第 23 条规定,机动车停放者不得在非道路停车泊位或者在道路停车泊位的非停车时段停放车辆,不得影响道路停车泊位的使用功能或者占用道路停车泊位时间持续超过 48 小时。对于这一违法行为,该条例第 41 条规定,由公安机关交通管理部门责令改正,并处以 500 元的罚款。机动车停放者拒绝立即驶离,妨碍其他车辆、行人通行的,交警可以将车辆拖走,所发生的费用由违法行为人承担。之后,北京市第十四届人大常委会第四十二次会议上审议的《北京市机动车停车条例(草案)》(三审稿)规定,对于不按规定缴纳停车费的,停车场管理单位可以在停车人补交费用之前,拒绝为其提供停车服务,对于拒绝交费并强行停放的车辆,可以采取限制驶离的措施。对于厦门市和北京市的规定,本人认为,在目前缺乏国家法律层面规定的情形下,通过地方立法的方式让“僵尸车”挪窝变得于法有据。但地方立法毕竟只能在相应地方适用,对于全国的“僵尸车”治理来说,制定国家层面的法律法规是必要的。另外,厦门市和北京市的地方立法并未对免费停车场或者社区停车位车辆停放时间加以限制。对此同样需要加以规定,对长期占用公用免费停车位或者社区停车位的“僵尸车”,似可参照上述地方立法关于治理停放于道路旁的“僵尸车”的相关规定处理。

记者:您认为法律应授权哪个主管部门和执法机关治理“僵尸车”较为合适?

姜明安:目前,对于路面停车位、社区、停车场等地段的“僵尸车”,由于不属于交警部门的管辖范围,现在一般由社区物业、居委会以及城管部门主管。城管工作人员提出,有些“僵尸车”多藏身背街小巷,所处路面产权较为复杂,到底是否归他们管也不明确。本人认为,“僵尸车”无论藏身何处,都应该予以清理。应通过立法建立长期有效的监管措施,明确主管部门和执法机关,主管部门应统一,不宜“多龙治水”、多头执法。本人倾向于授权公安交管部门主管,但公安交管部门警力不足,可以根据各地的不同情况,由法规授权或交管部门委托城管进行相应执法。但城管反映,他们在执法时,需要核对车辆信息,但城管部门目前不具有收集获取车主身份资料的权限。另外,城管将“僵尸车”强行拖走,但没有专门的停车场存放。城管能实施的强制措施十分有限。不过,这一问题现在有望解决:2011 年 6 月 30 日第十一届全国人大常委会第二十一次会议通过,2012 年 1 月 1 日起施行的《行政强制法》第 17 条第 2 款规定,依据《行政处罚法》的规定行使相对集中行政处罚权的行政机关,可以实施法律、法规规定的与行政处罚权有关的行政强制措施。这条规定似乎就是专门为城管部门量身打造的,过去城管部门没有实施行政强制措施权,有了这个法律依据,城管部门在执法过程中就可以依法采取相关强制措施了。城管对于疑似“僵尸车”的问题车辆,可通知车主挪车,车主不挪,其可将有交通违法行为的车辆拖至指定停车场存放,并通知或公告车主限期处理,若无法联系车主,可依法规或交管部门的授权,核查机动车车主的资料信息,通知车主认领,6 个月后仍未认领则可对车辆进行报废处理。法规之所以应授权由城管担负查处“僵尸车”的执法工作,是因为城管作为一个集中行使执法权的部门,可以接受政府有关部门的委托,并根据相关部门的授权进行一系列执法活动,其执法方式统一、且效率较高,由其统一处理涉及多部门且情况较复杂的“僵尸车”问题,其执法效果远胜于多头执法。当然,对城管的执法权限应配置适当并加以规范,以防止其滥用执法权。

记者:为了治理“僵尸车”的问题,法律法规是否应对机动车的使用期限加以明确规定?

姜明安:机动车均有其使用寿命,一定年限后车辆会不同程度老化,存在安全隐患不适合上路行驶,因此法律法规应规定各种机动车辆的报废年限。执法机关除了对已成为“僵尸车”的车辆应及时进行清理处置,对于使用期限已到,可能变成“僵尸车”的应报废车辆,应重视对之回收利用。根据《道路交通安全法》第 14 条的规定，国家实行机动车强制报废制度，根据机动车的安全技术状况和不同用途，规定不同的报废标准。2013 年 5 月 1 日起施行的《机动车强制报废标准规定》第 5 条明确了各类机动车的使用年限，如小、微型出租客运汽车使用期限为 8 年，中型出租客运汽车使用期限为 10 年，大型出租客运汽车使用期限为 12 年等。但是对于小、微型非营运载客汽车、大型非营运轿车、轮式专用机械车未规定使用年限，只在该规定第 7 条非强制性要求，国家对达到一定行驶里程的机动车引导报废。为了推进机动车报废制度的实施，有关政策法规在车辆审验、事故追查、二手车交易方面规定了一系列相应配套措施。但目前我国的报废车回收率总的还很低，仅为 40%。这是因为车辆报废的手续复杂、价格低、补贴少，同时，对该报废而未报废的车辆没有严格处理措施，车主应承担什么样的法律责任也不明确。正是这些原因造成了车主宁可把车辆搁成“僵尸车”，也不愿意主动对超过使用年限的车辆进行报废。因此，我建议今后应当简化车辆报废手续，适当提高报废车辆的补贴，以促使车主自觉和主动对超过使用年限的车辆办理报废手续，从而达到更有效治理“僵尸车”这一城市病的效果。

附录

中华人民共和国行政处罚法

（1996年3月17日第八届全国人民代表大会第四次会议通过　根据2009年8月27日第十一届全国人民代表大会常务委员会第十次会议《关于修改部分法律的决定》第一次修正　根据2017年9月1日第十二届全国人民代表大会常务委员会第二十九次会议《关于修改〈中华人民共和国法官法〉等八部法律的决定》第二次修正　2021年1月22日第十三届全国人民代表大会常务委员会第二十五次会议修订　2021年1月22日中华人民共和国主席令第七十号公布）

目　　录

第一章　总　　则

第一条　为了规范行政处罚的设定和实施，保障和监督行政机关有效实施行政管理,维护公共利益和社会秩序,保护公民、法人或者其他组织的合法权益,根据宪法,制定本法。

第二条 行政处罚是指行政机关依法对违反行政管理秩序的公民、法人或者其他组织,以减损权益或者增加义务的方式予以惩戒的行为。

第三条 行政处罚的设定和实施,适用本法。

第四条 公民、法人或者其他组织违反行政管理秩序的行为,应当给予行政处罚的,依照本法由法律、法规、规章规定,并由行政机关依照本法规定的程序实施。

第五条 行政处罚遵循公正、公开的原则。

设定和实施行政处罚必须以事实为依据,与违法行为的事实、性质、情节以及社会危害程度相当。

对违法行为给予行政处罚的规定必须公布;未经公布的,不得作为行政处罚的依据。

第六条 实施行政处罚,纠正违法行为,应当坚持处罚与教育相结合,教育公民、法人或者其他组织自觉守法。

第七条 公民、法人或者其他组织对行政机关所给予的行政处罚,享有陈述权、申辩权;对行政处罚不服的,有权依法申请行政复议或者提起行政诉讼。

公民、法人或者其他组织因行政机关违法给予行政处罚受到损害的,有权依法提出赔偿要求。

第八条 公民、法人或者其他组织因违法行为受到行政处罚,其违法行为对他人造成损害的,应当依法承担民事责任。

违法行为构成犯罪,应当依法追究刑事责任的,不得以行政处罚代替刑事处罚。

第二章 行政处罚的种类和设定

第九条 行政处罚的种类:

(一)警告、通报批评;

(二)罚款、没收违法所得、没收非法财物;

(三)暂扣许可证件、降低资质等级、吊销许可证件;

(四)限制开展生产经营活动、责令停产停业、责令关闭、限制从业;

（五）行政拘留；

（六）法律、行政法规规定的其他行政处罚。

第十条 法律可以设定各种行政处罚。

限制人身自由的行政处罚，只能由法律设定。

第十一条 行政法规可以设定除限制人身自由以外的行政处罚。

法律对违法行为已经作出行政处罚规定，行政法规需要作出具体规定的，必须在法律规定的给予行政处罚的行为、种类和幅度的范围内规定。

法律对违法行为未作出行政处罚规定，行政法规为实施法律，可以补充设定行政处罚。拟补充设定行政处罚的，应当通过听证会、论证会等形式广泛听取意见，并向制定机关作出书面说明。行政法规报送备案时，应当说明补充设定行政处罚的情况。

第十二条 地方性法规可以设定除限制人身自由、吊销营业执照以外的行政处罚。

法律、行政法规对违法行为已经作出行政处罚规定，地方性法规需要作出具体规定的，必须在法律、行政法规规定的给予行政处罚的行为、种类和幅度的范围内规定。

法律、行政法规对违法行为未作出行政处罚规定，地方性法规为实施法律、行政法规，可以补充设定行政处罚。拟补充设定行政处罚的，应当通过听证会、论证会等形式广泛听取意见，并向制定机关作出书面说明。地方性法规报送备案时，应当说明补充设定行政处罚的情况。

第十三条 国务院部门规章可以在法律、行政法规规定的给予行政处罚的行为、种类和幅度的范围内作出具体规定。

尚未制定法律、行政法规的，国务院部门规章对违反行政管理秩序的行为，可以设定警告、通报批评或者一定数额罚款的行政处罚。罚款的限额由国务院规定。

第十四条 地方政府规章可以在法律、法规规定的给予行政处罚的行为、种类和幅度的范围内作出具体规定。

尚未制定法律、法规的，地方政府规章对违反行政管理秩序的行为，可以设定警告、通报批评或者一定数额罚款的行政处罚。罚款的限额由省、自治区、直辖市人民代表大会常务委员会规定。

第十五条 国务院部门和省、自治区、直辖市人民政府及其有关部门应当定期组织评估行政处罚的实施情况和必要性，对不适当的行政处罚事项及种类、罚款数额等，应当提出修改或者废止的建议。

第十六条 除法律、法规、规章外，其他规范性文件不得设定行政处罚。

第三章 行政处罚的实施机关

第十七条 行政处罚由具有行政处罚权的行政机关在法定职权范围内实施。

第十八条 国家在城市管理、市场监管、生态环境、文化市场、交通运输、应急管理、农业等领域推行建立综合行政执法制度，相对集中行政处罚权。

国务院或者省、自治区、直辖市人民政府可以决定一个行政机关行使有关行政机关的行政处罚权。

限制人身自由的行政处罚权只能由公安机关和法律规定的其他机关行使。

第十九条 法律、法规授权的具有管理公共事务职能的组织可以在法定授权范围内实施行政处罚。

第二十条 行政机关依照法律、法规、规章的规定，可以在其法定权限内书面委托符合本法第二十一条规定条件的组织实施行政处罚。行政机关不得委托其他组织或者个人实施行政处罚。

委托书应当载明委托的具体事项、权限、期限等内容。委托行政机关和受委托组织应当将委托书向社会公布。

委托行政机关对受委托组织实施行政处罚的行为应当负责监督，并对该行为的后果承担法律责任。

受委托组织在委托范围内，以委托行政机关名义实施行政处罚；不得再委托其他组织或者个人实施行政处罚。

第二十一条 受委托组织必须符合以下条件：

（一）依法成立并具有管理公共事务职能；

（二）有熟悉有关法律、法规、规章和业务并取得行政执法资格的工作人员；

（三）需要进行技术检查或者技术鉴定的，应当有条件组织进行相应的技术检查或者技术鉴定。

第四章　行政处罚的管辖和适用

第二十二条　行政处罚由违法行为发生地的行政机关管辖。法律、行政法规、部门规章另有规定的，从其规定。

第二十三条　行政处罚由县级以上地方人民政府具有行政处罚权的行政机关管辖。法律、行政法规另有规定的，从其规定。

第二十四条　省、自治区、直辖市根据当地实际情况，可以决定将基层管理迫切需要的县级人民政府部门的行政处罚权交由能够有效承接的乡镇人民政府、街道办事处行使，并定期组织评估。决定应当公布。

承接行政处罚权的乡镇人民政府、街道办事处应当加强执法能力建设，按照规定范围、依照法定程序实施行政处罚。

有关地方人民政府及其部门应当加强组织协调、业务指导、执法监督，建立健全行政处罚协调配合机制，完善评议、考核制度。

第二十五条　两个以上行政机关都有管辖权的，由最先立案的行政机关管辖。

对管辖发生争议的，应当协商解决，协商不成的，报请共同的上一级行政机关指定管辖；也可以直接由共同的上一级行政机关指定管辖。

第二十六条　行政机关因实施行政处罚的需要，可以向有关机关提出协助请求。协助事项属于被请求机关职权范围内的，应当依法予以协助。

第二十七条　违法行为涉嫌犯罪的，行政机关应当及时将案件移送司法机关，依法追究刑事责任。对依法不需要追究刑事责任或者免予刑事处罚，但应当给予行政处罚的，司法机关应当及时将案件移送有关行政机关。

行政处罚实施机关与司法机关之间应当加强协调配合，建立健全案件移送制度，加强证据材料移交、接收衔接，完善案件处理信息通报机制。

第二十八条　行政机关实施行政处罚时，应当责令当事人改正或者限期改正违法行为。

当事人有违法所得，除依法应当退赔的外，应当予以没收。违法所得是指实施违法行为所取得的款项。法律、行政法规、部门规章对违法所得的计算另有规定的，从其规定。

第二十九条 对当事人的同一个违法行为,不得给予两次以上罚款的行政处罚。同一个违法行为违反多个法律规范应当给予罚款处罚的,按照罚款数额高的规定处罚。

第三十条 不满十四周岁的未成年人有违法行为的,不予行政处罚,责令监护人加以管教;已满十四周岁不满十八周岁的未成年人有违法行为的,应当从轻或者减轻行政处罚。

第三十一条 精神病人、智力残疾人在不能辨认或者不能控制自己行为时有违法行为的,不予行政处罚,但应当责令其监护人严加看管和治疗。间歇性精神病人在精神正常时有违法行为的,应当给予行政处罚。尚未完全丧失辨认或者控制自己行为能力的精神病人、智力残疾人有违法行为的,可以从轻或者减轻行政处罚。

第三十二条 当事人有下列情形之一,应当从轻或者减轻行政处罚:

(一)主动消除或者减轻违法行为危害后果的;

(二)受他人胁迫或者诱骗实施违法行为的;

(三)主动供述行政机关尚未掌握的违法行为的;

(四)配合行政机关查处违法行为有立功表现的;

(五)法律、法规、规章规定其他应当从轻或者减轻行政处罚的。

第三十三条 违法行为轻微并及时改正,没有造成危害后果的,不予行政处罚。初次违法且危害后果轻微并及时改正的,可以不予行政处罚。

当事人有证据足以证明没有主观过错的,不予行政处罚。法律、行政法规另有规定的,从其规定。

对当事人的违法行为依法不予行政处罚的,行政机关应当对当事人进行教育。

第三十四条 行政机关可以依法制定行政处罚裁量基准,规范行使行政处罚裁量权。行政处罚裁量基准应当向社会公布。

第三十五条 违法行为构成犯罪,人民法院判处拘役或者有期徒刑时,行政机关已经给予当事人行政拘留的,应当依法折抵相应刑期。

违法行为构成犯罪,人民法院判处罚金时,行政机关已经给予当事人罚款的,应当折抵相应罚金;行政机关尚未给予当事人罚款的,不再给予罚款。

第三十六条 违法行为在二年内未被发现的,不再给予行政处罚;涉及公民生命健康安全、金融安全且有危害后果的,上述期限延长至五年。法律另有规定的除外。

前款规定的期限,从违法行为发生之日起计算;违法行为有连续或者继续状态的,从行为终了之日起计算。

第三十七条 实施行政处罚,适用违法行为发生时的法律、法规、规章的规定。但是,作出行政处罚决定时,法律、法规、规章已被修改或者废止,且新的规定处罚较轻或者不认为是违法的,适用新的规定。

第三十八条 行政处罚没有依据或者实施主体不具有行政主体资格的,行政处罚无效。

违反法定程序构成重大且明显违法的,行政处罚无效。

第五章 行政处罚的决定

第一节 一般规定

第三十九条 行政处罚的实施机关、立案依据、实施程序和救济渠道等信息应当公示。

第四十条 公民、法人或者其他组织违反行政管理秩序的行为,依法应当给予行政处罚的,行政机关必须查明事实;违法事实不清、证据不足的,不得给予行政处罚。

第四十一条 行政机关依照法律、行政法规规定利用电子技术监控设备收集、固定违法事实的,应当经过法制和技术审核,确保电子技术监控设备符合标准、设置合理、标志明显,设置地点应当向社会公布。

电子技术监控设备记录违法事实应当真实、清晰、完整、准确。行政机关应当审核记录内容是否符合要求;未经审核或者经审核不符合要求的,不得作为行政处罚的证据。

行政机关应当及时告知当事人违法事实,并采取信息化手段或者其他措施,为当事人查询、陈述和申辩提供便利。不得限制或者变相限制当事人享有的陈述权、申辩权。

第四十二条 行政处罚应当由具有行政执法资格的执法人员实施。执法人员不得少于两人,法律另有规定的除外。

执法人员应当文明执法，尊重和保护当事人合法权益。

第四十三条 执法人员与案件有直接利害关系或者有其他关系可能影响公正执法的，应当回避。

当事人认为执法人员与案件有直接利害关系或者有其他关系可能影响公正执法的，有权申请回避。

当事人提出回避申请的，行政机关应当依法审查，由行政机关负责人决定。决定作出之前，不停止调查。

第四十四条 行政机关在作出行政处罚决定之前，应当告知当事人拟作出的行政处罚内容及事实、理由、依据，并告知当事人依法享有的陈述、申辩、要求听证等权利。

第四十五条 当事人有权进行陈述和申辩。行政机关必须充分听取当事人的意见，对当事人提出的事实、理由和证据，应当进行复核；当事人提出的事实、理由或者证据成立的，行政机关应当采纳。

行政机关不得因当事人陈述、申辩而给予更重的处罚。

第四十六条 证据包括：

（一）书证；

（二）物证；

（三）视听资料；

（四）电子数据；

（五）证人证言；

（六）当事人的陈述；

（七）鉴定意见；

（八）勘验笔录、现场笔录。

证据必须经查证属实，方可作为认定案件事实的根据。

以非法手段取得的证据，不得作为认定案件事实的根据。

第四十七条 行政机关应当依法以文字、音像等形式，对行政处罚的启动、调查取证、审核、决定、送达、执行等进行全过程记录，归档保存。

第四十八条 具有一定社会影响的行政处罚决定应当依法公开。

公开的行政处罚决定被依法变更、撤销、确认违法或者确认无效的，行政机关应当在三日内撤回行政处罚决定信息并公开说明理由。

第四十九条 发生重大传染病疫情等突发事件，为了控制、减轻和消除突发事件引起的社会危害，行政机关对违反突发事件应对措施的行为，依法快速、从重处罚。

第五十条 行政机关及其工作人员对实施行政处罚过程中知悉的国家秘密、商业秘密或者个人隐私，应当依法予以保密。

第二节 简易程序

第五十一条 违法事实确凿并有法定依据，对公民处以二百元以下、对法人或者其他组织处以三千元以下罚款或者警告的行政处罚的，可以当场作出行政处罚决定。法律另有规定的，从其规定。

第五十二条 执法人员当场作出行政处罚决定的，应当向当事人出示执法证件，填写预定格式、编有号码的行政处罚决定书，并当场交付当事人。当事人拒绝签收的，应当在行政处罚决定书上注明。

前款规定的行政处罚决定书应当载明当事人的违法行为，行政处罚的种类和依据、罚款数额、时间、地点，申请行政复议、提起行政诉讼的途径和期限以及行政机关名称，并由执法人员签名或者盖章。

执法人员当场作出的行政处罚决定，应当报所属行政机关备案。

第五十三条 对当场作出的行政处罚决定，当事人应当依照本法第六十七条至第六十九条的规定履行。

第三节 普通程序

第五十四条 除本法第五十一条规定的可以当场作出的行政处罚外，行政机关发现公民、法人或者其他组织有依法应当给予行政处罚的行为的，必须全面、客观、公正地调查，收集有关证据；必要时，依照法律、法规的规定，可以进行检查。

符合立案标准的，行政机关应当及时立案。

第五十五条 执法人员在调查或者进行检查时，应当主动向当事人或者有关人员出示执法证件。当事人或者有关人员有权要求执法人员出示执法证件。执法人员不出示执法证件的，当事人或者有关人员有权拒绝接受调查或者检查。

当事人或者有关人员应当如实回答询问，并协助调查或者检查，不得拒绝或者阻挠。询问或者检查应当制作笔录。

第五十六条 行政机关在收集证据时，可以采取抽样取证的方法；在证据可能灭失或者以后难以取得的情况下，经行政机关负责人批准，可以先行登记保存，并应当在七日内及时作出处理决定，在此期间，当事人或者有关人员不得销毁或者转移证据。

第五十七条 调查终结，行政机关负责人应当对调查结果进行审查，根据不同情况，分别作出如下决定：

（一）确有应受行政处罚的违法行为的，根据情节轻重及具体情况，作出行政处罚决定；

（二）违法行为轻微，依法可以不予行政处罚的，不予行政处罚；

（三）违法事实不能成立的，不予行政处罚；

（四）违法行为涉嫌犯罪的，移送司法机关。

对情节复杂或者重大违法行为给予行政处罚，行政机关负责人应当集体讨论决定。

第五十八条 有下列情形之一，在行政机关负责人作出行政处罚的决定之前，应当由从事行政处罚决定法制审核的人员进行法制审核；未经法制审核或者审核未通过的，不得作出决定：

（一）涉及重大公共利益的；

（二）直接关系当事人或者第三人重大权益，经过听证程序的；

（三）案件情况疑难复杂、涉及多个法律关系的；

（四）法律、法规规定应当进行法制审核的其他情形。

行政机关中初次从事行政处罚决定法制审核的人员，应当通过国家统一法律职业资格考试取得法律职业资格。

第五十九条 行政机关依照本法第五十七条的规定给予行政处罚，应当制作行政处罚决定书。行政处罚决定书应当载明下列事项：

（一）当事人的姓名或者名称、地址；

（二）违反法律、法规、规章的事实和证据；

（三）行政处罚的种类和依据；

（四）行政处罚的履行方式和期限；

（五）申请行政复议、提起行政诉讼的途径和期限；

（六）作出行政处罚决定的行政机关名称和作出决定的日期。

行政处罚决定书必须盖有作出行政处罚决定的行政机关的印章。

第六十条 行政机关应当自行政处罚案件立案之日起九十日内作出行政处罚决定。法律、法规、规章另有规定的，从其规定。

第六十一条 行政处罚决定书应当在宣告后当场交付当事人；当事人不在场的，行政机关应当在七日内依照《中华人民共和国民事诉讼法》的有关规定，将行政处罚决定书送达当事人。

当事人同意并签订确认书的，行政机关可以采用传真、电子邮件等方式，将行政处罚决定书等送达当事人。

第六十二条 行政机关及其执法人员在作出行政处罚决定之前，未依照本法第四十四条、第四十五条的规定向当事人告知拟作出的行政处罚内容及事实、理由、依据，或者拒绝听取当事人的陈述、申辩，不得作出行政处罚决定；当事人明确放弃陈述或者申辩权利的除外。

第四节 听证程序

第六十三条 行政机关拟作出下列行政处罚决定，应当告知当事人有要求听证的权利，当事人要求听证的，行政机关应当组织听证：

（一）较大数额罚款；

（二）没收较大数额违法所得、没收较大价值非法财物；

（三）降低资质等级、吊销许可证件；

（四）责令停产停业、责令关闭、限制从业；

（五）其他较重的行政处罚；

（六）法律、法规、规章规定的其他情形。

当事人不承担行政机关组织听证的费用。

第六十四条 听证应当依照以下程序组织：

（一）当事人要求听证的，应当在行政机关告知后五日内提出；

（二）行政机关应当在举行听证的七日前，通知当事人及有关人员听证的时间、地点；

（三）除涉及国家秘密、商业秘密或者个人隐私依法予以保密外，听证公

开举行;

(四)听证由行政机关指定的非本案调查人员主持;当事人认为主持人与本案有直接利害关系的,有权申请回避;

(五)当事人可以亲自参加听证,也可以委托一至二人代理;

(六)当事人及其代理人无正当理由拒不出席听证或者未经许可中途退出听证的,视为放弃听证权利,行政机关终止听证;

(七)举行听证时,调查人员提出当事人违法的事实、证据和行政处罚建议,当事人进行申辩和质证;

(八)听证应当制作笔录。笔录应当交当事人或者其代理人核对无误后签字或者盖章。当事人或者其代理人拒绝签字或者盖章的,由听证主持人在笔录中注明。

第六十五条 听证结束后,行政机关应当根据听证笔录,依照本法第五十七条的规定,作出决定。

第六章 行政处罚的执行

第六十六条 行政处罚决定依法作出后,当事人应当在行政处罚决定书载明的期限内,予以履行。

当事人确有经济困难,需要延期或者分期缴纳罚款的,经当事人申请和行政机关批准,可以暂缓或者分期缴纳。

第六十七条 作出罚款决定的行政机关应当与收缴罚款的机构分离。

除依照本法第六十八条、第六十九条的规定当场收缴的罚款外,作出行政处罚决定的行政机关及其执法人员不得自行收缴罚款。

当事人应当自收到行政处罚决定书之日起十五日内,到指定的银行或者通过电子支付系统缴纳罚款。银行应当收受罚款,并将罚款直接上缴国库。

第六十八条 依照本法第五十一条的规定当场作出行政处罚决定,有下列情形之一,执法人员可以当场收缴罚款:

(一)依法给予一百元以下罚款的;

(二)不当场收缴事后难以执行的。

第六十九条 在边远、水上、交通不便地区,行政机关及其执法人员依照本法第五十一条、第五十七条的规定作出罚款决定后,当事人到指定的银行或者通过电子支付系统缴纳罚款确有困难,经当事人提出,行政机关及其执法人员可以当场收缴罚款。

第七十条 行政机关及其执法人员当场收缴罚款的,必须向当事人出具国务院财政部门或者省、自治区、直辖市人民政府财政部门统一制发的专用票据;不出具财政部门统一制发的专用票据的,当事人有权拒绝缴纳罚款。

第七十一条 执法人员当场收缴的罚款,应当自收缴罚款之日起二日内,交至行政机关;在水上当场收缴的罚款,应当自抵岸之日起二日内交至行政机关;行政机关应当在二日内将罚款缴付指定的银行。

第七十二条 当事人逾期不履行行政处罚决定的,作出行政处罚决定的行政机关可以采取下列措施:

(一)到期不缴纳罚款的,每日按罚款数额的百分之三加处罚款,加处罚款的数额不得超出罚款的数额;

(二)根据法律规定,将查封、扣押的财物拍卖、依法处理或者将冻结的存款、汇款划拨抵缴罚款;

(三)根据法律规定,采取其他行政强制执行方式;

(四)依照《中华人民共和国行政强制法》的规定申请人民法院强制执行。

行政机关批准延期、分期缴纳罚款的,申请人民法院强制执行的期限,自暂缓或者分期缴纳罚款期限结束之日起计算。

第七十三条 当事人对行政处罚决定不服,申请行政复议或者提起行政诉讼的,行政处罚不停止执行,法律另有规定的除外。

当事人对限制人身自由的行政处罚决定不服,申请行政复议或者提起行政诉讼的,可以向作出决定的机关提出暂缓执行申请。符合法律规定情形的,应当暂缓执行。

当事人申请行政复议或者提起行政诉讼的,加处罚款的数额在行政复议或者行政诉讼期间不予计算。

第七十四条 除依法应当予以销毁的物品外,依法没收的非法财物必须按照国家规定公开拍卖或者按照国家有关规定处理。

罚款、没收的违法所得或者没收非法财物拍卖的款项,必须全部上缴国库,任何行政机关或者个人不得以任何形式截留、私分或者变相私分。

罚款、没收的违法所得或者没收非法财物拍卖的款项,不得同作出行政处罚决定的行政机关及其工作人员的考核、考评直接或者变相挂钩。除依法应当退还、退赔的外，财政部门不得以任何形式向作出行政处罚决定的行政机关返还罚款、没收的违法所得或者没收非法财物拍卖的款项。

第七十五条 行政机关应当建立健全对行政处罚的监督制度。县级以上人民政府应当定期组织开展行政执法评议、考核，加强对行政处罚的监督检查，规范和保障行政处罚的实施。

行政机关实施行政处罚应当接受社会监督。公民、法人或者其他组织对行政机关实施行政处罚的行为，有权申诉或者检举；行政机关应当认真审查，发现有错误的，应当主动改正。

第七章 法律责任

第七十六条 行政机关实施行政处罚，有下列情形之一，由上级行政机关或者有关机关责令改正，对直接负责的主管人员和其他直接责任人员依法给予处分：

（一）没有法定的行政处罚依据的；

（二）擅自改变行政处罚种类、幅度的；

（三）违反法定的行政处罚程序的；

（四）违反本法第二十条关于委托处罚的规定的；

（五）执法人员未取得执法证件的。

行政机关对符合立案标准的案件不及时立案的，依照前款规定予以处理。

第七十七条 行政机关对当事人进行处罚不使用罚款、没收财物单据或者使用非法定部门制发的罚款、没收财物单据的，当事人有权拒绝，并有权予以检举，由上级行政机关或者有关机关对使用的非法单据予以收缴销毁，对直接负责的主管人员和其他直接责任人员依法给予处分。

第七十八条 行政机关违反本法第六十七条的规定自行收缴罚款的，财政部门违反本法第七十四条的规定向行政机关返还罚款、没收的违法所得或者拍卖款项的，由上级行政机关或者有关机关责令改正，对直接负责的主管人员和其他直接责任人员依法给予处分。

第七十九条 行政机关截留、私分或者变相私分罚款、没收的违法所得或者财物的，由财政部门或者有关机关予以追缴，对直接负责的主管人员和其他直接责任人员依法给予处分；情节严重构成犯罪的，依法追究刑事责任。

执法人员利用职务上的便利，索取或者收受他人财物、将收缴罚款据为己有，构成犯罪的，依法追究刑事责任；情节轻微不构成犯罪的，依法给予处分。

第八十条 行政机关使用或者损毁查封、扣押的财物，对当事人造成损失的，应当依法予以赔偿，对直接负责的主管人员和其他直接责任人员依法给予处分。

第八十一条 行政机关违法实施检查措施或者执行措施，给公民人身或者财产造成损害、给法人或者其他组织造成损失的，应当依法予以赔偿，对直接负责的主管人员和其他直接责任人员依法给予处分；情节严重构成犯罪的，依法追究刑事责任。

第八十二条 行政机关对应当依法移交司法机关追究刑事责任的案件不移交，以行政处罚代替刑事处罚，由上级行政机关或者有关机关责令改正，对直接负责的主管人员和其他直接责任人员依法给予处分；情节严重构成犯罪的，依法追究刑事责任。

第八十三条 行政机关对应当予以制止和处罚的违法行为不予制止、处罚，致使公民、法人或者其他组织的合法权益、公共利益和社会秩序遭受损害的，对直接负责的主管人员和其他直接责任人员依法给予处分；情节严重构成犯罪的，依法追究刑事责任。

第八章　附　　则

第八十四条 外国人、无国籍人、外国组织在中华人民共和国领域内有违法行为，应当给予行政处罚的，适用本法，法律另有规定的除外。

第八十五条 本法中“二日”“三日”“五日”“七日”的规定是指工作日，不含法定节假日。

第八十六条 本法自2021年7月15日起施行。

中华人民共和国行政许可法

（2003年8月27日第十届全国人民代表大会常务委员会第四次会议通过　2003年8月27日中华人民共和国主席令第七号公布　根据2019年4月23日第十三届全国人民代表大会常务委员会第十次会议《关于修改〈中华人民共和国建筑法〉等八部法律的决定》修正）

目　　录

第一章　总　　则

第一条　为了规范行政许可的设定和实施，保护公民、法人和其他组织的合法权益,维护公共利益和社会秩序,保障和监督行政机关有效实施行政管理,根据宪法,制定本法。

第二条 本法所称行政许可,是指行政机关根据公民、法人或者其他组织的申请,经依法审查,准予其从事特定活动的行为。

第三条 行政许可的设定和实施,适用本法。

有关行政机关对其他机关或者对其直接管理的事业单位的人事、财务、外事等事项的审批,不适用本法。

第四条 设定和实施行政许可,应当依照法定的权限、范围、条件和程序。

第五条 设定和实施行政许可,应当遵循公开、公平、公正、非歧视的原则。

有关行政许可的规定应当公布;未经公布的,不得作为实施行政许可的依据。行政许可的实施和结果,除涉及国家秘密、商业秘密或者个人隐私的外,应当公开。未经申请人同意,行政机关及其工作人员、参与专家评审等的人员不得披露申请人提交的商业秘密、未披露信息或者保密商务信息,法律另有规定或者涉及国家安全、重大社会公共利益的除外;行政机关依法公开申请人前述信息的,允许申请人在合理期限内提出异议。

符合法定条件、标准的,申请人有依法取得行政许可的平等权利,行政机关不得歧视任何人。

第六条 实施行政许可,应当遵循便民的原则,提高办事效率,提供优质服务。

第七条 公民、法人或者其他组织对行政机关实施行政许可,享有陈述权、申辩权;有权依法申请行政复议或者提起行政诉讼;其合法权益因行政机关违法实施行政许可受到损害的,有权依法要求赔偿。

第八条 公民、法人或者其他组织依法取得的行政许可受法律保护,行政机关不得擅自改变已经生效的行政许可。

行政许可所依据的法律、法规、规章修改或者废止,或者准予行政许可所依据的客观情况发生重大变化的,为了公共利益的需要,行政机关可以依法变更或者撤回已经生效的行政许可。由此给公民、法人或者其他组织造成财产损失的,行政机关应当依法给予补偿。

第九条 依法取得的行政许可,除法律、法规规定依照法定条件和程序可以转让的外,不得转让。

第十条 县级以上人民政府应当建立健全对行政机关实施行政许可的监督制度,加强对行政机关实施行政许可的监督检查。

行政机关应当对公民、法人或者其他组织从事行政许可事项的活动实施有效监督。

第二章 行政许可的设定

第十一条 设定行政许可,应当遵循经济和社会发展规律,有利于发挥公民、法人或者其他组织的积极性、主动性,维护公共利益和社会秩序,促进经济、社会和生态环境协调发展。

第十二条 下列事项可以设定行政许可:

(一)直接涉及国家安全、公共安全、经济宏观调控、生态环境保护以及直接关系人身健康、生命财产安全等特定活动,需要按照法定条件予以批准的事项;

(二)有限自然资源开发利用、公共资源配置以及直接关系公共利益的特定行业的市场准入等,需要赋予特定权利的事项;

(三)提供公众服务并且直接关系公共利益的职业、行业,需要确定具备特殊信誉、特殊条件或者特殊技能等资格、资质的事项;

(四)直接关系公共安全、人身健康、生命财产安全的重要设备、设施、产品、物品,需要按照技术标准、技术规范,通过检验、检测、检疫等方式进行审定的事项;

(五)企业或者其他组织的设立等,需要确定主体资格的事项;

(六)法律、行政法规规定可以设定行政许可的其他事项。

第十三条 本法第十二条所列事项,通过下列方式能够予以规范的,可以不设行政许可:

(一)公民、法人或者其他组织能够自主决定的;

(二)市场竞争机制能够有效调节的;

(三)行业组织或者中介机构能够自律管理的;

(四)行政机关采用事后监督等其他行政管理方式能够解决的。

第十四条 本法第十二条所列事项,法律可以设定行政许可。尚未制定法律的,行政法规可以设定行政许可。

必要时,国务院可以采用发布决定的方式设定行政许可。实施后,除临时性行政许可事项外,国务院应当及时提请全国人民代表大会及其常务委员会制定法律,或者自行制定行政法规。

第十五条 本法第十二条所列事项,尚未制定法律、行政法规的,地方性法规可以设定行政许可;尚未制定法律、行政法规和地方性法规的,因行政管理的需要,确需立即实施行政许可的,省、自治区、直辖市人民政府规章可以设定临时性的行政许可。临时性的行政许可实施满一年需要继续实施的,应当提请本级人民代表大会及其常务委员会制定地方性法规。

地方性法规和省、自治区、直辖市人民政府规章,不得设定应当由国家统一确定的公民、法人或者其他组织的资格、资质的行政许可;不得设定企业或者其他组织的设立登记及其前置性行政许可。其设定的行政许可,不得限制其他地区的个人或者企业到本地区从事生产经营和提供服务,不得限制其他地区的商品进入本地区市场。

第十六条 行政法规可以在法律设定的行政许可事项范围内,对实施该行政许可作出具体规定。

地方性法规可以在法律、行政法规设定的行政许可事项范围内,对实施该行政许可作出具体规定。

规章可以在上位法设定的行政许可事项范围内,对实施该行政许可作出具体规定。

法规、规章对实施上位法设定的行政许可作出的具体规定,不得增设行政许可;对行政许可条件作出的具体规定,不得增设违反上位法的其他条件。

第十七条 除本法第十四条、第十五条规定的外,其他规范性文件一律不得设定行政许可。

第十八条 设定行政许可,应当规定行政许可的实施机关、条件、程序、期限。

第十九条 起草法律草案、法规草案和省、自治区、直辖市人民政府规章草案,拟设定行政许可的,起草单位应当采取听证会、论证会等形式听取意见,并向制定机关说明设定该行政许可的必要性、对经济和社会可能产生的影响以及听取和采纳意见的情况。

第二十条 行政许可的设定机关应当定期对其设定的行政许可进行评价;对已设定的行政许可,认为通过本法第十三条所列方式能够解决的,应当对设定该行政许可的规定及时予以修改或者废止。

行政许可的实施机关可以对已设定的行政许可的实施情况及存在的必要性适时进行评价,并将意见报告该行政许可的设定机关。

公民、法人或者其他组织可以向行政许可的设定机关和实施机关就行政许可的设定和实施提出意见和建议。

第二十一条 省、自治区、直辖市人民政府对行政法规设定的有关经济事务的行政许可,根据本行政区域经济和社会发展情况,认为通过本法第十三条所列方式能够解决的,报国务院批准后,可以在本行政区域内停止实施该行政许可。

第三章 行政许可的实施机关

第二十二条 行政许可由具有行政许可权的行政机关在其法定职权范围内实施。

第二十三条 法律、法规授权的具有管理公共事务职能的组织,在法定授权范围内,以自己的名义实施行政许可。被授权的组织适用本法有关行政机关的规定。

第二十四条 行政机关在其法定职权范围内,依照法律、法规、规章的规定,可以委托其他行政机关实施行政许可。委托机关应当将受委托行政机关和受委托实施行政许可的内容予以公告。

委托行政机关对受委托行政机关实施行政许可的行为应当负责监督,并对该行为的后果承担法律责任。

受委托行政机关在委托范围内,以委托行政机关名义实施行政许可;不得再委托其他组织或者个人实施行政许可。

第二十五条 经国务院批准,省、自治区、直辖市人民政府根据精简、统一、效能的原则,可以决定一个行政机关行使有关行政机关的行政许可权。

第二十六条 行政许可需要行政机关内设的多个机构办理的,该行政机关应当确定一个机构统一受理行政许可申请,统一送达行政许可决定。

行政许可依法由地方人民政府两个以上部门分别实施的,本级人民政府可以确定一个部门受理行政许可申请并转告有关部门分别提出意见后统一办理,或者组织有关部门联合办理、集中办理。

第二十七条 行政机关实施行政许可,不得向申请人提出购买指定商品、接受有偿服务等不正当要求。

行政机关工作人员办理行政许可,不得索取或者收受申请人的财物,不得谋取其他利益。

第二十八条 对直接关系公共安全、人身健康、生命财产安全的设备、设施、产品、物品的检验、检测、检疫,除法律、行政法规规定由行政机关实施的外,应当逐步由符合法定条件的专业技术组织实施。专业技术组织及其有关人员对所实施的检验、检测、检疫结论承担法律责任。

第四章 行政许可的实施程序

第一节 申请与受理

第二十九条 公民、法人或者其他组织从事特定活动,依法需要取得行政许可的,应当向行政机关提出申请。申请书需要采用格式文本的,行政机关应当向申请人提供行政许可申请书格式文本。申请书格式文本中不得包含与申请行政许可事项没有直接关系的内容。

申请人可以委托代理人提出行政许可申请。但是,依法应当由申请人到行政机关办公场所提出行政许可申请的除外。

行政许可申请可以通过信函、电报、电传、传真、电子数据交换和电子邮件等方式提出。

第三十条 行政机关应当将法律、法规、规章规定的有关行政许可的事项、依据、条件、数量、程序、期限以及需要提交的全部材料的目录和申请书示范文本等在办公场所公示。

申请人要求行政机关对公示内容予以说明、解释的,行政机关应当说明、解释,提供准确、可靠的信息。

第三十一条 申请人申请行政许可,应当如实向行政机关提交有关材料和反映真实情况,并对其申请材料实质内容的真实性负责。行政机关不得要求申请人提交与其申请的行政许可事项无关的技术资料和其他材料。

行政机关及其工作人员不得以转让技术作为取得行政许可的条件;不得在实施行政许可的过程中,直接或者间接地要求转让技术。

第三十二条 行政机关对申请人提出的行政许可申请,应当根据下列情况分别作出处理:

(一)申请事项依法不需要取得行政许可的,应当即时告知申请人不受理;

(二)申请事项依法不属于本行政机关职权范围的,应当即时作出不予受理的决定,并告知申请人向有关行政机关申请;

(三)申请材料存在可以当场更正的错误的,应当允许申请人当场更正;

(四)申请材料不齐全或者不符合法定形式的,应当当场或者在五日内一次告知申请人需要补正的全部内容,逾期不告知的,自收到申请材料之日起即为受理;

(五)申请事项属于本行政机关职权范围,申请材料齐全、符合法定形式,或者申请人按照本行政机关的要求提交全部补正申请材料的,应当受理行政许可申请。

行政机关受理或者不予受理行政许可申请,应当出具加盖本行政机关专用印章和注明日期的书面凭证。

第三十三条 行政机关应当建立和完善有关制度,推行电子政务,在行政机关的网站上公布行政许可事项,方便申请人采取数据电文等方式提出行政许可申请;应当与其他行政机关共享有关行政许可信息,提高办事效率。

第二节 审查与决定

第三十四条 行政机关应当对申请人提交的申请材料进行审查。

申请人提交的申请材料齐全、符合法定形式,行政机关能够当场作出决定的,应当当场作出书面的行政许可决定。

根据法定条件和程序,需要对申请材料的实质内容进行核实的,行政机关应当指派两名以上工作人员进行核查。

第三十五条 依法应当先经下级行政机关审查后报上级行政机关决定的行政许可,下级行政机关应当在法定期限内将初步审查意见和全部申请材料直接报送上级行政机关。上级行政机关不得要求申请人重复提供申请材料。

第三十六条 行政机关对行政许可申请进行审查时，发现行政许可事项直接关系他人重大利益的，应当告知该利害关系人。申请人、利害关系人有权进行陈述和申辩。行政机关应当听取申请人、利害关系人的意见。

第三十七条 行政机关对行政许可申请进行审查后，除当场作出行政许可决定的外，应当在法定期限内按照规定程序作出行政许可决定。

第三十八条 申请人的申请符合法定条件、标准的，行政机关应当依法作出准予行政许可的书面决定。

行政机关依法作出不予行政许可的书面决定的，应当说明理由，并告知申请人享有依法申请行政复议或者提起行政诉讼的权利。

第三十九条 行政机关作出准予行政许可的决定，需要颁发行政许可证件的，应当向申请人颁发加盖本行政机关印章的下列行政许可证件：

（一）许可证、执照或者其他许可证书；

（二）资格证、资质证或者其他合格证书；

（三）行政机关的批准文件或者证明文件；

（四）法律、法规规定的其他行政许可证件。

行政机关实施检验、检测、检疫的，可以在检验、检测、检疫合格的设备、设施、产品、物品上加贴标签或者加盖检验、检测、检疫印章。

第四十条 行政机关作出的准予行政许可决定，应当予以公开，公众有权查阅。

第四十一条 法律、行政法规设定的行政许可，其适用范围没有地域限制的，申请人取得的行政许可在全国范围内有效。

第三节 期　　限

第四十二条 除可以当场作出行政许可决定的外，行政机关应当自受理行政许可申请之日起二十日内作出行政许可决定。二十日内不能作出决定的，经本行政机关负责人批准，可以延长十日，并应当将延长期限的理由告知申请人。但是，法律、法规另有规定的，依照其规定。

依照本法第二十六条的规定，行政许可采取统一办理或者联合办理、集中办理的，办理的时间不得超过四十五日；四十五日内不能办结的，经本级人民政府负责人批准，可以延长十五日，并应当将延长期限的理由告知申请人。

第四十三条 依法应当先经下级行政机关审查后报上级行政机关决定的行政许可,下级行政机关应当自其受理行政许可申请之日起二十日内审查完毕。但是,法律、法规另有规定的,依照其规定。

第四十四条 行政机关作出准予行政许可的决定,应当自作出决定之日起十日内向申请人颁发、送达行政许可证件,或者加贴标签、加盖检验、检测、检疫印章。

第四十五条 行政机关作出行政许可决定,依法需要听证、招标、拍卖、检验、检测、检疫、鉴定和专家评审的,所需时间不计算在本节规定的期限内。行政机关应当将所需时间书面告知申请人。

第四节 听　　证

第四十六条 法律、法规、规章规定实施行政许可应当听证的事项,或者行政机关认为需要听证的其他涉及公共利益的重大行政许可事项,行政机关应当向社会公告,并举行听证。

第四十七条 行政许可直接涉及申请人与他人之间重大利益关系的,行政机关在作出行政许可决定前,应当告知申请人、利害关系人享有要求听证的权利;申请人、利害关系人在被告知听证权利之日起五日内提出听证申请的,行政机关应当在二十日内组织听证。

申请人、利害关系人不承担行政机关组织听证的费用。

第四十八条 听证按照下列程序进行:

(一)行政机关应当于举行听证的七日前将举行听证的时间、地点通知申请人、利害关系人,必要时予以公告;

(二)听证应当公开举行;

(三)行政机关应当指定审查该行政许可申请的工作人员以外的人员为听证主持人,申请人、利害关系人认为主持人与该行政许可事项有直接利害关系的,有权申请回避;

(四)举行听证时,审查该行政许可申请的工作人员应当提供审查意见的证据、理由,申请人、利害关系人可以提出证据,并进行申辩和质证;

(五)听证应当制作笔录,听证笔录应当交听证参加人确认无误后签字或者盖章。

行政机关应当根据听证笔录，作出行政许可决定。

第五节 变更与延续

第四十九条 被许可人要求变更行政许可事项的，应当向作出行政许可决定的行政机关提出申请；符合法定条件、标准的，行政机关应当依法办理变更手续。

第五十条 被许可人需要延续依法取得的行政许可的有效期的，应当在该行政许可有效期届满三十日前向作出行政许可决定的行政机关提出申请。但是，法律、法规、规章另有规定的，依照其规定。

行政机关应当根据被许可人的申请，在该行政许可有效期届满前作出是否准予延续的决定；逾期未作决定的，视为准予延续。

第六节 特别规定

第五十一条 实施行政许可的程序，本节有规定的，适用本节规定；本节没有规定的，适用本章其他有关规定。

第五十二条 国务院实施行政许可的程序，适用有关法律、行政法规的规定。

第五十三条 实施本法第十二条第二项所列事项的行政许可的，行政机关应当通过招标、拍卖等公平竞争的方式作出决定。但是，法律、行政法规另有规定的，依照其规定。

行政机关通过招标、拍卖等方式作出行政许可决定的具体程序，依照有关法律、行政法规的规定。

行政机关按照招标、拍卖程序确定中标人、买受人后，应当作出准予行政许可的决定，并依法向中标人、买受人颁发行政许可证件。

行政机关违反本条规定，不采用招标、拍卖方式，或者违反招标、拍卖程序，损害申请人合法权益的，申请人可以依法申请行政复议或者提起行政诉讼。

第五十四条 实施本法第十二条第三项所列事项的行政许可，赋予公民特定资格，依法应当举行国家考试的，行政机关根据考试成绩和其他法定条件作出行政许可决定；赋予法人或者其他组织特定的资格、资质的，行政机关根据申请人的专业人员构成、技术条件、经营业绩和管理水平等的考核结果作出行政许可决定。但是,法律、行政法规另有规定的,依照其规定。

公民特定资格的考试依法由行政机关或者行业组织实施,公开举行。行政机关或者行业组织应当事先公布资格考试的报名条件、报考办法、考试科目以及考试大纲。但是,不得组织强制性的资格考试的考前培训,不得指定教材或者其他助考材料。

第五十五条 实施本法第十二条第四项所列事项的行政许可的,应当按照技术标准、技术规范依法进行检验、检测、检疫,行政机关根据检验、检测、检疫的结果作出行政许可决定。

行政机关实施检验、检测、检疫,应当自受理申请之日起五日内指派两名以上工作人员按照技术标准、技术规范进行检验、检测、检疫。不需要对检验、检测、检疫结果作进一步技术分析即可认定设备、设施、产品、物品是否符合技术标准、技术规范的,行政机关应当当场作出行政许可决定。

行政机关根据检验、检测、检疫结果,作出不予行政许可决定的,应当书面说明不予行政许可所依据的技术标准、技术规范。

第五十六条 实施本法第十二条第五项所列事项的行政许可,申请人提交的申请材料齐全、符合法定形式的,行政机关应当当场予以登记。需要对申请材料的实质内容进行核实的,行政机关依照本法第三十四条第三款的规定办理。

第五十七条 有数量限制的行政许可,两个或者两个以上申请人的申请均符合法定条件、标准的,行政机关应当根据受理行政许可申请的先后顺序作出准予行政许可的决定。但是,法律、行政法规另有规定的,依照其规定。

第五章 行政许可的费用

第五十八条 行政机关实施行政许可和对行政许可事项进行监督检查,不得收取任何费用。但是,法律、行政法规另有规定的,依照其规定。

行政机关提供行政许可申请书格式文本,不得收费。

行政机关实施行政许可所需经费应当列入本行政机关的预算,由本级财政予以保障,按照批准的预算予以核拨。

第五十九条 行政机关实施行政许可,依照法律、行政法规收取费用的,应当按照公布的法定项目和标准收费;所收取的费用必须全部上缴国库,任何机关或者个人不得以任何形式截留、挪用、私分或者变相私分。财政部门不得以任何形式向行政机关返还或者变相返还实施行政许可所收取的费用。

第六章 监督检查

第六十条 上级行政机关应当加强对下级行政机关实施行政许可的监督检查,及时纠正行政许可实施中的违法行为。

第六十一条 行政机关应当建立健全监督制度,通过核查反映被许可人从事行政许可事项活动情况的有关材料,履行监督责任。

行政机关依法对被许可人从事行政许可事项的活动进行监督检查时,应当将监督检查的情况和处理结果予以记录,由监督检查人员签字后归档。公众有权查阅行政机关监督检查记录。

行政机关应当创造条件,实现与被许可人、其他有关行政机关的计算机档案系统互联,核查被许可人从事行政许可事项活动情况。

第六十二条 行政机关可以对被许可人生产经营的产品依法进行抽样检查、检验、检测,对其生产经营场所依法进行实地检查。检查时,行政机关可以依法查阅或者要求被许可人报送有关材料;被许可人应当如实提供有关情况和材料。

行政机关根据法律、行政法规的规定,对直接关系公共安全、人身健康、生命财产安全的重要设备、设施进行定期检验。对检验合格的,行政机关应当发给相应的证明文件。

第六十三条 行政机关实施监督检查,不得妨碍被许可人正常的生产经营活动,不得索取或者收受被许可人的财物,不得谋取其他利益。

第六十四条 被许可人在作出行政许可决定的行政机关管辖区域外违法从事行政许可事项活动的,违法行为发生地的行政机关应当依法将被许可人的违法事实、处理结果抄告作出行政许可决定的行政机关。

第六十五条 个人和组织发现违法从事行政许可事项的活动,有权向行政机关举报,行政机关应当及时核实、处理。

第六十六条 被许可人未依法履行开发利用自然资源义务或者未依法履

行利用公共资源义务的,行政机关应当责令限期改正;被许可人在规定期限内不改正的,行政机关应当依照有关法律、行政法规的规定予以处理。

第六十七条 取得直接关系公共利益的特定行业的市场准入行政许可的被许可人,应当按照国家规定的服务标准、资费标准和行政机关依法规定的条件,向用户提供安全、方便、稳定和价格合理的服务,并履行普遍服务的义务;未经作出行政许可决定的行政机关批准,不得擅自停业、歇业。

被许可人不履行前款规定的义务的,行政机关应当责令限期改正,或者依法采取有效措施督促其履行义务。

第六十八条 对直接关系公共安全、人身健康、生命财产安全的重要设备、设施,行政机关应当督促设计、建造、安装和使用单位建立相应的自检制度。

行政机关在监督检查时,发现直接关系公共安全、人身健康、生命财产安全的重要设备、设施存在安全隐患的,应当责令停止建造、安装和使用,并责令设计、建造、安装和使用单位立即改正。

第六十九条 有下列情形之一的,作出行政许可决定的行政机关或者其上级行政机关,根据利害关系人的请求或者依据职权,可以撤销行政许可:

(一)行政机关工作人员滥用职权、玩忽职守作出准予行政许可决定的;

(二)超越法定职权作出准予行政许可决定的;

(三)违反法定程序作出准予行政许可决定的;

(四)对不具备申请资格或者不符合法定条件的申请人准予行政许可的;

(五)依法可以撤销行政许可的其他情形。

被许可人以欺骗、贿赂等不正当手段取得行政许可的,应当予以撤销。

依照前两款的规定撤销行政许可,可能对公共利益造成重大损害的,不予撤销。

依照本条第一款的规定撤销行政许可,被许可人的合法权益受到损害的,行政机关应当依法给予赔偿。依照本条第二款的规定撤销行政许可的,被许可人基于行政许可取得的利益不受保护。

第七十条 有下列情形之一的,行政机关应当依法办理有关行政许可的注销手续:

(一)行政许可有效期届满未延续的;

（二）赋予公民特定资格的行政许可，该公民死亡或者丧失行为能力的；

（三）法人或者其他组织依法终止的；

（四）行政许可依法被撤销、撤回，或者行政许可证件依法被吊销的；

（五）因不可抗力导致行政许可事项无法实施的；

（六）法律、法规规定的应当注销行政许可的其他情形。

第七章　法律责任

第七十一条　违反本法第十七条规定设定的行政许可，有关机关应当责令设定该行政许可的机关改正，或者依法予以撤销。

第七十二条　行政机关及其工作人员违反本法的规定，有下列情形之一的，由其上级行政机关或者监察机关责令改正；情节严重的，对直接负责的主管人员和其他直接责任人员依法给予行政处分：

（一）对符合法定条件的行政许可申请不予受理的；

（二）不在办公场所公示依法应当公示的材料的；

（三）在受理、审查、决定行政许可过程中，未向申请人、利害关系人履行法定告知义务的；

（四）申请人提交的申请材料不齐全、不符合法定形式，不一次告知申请人必须补正的全部内容的；

（五）违法披露申请人提交的商业秘密、未披露信息或者保密商务信息的；

（六）以转让技术作为取得行政许可的条件，或者在实施行政许可的过程中直接或者间接地要求转让技术的；

（七）未依法说明不受理行政许可申请或者不予行政许可的理由的；

（八）依法应当举行听证而不举行听证的。

第七十三条　行政机关工作人员办理行政许可、实施监督检查，索取或者收受他人财物或者谋取其他利益，构成犯罪的，依法追究刑事责任；尚不构成犯罪的，依法给予行政处分。

第七十四条　行政机关实施行政许可，有下列情形之一的，由其上级行政机关或者监察机关责令改正，对直接负责的主管人员和其他直接责任人员依法给予行政处分；构成犯罪的，依法追究刑事责任：

（一）对不符合法定条件的申请人准予行政许可或者超越法定职权作出准予行政许可决定的；

（二）对符合法定条件的申请人不予行政许可或者不在法定期限内作出准予行政许可决定的；

（三）依法应当根据招标、拍卖结果或者考试成绩择优作出准予行政许可决定，未经招标、拍卖或者考试，或者不根据招标、拍卖结果或者考试成绩择优作出准予行政许可决定的。

第七十五条 行政机关实施行政许可，擅自收费或者不按照法定项目和标准收费的，由其上级行政机关或者监察机关责令退还非法收取的费用；对直接负责的主管人员和其他直接责任人员依法给予行政处分。

截留、挪用、私分或者变相私分实施行政许可依法收取的费用的，予以追缴；对直接负责的主管人员和其他直接责任人员依法给予行政处分；构成犯罪的，依法追究刑事责任。

第七十六条 行政机关违法实施行政许可，给当事人的合法权益造成损害的，应当依照国家赔偿法的规定给予赔偿。

第七十七条 行政机关不依法履行监督职责或者监督不力，造成严重后果的，由其上级行政机关或者监察机关责令改正，对直接负责的主管人员和其他直接责任人员依法给予行政处分；构成犯罪的，依法追究刑事责任。

第七十八条 行政许可申请人隐瞒有关情况或者提供虚假材料申请行政许可的，行政机关不予受理或者不予行政许可，并给予警告；行政许可申请属于直接关系公共安全、人身健康、生命财产安全事项的，申请人在一年内不得再次申请该行政许可。

第七十九条 被许可人以欺骗、贿赂等不正当手段取得行政许可的，行政机关应当依法给予行政处罚；取得的行政许可属于直接关系公共安全、人身健康、生命财产安全事项的，申请人在三年内不得再次申请该行政许可；构成犯罪的，依法追究刑事责任。

第八十条 被许可人有下列行为之一的，行政机关应当依法给予行政处罚；构成犯罪的，依法追究刑事责任：

（一）涂改、倒卖、出租、出借行政许可证件，或者以其他形式非法转让行政许可的；

(二)超越行政许可范围进行活动的；

(三)向负责监督检查的行政机关隐瞒有关情况、提供虚假材料或者拒绝提供反映其活动情况的真实材料的；

(四)法律、法规、规章规定的其他违法行为。

第八十一条 公民、法人或者其他组织未经行政许可，擅自从事依法应当取得行政许可的活动的，行政机关应当依法采取措施予以制止，并依法给予行政处罚；构成犯罪的，依法追究刑事责任。

第八章 附 则

第八十二条 本法规定的行政机关实施行政许可的期限以工作日计算，不含法定节假日。

第八十三条 本法自2004年7月1日起施行。

本法施行前有关行政许可的规定，制定机关应当依照本法规定予以清理；不符合本法规定的，自本法施行之日起停止执行。

中华人民共和国行政强制法

（2011年6月30日第十一届全国人民代表大会常务委员会第二十一次会议通过　2011年6月30日中华人民共和国主席令第四十九号公布）

目　　录

第一章　总　　则

第一条　为了规范行政强制的设定和实施，保障和监督行政机关依法履行职责，维护公共利益和社会秩序，保护公民、法人和其他组织的合法权益，根据宪法，制定本法。

第二条　本法所称行政强制，包括行政强制措施和行政强制执行。

行政强制措施，是指行政机关在行政管理过程中，为制止违法行为、防止证据损毁、避免危害发生、控制危险扩大等情形，依法对公民的人身自由实施暂时性限制，或者对公民、法人或者其他组织的财物实施暂时性控制的行为。

行政强制执行，是指行政机关或者行政机关申请人民法院，对不履行行政决定的公民、法人或者其他组织，依法强制履行义务的行为。

第三条 行政强制的设定和实施，适用本法。

发生或者即将发生自然灾害、事故灾难、公共卫生事件或者社会安全事件等突发事件，行政机关采取应急措施或者临时措施，依照有关法律、行政法规的规定执行。

行政机关采取金融业审慎监管措施、进出境货物强制性技术监控措施，依照有关法律、行政法规的规定执行。

第四条 行政强制的设定和实施，应当依照法定的权限、范围、条件和程序。

第五条 行政强制的设定和实施，应当适当。采用非强制手段可以达到行政管理目的的，不得设定和实施行政强制。

第六条 实施行政强制，应当坚持教育与强制相结合。

第七条 行政机关及其工作人员不得利用行政强制权为单位或者个人谋取利益。

第八条 公民、法人或者其他组织对行政机关实施行政强制，享有陈述权、申辩权；有权依法申请行政复议或者提起行政诉讼；因行政机关违法实施行政强制受到损害的，有权依法要求赔偿。

公民、法人或者其他组织因人民法院在强制执行中有违法行为或者扩大强制执行范围受到损害的，有权依法要求赔偿。

第二章　行政强制的种类和设定

第九条 行政强制措施的种类：

（一）限制公民人身自由；

（二）查封场所、设施或者财物；

（三）扣押财物；

（四）冻结存款、汇款；

（五）其他行政强制措施。

第十条 行政强制措施由法律设定。

尚未制定法律，且属于国务院行政管理职权事项的，行政法规可以设定除本法第九条第一项、第四项和应当由法律规定的行政强制措施以外的其他行政强制措施。

尚未制定法律、行政法规，且属于地方性事务的，地方性法规可以设定本法第九条第二项、第三项的行政强制措施。

法律、法规以外的其他规范性文件不得设定行政强制措施。

第十一条 法律对行政强制措施的对象、条件、种类作了规定的，行政法规、地方性法规不得作出扩大规定。

法律中未设定行政强制措施的，行政法规、地方性法规不得设定行政强制措施。但是，法律规定特定事项由行政法规规定具体管理措施的，行政法规可以设定除本法第九条第一项、第四项和应当由法律规定的行政强制措施以外的其他行政强制措施。

第十二条 行政强制执行的方式：

（一）加处罚款或者滞纳金；

（二）划拨存款、汇款；

（三）拍卖或者依法处理查封、扣押的场所、设施或者财物；

（四）排除妨碍、恢复原状；

（五）代履行；

（六）其他强制执行方式。

第十三条 行政强制执行由法律设定。

法律没有规定行政机关强制执行的，作出行政决定的行政机关应当申请人民法院强制执行。

第十四条 起草法律草案、法规草案，拟设定行政强制的，起草单位应当采取听证会、论证会等形式听取意见，并向制定机关说明设定该行政强制的必要性、可能产生的影响以及听取和采纳意见的情况。

第十五条 行政强制的设定机关应当定期对其设定的行政强制进行评价，并对不适当的行政强制及时予以修改或者废止。

行政强制的实施机关可以对已设定的行政强制的实施情况及存在的必要

性适时进行评价，并将意见报告该行政强制的设定机关。

公民、法人或者其他组织可以向行政强制的设定机关和实施机关就行政强制的设定和实施提出意见和建议。有关机关应当认真研究论证，并以适当方式予以反馈。

第三章　行政强制措施实施程序

第一节　一般规定

第十六条　行政机关履行行政管理职责，依照法律、法规的规定，实施行政强制措施。

违法行为情节显著轻微或者没有明显社会危害的，可以不采取行政强制措施。

第十七条　行政强制措施由法律、法规规定的行政机关在法定职权范围内实施。行政强制措施权不得委托。

依据《中华人民共和国行政处罚法》的规定行使相对集中行政处罚权的行政机关，可以实施法律、法规规定的与行政处罚权有关的行政强制措施。

行政强制措施应当由行政机关具备资格的行政执法人员实施，其他人员不得实施。

第十八条　行政机关实施行政强制措施应当遵守下列规定：

（一）实施前须向行政机关负责人报告并经批准；

（二）由两名以上行政执法人员实施；

（三）出示执法身份证件；

（四）通知当事人到场；

（五）当场告知当事人采取行政强制措施的理由、依据以及当事人依法享有的权利、救济途径；

（六）听取当事人的陈述和申辩；

（七）制作现场笔录；

（八）现场笔录由当事人和行政执法人员签名或者盖章，当事人拒绝的，在笔录中予以注明；

（九）当事人不到场的，邀请见证人到场，由见证人和行政执法人员在现

场笔录上签名或者盖章;

(十)法律、法规规定的其他程序。

第十九条 情况紧急,需要当场实施行政强制措施的,行政执法人员应当在二十四小时内向行政机关负责人报告,并补办批准手续。行政机关负责人认为不应当采取行政强制措施的,应当立即解除。

第二十条 依照法律规定实施限制公民人身自由的行政强制措施,除应当履行本法第十八条规定的程序外,还应当遵守下列规定:

(一)当场告知或者实施行政强制措施后立即通知当事人家属实施行政强制措施的行政机关、地点和期限;

(二)在紧急情况下当场实施行政强制措施的,在返回行政机关后,立即向行政机关负责人报告并补办批准手续;

(三)法律规定的其他程序。

实施限制人身自由的行政强制措施不得超过法定期限。实施行政强制措施的目的已经达到或者条件已经消失,应当立即解除。

第二十一条 违法行为涉嫌犯罪应当移送司法机关的,行政机关应当将查封、扣押、冻结的财物一并移送,并书面告知当事人。

第二节 查封、扣押

第二十二条 查封、扣押应当由法律、法规规定的行政机关实施,其他任何行政机关或者组织不得实施。

第二十三条 查封、扣押限于涉案的场所、设施或者财物,不得查封、扣押与违法行为无关的场所、设施或者财物;不得查封、扣押公民个人及其所扶养家属的生活必需品。

当事人的场所、设施或者财物已被其他国家机关依法查封的,不得重复查封。

第二十四条 行政机关决定实施查封、扣押的,应当履行本法第十八条规定的程序,制作并当场交付查封、扣押决定书和清单。

查封、扣押决定书应当载明下列事项:

(一)当事人的姓名或者名称、地址;

(二)查封、扣押的理由、依据和期限;

（三）查封、扣押场所、设施或者财物的名称、数量等；

（四）申请行政复议或者提起行政诉讼的途径和期限；

（五）行政机关的名称、印章和日期。

查封、扣押清单一式二份，由当事人和行政机关分别保存。

第二十五条 查封、扣押的期限不得超过三十日；情况复杂的，经行政机关负责人批准，可以延长，但是延长期限不得超过三十日。法律、行政法规另有规定的除外。

延长查封、扣押的决定应当及时书面告知当事人，并说明理由。

对物品需要进行检测、检验、检疫或者技术鉴定的，查封、扣押的期间不包括检测、检验、检疫或者技术鉴定的期间。检测、检验、检疫或者技术鉴定的期间应当明确，并书面告知当事人。检测、检验、检疫或者技术鉴定的费用由行政机关承担。

第二十六条 对查封、扣押的场所、设施或者财物，行政机关应当妥善保管，不得使用或者损毁；造成损失的，应当承担赔偿责任。

对查封的场所、设施或者财物，行政机关可以委托第三人保管，第三人不得损毁或者擅自转移、处置。因第三人的原因造成的损失，行政机关先行赔付后，有权向第三人追偿。

因查封、扣押发生的保管费用由行政机关承担。

第二十七条 行政机关采取查封、扣押措施后，应当及时查清事实，在本法第二十五条规定的期限内作出处理决定。对违法事实清楚，依法应当没收的非法财物予以没收；法律、行政法规规定应当销毁的，依法销毁；应当解除查封、扣押的，作出解除查封、扣押的决定。

第二十八条 有下列情形之一的，行政机关应当及时作出解除查封、扣押决定：

（一）当事人没有违法行为；

（二）查封、扣押的场所、设施或者财物与违法行为无关；

（三）行政机关对违法行为已经作出处理决定，不再需要查封、扣押；

（四）查封、扣押期限已经届满；

（五）其他不再需要采取查封、扣押措施的情形。

解除查封、扣押应当立即退还财物；已将鲜活物品或者其他不易保管的财物拍卖或者变卖的,退还拍卖或者变卖所得款项。变卖价格明显低于市场价格,给当事人造成损失的,应当给予补偿。

第三节 冻　　结

第二十九条 冻结存款、汇款应当由法律规定的行政机关实施,不得委托给其他行政机关或者组织;其他任何行政机关或者组织不得冻结存款、汇款。

冻结存款、汇款的数额应当与违法行为涉及的金额相当;已被其他国家机关依法冻结的,不得重复冻结。

第三十条 行政机关依照法律规定决定实施冻结存款、汇款的,应当履行本法第十八条第一项、第二项、第三项、第七项规定的程序,并向金融机构交付冻结通知书。

金融机构接到行政机关依法作出的冻结通知书后,应当立即予以冻结,不得拖延,不得在冻结前向当事人泄露信息。

法律规定以外的行政机关或者组织要求冻结当事人存款、汇款的,金融机构应当拒绝。

第三十一条 依照法律规定冻结存款、汇款的,作出决定的行政机关应当在三日内向当事人交付冻结决定书。冻结决定书应当载明下列事项:

(一)当事人的姓名或者名称、地址;

(二)冻结的理由、依据和期限;

(三)冻结的账号和数额;

(四)申请行政复议或者提起行政诉讼的途径和期限;

(五)行政机关的名称、印章和日期。

第三十二条 自冻结存款、汇款之日起三十日内,行政机关应当作出处理决定或者作出解除冻结决定;情况复杂的,经行政机关负责人批准,可以延长,但是延长期限不得超过三十日。法律另有规定的除外。

延长冻结的决定应当及时书面告知当事人,并说明理由。

第三十三条 有下列情形之一的,行政机关应当及时作出解除冻结决定:

(一)当事人没有违法行为;

(二)冻结的存款、汇款与违法行为无关;

(三)行政机关对违法行为已经作出处理决定,不再需要冻结;

(四)冻结期限已经届满;

(五)其他不再需要采取冻结措施的情形。

行政机关作出解除冻结决定的,应当及时通知金融机构和当事人。金融机构接到通知后,应当立即解除冻结。

行政机关逾期未作出处理决定或者解除冻结决定的,金融机构应当自冻结期满之日起解除冻结。

第四章　行政机关强制执行程序

第一节　一般规定

第三十四条　行政机关依法作出行政决定后,当事人在行政机关决定的期限内不履行义务的,具有行政强制执行权的行政机关依照本章规定强制执行。

第三十五条　行政机关作出强制执行决定前,应当事先催告当事人履行义务。催告应当以书面形式作出,并载明下列事项:

(一)履行义务的期限;

(二)履行义务的方式;

(三)涉及金钱给付的,应当有明确的金额和给付方式;

(四)当事人依法享有的陈述权和申辩权。

第三十六条　当事人收到催告书后有权进行陈述和申辩。行政机关应当充分听取当事人的意见,对当事人提出的事实、理由和证据,应当进行记录、复核。当事人提出的事实、理由或者证据成立的,行政机关应当采纳。

第三十七条　经催告,当事人逾期仍不履行行政决定,且无正当理由的,行政机关可以作出强制执行决定。

强制执行决定应当以书面形式作出,并载明下列事项:

(一)当事人的姓名或者名称、地址;

(二)强制执行的理由和依据;

(三)强制执行的方式和时间;

(四)申请行政复议或者提起行政诉讼的途径和期限;

(五)行政机关的名称、印章和日期。

在催告期间,对有证据证明有转移或者隐匿财物迹象的,行政机关可以作出立即强制执行决定。

第三十八条 催告书、行政强制执行决定书应当直接送达当事人。当事人拒绝接收或者无法直接送达当事人的,应当依照《中华人民共和国民事诉讼法》的有关规定送达。

第三十九条 有下列情形之一的,中止执行:

(一)当事人履行行政决定确有困难或者暂无履行能力的;

(二)第三人对执行标的主张权利,确有理由的;

(三)执行可能造成难以弥补的损失,且中止执行不损害公共利益的;

(四)行政机关认为需要中止执行的其他情形。

中止执行的情形消失后,行政机关应当恢复执行。对没有明显社会危害,当事人确无能力履行,中止执行满三年未恢复执行的,行政机关不再执行。

第四十条 有下列情形之一的,终结执行:

(一)公民死亡,无遗产可供执行,又无义务承受人的;

(二)法人或者其他组织终止,无财产可供执行,又无义务承受人的;

(三)执行标的灭失的;

(四)据以执行的行政决定被撤销的;

(五)行政机关认为需要终结执行的其他情形。

第四十一条 在执行中或者执行完毕后,据以执行的行政决定被撤销、变更,或者执行错误的,应当恢复原状或者退还财物;不能恢复原状或者退还财物的,依法给予赔偿。

第四十二条 实施行政强制执行,行政机关可以在不损害公共利益和他人合法权益的情况下,与当事人达成执行协议。执行协议可以约定分阶段履行;当事人采取补救措施的,可以减免加处的罚款或者滞纳金。

执行协议应当履行。当事人不履行执行协议的,行政机关应当恢复强制执行。

第四十三条 行政机关不得在夜间或者法定节假日实施行政强制执行。但是,情况紧急的除外。

行政机关不得对居民生活采取停止供水、供电、供热、供燃气等方式迫使当事人履行相关行政决定。

第四十四条 对违法的建筑物、构筑物、设施等需要强制拆除的,应当由行政机关予以公告,限期当事人自行拆除。当事人在法定期限内不申请行政复议或者提起行政诉讼,又不拆除的,行政机关可以依法强制拆除。

第二节 金钱给付义务的执行

第四十五条 行政机关依法作出金钱给付义务的行政决定,当事人逾期不履行的,行政机关可以依法加处罚款或者滞纳金。加处罚款或者滞纳金的标准应当告知当事人。

加处罚款或者滞纳金的数额不得超出金钱给付义务的数额。

第四十六条 行政机关依照本法第四十五条规定实施加处罚款或者滞纳金超过三十日,经催告当事人仍不履行的,具有行政强制执行权的行政机关可以强制执行。

行政机关实施强制执行前,需要采取查封、扣押、冻结措施的,依照本法第三章规定办理。

没有行政强制执行权的行政机关应当申请人民法院强制执行。但是,当事人在法定期限内不申请行政复议或者提起行政诉讼,经催告仍不履行的,在实施行政管理过程中已经采取查封、扣押措施的行政机关,可以将查封、扣押的财物依法拍卖抵缴罚款。

第四十七条 划拨存款、汇款应当由法律规定的行政机关决定,并书面通知金融机构。金融机构接到行政机关依法作出划拨存款、汇款的决定后,应当立即划拨。

法律规定以外的行政机关或者组织要求划拨当事人存款、汇款的,金融机构应当拒绝。

第四十八条 依法拍卖财物,由行政机关委托拍卖机构依照《中华人民共和国拍卖法》的规定办理。

第四十九条 划拨的存款、汇款以及拍卖和依法处理所得的款项应当上缴国库或者划入财政专户。任何行政机关或者个人不得以任何形式截留、私分或者变相私分。

第三节 代　履　行

第五十条 行政机关依法作出要求当事人履行排除妨碍、恢复原状等义务的行政决定,当事人逾期不履行,经催告仍不履行,其后果已经或者将危害交通安全、造成环境污染或者破坏自然资源的,行政机关可以代履行,或者委托没有利害关系的第三人代履行。

第五十一条 代履行应当遵守下列规定:

(一)代履行前送达决定书,代履行决定书应当载明当事人的姓名或者名称、地址,代履行的理由和依据、方式和时间、标的、费用预算以及代履行人;

(二)代履行三日前,催告当事人履行,当事人履行的,停止代履行;

(三)代履行时,作出决定的行政机关应当派员到场监督;

(四)代履行完毕,行政机关到场监督的工作人员、代履行人和当事人或者见证人应当在执行文书上签名或者盖章。

代履行的费用按照成本合理确定,由当事人承担。但是,法律另有规定的除外。

代履行不得采用暴力、胁迫以及其他非法方式。

第五十二条 需要立即清除道路、河道、航道或者公共场所的遗洒物、障碍物或者污染物,当事人不能清除的,行政机关可以决定立即实施代履行;当事人不在场的,行政机关应当在事后立即通知当事人,并依法作出处理。

第五章 申请人民法院强制执行

第五十三条 当事人在法定期限内不申请行政复议或者提起行政诉讼,又不履行行政决定的,没有行政强制执行权的行政机关可以自期限届满之日起三个月内,依照本章规定申请人民法院强制执行。

第五十四条 行政机关申请人民法院强制执行前,应当催告当事人履行义务。催告书送达十日后当事人仍未履行义务的,行政机关可以向所在地有管辖权的人民法院申请强制执行;执行对象是不动产的,向不动产所在地有管辖权的人民法院申请强制执行。

第五十五条 行政机关向人民法院申请强制执行,应当提供下列材料:

(一)强制执行申请书;

(二)行政决定书及作出决定的事实、理由和依据;

(三)当事人的意见及行政机关催告情况;

(四)申请强制执行标的情况;

（五）法律、行政法规规定的其他材料。

强制执行申请书应当由行政机关负责人签名，加盖行政机关的印章，并注明日期。

第五十六条 人民法院接到行政机关强制执行的申请，应当在五日内受理。

行政机关对人民法院不予受理的裁定有异议的，可以在十五日内向上一级人民法院申请复议，上一级人民法院应当自收到复议申请之日起十五日内作出是否受理的裁定。

第五十七条 人民法院对行政机关强制执行的申请进行书面审查，对符合本法第五十五条规定，且行政决定具备法定执行效力的，除本法第五十八条规定的情形外，人民法院应当自受理之日起七日内作出执行裁定。

第五十八条 人民法院发现有下列情形之一的，在作出裁定前可以听取被执行人和行政机关的意见：

（一）明显缺乏事实根据的；

（二）明显缺乏法律、法规依据的；

（三）其他明显违法并损害被执行人合法权益的。

人民法院应当自受理之日起三十日内作出是否执行的裁定。裁定不予执行的，应当说明理由，并在五日内将不予执行的裁定送达行政机关。

行政机关对人民法院不予执行的裁定有异议的，可以自收到裁定之日起十五日内向上一级人民法院申请复议，上一级人民法院应当自收到复议申请之日起三十日内作出是否执行的裁定。

第五十九条 因情况紧急，为保障公共安全，行政机关可以申请人民法院立即执行。经人民法院院长批准，人民法院应当自作出执行裁定之日起五日内执行。

第六十条 行政机关申请人民法院强制执行，不缴纳申请费。强制执行的费用由被执行人承担。

人民法院以划拨、拍卖方式强制执行的，可以在划拨、拍卖后将强制执行的费用扣除。

依法拍卖财物，由人民法院委托拍卖机构依照《中华人民共和国拍卖法》的规定办理。

划拨的存款、汇款以及拍卖和依法处理所得的款项应当上缴国库或者划入财政专户，不得以任何形式截留、私分或者变相私分。

第六章 法律责任

第六十一条 行政机关实施行政强制，有下列情形之一的，由上级行政机关或者有关部门责令改正，对直接负责的主管人员和其他直接责任人员依法给予处分：

（一）没有法律、法规依据的；

（二）改变行政强制对象、条件、方式的；

（三）违反法定程序实施行政强制的；

（四）违反本法规定，在夜间或者法定节假日实施行政强制执行的；

（五）对居民生活采取停止供水、供电、供热、供燃气等方式迫使当事人履行相关行政决定的；

（六）有其他违法实施行政强制情形的。

第六十二条 违反本法规定，行政机关有下列情形之一的，由上级行政机关或者有关部门责令改正，对直接负责的主管人员和其他直接责任人员依法给予处分：

（一）扩大查封、扣押、冻结范围的；

（二）使用或者损毁查封、扣押场所、设施或者财物的；

（三）在查封、扣押法定期间不作出处理决定或者未依法及时解除查封、扣押的；

（四）在冻结存款、汇款法定期间不作出处理决定或者未依法及时解除冻结的。

第六十三条 行政机关将查封、扣押的财物或者划拨的存款、汇款以及拍卖和依法处理所得的款项，截留、私分或者变相私分的，由财政部门或者有关部门予以追缴；对直接负责的主管人员和其他直接责任人员依法给予记大过、降级、撤职或者开除的处分。

行政机关工作人员利用职务上的便利，将查封、扣押的场所、设施或者财物据为己有的，由上级行政机关或者有关部门责令改正，依法给予记大过、降级、撤职或者开除的处分。

第六十四条 行政机关及其工作人员利用行政强制权为单位或者个人谋取利益的，由上级行政机关或者有关部门责令改正，对直接负责的主管人员和其他直接责任人员依法给予处分。

第六十五条 违反本法规定，金融机构有下列行为之一的，由金融业监督管理机构责令改正，对直接负责的主管人员和其他直接责任人员依法给予处分：

（一）在冻结前向当事人泄露信息的；

（二）对应当立即冻结、划拨的存款、汇款不冻结或者不划拨，致使存款、汇款转移的；

（三）将不应当冻结、划拨的存款、汇款予以冻结或者划拨的；

（四）未及时解除冻结存款、汇款的。

第六十六条 违反本法规定，金融机构将款项划入国库或者财政专户以外的其他账户的，由金融业监督管理机构责令改正，并处以违法划拨款项二倍的罚款；对直接负责的主管人员和其他直接责任人员依法给予处分。

违反本法规定，行政机关、人民法院指令金融机构将款项划入国库或者财政专户以外的其他账户的，对直接负责的主管人员和其他直接责任人员依法给予处分。

第六十七条 人民法院及其工作人员在强制执行中有违法行为或者扩大强制执行范围的，对直接负责的主管人员和其他直接责任人员依法给予处分。

第六十八条 违反本法规定，给公民、法人或者其他组织造成损失的，依法给予赔偿。

违反本法规定，构成犯罪的，依法追究刑事责任。

第七章 附 则

第六十九条 本法中十日以内期限的规定是指工作日，不含法定节假日。

第七十条 法律、行政法规授权的具有管理公共事务职能的组织在法定授权范围内，以自己的名义实施行政强制，适用本法有关行政机关的规定。

第七十一条 本法自 2012 年 1 月 1 日起施行。